PH. DE CHENNEVIÈRES

ESSAIS SUR L'HISTOIRE

DE LA

PEINTURE FRANÇAISE

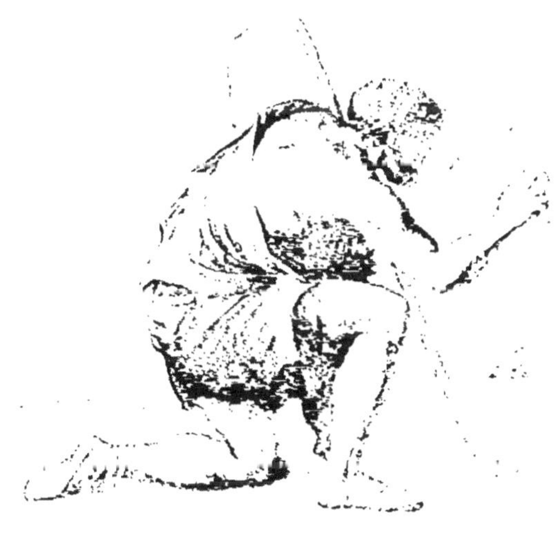

PARIS

AUX BUREAUX DE L'ARTISTE

1894

ESSAIS SUR L'HISTOIRE

DE LA

PEINTURE FRANÇAISE

PH. DE CHENNEVIÈRES

ESSAIS SUR L'HISTOIRE

DE LA

PEINTURE FRANÇAISE

Portrait gravé à l'eau-forte par Eug. Decisy, d'après Carolus-Duran

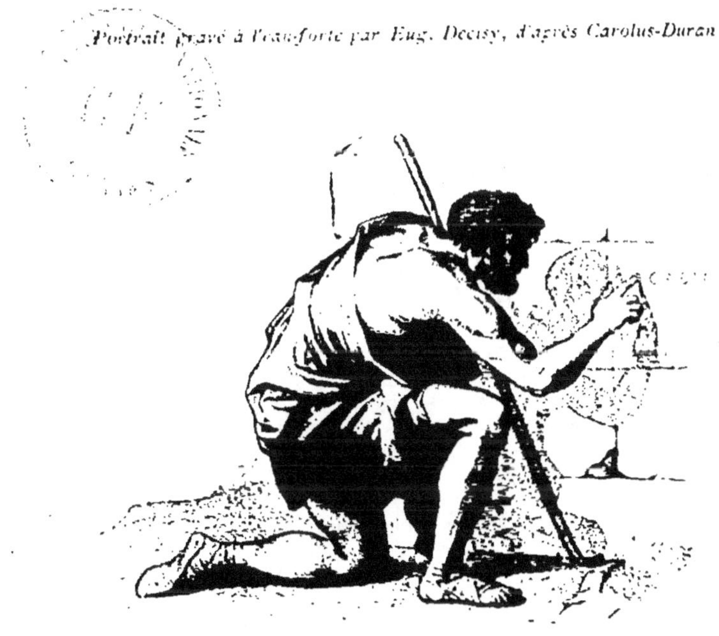

PARIS

AUX BUREAUX DE L'ARTISTE

44, QUAI DES ORFÈVRES

—

1894

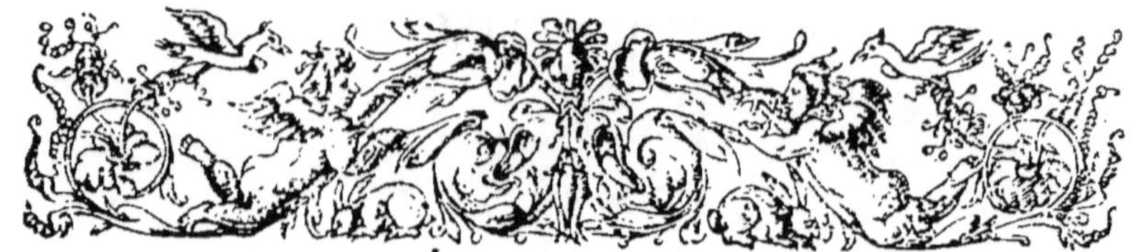

AVANT-PROPOS

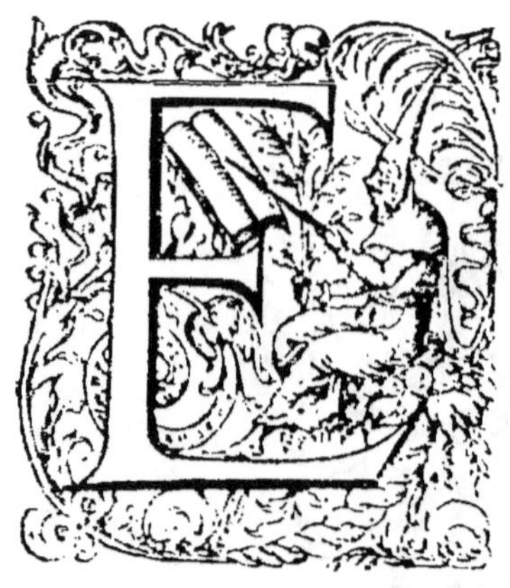

CRIRE l'histoire de la peinture française n'est point une tâche facile,
et je m'en suis toujours défendu.
Pour réduire une telle histoire à
des proportions même abrégées,
il n'en faudrait pas moins la fouiller dans tous ses détails. Et puis,
chose étrange, la besogne est
nouvelle, ou quasi neuve, chacun,
depuis deux siècles, s'étant plu à
fournir des matériaux dispersés,
de curieuses monographies, mais personne, ou quasi personne, —
sauf M. Dussieux dans la belle introduction à ses *Artistes français à
l'étranger*, « essai » rapide sur le développement de l'art en France,
— ne s'étant soucié de tisser la trame de l'ensemble et de flairer le
vent des origines et des influences. Ajoutons que le champ d'études
a doublé d'importance et d'étendue depuis quarante ans, car nous
avons tous été témoins et acteurs de cette généreuse enquête qui a
rendu leurs ancêtres légitimes à nos grands artistes du XVIIe siècle, et
nous a remis au niveau de ce que les Italiens devaient à Vasari, de
ce que les Flamands devaient à Karel Van Mander.

Le temps n'est plus, en effet, où l'histoire de la peinture française
commençait au *Jugement dernier* de Jean Cousin, tout au plus à la

venue à Fontainebleau de maître Roux et du Primatice. Il semble aujourd'hui, par les travaux des érudits, que la renaissance des arts en Europe n'ait guère connu d'heure différente chez toutes les nations formées des débris de l'ancien monde romain, à cela près que les Italiens ont été un peu plus favorisés dans certaines nobles parties de la peinture et de la sculpture par le voisinage et la fréquentation des peintres de Byzance et la vue des fragments gisants de la sculpture antique.

Au plus loin qu'on trouve trace des arts en Europe, on peut rencontrer des noms d'artistes en France, mais la peinture française, dont la jeunesse florit déjà avec tant de charme particulier durant le xv⁰ et le xvi⁰ siècle, ne s'épanouit tout de bon qu'à l'heure où les deux grandes · écoles mères, celle d'Italie et celle de Flandre, laissent apercevoir clairement leur fatigue et leur prochain épuisement; et alors c'est l'école française qui prend la place des deux et s'empare, pour les siècles qui vont suivre, de l'attention et de l'admiration du monde.

Il est des pays où l'art semble apporté par un courant simple et direct : la Grèce le reçoit de l'Asie; l'Italie le reçoit de la Grèce, et même quand il s'éteint dans l'Italie ancienne, c'est de Byzance, c'est de la Grèce encore qu'il reviendra vers Florence. L'Angleterre et l'Allemagne ont reçu tout droit des Flandres cette semence divine. Pour la France, il n'en est pas de même; d'un bout à l'autre de son histoire on trouve l'art l'envahissant par deux frontières à la fois, par la Flandre et par l'Italie; et ce même phénomène se reproduira pour l'Espagne où l'influence de Naples et celle d'Anvers et de Bruges se font sentir à poids égal.

Notre école française, depuis le dix-septième jusqu'au dix-neuvième siècle, a succédé, dans l'estime du monde entier, aux écoles d'Italie et de Flandre; elle en a recueilli à elle seule le complet héritage, que nulle nation durant cette longue et glorieuse période qui commence au Poussin pour se prolonger jusqu'à nos maîtres d'hier, n'a jamais songé à lui disputer. Tout en procédant de traditions qu'elle n'avait pas créées, aussi bien de la pureté et de la simplicité de l'art antique, retrouvées dans les sculptures romaines, que des enseignements si élevés et si fiers de la renaissance italienne, et du sentiment de nature fourni par la Flandre et la Hollande, elle a su digérer tour à tour et s'assimiler ces principes divers, en demeurant constamment elle-même, et en fondant tout cela dans un caractère à elle bien propre de noblesse, de clarté et d'élégance, robuste à ses heures, le plus souvent plein de charme, mais sachant atteindre, quand les temps le veulent et quand il s'agit de retremper ses forces alanguies, les inspirations les plus graves, les plus fermes et les plus hautes. Bien autrement variée qu'aucune des écoles qui l'avaient précédée, puisqu'on peut dire qu'en deux cents ans elle les a résumées toutes, elle nous a donné, par Poussin et Lesueur, tout l'art des bas-reliefs antiques et du génie de Raphaël dont ils se sont approchés plus près que ses propres élèves ; par Vouet, Le Brun, Jouvenet et leur suite le savoir abondant des Bolonais ; par Watteau et son groupe les vives et fraîches colorations d'Anvers ; par Lemoine et Boucher, les molles langueurs des derniers Romains, avec plus de grâce et de délicate ingéniosité ; enfin, par David, la verdeur de sève et de foi tenace dans les principes qui revivifie les écoles aux heures d'énervement et qui, retrempant la nôtre, allait préparer tout un rebourgeonnement nouveau des Ingres, des Gericault, des Delacroix, des Corot et des Rousseau, c'est-à-dire toute une résurrection par la France des plus belles époques de l'art européen.

On trouve dans l'avant-propos de la troisième partie de sa *Notice des tableaux du Louvre*, que M. Fréd. Villot se proposait, en 1855, de « placer en tête de ce troisième volume, comme préambule naturel, un abrégé de l'histoire de l'art français, divisé en deux parties. La première, disait-il, traitera des différentes phases de l'art national depuis les temps anciens jusqu'à nos jours, de l'influence exercée à différentes époques par les écoles étrangères, des travaux exécutés par des peintres dont les archives seules ont conservé les noms. La deuxième partie sera consacrée aux corporations, aux maîtrises, à l'Académie de Saint-Luc, à celle fondée par Louis XIV, à l'école de Rome, à l'Institut, aux premiers peintres des souverains français, enfin à toutes les institutions qui ont exercé une influence plus ou moins immédiate sur la direction de l'art. On le voit, le cadre est vaste, le sujet nouveau et plein d'intérêt... » Le cadre était excellent, en effet, et l'homme très capable de le bien remplir. J'ajouterai que le travail eût été parfaitement à sa place, en tête du catalogue des tableaux français du Louvre, où il eût relié les œuvres entre elles, et indiqué et presque comblé les lacunes de notre galerie nationale. Forcé qu'il eût

été, par l'espèce même du livre, à une extrême concision, il aurait
dessiné à larges traits l'arbre généalogique de notre école, dont il nous
eût suffi d'étudier après lui et d'un peu plus près, la portée des maî-
tresses branches et le menu feuillage. Nous entreprenons aujourd'hui
la tâche que ce laborieux n'a pas eu le temps d'accomplir, nous pro-
posant toutefois de mêler au déroulement même de l'histoire des
maîtres et de leurs ateliers, celle des institutions d'art qui ont influé
sur eux et qui ont porté de si grands fruits pour la décoration de nos
monuments et l'éclat et l'unité de l'école française.

Chose bizarre, cette peinture française a eu ses nombreux biographes ; elle n'a pas eu son historien, j'entends un historien d'un bout
à l'autre de son histoire. Il y aurait certes un livre charmant à écrire
sur la vie et les ouvrages de ces honnêtes gens qui ont consacré leurs
veilles à raconter les origines et les aventures et à décrire les œuvres
de nos peintres et de nos sculpteurs : Félibien et de Piles, l'abbé de
Marolles et Florent le Comte, Guillet de Saint-Georges, les d'Argenville
et Dubois de Saint-Gelais, et d'André Bardon et Lépicié et les historiographes de l'Académie, et les rédacteurs du *Nécrologe* et Mariette
qui les prime tous, sans oublier les Taillasson et les Lecarpentier et les
Gault de Saint-Germain.

Les *Entretiens sur les vies et sur les ouvrages des plus excellents
peintres* de Félibien sont bien, il est vrai, une histoire générale de
la peinture et le cadre nous eût suffi s'il se fût prolongé par un continuateur de même esprit jusqu'à la fin du siècle suivant ; mais par
la date même où ils s'achèvent, ils ne mènent pas très loin l'histoire
particulière de la peinture française, puisqu'ils s'arrêtent aux élèves
les plus proches du Poussin, dont ce livre excellent, né du besoin de
louer le maître qu'il a connu à Rome, est, pour bien dire, l'apothéose.
Rarement a-t-on songé à chercher dans une histoire de la peinture le
modèle du plus beau langage français. On écrit comme on peut sur ces
matières, où le lecteur ne réclame que le document et l'analyse. Cependant un agrément facile n'y messied pas, et Félibien a dû à cet agrément de sa plume d'être l'un des écrivains du xviie siècle les mieux
faits, pour raconter les fêtes, décrire les maisons royales de la plus
brillante cour du monde, et nous intéresser aux œuvres des plus fameux artistes qui avaient préparé la magnificence de notre école fran-

çaise en son époque la plus grave et la plus vraiment noble. Le style de Félibien est celui de son meilleur temps : la phrase est nombreuse et bien cadencée, un peu majestueuse quand il le faut, mais le plus souvent aisée, juste et coulante à la façon de Nicole. Il convient de respecter beaucoup ce Vasari à nous, qui avait dépensé beaucoup de peine et de conscience à rassembler des notes, car nous savons aujourd'hui que pour s'éclairer sur les origines de notre école française, il avait pris soin, chose curieuse pour cette date, de faire transcrire les comptes des Bâtiments du roi sous les Valois. Son effort à écrire un tel livre était bien nouveau alors et lui-même en fait honneur au Roi et à Colbert : « Un temps si heureux, écrit-il à ce dernier, me fait prendre la liberté de mettre au jour et sous la protection de votre nom, un ouvrage que j'ai médité il y a longtemps. Il est vrai que je ne pouvais me résoudre à l'exposer au public, parce que les arts ne me semblaient pas alors assez estimés pour en faire connaître le mérite et l'excellence. Mais aujourd'hui que le Roi leur fait un si bon accueil, qu'ils ont l'honneur de votre appui, et que vos faveurs rappellent les Muses qui étaient bannies et donnent une nouvelle vigueur aux Sciences et aux Arts, je n'ai plus de répugnance à faire paraître ce que j'ai écrit pour honorer la Peinture... L'honneur que Sa Majesté m'a fait d'agréer mes ouvrages et de me charger d'un emploi où j'aurai sujet de traiter de ces somptueux Bâtiments et de ces riches Manufactures dont vous avez pris la conduite, cet honneur me donnera lieu de faire connaître à tout le monde les grandes choses que vous avez faites. Voyait-on avant vous des surintendants des Bâtiments se donner la peine d'examiner jusqu'aux moindres dessins de tous les ouvrages qu'on fait pour le Roi ?...

« J'aurai cet avantage, ajoute-t-il à la fin de sa préface, de parler avec éloge d'un peintre français (il a déjà raconté plus haut et longuement ses relations étroites avec « M. Poussin » et j'en ai transcrit ailleurs le détail) qui a été l'honneur et la gloire de notre nation, et qu'on peut dire avoir enlevé toute la Science de la Peinture, comme d'entre les bras de la Grèce et de l'Italie, pour l'apporter en France... J'avoue que l'estime que notre grand Monarque a pour les ouvrages de ce fameux peintre, et pour ceux de tous les maîtres les plus savants, est une des choses qui a le plus contribué à me faire écrire sur cette matière que j'aurais peut-être laissé à traiter à quelque autre. Mais voyant comme Sa Majesté prend soin de faire fleurir en France tous les Beaux-Arts, et particulièrement celui de la Peinture, il m'a semblé que j'étais obligé d'exposer en public ce que j'en avais remarqué, puisque le Roi lui-même n'omet rien de tout ce qui peut contribuer à faire paraître cet art avec honneur, à l'exemple de tous les grands Princes qui ont été... J'écris donc pour contribuer de ma part aux nobles désirs de Sa Majesté, qui travaille incessamment pour la gloire de son État; j'écris pour l'honneur de cet art qui paraît aujourd'hui en France avec un nouveau lustre; j'écris pour la satisfaction des honnêtes gens qui sont bien aises de s'en instruire, et j'écris pour moi-même qui prends plaisir dans l'entretien de tant de choses agréables et divertissantes. »

Le modèle des écrivains d'art en notre pays, c'est encore et toujours le parfait Mariette qui fut en son siècle et est demeuré à tout jamais l'oracle du goût et du discernement. Il est clair, il est net, il est simple, il est exact; sa plume dit ce qu'elle veut dire, et le dit avec légèreté, finesse, nerf et précision; il ne sait ce que c'est qu'une phrase pompeuse; il ne s'échauffe point à tort, et sauf un peu trop d'enthousiasme pour des contemporains douteux (mais nous en sommes tous là, et il n'est pas de siècle qui n'ait regardé ses artistes moyens avec une complaisance explicable par les côtés de leur talent qui échappent à la postérité et qui traduisaient de leur vivant certains courants de l'air ambiant), sauf cet enthousiasme qui nous étonne sur quelques rares médiocres de son temps, son jugement est infaillible et nul n'a mieux pénétré le génie de chacun, ni mieux analysé d'un mot les plus illustres, ni mieux groupé leurs élèves, ni plus sûrement suivi la piste de leurs œuvres.

Quand nous achevions la publication de son inestimable *Abecedario*, nous pensâmes qu'il était de notre devoir d'écrire une étude la moins incomplète possible sur la vie et les travaux de notre grand et cher Mariette. Mais la série des volumes était close, et comme M. Eug. Muntz revenait d'Italie, rapportant dans son bagage la copie d'une importante correspondance de ce prince des hommes de goût, je lui remis le manuscrit de notre monographie, qu'il était mieux qu'aucun en état de rajuster en bon ordre, en en comblant les lacunes. Il lui appartient désormais de faire connaître les titres de Mariette à la reconnaissance de tous les curieux de l'art, et particulièrement des amis de l'école française. Personne, en quelque pays qu'il étudie, ne peut se dispenser de l'avis de Mariette.

Certes on ne peut méconnaître dans Dezalier-d'Argenville (1680-1765), le sot vaniteux, le collectionneur d'un goût plus que douteux, le compilateur sans critique, le plat écrivain à la fois banal et prétentieux, qui avait sans érudition aucune, ni finesse propre de jugement, découpé ses biographies de peintres, dans Félibien pour les Français, dans les historiens italiens et flamands pour les autres écoles, et de qui Mariette, le connaissant d'autant plus à fond que leurs familles étaient alliées, a pu dire, en son *Abecedario*, après avoir raconté son voyage d'Italie en 1714, et celui de Londres, et ses tentatives de collections de tableaux, de dessins, et d'estampes, et d'histoire naturelle, et ses essais malheureux de peinture à l'école de Chaufourier : « Il voulut aussi écrire; il donna deux volumes sur les coquilles et les fossiles; il en donna trois sur les *Vies des peintres*, et, si le succès décidait de la bonté d'un ouvrage, les siens auraient été excellents. Il s'en faut pourtant beaucoup que les vrais connaisseurs en portassent ce jugement... »

Ce qui n'empêche qu'alors qu'il s'agit d'être utilement et fidèlement renseigné sur les habitudes, sur les œuvres et sur les élèves des peintres qui ont honoré l'école depuis 1690 jusqu'en 1750, les Jouvenet, les Boullongne, les Parrocel, les de Troy, Largillière, Rigaud, Santerre, Cazes, Desportes, Oudry, J.-B. Vanloo, Tremollière, Tournières, etc., c'est à ce d'Argenville qu'il se faut adresser, car il les a hantés, il s'est glissé dans leurs ateliers, il a feuilleté leurs cartons, il les a regardés peignant; en un mot, il donne le témoignage d'un contemporain, et tout est là. Seules, les notices des historiographes de l'Académie royale, les Guillet de Saint-Georges, les Dubois de Saint-Gelais, les Gougenot, etc., écrites sur des documents de famille, ont pour nous plus de sûreté et d'autorité.

Je me garderai bien de continuer à démontrer et à analyser ici, ne fût-ce qu'en quelques lignes, les mérites des autres historiens de notre école, les de Piles et les Florent le Comte, et les d'André Bardon, et tous ceux que j'ai nommés plus haut, série qui nous conduit de proche en proche à ce généreux mouvement de notre siècle, secouant les papiers empoudrés depuis cinq cents ans, pour y trouver les moindres traces de nos artistes et aboutissant à cet énorme ensemble de documents concentré dans les diverses séries des *Archives de l'art français;* mais je répéterai qu'il y a là matière à un beau et utile travail : « les historiens de l'art en France jusqu'à Émeric David et Léon de Laborde », et que nos Académies s'honoreraient grandement en en faisant le sujet de l'un de leurs solennels concours.

J'expie aujourd'hui, par le tranquille et un peu lourd métier d'historien, les libres battues de ma jeunesse en quête des documents volants. C'est un triste métier, en somme, que celui d'historien, dont l'instrument est moins une plume que les ciseaux qui découperont un fait, une date, une phrase dans les trouvailles d'autrui; métier qui s'exerce assis, et sous la fumée de la lampe, et la balance en main, sans enthousiasme, ni surprise, ni passion, et duquel vous ne pouvez attendre qu'un honneur bien solennel et bien passager, car vous n'importez là que par vos jugements; et vos jugements d'aujourd'hui, et votre échelle d'artistes à la de Piles sont condamnés d'avance à être cassés par les jugements de l'historien et du critique de demain. D'un côté, la gloire, vraiment assez médiocre, quoique sonore, des Henri Martin, des Anquetil et des P. Daniel; de l'autre, une œuvre utile seulement à la pédagogie du moment et qui assure pour un temps à son auteur l'épaisse et pesante autorité du pédagogue. Mais après tout, il faut que vieillesse s'occupe et s'utilise. Hélas! moi qui jadis traitais de si haut la photographie, j'en suis à me dire qu'autrement profitable que mes tristes essais à l'histoire des arts de notre pays, autrement vivante et démonstrative et irréfutable, serait la publication par la Direction des Beaux-Arts, parallèlement à son *Inventaire des richesses d'art de la France,* d'un portefeuille de bons clichés, révélant aux curieux et aux érudits du monde entier les chefs-d'œuvre ou les morceaux les plus caractéristiques de notre école, épars dans les musées, les églises et les monuments de nos provinces et de Paris, représentant, en un mot, notre art français depuis ses origines jusqu'à la fin du dernier siècle. Voilà, et non sous une autre forme, la vraie histoire de la Peinture française.

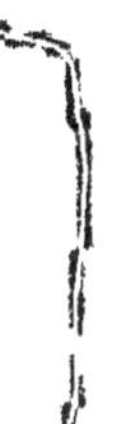

ESSAIS SUR L'HISTOIRE

DE LA

PEINTURE FRANÇAISE

(NOTES ET FRAGMENTS)

LES PREMIERS AGES JUSQU'A LA FIN DU XVᵉ SIÈCLE

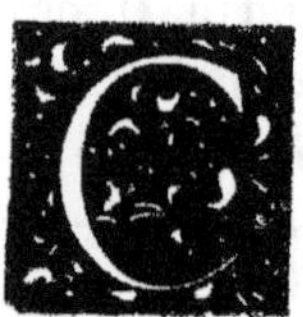

C'EST pour l'Église et par l'Église que sont nés tous les arts en France : l'enluminure des manuscrits, la mosaïque et la peinture sur verre, et celle qui devait décorer les murailles et les voûtes des nefs et des oratoires, sans parler de la sculpture d'images et de l'orfèvrerie. Enlumineurs, imagiers, mosaïstes et verriers ont ailleurs leur histoire spéciale. Mais comment séparer en imagination les mosaïques et les verrières, dans les mêmes monuments, de ces peintures murales conçues par les artistes animés d'un même esprit, d'une même foi et d'un même apprentissage, et que le peuple, petits et grands, embrassaient d'un même regard, puisque, selon le dire naïf du plus ancien catéchisme à nous conservé, c'est avant tout par les scènes pieuses figurées dans les églises que les fidèles apprenaient à connaître les saints mystères.

La peinture est aussi vieille que l'idée de Dieu; point de temple sans peinture. Les temples peints, on les retrouve dans l'Inde, dans l'Égypte, dans la Grèce, dans l'Italie romaine, et tout historien de la peinture italienne a dû raconter ce que peignaient, dans les catacombes, ces artistes dont les continuateurs allaient propager les symboles dans les monuments payens transformés en basiliques chrétiennes ; et de là, sans lacune, les plus lointains souvenirs de notre peinture française.

Il est certain en effet que depuis le jour où Dibutade traça sur une muraille grecque le profil de son amant, il ne s'est jamais produit d'interruption d'une heure dans l'histoire de l'art européen. Même venues les sanglantes invasions des Barbares, il se trouva toujours dans quelque coin de Byzance ou de Ravenne, et de là dans les contrées conquises à la foi chrétienne, un certain nombre d'habiles gens pour y perpétuer les traditions de la décoration des murailles sacrées et d'un certain canon de formes humaines, et la manipulation des couleurs convenues, et durant près de mille ans le vague souvenir des attitudes antiques et des draperies savamment ajustées à la romaine sur de longs corps raidis, amaigris, dont les petites têtes cherchent des expressions qui, le plus souvent, ne sont pas sans grandeur. La France n'était pas encore France que sainte Clotilde faisait revêtir, au dedans et au dehors, son église des Saints-Apôtres, de mosaïques et de fresques ; sainte Radegonde appelait à Poitiers des peintres autant que des lettrés, et c'est ce qui fit sans doute de ce pays de Poitiers le terrain favorisé où se plurent à travailler plus tard les fresquistes du baptistère de Saint-Jean et ceux de Saint-Savin.

C'est, pour bien dire, malgré les ruines des âges, et surtout malgré les modes toujours exterminatrices en notre pays, que nous sont restées quelques traces des peintures anciennes, des dates les plus reculées de notre moyen âge, types divers du goût primitif de notre art national. Le badigeon successif des siècles, témoin salutaire des mépris de nos aïeux, les avait, Dieu merci, protégées, et ce sera l'honneur des archéologues de notre temps d'avoir su les retrouver sous leur enduit, et de les avoir fait revivre avec respect, pour des admirations nouvelles. Il n'est plus aujourd'hui une cathédrale antique, ni une chapelle semi-croulante de monastère qui ne montre quelque fragment de vieille fresque demi-effacée, mais suffisant encore à nous révéler, selon le sentiment mystique de son époque, telle légende de saint, ou telle composition de haut symbolisme chrétien. Je ne les citerai point toutes, elles rempliraient un volume. Je me contenterai de noter celles que nos lecteurs pourront voir reproduites dans les portefeuilles de la commission des monuments historiques, par les admirables aquarelles de Denuelle, de Lameire, de S. Petit, d'A. Dauvergne, de Steinheil, de Perlet, de G. Seguin, de Ruprich-Robert, etc. N'oublions jamais que la peinture est un art essentiellement périssable (*memento quia pulvis es*, disait Diderot du pastel); rappelons-nous que l'architecture a pu nous conserver des fragments immenses de ses plus puissantes conceptions, aussi bien dans l'Inde et en Égypte, qu'en Grèce et en Italie; que la sculpture a pu nous sauver ses plus précieuses merveilles par les fouilles de Thèbes, de Rome, d'Athènes ou de Milo; mais si la poussière de Pompeïa et l'enfouissement de quelques ruines et catacombes romaines ne nous avaient pas gardé quelques rarissimes et bien secondaires morceaux de la peinture antique, nous en serions à n'avoir nulle idée des principes et des procédés dont usèrent les successeurs très arriérés de Zeuxis et d'Apelle. Tenons donc pour reliques sacrées ce qui a pu échapper à la destruction des siècles, et plus encore à celle des modifications du goût,

En tête des plus archaïques, et remontant peut-être au xe siècle (il est vrai que par delà le xie siècle, tout n'est guère qu'incertitude dans la fixation de date d'une œuvre d'art peinte ou sculptée, par le caractère des formes et le procédé du métier, et les plus érudits y perdent leur latin), on peut placer les peintures murales de l'église Saint-Loup de Naud (Seine-et-Marne). Manière absolument byzantine : draperies sentant encore l'antique; coiffures singulières, sortes de bonnets carrés posés sur des têtes de saints. Abraham porte sa postérité dans une nappe dont ses mains tiennent les deux extrémités.

Chapelle Saint-Quiriace à Provins : prophètes et scènes évangéliques; peintures du xie siècle, aux ornements larges, aux couleurs violentes, encadrant des figures contournées ou barbares. Cela tient à la fois de la mosaïque et des vitraux.

Dans l'abbaye de Charlieu (Loire), le Christ assis entre deux rangées de docteurs; assez graves peintures du xie ou xiie siècle. Mérimée, dans son texte de la publication des peintures de Saint-Savin (Vienne), attribuait au xie siècle ces fresques qui sont tout un poème de l'histoire de l'Ancien et du Nouveau Testament, de saint Savin et de saint Cyprien. On a rapproché, non sans raison, de cette grande œuvre de Saint-Savin, où l'on croit reconnaître des mains byzantines, les peintures assez voisines du baptistère de Saint-Jean de Poitiers; mêmes types allongés avec têtes exiguës, expressions naïves, mais justes, draperies tourmentées. Les peintures du temple de Saint-Jean, où se voit à diverses reprises le Christ avec ses disciples, saint Michel et saint Gabriel, et des animaux fantastiques qui rappelleraient plus tard les inventions héraldiques, ces peintures sont d'un grand caractère hiératique, aussi grave que les mosaïques de Ravenne.

L'église de Vic (Indre) est toute chargée de compositions très mouvementées, très grossières d'exécution et tout de pratique, mais très expressives; elles peuvent remonter au xie ou xiie siècles, et être de la main de quelques provinciaux d'alors, imitant la mode byzantine; mais il n'y a pas si loin de là aux Grecs qui à Florence vont instruire Cimabue.

En 1847, M. Aymar Verdier découvrait les peintures de la chapelle du Liget (Indre-et-Loire). Dans son rapport, daté du 22 mars 1850, il racontait comment « à une lieue de la petite ville de Montrésor, sur la lisière de la forêt de Loches, on aperçoit de loin une masse blanchâtre, entourée de broussailles et de verdure. Cette chapelle abandonnée dépendait de l'ancienne chartreuse du Liget, construite au xiie siècle. Les sujets des peintures sont au nombre de six. Cinq seulement sont bien conservées et sont placées entre les sept fenêtres de la partie circulaire du monument; elles occupent à peu près toute la hauteur de ces fenêtres. En commençant à gauche en regardant l'orient, on voit la Vierge couchée sur un lit, et Joseph assis et dormant à ses pieds; plus loin, la présentation de Jésus au temple, le grand prêtre Siméon vient le recevoir. La descente de croix, qui vient ensuite, est extrêmement remarquable par l'expression de tous les personnages. La visite des saintes femmes au Sépulcre est fort endommagée, ainsi que la mort de la Vierge; ce dernier sujet est fort beau de composition. La Vierge sur son lit est entourée des Apôtres et du Christ qui remet l'âme de sa mère aux mains de Dieu le père. Presque toutes les têtes sont, dans ces différents sujets, d'une remarquable gravité; les costumes sont d'une grande richesse et fort bien exécutés. Les plis, les draperies, l'expression des têtes, tout rappelle ces grandes statues romanes du xiie siècle, et surtout celles de la façade occidentale de Notre-Dame de Chartres. Les embrasures de chacune des sept croisées sont occupées par des figures d'évêques nimbés, portant des crosses, et recouverts des riches ornements pontificaux. En plus, une zone circulaire composée de personnages tenant des sentences... La voûte était aussi recouverte de peintures, mais il en reste à peine quelques vestiges aujourd'hui. » Ce sont là, en effet, des peintures du caractère le plus grave, le plus noble, le plus tendrement pieux. Les draperies en sont d'une belle chute, et les têtes d'une douceur religieuse, dénotant un artiste de très particulière valeur. M. Petit nous les aura conservées en beaux dessins capables de servir d'inspirations et de modèles à la pensée dévote d'Hippolyte Flandrin et de ses élèves.

A Saint-Chef (dans l'Isère), rangées de docteurs et de prophètes, assis et debout; peintures murales, un peu sauvages, aux proportions courtes; fin du XIIe siècle.

Peut-être doit-on faire remonter au commencement du XIIIe siècle un Christ assis sur l'arc-en-ciel, dans la crypte de Saint-Philibert, à Tournus (Saône-et-Loire), beaucoup plus barbare et plus byzantin que le Jugement dernier de cette même église, belle composition d'un sentiment élevé d'expression, attribuable à la fin du XIIIe siècle et qui a été reproduit dans la publication de la commission des monuments historiques.

Dans la crypte de la cathédrale d'Auxerre, se voit la figure, très grande et très majestueuse, du Christ assis entre les deux candélabres à sept branches et entouré des attributs des Évangélistes; anges à cheval; fière tournure des chevaux et des cavaliers; pur caractère byzantin. — De même époque (XIIIe siècle), dans la chapelle Sainte-Catherine, la vie de la sainte, d'exécution beaucoup plus rude, quoique les attitudes en soient encore délicates.

Et si vous descendez vers Vaucluse, vous retrouvez des dernières années de ce même XIIIe siècle, dans la Tour Ferande, sise au milieu de la petite ville de Pernes, des peintures allusives aux grands événements des luttes de Clément IV, de Charles Ier de Sicile et Conradin. — Quoi de plus charmant, de plus jeune et de plus poétique que ces demi-figures d'amoureux et de jeunes musiciens jouant de la musette, du tambourin et du galoubet, dans le château de Capestang (Hérault)? — Mais c'est là un pays où il nous va falloir revenir, car dans ce Comtat d'Avignon se rencontrent, grâce au séjour des Papes, les plus curieuses peintures anciennes dont se puisse enorgueillir la France ; et près de là, dans la province voisine, va se former la première cour, la cour de ce « Roi de Sicile » qui réunira les peintres pour l'amour de la peinture, et fécondera le premier germe de l'école française.

Il serait vraiment trop subtil de prétendre, dans ces peintures, la plupart barbares, ignares et grossières, dernières épaves d'un art quasi disparu, premiers germes d'un art qui va naître, discerner, tout du moins pour la France un ordre de groupement des écoles et des manières, et quel caractère doit être attribué aux artistes de telle région ; tout au plus peut-on désigner les siècles où opérèrent tels praticiens. Le procédé byzantin règne jusqu'au xiiie siècle, et ce n'est qu'à partir du magnifique mouvement de notre sculpture nationale, celle que l'on admire à Chartres, à Reims, etc., à partir de l'affranchissement superbe de la peinture italienne par Giotto et les siens, que nous allons librement démêler la marche suivie par les artistes de chaque pays, et l'on peut dire, chez nous, de chaque province. Toutefois, dans les provinces un peu écartées, la tradition ancienne se perpétue et a peine à se mettre en branle. En plein xve siècle, à Chatel-Audren, en Bretagne, dans Notre-Dame-du-Tertre, la voûte du chœur et du transept sud nous montre, sur ses lamelles de bois, des peintures de l'Ancien et du Nouveau Testament, tournois, légendes de saints et de saintes, en costumes du temps, sauf la figure du Christ et celle du Père Éternel couronné d'une double mitre. Les inventions et les expressions en sont fort naïves, mais les gestes n'en sont pas sans justesse et les draperies sans savoir et sans grandeur. Ces peintures sur les compartiments des voûtes étaient fort ordinaires en ce temps, témoins celles que j'ai vues à l'autre bout de la France dans l'église de Saint-Avertin, près de Luchon. On dirait que ces compositions, presque ces tableaux juxtaposés, sont autant de pages d'assez grossiers missels. En ce même coin de la Bretagne, dans la chapelle de Kermaria près Plovha, vous trouverez la voûte peinte de grandes figures : danse macabre ; prophètes, rois et reines ; donateurs agenouillés avec leurs patrons ; costumes à hautes coiffes qui semblent remonter à Charles VII ou à Louis XI, et qui représentant des Bretons, pourraient bien, par l'arriéré de la province, ne pas être antérieurs aux dernières années du xve siècle. Cette danse macabre avec ses figures allongées de femmes, offre le caractère d'une certaine précision de formes et même une certaine élégance, — Jusque dans les frises de l'église de Saint-Clair (Manche), M. Ruprich-Robert a dessiné des fragments charmants d'anciennes peintures aux costumes du xve siècle. — L'église de Chassy, près de Nérondes (Cher), vous montrera une *Cène* du xvie siècle qui n'est pas sans science de dessin et de composition, et, elle aussi, une danse macabre, ce lugubre sujet si cher à notre moyen âge, tout autant que le combat des trois Morts et des trois Vifs, qui se retrouve à même époque, en Picardie, dans le monastère de Saint-Riquier.

La religion enthousiaste qu'ont, dès l'origine, professée les Italiens pour leurs maîtres primitifs, leur a fait, presque autant que le génie supérieur de ces maîtres, une place incomparable dans le monde des arts. La mémoire du peuple avait gardé un souvenir si précis et si respectueux des œuvres que ses ancêtres accompagnaient avec des palmes dans les rues de Florence, que quatre siècles plus tard, Vasari pouvait affirmer avec sûreté que telle peinture était du Cimabue, telle autre du Giotto, telle autre du Gaddi et d'Orcagna ; que telle autre du Memmi était à Sienne ou à Avignon. — Pour nous Français rien de pareil, hélas! toute peinture antérieure à la mode nouvelle qui se produisait en art, a été badigeonnée ou grattée sans pitié, et les rares survivantes n'ont échappé que par miracle ; et ce qui nous a été sauvé par l'oubli ou le mépris n'avait su garder le nom de ses créateurs. Si bien qu'aujourd'hui pour tout ce qui précède le milieu, j'allais dire la fin du xvie siècle, nous ne pouvons attacher avec quelque sécurité, un nom d'artiste à une œuvre retrouvée, et quand on découvre dans nos archives un nom nouveau de peintre, impossible de lui reconstituer son bagage, et de suspendre à ce nom le panneau ou la fresque qui lui referait une gloire. — A qui attribuer ce beau triptyque de la Cathédrale de Moulins, représentant la Vierge glorieuse, entre ses deux volets qui nous conservent les traits des donateurs, Pierre de Bourbon et sa femme Anne de France, œuvre d'apparence italienne, mais qui pourtant est bien nôtre? A qui attribuer cette grande peinture du xve siècle, qui se voit dans la cathédrale d'Autun, et qui représente « comment saint Grégoire institua contre la peste, une procession où il portait l'image de la Vierge Marie »? Brillants costumes de cardinaux rouges et bleus, d'évêques, de seigneurs et de dames; très riche composition et très éclatante, et qui donne l'idée des peintures murales de l'école de Bourgogne, tenant le milieu entre les influences de l'école d'Italie et celles de Bruges. — Autres peintures plus effacées dans la même cathédrale : figures de prophètes et de docteurs, couvrant à trois rangs de personnages une muraille ogivale, percée d'une porte ; ici l'influence est plus marquée de la manière italienne dans les sujets de pure sainteté. A qui, dans la cathédrale de Clermont-Ferrand, au-dessus de la porte basse d'une sacristie à gauche, la Vierge tenant l'Enfant Jésus, assise sur son trône et adorée par un saint évêque, peinture de cet agréable sentiment particulier au xv⁰ siècle, — et attenant à cette Vierge d'autres figures de saints paraissant appartenir à une époque plus reculée?

Nul n'ignore l'influence qu'ont eue sur notre Renaissance française les d'Amboise, les deux cardinaux Georges I⁰ʳ et Georges II, particulièrement pour l'architecture et la sculpture, et aussi Charles, gouverneur du duché de Milan, par sa passion pour les beaux maîtres avoisinant Léonard, ceux, en somme, qui pouvaient nous être le plus profitables.

Nous savons par M. Deville ce que devait le château de Gaillon aux œuvres de Solari et aussi des Français qui furent employés autour de lui à la décoration de la chapelle. Nous apprendrons de même quelque jour les noms des artistes milanais ou de l'Italie du Nord à l'époque de Louis XII, que ces magnifiques cardinaux appelèrent à l'admirable et pompeuse décoration de la chapelle de la Sainte-Croix (*Histoire de Constantin*), et de la chapelle du Sépulcre, dans la cathédrale Sainte-Cécile d'Albi. — Quelque bonne fortune d'archiviste nous apprendra aussi par qui furent peints à Bourges, dans la voûte de la chapelle de l'hôtel de Jacques Cœur, ces anges, sur fonds d'or, portant sur les banderoles les leçons de l'office de la Vierge, et qui rappellent de loin les anges de Fra Beato.

De ce souffle italien qui, mêlé à notre air national en pleine effervescence printanière, avait couru sur la France, de Gaillon à Albi et d'Avignon en Touraine, il nous est resté partout des traces souvent effacées, mais toujours curieuses par la façon dont elles s'étaient adaptées au tempérament de nos provinces. En l'église Saint-Ouen de Rouen, s'est retrouvée dans la première chapelle du collatéral méridional du chœur, une composition étrange, mais de main assez savante : c'est un Christ mort soutenu droit par un ange au pied de la croix, entre la Vierge et saint Jean, tous deux aussi debout, et entourés des insignes de la Passion : le sabre de Malchus, la colonne avec le fouet et les verges de la flagellation, la tête de Judas et la main qui tient le sac des trente deniers, les tenailles, le marteau, le coq, etc. : quant à la peinture elle-même elle est vraiment intéressante, en ce qu'elle montre une imitation évidente de la manière de Michel Ange et de Daniel de Volterre, et ne manque pas, malgré l'éxiguïté des têtes allongées, d'un certain caractère de vraie grandeur florentine.

Paris, cela va sans dire, en était plein de ces peintures dont les auteurs nous échappent encore, et qu'entretenaient l'allée et venue et le voisinage et la faveur de tous les Italiens de Fontainebleau, les Rosso, les Primatice, les Nicolo, les Salviati, les Fattore, etc. Nos dessinateurs nous auront conservé le souvenir de la descente du Saint-Esprit sur les disciples rassemblés, et deux sujets de la vie de saint Nicolas, dans la chapelle du cloître de Saint-Jean de Latran, œuvre du commencement du xvie siècle ; — et les Pèlerins d'Emmaüs, peints vers 1530, au porche de la Tour Saint-Jacques, par quelque Italien qui semble venu à la suite d'André del Sarte. — Dans l'une des chapelles absidales de l'église Saint-Severin, nous sont demeurés les restes d'une belle grisaille, excellemment reproduite par Steinheil, et qui représente, entre des Termes femelles, une nativité de la Vierge ; au-dessous, les figures agenouillées du donateur et de sa famille. Il y a là de la manière de Nicolo del Abate, ou de quelque Italien francisant.

J'ai dit plus haut qu'il faudrait pour la bonne déduction de l'histoire de la peinture en France, revenir fort en arrière vers Avignon et la Provence, d'où devaient s'élancer, avec plus de suite et de sève, les premiers rejets de cette peinture.

Nous savons par la nomenclature qu'en a donnée M. P. Achard, dans les *Archives de l'art français*, quelle suite étonnante d'artistes remplit de ses travaux l'Avignon du xive, du xve et du xvie siècle, avant, pendant, et depuis le séjour des Papes, et il établit même, par un document singulier, que dès la fin du xie siècle, époque de la construction de Notre-Dame des Doms, il y avait à l'abbaye suburbaine de Saint-Ruf, « toute une école d'architectes et de sculpteurs ; qu'un des chanoines de Notre-Dame des Doms exerçait la peinture et que cet art était si fortement prisé que les religieux de Saint-Ruf ne dédaignèrent pas de descendre aux plus déloyales manœuvres pour enlever au chapitre supérieur l'élève que le chanoine semblait avoir formé avec la plus attentive sollicitude. » — Au xiv⁰ et au xv⁰ siècle, on disait en commun proverbe, « les peintres d'Avignon », et M. Achard, après avoir parlé, cela va sans dire, de Simone Memmi et de l'intérieur du porche de Notre-Dame des Doms, que le maître siennois avait peint de 1327 à 1332, aux frais du cardinal A. Ceccano, qui s'y trouve représenté à genoux, — et du voyage douteux du Giotto à Avignon, cite parmi les peintres du Comtat, en ces temps primitifs : le César qu'a célébré le troubadour B. de Parasolz, Pierre de Terdona, les enlumineurs de manuscrits Florent de Sabulo, Maître Bernard de Toulouse, et une enlumineuse nommée Marie, Jean Roche, Maître Étienne Giraud, Geminian de la Turre, Jean de Juviac, Jacques Yveraci ou Diveriac, ancêtre de nos Deveria, Stephanus Graffelli, Pierre de Barra, Albericus Dombeti, Denis Garbossati, Jean de Pymont, Jacques Moynerii, Jean Changenot, Nicolas d'Ypres ou d'Amiens (1509 à 1519), Antonio da Avignone, Pierre Esbrot d'Anvers, le Simon de Châlons en Champagne, établi à Avignon de 1545 jusque par de là 1565, Gounet Chanuel, Pierre Duplan, Jean Rollini et Bertrand Imbert; je ne cite que les noms des trois vrais siècles de la Renaissance.

Bien avant le milieu du xiv⁰ siècle, Simone Memmi, Simone di Martino est appelé à Avignon par un cardinal désireux de décorer Notre-Dame des Doms, puis y est retenu par le Pape qui veut de lui la décoration de son palais et de sa basilique; Simone apporte là le génie de l'Italie nouvelle en pleine éclosion. Nous possédons encore son fronton du porche de Notre-Dame des Doms : le Christ à mi-corps bénissant, entre trois figures d'anges en adoration; de chaque côté, et au-dessous de ce même Christ et protégée par le tympan de la porte, la Vierge et l'Enfant adorés par les Anges. — Ces fresques, hélas! bien malades, nous ont été conservées par les beaux dessins de Denuelle, ainsi que toutes celles de la chapelle Saint-Jean dans le palais des Papes : la naissance de saint Jean-Baptiste; sacrifice de Zacharie; expressions et draperies superbes; le saint Jean prêchant dans le désert; le baptême de Jésus-Christ; très grand caractère des prophètes et des apôtres assistant à droite à ce baptême; — la décollation de saint Jean; — son ensevelissement; figures de femmes d'une adorable élégance ; — la combustion des os de saint Jean ; — puis le miracle de saint Jean l'Evangéliste ressuscitant une femme ; toute la poésie et l'onction pieuse de Fra Beato sont déjà là ; — la vision de saint Jean l'Évangéliste ; — la pêche miraculeuse.

Du pinceau de Simone nous avons encore ici près (à Villeneuve-lez-Avignon) les fresques de la chapelle d'Innocent VI. La Vierge assise tient l'Enfant qui est adoré par Innocent, vêtu de rouge et la tiare devant lui. La tête du pape est détruite, le reste en mauvais état ; le Christ en croix, la Nativité de la Vierge, la Présentation, Prophètes, Saints, Zacharie et l'Ange (?), Salomé, Mise au tombeau. A part quelques figures dans lesquelles on retrouve le dessin et le sentiment de Simone, ces fresques, comme tant d'autres du palais des Papes, sont entièrement perdues.

Revenant à ce palais des Papes à Avignon, nous y trouvons une autre chapelle, celle de Saint-Martial : Jésus-Christ entouré de ses apôtres bénit saint Martial ; Jésus-Christ apparaît à saint Martial ; sainte Valérie présente sa tête à saint Martial ; mort de saint Martial dans l'église Saint-Étienne qu'il avait fondée ; la dépouille de saint Martial portée processionnellement au lieu de sa sépulture ; miracles opérés par le suaire de saint Martial, et autres miracles de la même vie de saint Martial. — Mais évidemment c'est là l'œuvre d'une autre main, italienne aussi, d'un élève ou continuateur du Memmi ; l'art y est moins haut et moins délicat ; toutefois, l'on y sent encore et toujours l'influence du Siennois. De ce même élève de Simone sont sans doute encore les quatre rangées de très belles figures de prophètes et sybilles dans la salle du Conclave, figures longues, vêtements surchargés d'ornements, sur fond blanc constellé. M. Muntz nous a promis de nous révéler le nom de ce très remarquable artiste secondaire, qui a longtemps partagé avec Memmi et sans que l'on songeât à distinguer leurs œuvres, l'honneur des peintures du palais des Papes. — J'oubliais à l'entrée, à droite de ce même palais, un Jésus sur la croix, très noble et touchante composition aujourd'hui disparue, mais qui nous a été conservée par un dessin de Denuelle.

Ce pays d'Avignon foisonnait vraiment, grâce aux Papes, de merveilles du meilleur et du plus pieux art italien de ce temps. Dans l'église, aujourd'hui démolie, des Célestins d'Avignon, se voyait une excellente Assomption de la Madeleine, et au-dessous la communion donnée à la même sainte par un évêque (saint Lazare ou saint Maximin) ; — d'une date un peu antérieure, de l'époque du Memmi, dans la chapelle de Villeneuve-lez-Avignon, sur la paroi de gauche, une série de sujets qui pour ne pas être gais, car ils représentent les scènes les plus violentes de la vie de saint Jean-Baptiste, sont d'une peinture vive et brillante avec de beaux encadrements rappelant les nervures mosaïquées des églises italiennes de Florence et de Sienne.

Tout à Villeneuve est un régal pour le curieux et une perplexité constante sur les pays d'origine des artistes qui ont travaillé là. Vous y trouvez ce couronnement de la Vierge, qui semble de l'école flamande de la fin du xve siècle : à gauche, les papes, rois, chefs d'ordres et prophètes ; à droite, cardinaux, moines et saintes ; dans le bas, le Jugement dernier, l'Enfer, le Paradis, un religieux chartreux à genoux devant le Christ ; constructions à l'italienne, influence italienne mais draperies de goût flamand. — Et cette autre peinture sur fond d'or, de même époque, et de manière flamande française à dessin tourmenté, représentant le Christ mort sur les genoux de la Vierge, saint Jean, deux saintes femmes, et agenouillé à gauche et mains jointes, un religieux en robe blanche à collet noir, tête rase, figure d'un grand réalisme.

Et avant cela, et c'est ici que commencent à nous apparaître ces terribles attributions au roi René, causes de si naturelles inquiétudes pour les historiens de l'art français, — la *Trinité* de l'Hospice de Villeneuve. Le roi René, auquel la ville d'Aix a élevé une statue de la main de David d'Angers, et qui l'a si bien méritée, mieux comme premier prince et patron des artistes de son temps, que comme roi de Sicile, le roi René, outre ses châteaux de Provence, et son château d'Angers, rempli par lui de manuscrits grecs et latins, de médailles, de camées, de bronzes antiques, d'enluminures et de tableaux familiers, possédait, lui aussi, un palais à Avignon ; et parce que la tradition nous affirme que René, à ses heures, maniait lui-même le pinceau, il n'est pas peinture de grande valeur, à Avignon comme à Aix, qui ne soit attribuée à ses royales mains. La *Trinité* de Villeneuve-lez-Avignon est de celles-là ; mais si une telle attribution honore la peinture, il ne faut pas être grand clerc pour affirmer que l'œuvre dépasse en mérite ce qu'on pourrait accorder à l'habileté d'un pinceau de roi.

Est-elle de l'école flamande, ou de l'école de Bourgogne, ou de la française, ou tout bonnement de cette école d'Avignon, qui produisait vers le même temps le tableau du *Buisson ardent*, attribué, lui aussi, et durant trois siècles, au même roi René ? Voici la description de cette *Trinité*, que j'ai relevée sur un carnet de voyage de M. de Tauzia : chœur d'anges rouges et de chérubins entourant Dieu le père et l'Esprit saint, la Vierge et le Christ ; de chaque côté, cinq rangs superposés de saints personnages ; à gauche : anges, prophètes, diacres, chefs d'ordre et pape, empereur et roi, et au-dessous petits enfants, tous en adoration vers la Trinité ; — à droite : anges, apôtres, docteurs, saintes, religieux, enfants, même ordre que de l'autre côté. Les extrémités des trois grandes figures sont d'un dessin très fin ; la tête de la Vierge a les yeux allongés, baissés, chevelure blonde flottante sous sa couronne ; les mains sont croisées. Draperies rouges et bleues ; ornements de perles ; goût flamand. — Dans le bas, à gauche, Moïse dans le buisson, petit édicule rose ogival ouvert ; des religieux assistent à la messe ; berger assis, gardant des pourceaux et jouant de la cornemuse ; ville, montagne, enfants ; figures dans le purgatoire qui occupe tout le bas, avec l'enfer qui se prolonge à droite ; un ange, drapé de rose, accueille une figure nue qui s'élève du purgatoire. — Au milieu, sur un tertre, le Christ sur la croix, adoré par un chartreux, deux admirables petites figures. Le sépulcre du Seigneur : *Sepulcrum Dⁿⁱ*, au pied duquel un évêque à genoux ; près de lui des armoiries (de gueules à la herse ?) ; plus loin, ville crénelée et tours. A droite, ange sur un tombeau *Monumentum beatæ Mariæ* ; deux figures à genoux. Dans le bas, démons torturant des figures dans les flammes. M. de Tauzia estimait qu'il était difficile de préciser l'école à laquelle appartient cette peinture, exécutée sur toile et collée sur bois. Beaucoup de flamand dans les draperies et les figures très fines, très expressives, quelques-unes des portraits ; et il pensait y reconnaître le goût de l'école de Bourgogne (1).

(1) A chaque jour découverte. Pendant que nous corrigions les présentes épreuves, M. l'abbé Requin révélait à la réunion des Sociétés des Beaux-Arts des départements, à l'École nationale des Beaux-Arts, le nom hier bien imprévu et désormais entré dans la grande histoire de l'art français, le nom du peintre qui a exécuté ce fameux retable des Chartreux de Villeneuve-lez-Avignon, dont les curieux français et étrangers ont si longtemps en vain cherché les ori-

Cet épisode du « Moïse dans le buisson », que l'on trouve dans le tableau de l'Hospice de Villeneuve, ne vous fait-il pas songer au « Buisson ardent, *Rubum quem viderat Moyses* » de la cathédrale d'Aix, à ce tryptique célèbre qui a passé si longtemps pour le chef-d'œuvre du roi René et qu'une découverte récente vient de restituer à son véritable peintre, à Nicolas Froment d'Avignon ? Ce tryptique, dont le panneau central représente la Vierge avec l'Enfant sur le buisson ardent, que regarde Moïse conversant avec un ange, et dont les deux volets offrent à gauche le portrait du vieux roi René agenouillé et assisté de sainte Madeleine, de saint Antoine et de saint Maurice ; à droite, le portrait de la reine Jeanne de Laval, également agenouillée et assistée de saint Jean, de sainte Catherine et de saint Nicolas, est, à coup sûr, le tableau le plus fameux de toute la Provence. Nous l'avions jadis admiré à Aix, dans la cathédrale ; nous l'avons revu à Marseille en 1861, et à l'exposition universelle de 1878. On venait enfin d'en découvrir l'auteur dans les *Comptes des menus plaisirs* du bon roi, et de savoir qu'il avait été peint vers 1475. Il avait toujours paru de si extraordinaire valeur (et sa fraîcheur et conservation singulière n'y étaient pas pour rien), que l'on avait cru devoir réveiller pour lui les noms de Jean van Eyck ou de Jean van der Meire. Personne ne pensait qu'il pût être l'œuvre d'un peintre d'Avignon. Mais quand il prononçait ce grand nom de Van Eyck, M. Waagen eût dû être mis en défiance par un certain manque de légèreté et aussi de fermeté dans l'exécution du feuillé du paysage et des draperies, et même de certaines têtes des figures secondaires. On a voulu séparer les volets du panneau central ; c'est là une illusion singulière ; la même main est partout, la main d'un très intelligent élève de l'école de Bruges.

Dès que le nom de Nicolas Froment a été prononcé, les curieux français qui avaient étudié leur musée des Offices à Florence, se sont souvenus d'un certain tryptique de la *Résurrection de Lazare*, signé du nom de *Nicolaus Frumenti* et daté de 1461.

Je n'avais donc pas, Dieu merci, le flair trop émoussé, quand, visitant Florence en 1856, et y notant aux *Offices*, à propos des *Artistes*

gines. Ce peintre s'appelait Enguerrand Charanton ; il était originaire du diocèse de Lyon, et fixé dans la ville des Papes.

français à l'étranger de Dussieux les œuvres d'origine française, j'écrivais sur mon calepin : « A reprendre dans les salles hollandaise, flamande et allemande, — pour les transporter dans notre ridicule salle française : — 1º le délicieux petit portrait équestre de François Iᵉʳ par Clouet, qui, malgré M. de Laborde et Dussieux, porte toujours le nom d'Holbein ; 2º un certain grand coquin de triptyque signé *Nicolaus Frumenti absolvit hoc opus XII kl junii MCCCCLXI,* et qui représente à son panneau central la résurrection de Lazare ; à gauche la Madeleine demande au Christ cette résurrection ; à droite la Madeleine lavant les pieds du Sauveur chez Simon ; assez méchant gothique, qui, je ne sais pourquoi, me fait plutôt l'effet d'être français que flamand. » La peinture m'en avait paru un peu sauvage, en songeant au serré et au consciencieux naturalisme de l'école flamande d'alors.

Cette prépondérance de l'influence de Bruges dans le goût français du xvᵉ siècle, s'explique d'elle-même par l'importance des relations politiques de la puissante et riche Bourgogne et par elle de la France entière avec les Flandres. Nous la voyons s'étendre jusqu'en Espagne, voire en Portugal, et elle durera quasi sans partage jusqu'aux guerres d'Italie. D'ailleurs le tempéramment français et la dévotion tendre et naïve de cette époque sincère ont leur pente de ce côté, et le bon roi René, pour sa part, ne cache point pour les peintres de Flandre ses préférences personnelles. Nous le savons, à n'en pouvoir douter, par la précieuse lettre qui nous a été conservée, et où il mande à « Maistre Jehanot le Flament » de lui envoyer prestement deux bons compagnons peintres au lieu des deux qui lui avaient été adressés et qui ne l'avaient point satisfait. Cette colonie de Flamands fait naturellement souche et école à Avignon comme à Aix, et Nicolas Froment n'avait pas besoin d'étudier à Bruges pour pénétrer le procédé et s'empreindre du sentiment des élèves de Van Eyck.

Le musée d'Avignon n'a pas manqué de recueillir maint et maint tableau d'attribution incertaine, mi-flamande, mi-française, sortant des églises de la ville et qui sont de cette bienheureuse époque du xvᵉ siècle : un Christ sortant du tombeau ; une Vierge à genoux adorant l'Enfant Jésus couché sur la terrasse d'un palais ; à droite chevalier à genoux, évêque se décoiffant de la mitre ; — une Annonciation ; etc. Et cela se prolonge en ce pays, jusqu'aux Adorations des bergers et aux Mises au tombeau de son Simon de Châlons, sorte d'Italo-Flamand qui signe et date ses tableaux des alentours de 1550 ; — et l'on arrive sans discontinuité dans ce fortuné Comtat jusqu'aux toiles sans nombre, mais de très vrai mérite, de Nicolas Mignard, de R. Levieux, des Parrocel, qui donnent aux églises d'Avignon, de Villeneuve, de Lille-sur-Sorgues, de Cavaillon, une richesse et un éclat que leur envieraient bien des villes de par delà les Alpes.

Le 27 juillet 1875 (je cite la date parce qu'en ce temps-ci, les œuvres vues aujourd'hui en tel monument peuvent en être déplacées demain), je visitais, en compagnie du paysagiste Hanoteau et du peintre Dauvergne, l'église de Ternant dans la Nièvre. Cette église faisait jadis partie du château des ducs de Bourgogne, dont le village de Ternant conserve encore des ruines considérables et habitées ; et depuis le XVᵉ siècle elle avait gardé, pour sa décoration, et sans en faire trop de bruit, deux œuvres des plus importantes et des plus compliquées de l'art bourguignon, en sa plus somptueuse et plus florissante époque.

L'une était un autel portatif, fermé par des doubles ventaux. La partie centrale, en bas-relief, représente la vie de la Vierge ; au milieu, la mort de la Vierge entourée des disciples se désolant ; — et son assomption : la Vierge, entourée d'anges, monte vers la Trinité, le Fils à droite, et le Père à gauche ; la place du Saint-Esprit est restée vide. A droite, elle est portée en terre par les disciples ; à gauche la Vierge assise à l'entrée d'un temple, probablement dans le Cénacle, est adorée par divers personnages, sans doute les disciples. Toute cette partie en bois sculpté, surmontée de galeries ogivales, d'arceaux à fines découpures, est dorée et d'une exécution assez fine. Les deux ventaux de gauche représentent : 1º la Salutation angélique, 2º un prétendu duc de Bourgogne, en costume à carreaux rouge et or et portant le collier de la Toison d'or. Il est agenouillé devant un autel, et près de lui son patron (un saint Jean ?) tenant un agneau, mais couvert d'un long vêtement drapé, comme un apôtre. Les ventaux à droite, peints à la détrempe sur bois, de même que les précédents, représentent : 1º la mort de la Vierge, entourée des disciples et étendue presque de face sur son lit ; — 2º la prétendue duchesse, agenouillée devant un autre autel et présentée par sainte Catherine qui tient une roue brisée. Les deux petits ventaux de la partie supérieure représentent : celui de gauche, la Vierge agenouillée ; celui de droite, le Christ assis et tenant le globe du monde. C'est bien là de la peinture, un peu de pratique, de l'école de Bourgogne, et intéressante par les costumes des deux portraits. Ce petit autel portatif est suspendu entre la porte latérale à droite et la sacristie.

Mais une œuvre fort supérieure à celle que nous venons de décrire, fort supérieure comme art, bien que toujours de l'école de Bourgogne, sensiblement plus rapprochée toutefois de l'école flamande, c'est l'autre grand autel portatif de la même époque, que l'on voit suspendu derrière le maître-autel, au fond de l'église de Ternant. La partie centrale, sculptée, est divisée en trois compartiments : celui du milieu, plus haut que les autres. représente le crucifiement, le Christ sur la croix entre les deux larrons. On retrouve là tous les personnages traditionnels de la crucifixion, et au pied de la croix la Vierge debout, s'évanouissant, soutenue par saint Jean et la Madeleine ; à gauche, le personnage dans lequel on croît reconnaître le duc de Bourgogne, agenouillé et costumé d'une grande robe, avec chaperon tombant en arrière sur le dos ; — à droite, la Duchesse, également agenouillée. Le compartiment sculpté, à gauche représente le Christ étendu mort sur les genoux de la Vierge, et entouré de saint Jean et des saintes femmes. Le troisième compartiment sculpté a pour sujet la mise au tombeau, avec la Vierge, la Madeleine, saint Joseph d'Arimathie et les saintes femmes. Ces trois compartiments son: d'une remarquable exécution, et d'un très beau sentiment plein de réalisme à la fois et de dévotion naïve; tous trois sont dorés et coloriés. Les quatre ventaux peints qui fermaient cette triple composition sculptée, représentent les scènes de la Passion : 1º le Christ priant au Jardin des Oliviers ; — 2º le portement de la Croix ; — 3º la sortie du tombeau ; — 4º le Christ descendant aux Enfers et délivrant les âmes du Purgatoire. Les paysages de ces compositions sont d'une finesse et d'un art admirables et dans le goût de la meilleure école de Bruges. Quant aux deux ventaux supérieurs, ils sont usés, et l'on ne peut guère reconnaître les personnages. Notez sur les ventaux inférieurs trois écussons : celui du milieu est composé des mêmes couleurs (d'or et de gueules), disposées en damier, et que l'on retrouve sur le costume du donateur ; détail important qui pourrait aider à constater que ce personnage n'est point le duc de Bourgogne, mais l'un des seigneurs feudataires de la cour bourguignonne. La moitié de l'écusson à gauche est mi-partie de ce même écusson en damier or et gueules. C'est là, en somme, un très bel ouvrage et très capital de l'école bourguignonne ou plutôt flamande, du milieu du xv⁰ siècle, et l'on ne s'étonnera pas de la très vive tentation qu'éprouva, dit-on, M. de Morny de l'adjoindre à sa collection fameuse, fût-ce en grossissant le prix d'une offre de sa bienfaisante influence.

Ajoutons, pour être complet, que les figures du plus ancien triptyque, celui de la vie de la Vierge, ont environ 3o centimètres de haut ; — les figures du grand autel portatif mesurent environ 5o centimètres de hauteur, les figures peintes sur les volets étant de même proportion, peut-être un peu plus petites.

La Renaissance a éclaté de toutes parts à la fois en Europe, et ce bouquet splendide, allumé au flambeau divin qui depuis deux siècles déjà luit là-bas à Florence et de proche en proche éclaire plus brillamment l'Italie, le voilà qui fait resplendir les Flandres et puis qu'il gagne la France par les guerres de Naples et du Milanais, et nos rois, d'instinct et comme malgré eux, l'attirent sur notre sol par la faveur donnée aux Fouquet, aux Perréal et aux Bourdichon. De ces trois-là, malgré la dispersion plus grande des œuvres et des travaux et du nom de Perréal, J. Fouquet reste pour nous l'artiste supérieur comme peintre de tableaux et de portraits; son talent est plus intense et son observation serrée et forte de la nature, le monte à la hauteur des vrais maîtres de l'Italie. Comme enlumineur, ses miniatures nous donnent l'idée d'un compositeur bien plus libre, d'un dessinateur bien plus sûr et moins lourd que Bourdichon.

Tours, la douce Touraine, « le Verger de France », comme on disait dès lors, le pays prédestiné des blancs châteaux et des somptueux et puissants monastères, Tours, qui déjà, « sous Charlemagne, avait donné le signal d'une autre renaissance », Tours, vers 1415 et 1420, voyait naître ce Jehan Fouquet, le grand peintre français du xv⁰ siècle, celui qui allait étonner l'Italie, et par ses portraits, plus encore par ses enluminures, faire l'orgueil de son pays. On sait, par Vasari et tous ses contemporains, le souvenir que laissa à Rome son portrait du pape Eugène IV, exécuté sur toile et à l'huile et où le pape était représenté avec deux autres personnages de sa maison. Le portrait était destiné à la sacristie de l'église de la Minerve. Inutile de dire qu'il a disparu depuis plusieurs siècles ; mais la nouveauté du procédé, la force de la peinture, la vie émanant des trois figures de ce tableau avaient, dès qu'il se produisit, éveillé parmi les artistes romains et florentins un ébahissement qui les émouvait encore cent ans plus tard, et qui avait fait rappeler autour de lui les noms des Masaccio, du Masolino et du Fra Giovanni. On pense que ce portrait avait dû être peint à Rome vers 1443 ; ce coup de maître était une œuvre de jeunesse. M'est avis que pour arriver si bien armé, le Tourangeau avait dû passer, non seulement par Paris, d'où il rapporta peut-être à Rome un portrait du roi Charles VII, qui servit, on le suppose, à celui peint au Vatican par le Bramantino, sur les ordres de Nicolas V, successeur d'Eugène IV ; mais aussi par les Flandres, pour y étudier les œuvres de Jean de Bruges et de Royer van der Weyden ; de là ses procédés nouveaux, de là sa vigueur et sa réalité de pinceau dans les portraitures. Certainement il rapporte lui-même d'Italie un goût plus relevé de composition, des proportions plus élégantes, des attitudes plus nobles et surtout ce butin des formes architecturales et de menus détails de bas-reliefs, de caissons, de chapiteaux et de fins ornements de l'antique, dont les légers et délicats enroulements caractériseront la Renaissance aussi bien en France qu'en Italie ; mais de ses premiers enseignements français et flamands, impressions de prime jeunesse, il lui restera à tout jamais jusqu'à sa mort, vers 1480, un charme particulier de bonhomie et de grâce, une expression douce, fine et riante, une naïveté d'invention et de sentiment, et aussi dans sa coloration une harmonie ferme et brillante, éprise de la nature, qu'il a gardés fidèlement des écoles du Nord, et qui eussent fait de l'école de Tours l'idéal de l'art français, s'ils n'avaient dû aboutir fatalement aux lourdeurs de Bourdichon, après quoi les élégances veltes, voire un peu maniérées de Fontainebleau, n'avaient que trop leur raison d'être.

Jehan Fouquet est surtout célèbre par ses miniatures et à ce titre il ne m'appartient pas. Je ne puis donc que rappeler les admirables enluminures qu'il peignait pour les Grandes Heures et le Boccace d'Étienne Chevalier, trésorier du roi Charles VII, et l'intime protecteur de notre peintre ; celles des *Antiquités des Juifs* de Josèphe, celles du Tite-Live ; les Heures merveilleuses de Marie de Clèves, duchesse d'Orléans et de Milan, auxquelles il va travailler à Blois en 1472 ; mais comme peintre de tableaux, on le peut, Dieu merci, juger encore par le portrait peint à l'huile d'Étienne Chevalier, représenté à genoux, accompagné de son patron, qui se voit aujourd'hui à Francfort, dans la famille Brentano, avec les meilleures miniatures des Grandes Heures, et par la Vierge du musée d'Anvers, dans laquelle on a cru reconnaître Agnès Sorel et qui faisait jadis pendant à ce portrait dans l'église de Melun. Il est possible que cette Vierge de Melun eût quelque ressemblance avec la belle Agnès, la protectrice d'Étienne Chevalier ; de là la légende presque contemporaine ; mais la distance qui sépare, comme art et comme vision de la réalité, la Vierge d'Anvers du portrait de Francfort, et a étonné quelques-uns, eût dû tout bonnement leur rappeler que dans tous les triptyques ou diptyques de cette singulière époque, là où des figures de donateurs se trouvent rapprochées de celles idéales de leurs patrons ou patronnes, — je ne citerai que le *Buisson ardent* d'Aix, ou bien au Louvre le Jean de Mabuse, et même le prétendu Perréal, — l'idéal mince, ou pâle, ou banal ou maniéré est toujours resté fort au-dessous de ce que la nature regardée franchement et simplement dictait à ces peintres droits et probes.

Le Louvre montre deux précieux portraits de la même main, celui de Charles VII et celui de Guillaume Juvénal des Ursins. On sait encore qu'il avait exécuté des peintures murales dans l'église Notre-Dame-la-Riche à Tours. J'ai eu cette bonne fortune d'être le premier à reconnaître le portrait de notre grand artiste dans le charmant émail que m'avait montré M. le vicomte de Janzé et qu'il a depuis offert au Louvre. C'est le plus ancien portrait d'artiste français qui nous soit parvenu. L'homme le méritait bien : il tient la tête de notre école. Tous ceux de son temps l'ont vanté et chanté : J. Lemaire, J. Pelerin, Florio, le Filarete, Vasari, J. Brèche, Robertet ; il est le peintre en titre, sinon de Charles VII dont il a peint le portrait et dont il surveillera et contrôlera le mannequin funéraire, du moins du trésorier du roi, et de Jacques d'Armagnac le duc de Nemours, puis de Louis XI dont il sera le « bon peintre et enlumineur », et qui, après lui avoir fait exécuter des tableaux pour la cérémonie d'installation des Chevaliers de Saint-Michel, lui demandera concurremment avec Michel Colombe, des projets pour son propre tombeau. A tous ces travaux, le laborieux qu'il est a gagné gloire et richesse. Tiraillé entre Paris et sa chère ville de Tours, il a plusieurs pignons sur rues, et ses deux fils, qu'il a fait ses élèves, continuent sa renommée et ses traditions en ces belles pratiques de l'enluminure qui tenait alors une si grande place dans l'art européen, et dont leur père avait été le roi.

Les guerres qui, dans l'état présent de richesses et de lumières égalisées, ne sauraient plus être aujourd'hui pour les peuples que des causes de destruction et d'amoindrissement, ont été, à certaines époques anciennes, des instruments souvent féconds de civilisation et de transfusion de sciences et d'arts. Ainsi en avait-il été des croisades, ainsi en fut-il plus tard de nos guerres dans le Milanais.

De même qu'autour de chacun des tyranneaux magnifiques des petites principautés d'Italie, avait surgi un groupe d'artistes pour l'ornement et la splendeur de sa cour et de ses palais, de même en France, dès qu'il se forma une cour, à Angers, à Aix et à Tarascon autour du roi René, une autre cour à Dijon, autour des ducs de Bourgogne, une autre autour du roi de France, on vit quasi subitement sortir de terre, auprès d'eux, une troupe de peintres et de sculpteurs, et d'orfèvres, et de brodeurs, et de tapissiers. Là où est une cour et partant la richesse, là aussitôt paraît l'artiste avec ses ingéniosités de luxe et de parade. Et celle du roi de France n'ayant pas tardé à effacer et anéantir toutes les autres, il n'y eut plus qu'une école, ou plutôt une école supérieure, qui, après sa première et brillante station à Tours, puis son long passage par Fontainebleau, fut celle de Paris, la grande école nationale, qui va du Rosso à Freminet, et de Vouet à David et à Ingres. Si l'on rencontre encore des artistes à Lyon, à Aix, à Toulouse, à Dijon, c'est qu'il y a là des gouvernements de province et des parlements, un centre de puissance et de richesse, des portraits à peindre, des églises à décorer, matière et place, en un mot, à éclat et à magnificence.

Comme avait fait Nic. Froment, pour le roi René, des tableaux de grand prix, des peintures de bannières, d'arcs de triomphe, etc., ainsi fit Jean Perréal pour les Valois, Charles VIII, Louis XII, François Ier. M. Charvet a rassemblé en un copieux volume, tous les documents épars que les érudits de notre siècle avaient fait sortir des archives, sur ce peintre, enlumineur, sculpteur, architecte.

Il est dans les habitudes, j'allais dire dans les instincts de la cour de France, d'user de l'artiste familier comme d'un instrument bon à tout peindre. Cela se verra par Maître Roux et le Primatice, par Freminet et par S. Vouet, et par ce qu'on attend du Poussin, et par Lebrun, et par Boucher, et jusqu'à David. Et d'ailleurs par leur éducation générale, les artistes de la Renaissance étaient préparés à tout concevoir et à tout exécuter. C'est ainsi que nous voyons Jehan Perréal, qui se plaisait à se faire nommer Jehan de Paris, accommoder à Lyon, en 1483, un chariot pour transporter saint François de Paule au Plessis-lez-Tours, où l'attend le vieux roi Louis XI; — organiser pour la même ville, les entrées du cardinal de Bourbon (1485), du duc de Savoie (1489), celles de Charles VIII (1490), en collaboration avec le peintre Jean Prévost, — de la reine Anne de Bretagne (1494), de Louis XII et de la même reine Anne (1499)), — de l'archevêque François de Rohan (1506), — nouvelle entrée du roi (1507), — du connétable de Bourbon et de François Ier (1515). Entre temps, il accompagne Charles VIII dans sa campagne d'Italie jusqu'à Naples (1495); en 1499, on le trouve à Milan, portraiturant le cardinal de Rouen et une jeune fille; — et comme il est partout à la fois, la même année, on le retrouve, je l'ai dit, travaillant pour le roi à Lyon. En 1502, Louis XII le remmène en Italie, où il dessine le portrait d'un enfant monstrueux dans cette même ville de Milan, où Léonard se plaisait à dessiner des têtes grotesques. A Lyon, qui est sa ville préférée, il se mêle de tout et à tout : d'architecture, de fortifications, de voirie, de fêtes de toute sorte. Il est à Tours, il est à Blois, il est à Saint-Germain-en-Laye, il dessine les profils du roi et de la reine pour les orfèvres qui vont les traduire en médailles; il donne les « patrons » des tombeaux de François de Bretagne pour Nantes, et de Philibert de Savoie pour Brou, que va exécuter tous deux le grand sculpteur Michel Colombe. Il a dessiné les costumes de la nouvelle reine Marie d'Angleterre. Il modèle, d'après nature, la figure de Louis XII qui vient de mourir et l'articule en mannequin pour la cérémonie des funérailles. Perréal, tout le monde parle de ce « valet de chambre et excellent peintre » de nos trois rois dans les livres et dans les lettres du temps : Charles VIII, J. Lemaire, J. d'Auton, Cornelius Agrippa, la reine de Navarre, Geoffroy Tory; lui-même n'a pas la plume paresseuse quand il s'agit d'expliquer ses travaux et ses projets. Mais dès que nous cherchons une de ses peintures authentiques, la certitude nous manque. Un tableau, nouvellement offert par M. Bancel, porte son nom au Louvre. Cette agréable peinture de la *Vierge aux Donateurs,* et que pour moi je crois bien française, par le ton pâle et doux des deux têtes du jeune homme et de la jeune femme, ne serait estimée en Flandre qu'un ouvrage de second ordre de l'école de Rogier van der Weyden. Pour un Français d'une époque d'influence étrangère, l'œuvre était fort habile et devait suffire dans son pays à une grande renommée : à en croire celle qui s'attacha à Perréal, il dut, outre les portraits à nous désignés, exécuter, quoique nous les ignorions, plus d'un tableau de la sorte. Artiste de cour, et courtisan tiraillé par toutes les besognes, son titre de peintre le flattait entre tous, et nous ne pouvons penser qu'il ne l'ait mérité par le plus de peintures qu'il ait pu, et qui lui assurèrent au loin un crédit supérieur à celui de ses confrères. En un mot, quoi qu'en disent aujourd'hui les sceptiques qui cherchent en vain de leurs yeux des tableaux de Jehan Perréal, il est certain, comme eût dit son contemporain M. de la Palisse, il est certain qu'il peignait, puisqu'il fut peintre du roi, peintre du roi et aussi peintre de Marguerite d'Autriche, la duchesse de Savoie.

Perréal et Bourdichon sont à peu d'années près du même âge. Ils se côtoient à la cour ; le roi, quand il les entraîne à sa suite, entretient à Perréal un cheval, à Bourdichon une mule ; la reine Anne les tient en même estime et les occupe tous les deux. Ce dernier, semble-t-il, devait être plus modeste, plus enfermé dans son atelier, car les poètes le chantent moins ; et nous avons été longtemps sans pouvoir affirmer connaître plus certainement, de nos yeux, une œuvre de l'un que de l'autre. Deux griffonnis de Perréal au bas d'un compte et d'un mémoire, voilà aujourd'hui encore son lot le plus sûr. Quant à Jehan Bourdichon, de Tours, le plus fameux continuateur avec son compatriote Jehan Poyet, de la tradition du Tourangeau J. Fouquet, on savait bien que la reine et le roi l'avaient appliqué à toutes sortes de besognes bizarres, telles que ces « vingt-quatre peintures où il y a pourtraict en chascune un bastiau, plusieurs demoiselles et mariniers, contenant chascun demye peau de parchemin », ou « pourtraire le roy au vif, entier vestu de veloux tanné », ou « l'ymaige de la mort lanatomine (l'anatomie) tout son corps sémé de vers…, etc. », ou composer, comme dit Eug. Muntz d'après Jal, des modèles d'uniformes, de meubles, d'ustensiles. On savait qu'en 1494, Bourdichon décorait des bannières, où l'aidait le même Jehan Prévost qui avait jadis travaillé à l'entrée de Louis XI à Lyon. On savait que, par ordre de Louis XII, Bourdichon avait peint le portrait de saint François de Paule, le jour de son décès en 1507, et que ce portrait, du temps de Mariette, se voyait encore à Rome dans le Vatican, François Ier l'ayant envoyé à Léon X, lors de la canonisation du saint. Mais enfin, grâce au document publié dans les *Nouvelles Archives de l'art français* (1880-81, p. 1-11), par M. A. Steyert, nous tenons Bourdichon et le pouvons juger. En 1507, la reine Anne lui fait payer 1050 livres tournois pour avoir « richement et sumptueusement historié et enlumyné unes grans Heures, pour nostre usaige et service, où il a mys et employé grant temps, que aussi en faveur d'autres services qu'il nous a cy devant faiz ». Jehan Bourdichon est donc, à n'en pouvoir plus douter, l'enlumineur du plus fameux missel connu en France, les *Heures* d'Anne de Bretagne. Cette œuvre très considérable fait, à coup sûr, le plus grand honneur au peintre. Le feuillet où est représentée la reine à genoux, ayant près d'elle sainte Marguerite, sainte Anne et sainte Ursule, les autres feuilles où se voient les figures des Évangélistes et le saint Sébastien, sont de belles ou de fortes inspirations d'un véritable artiste. Mais pour les autres très nombreuses compositions de ce célèbre livre, quels que soient une certaine gravité noble et élevée dans l'arrangement des scènes pieuses, et le sentiment vraiment religieux et sincère de presque toutes ces figures, parfois une remarquable vigueur personnelle, j'ai peine à m'exalter sur le talent du peintre. Son dessin est lourd et épais, ses têtes banales et monotones, rondes et sans beauté, et entièrement de pratique. Celui qui a fait cela a certainement vu l'Italie; mais il reste, malgré lui, fidèle aux procédés et aux routines de l'école natale, sans guère chercher au delà, et sans se douter que ce qu'il fallait rapporter de l'Italie d'alors, c'était son singulier et âpre amour de la nature. La nature, dans ce livre, elle est dans toutes les autres menues pages, celles en marge desquelles le peintre a représenté, avec une variété et une naïveté adorables, la flore et les insectes de son pays; si en dehors de ces portraits de nos plantes françaises, quelque chose me touche plus particulièrement dans ce volume, c'est, par ci par là, les scènes familières au grand air, qui nous conservent avec bonhomie l'image de la vie rustique sous ce règne heureux de la bonne Anne de Bretagne. Mais Fouquet, entre nous, était un tout autre homme, singulièrement plus vif et plus artiste, et qui avait autrement profité du voyage delà les monts. — On avait attribué à tort les bordures de pages des grandes Heures d'Anne de Bretagne à Jehan Poyet, autre Tourangeau, qui avait peint, pour la même princesse, des « petites Heures à l'usage de Rome ».

La vraie reine des artistes en ce temps bénit, c'est la bonne Anne de Bretagne. Elle les cherche partout, elle les affaire tous : J. Perréal, et Jehan de Cormont auquel elle fait à Paris peindre pour sa chapelle, en 1493, une « image de Notre-Dame »; et à Nantes le Michel Colombe, l'honneur de sa province ; et tout ce groupe si curieux et si attrayant de l'école de Tours : J. Fouquet, J. Bourdichon, et J. Poyet, qui lui enluminent ses grandes et petites Heures.

Dans la précieuse dédicace de sa *Perspective* que je crois avoir été l'un des premiers à citer, Jean Pelerin mêle les noms de nos peintres français aux plus fameux des pays étrangers, de façon à les présenter tous au même niveau, et peut-être aux yeux de ses contemporains de Lorraine et de France, pesaient-ils d'un même poids dans la renommée courante :

> O bons amis, trespassez et vivens,
> Grans esperiz Zeusins et Appelliens
> Decorans France, Almaigne et Italie.
> Geffelin, Paoul, et Martin de Pavye,
> Berthelemy, Fouquet, Poyet, Copin,
> André Montaigne et d'Amyens Colin,
> Le Pelusin, Hans, Fris, et Léonard,
> Hugues, Lucas, Luc, Albert, et Benard,
> Jehan Jolis, Hans, Grun et Gabriel,
> Vuastele, Urbain, et l'ange Micael,
> Symon du Mans : Dyamans, margarites, etc.

M. Eug. Muntz, dans son livre de la *Renaissance en Italie et en France à l'époque de Charles VIII*, a tracé une curieuse comparaison de ce que la France et l'Italie se devaient l'une à l'autre dans cet art du XVe siècle qui fut pour les deux pays d'une importance décisive. Et si l'Italie finit par l'emporter dans la balance, rien d'étonnant qu'un

Français, en 1505, un Français mi-Poitevin mi-Lorrain, comme ce Pèlerin, qui entend de tous côtés à la fois au nord, au midi, au levant, au couchant, sonner d'un même éclat la renommée de cent artistes de même ardeur, ne les ait confondus dans une égale admiration.

Ce Poyet-là, vous vous rappelez en quels termes en parlait, en 1556, le jurisconsulte tourangeau Jean Brèche, dans son commentaire *De verborum significatione*, cité par M. de Montaiglon *Archives de l'art français*, 2ᵉ série, t. I, p. 296 : « *Inter pictores Joannes Fouquet-tus, atque ejusdem filii Ludovicus et Franciscus. Quorum temporibus fuit et Joannes Poyettus, Foucquettis ipsis longe sublimior optices et picturæ scientia. Hos demum secuti sunt Joannes Ambasias, Bernardus et Joannes Dupratus.* » — Voilà J. Poyet placé bien haut : peut-être le méritait-il, mais pour lui comme pour les autres, il nous faut attendre ses preuves, c'est-à-dire ses œuvres. J. Pèlerin qui, il est vrai, est de Vendée et par conséquent voisin de Tours, fait entrer J. Poyet dans sa glorieuse nomenclature : c'est bon signe pour le Tourangeau. Il nommera de même Colin d'Amiens, celui qui est appelé par Louis XI, avec J. Fouquet, Jacob Lichtenhout de Bourges, et Pierre de Hennes ou de Heaves, croisiler : peindre l'effigie de Charles VII pour les funérailles royales, comme fera plus tard Perréal pour Louis XII. Peintre de confiance du très défiant Louis XI, Colin est chargé par lui de peindre son portrait sur un programme d'une très étrange et très puérile minutie qu'a relaté M. de Laborde dans sa *Renaissance des arts à la cour de France*. Pèlerin nommera aussi Simon du Mans, Simon Hayeneuve de son nom de famille, né à Château-Gontier en 1450, mort au Mans en 1546, et celui-là peintre et surtout architecte et dessinateur d'architecture, jouissant, bien par delà de sa province, d'une réputation immense durant tout le cours de sa très longue vie. V. Geoffroy Tory *Champ-Fleury*, f° XIIII r° et XLI v°, édition de 1526, et Lacroix du Maine *Bibliothèque historique*, Paris, L'Angelier, 1584, p. 457.

Dans un autre dénombrement poétique du même moment, Jean Lemaire en sa *Couronne Margaritique* fait défiler, mêlés à ces glorieux Italiens et Flamands ci-dessus vantés par J. Pèlerin, une suite de ces habiles Français de son temps dont les œuvres décrites par les comptables de nos princes, sortent aujourd'hui de la fouille de nos archives : Marmion de Valenciennes, dont il pourrait rapprocher le Jean Bellegambe à nous connu désormais par son célèbre polyptyque de Douai; et Antoine Petit, de Bordeaux, auquel on attribue le portrait du roi Louis XI, peint pour les chanoines de la cathédrale Saint-André de Bordeaux, en 1476.

A l'autre bout du siècle, de 1382 à 1411, on rencontre en fréquente occasion le nom de Colart de Laon; mais à en juger par les trouvailles de M. Ulysse Robert (*Nouvelles archives de l'Art français*, 1880-81), ce Colart, valet de chambre du roi et du duc d'Orléans, n'est guère qu'un peintre de devises, un décorateur de pavois et de harnais de joutes et d'étendards et bannières.

Parmi les meilleures lettres de noblesse de la peinture française, après les quelques tableaux que l'on rencontre de l'école bourguignonne, soit au Louvre, soit ailleurs d'Avignon et en Provence, il faut compter les précieux cadres de Notre-Dame-du-Puy d'Amiens. — A qui attribuer cette table si savoureuse et délicieuse en ses meilleurs morceaux, ceux qu'on admire aujourd'hui au musée de la ville, et dont l'un s'est échappé jusqu'au musée de Cluny?

Que les noms des très habiles artistes qui ont peint les tableaux de Notre-Dame-du-Puy d'Amiens puissent être demeurés inconnus, il n'y a guère lieu d'en s'étonner. On ne saurait pas que les trouver dans les archives de la cathédrale. Les donateurs seuls de ces tableaux étaient connus de la confrérie, qui ne se souciait que de la vie et de la gentillesse de son allusion au nom du donateur, mais point du tout ou secondairement de la valeur du peintre. C'est donc dans les chartriers ou papiers de familles que l'on peut seulement rencontrer par hasard un marché passé avec tel ou tel peintre de France ou de Flandre, car je ne sais pourquoi il me semble qu'il y a des deux pays; le plus ancien tableau conservé me paraît d'un pinceau flamand; les autres, ceux de la meilleure série, je les crois français à je ne sais quelle délicate finesse et élégance dans les figures.

Il conviendrait de faire même recherche pour les tableaux de Notre-Dame-du-Puy d'Abbeville, fort intéressants eux aussi par une mode pareille de devises allusives aux noms des familles donatrices, et portant eux aussi la marque d'un art qui pourrait aussi bien être français ou flamand.

Songez donc, toute l'Europe en même temps réveillée, depuis Bruges jusqu'à Naples, Avignon, Aix, Paris, Lyon, Dijon, Tours, Amboise, Rouen, Gaillon, Amiens, Bourges, d'un bout à l'autre de l'Italie les plus grandes et les plus petites villes, et toute l'Allemagne côtoyant les Flandres et la Bourgogne, et cela, pour la France, depuis Charles V jusqu'aux derniers Valois : c'est une fête universelle des yeux : entrées de princes, carrousels aux draps d'or et aux costumes éclatants, cérémonies de paix ou d'alliances, mariages ou funérailles, pompes religieuses, décorations des monuments partout renouvelées, tout est aliment et prétexte à ce besoin de créer, de briller et d'émerveiller. C'est la jeunesse de l'art dans toute sa sève amoureuse et féconde, heureuse de vivre et comme étonnée elle-même de sa vie débordante.

Vous aurez remarqué que tout ce mouvement mémorable de la première Renaissance française se passe en quelques années, des dernières du roi Louis XI aux premières de François Ier : Fouquet, Bourdichon, J. Perréal, J. Poyet, sans parler de Michel Colombe et des Juste : c'est ainsi que procèdent et ont toujours procédé en France toutes les grandes explosions de notre art national. Une trentaine d'années ont suffi à ceux-là : elles suffiront, et moins encore, au grand mouvement du temps d'Anne d'Autriche, à celui du temps de David, à celui de M. Ingres, à la brillante fusée romantique.

Il est juste de dire que pour ce merveilleux mouvement de la Renaissance en France, les ministres, esprits élevés et ambitieux du beau pour eux-mêmes et pour leur pays, firent autant que les princes qu'ils servaient : Étienne Chevalier, pour Charles VII et Louis XI, le chancelier Rollin pour la Bourgogne, le cardinal Georges d'Amboise pour Louis XII. Plus tard, à l'époque classique, Richelieu, Mazarin, Fouquet, Colbert ne feront pas moins pour le branle magnifique du XVIIe siècle que Louis XIII et que Louis XIV. Certes, depuis Charles V, qui faisait peindre son portrait par Jean de Bruges, son peintre attitré, et qui rassemblait dans sa librairie du Louvre tant de riches manuscrits, les ducs de Berry et de Bourgogne et René d'Anjou ont une initiative de goût et un amour instinctif des belles choses qui se retrouveront dans la curiosité personnelle des derniers Valois : mais à défaut du roi ou des princes du sang royal, il y a encore un grand prestige, bien favorable à l'autorité souveraine, à voir des premiers

ministres, comme Georges d'Amboise à Gaillon et le grand cardinal
en son château de Richelieu, ou Fouquet à Vaux, faire sortir de terre
à l'heure propice, ces splendides palais où tous les arts sont conviés,
et sans compter, à leur plein épanouissement. Gaillon, « maison la plus
superbe qu'il y ait en France après les maisons royales », avait coûté
en huit ans, au premier des d'Amboise, près de trois millions d'aujourd'hui, et il faut dire que les maçons et les sculpteurs avaient à
peu près tout absorbé ; les peintres n'y sont quasi pour rien, leur
heure n'étant pas encore venue. Et nous savons désormais, par le
précieux volume publié par M. A. Deville, les *Comptes de dépenses de
la construction au château de Gaillon*, que pour l'architecture et ses
merveilleux ornements, l'Italie, quoi que l'on eût dit jusqu'à ce jour,
n'y prit quasi nulle part : tout fut œuvre de Normands et de Français,
sauf trois ou quatre d'au delà des monts, sur plus de cent ouvriers de
nos provinces. André de Solario, de Milan, l'élève de Léonard, est
envoyé à Gaillon, en août 1507, par le grand-maître Charles d'Amboise, neveu du cardinal et gouverneur du duché de Milan, pour
peindre la chapelle du château : il y reste deux ans, jusqu'en
octobre 1509, et y laisse au cardinal « un beau tableau de la Nativité
de Notre-Seigneur ». A coup sûr, il dut y laisser aussi des enseignements profitables à ce groupe de peintres que nomme M. Deville,
venus de Rouen et des environs, déjà pour la plupart renommés dans
leur province et associés à la confrérie des peintres et imagiers de
Rouen : Jehan Testefort, Richard Dubay, Pierre Leplastrier, Lyenard
de Feschal, Pierre Archambault, Jehan Barbe, Jérôme de Tour-
nielles, etc. La nature des travaux de tous ceux-ci n'est pas clairement
indiquée dans les comptes des dépenses du cardinal, et l'on doit supposer que leurs ouvrages de peinture et dorure s'appliquaient surtout, au
point où en était le château, à des besognes de décor et à des détails
d'ornement plutôt qu'à des compositions d'histoire, bien que plusieurs fussent notoirement dans leur ville des maîtres verriers ou des
marchands de peintures et images ; mais il est impossible de croire
que, choisis parmi les plus habiles et les plus intelligents de la province, l'étude des travaux et des procédés du peintre mandé à grands
frais d'Italie n'ait pas eu sur eux et leurs entours la plus vive
influence.

L'Assomption de la Vierge du Rosso, dans le cloître de l'Annonciade à Florence, est bien la plus médiocre peinture et la moins capable de faire concevoir quelque espoir pour l'avenir d'un débutant comme il était. Rien, hélas! ni de simple ni de naïf; rien que de la pratique et de la plus maladroite en même temps que de très effrontée. Des têtes dans lesquelles il n'y a pas l'ombre du sentiment de nature; de grandes draperies jetées à fracas; confusion dans les nombreuses figures des apôtres, confusion dans les draperies. Et jugez de l'effet de cette fresque sans vergogne d'un praticien, justement placée entre la *Visitation*, chef-d'œuvre étonnant du Pontorme qui y a cherché le sentiment d'André del Sarte et l'a atteint à s'y méprendre, et la *Nativité* d'André del Sarte qui fait pendant à ce triste Rosso de l'autre côté de l'entrée du cloître. Dès ses débuts, le Rosso est un sauvage maniéré, un farouche malappris, au milieu de tous ces polis de son temps, une imagination pleine d'acquit, et féconde, mais ambitieuse et indisciplinée. Plus tard à la cour de France, ayant tout oublié de son pays, si ce n'est ce qu'il a emporté du souvenir de Michel-Ange, il poussera au sec la grâce tourmentée et les arrangements capricieux du Buonarotti.

Aux Offices, dans la galerie extérieure, on trouve un autre tableau de lui, représentant une vierge sur un trône et entourée de saints; — un autre encore au Pitti, de sujet analogue et dont Vasari a parlé avec les réserves qu'il méritait. Du moins dans celui des Offices, on reconnaît notre Rosso, et aussi dans les deux tableaux de la galerie Borghese, à Rome, attribués à Michel-Ange et que leur parité d'exécution avec la peinture des Offices restitue certainement au Rosso. Mais je répète que son *Assomption* de l'Annonciade est absolument dépourvue d'art et de force. Voire même de cette sauvagerie qui est, à Fontainebleau, le signe et l'intérêt des œuvres du Rosso. Elle est justement lourde et sans caractère aucun. — On ne peut nier toutefois qu'il n'ait un don d'invention singulière, témoin certaine composition dont je possède le dessin, qui a appartenu à S. Thomas Lawrence. C'est un sujet mystique. La Vierge debout et les pieds sur le serpent, présente un fruit, le fruit purificateur, à la bouche d'Adam, lequel est assis avec Ève sur les branches de l'arbre du fruit défendu. A droite, au-dessus de la Vierge, se voient les figures nues d'Apollon et de Diane. Cette composition bizarre fut exécutée par le Rosso en Italie, dans une maison d'Arezzo, avant son voyage en France, et l'on en trouve la description dans sa vie par Vasari. Ce dessin très terminé à la pierre noire et dans le plus pur goût florentin, mis au carreau d'ailleurs comme pour en assurer les formes très cherchées, les contours serrés et le savant modelé, n'a rien de commun, je dois l'avouer, avec la pratique cassante, hâtive, anguleuse et quelque peu rude et sèche en son maniéré, qui distingue pour nous ses dessins de ceux du Primatice. Quelques crayonnages pareils à celui de la *Rédemption d'Adam* pouvaient donner à croire à ceux qui attiraient en France ce maître Roux, qu'il y apportait avec lui tous les secrets, même le charme de l'art florentin. Le Rosso avait pour vrai bagage une certaine poésie barbare, et non sans grandeur ; quant au charme, quant à la grâce élégante et souple, importation essentielle de ces Italiens dans notre école, et qui allaient y prendre de si profondes racines par nos J. Goujon et nos G. Pilon, ils devaient venir dans le bagage d'un autre, de ce Primatice destiné à supplanter et à faire oublier l'ombrageux maître Roux.

Le Primatice, né à Bologne en 1504, mort à Paris en 1570, et que l'on sait avoir traversé fort jeune les ateliers d'Innocenzio da Imola et de Bagnacavallo, avait à peine vingt et un ans quand il s'en alla, en 1525, se mettre à Mantoue sous la direction, et comme aux gages de Jules Romain, et celui-ci a toujours passé pour son maître. Je m'imagine que dès cette époque, le Primatice était déjà un parfait praticien, et ce qu'il put apprendre de Jules Romain, c'est l'abondance et la variété de la composition, dont il portait d'ailleurs en lui-même le génie, car on n'a guère jamais vu, dans aucune école, un inventeur plus facile, plus gracieux, plus souple, et plus intarissable. D'ailleurs l'indépendance que le Rosso et lui trouvèrent à Fontainebleau les développa singulièrement et leur ouvrit à chacun leur caractère personnel qu'on ne reconnaît point dans les œuvres italiennes de leur jeunesse.

Le vrai maître du Primatice, celui dont la manière lui a formé la main, n'est-ce pas plutôt le Parmesan ? Où a-t-il vu ses peintures ? Est-ce à Bologne sa patrie, où le musée actuel garde de Mazzola une Vierge avec l'Enfant et quatre saints, parmi lesquels une Sainte Catherine agenouillée et caressante. Dans le Parmesan se trouvent le dessin du Primatice et sa couleur de convention. Il me semble difficile de ne pas reconnaître dans le peintre de la cour des Valois une triple influence : l'invention de Jules Romain et du Parmesan et aussi les souplesses de raccourcis de l'école de Parme et du Corrège, dans la liberté desquelles il se joue, et qui plus tard, en notre temps, par l'étude qu'ils auront faite de la galerie d'Henri II à Fontainebleau, serviront, pour leurs propres décorations, de guide et de modèle aux grâces élancées de Delacroix et de Baudry. — J'ai plus d'une fois répété que l'une des œuvres les plus utiles que pourrait nous donner la photographie, ce serait le recueil complet des abondants et poétiques dessins du Primatice ; dans ce recueil nous trouverions la clef de toute la Renaissance française, depuis François Ier jusqu'aux peintres d'Henri IV ; et à qui entreprendrait la liste de ces innombrables compositions, je signalerais dans la galerie des dessins, aux Offices de Florence, deux Primatice de la collection Mariette. Il en faudrait chercher à Londres et à Vienne, un peu dans toute l'Europe, et beaucoup sont rentrés en France à la suite de la vente Woodburn.

Sur Niccolo dell'Abate, tout a été dit par M. Fréd. Reiset, dans l'excellent travail publié par la *Gazette des Beaux-Arts* (t. III, p. 193 et 266, 1859). Avec deux ou trois chapitres pareils, de cette précision, de cette clarté, de ce bon jugement, de cette équité et de ce bon ordre, de ce discernement dans la part de chaque artiste, l'histoire de l'école de Fontainebleau serait faite et définitive. On trouve là à la fois ce que l'on peut savoir de l'homme et des ouvrages qui, dès sa jeunesse, établirent sa grande et juste renommée dans son pays de Modène ; puis la part immense prise par lui à la décoration des galeries de Fontainebleau, quand appelé en France en 1551, sur la proposition du Primatice, il travailla durant vingt ans, avec une prestesse, une habileté, une sûreté, une largeur de pinceau infatigables, à l'exécution des compositions sans nombre imaginées et dessinées par le surintendant des Bâtiments du roi, celui qu'on appelait Francisque de Primadicis ou de Boulongne, ou l'abbé de Saint-Martin, et que tant d'autres besognes diverses écrasaient à la fois. Le Primatice n'était-il pas chargé tout ensemble des peintures, des sculptures, des stucs, de la restauration et de l'entretien des tableaux du roi, de certains morceaux d'architecture, d'aller chercher à Rome les moulages des plus belles statues antiques, de les faire fondre à Paris d'après ces moulages, de donner le dessin du tombeau de François Ier, et de diriger les travaux de cette œuvre importante; de composer pareillement le tombeau d'Henri II, dont le modèle est confié par lui à Ponce Jacquio et aussi, pour l'église des Célestins, la sépulture destitinée au cœur du même roi? et lui-même prenait la tâche du modèle du monument qui devait renfermer le cœur de François II pour Orléans. sans parler des cartons pour les tapisseries et des décorations pour les fêtes publiques. Que seraient devenues, pendant ce temps, les immenses parois des galeries, salles et chambres du Palais, s'il n'avait eu, pour l'aider à les couvrir, des artistes d'une virtuosité égale à sa propre adresse, expéditive et savante, et si pénétrés de sa manière et de son faire libre et souple et de son élégance variée et féconde, qu'on ne les pût distinguer de lui-même. Ce que maître Roux avait trouvé dans Domenico del Barbiere, Primatice le trouva, et mieux encore, dans Niccolo dell'Abate. De cet accouplement sans pareil dans l'histoire de l'art, d'un tel inventeur et d'un tel exécutant, indémêlables l'un de l'autre. l'exécutant étant de taille à inventer des imaginations de même grâce et de même beauté noble, sont nées, à Fontainebleau, la salle de Bal, la chambre de Saint-Louis, la galerie d'Ulysse. la chambre d'Alexandre. la Laiterie.

Je ne parle pas de la galerie de François Ier, non plus que de l'ancienne salle du conseil, ni du pavillon de Pomone, décorés en partie par le Rosso, en partie par le Primatice avant l'arrivée de Niccolo, ni de la Porte dorée, ornée de la Salamandre. mais ailleurs encore on trouve les noms du Primatice et de Niccolo confondus dans les mêmes entreprises : l'ancien pavillon de Meudon, une galerie de l'hôtel de Montmorency, le château de Beauregard près de Blois. M. Reiset observe avec raison que Niccolo, qui avait sa valeur très personnelle, reconnue de tous dès avant son arrivée en France, où il débute par les portraits du Roi et de la Reine, et dont les dessins ne sont guères moins abondants que ceux du Primatice, bien que faciles à distinguer de ceux-ci, outre son goût particulier pour les paysages, qu'il traitait avec « une grande richesse », dut composer et peindre de sa propre main un nombre considérable de décorations et de tableaux:

à l'hôtel de Guise, à l'hôtel de Toulouse, à Chantilly, dans la maison proche des Bernardins, qu'occupait, au temps de Sauval, le conseiller Le Tellier, etc., etc. Mais le Primatice a absorbé dans sa gloire le plus gros du renom de « ce grand génie », et le jour où il attira Niccolo à Fontainebleau, il servit merveilleusement sa propre réputation, l'ensemble de son œuvre (car je ne sais si lui-même eût été aussi séduisant praticien qu'il était brillant inventeur), et, pourquoi ne pas l'en remercier? il mérita bien de nous et des rois qui avaient mis en lui leur confiance. Niccolo, il est vrai, n'était pas le seul Italien qui fût venu apporter son aide à l'abbé de Saint-Martin. Depuis Benedetto Ghirlandajo, frère de Domenico, qui travailla plusieurs années en France après 1498; depuis Léonard et ses Milanais, et André del Sarte, et son élève Squazzella, le vent soufflait d'Italie; et dans le même temps que Maître Roux et le Primatice, on connaît les noms de Domenico del Barbiere, de Fr. Pellegrini, de Nic. Belin, dit Modène (ce Belin ne fut-il pour rien dans l'appel en France de Niccolo dell'Abate, né dans la même ville que lui et dont il connaissait sans doute les ouvrages? Il se peut que M. de Laborde se ravise et finit par lire *moderne*, là où Félibien et lui-même avaient d'abord lu *Modène*; en tout cas Félibien compte Belin parmi les Italiens), de Luca Penni, de Fr. Salviati, de B. de Miniato, de L. Regnaudin, de Caccianemici, de J. Barron et Fantuzzi de Bologne, de J. B. Bagnacavallo, qui s'acheminaient volontiers par delà les Alpes pour chercher fortune à une cour où s'ordonnaient de si magnifiques travaux. Je ne parle ici que des peintres, laissant à d'autres les sculpteurs, orfèvres, architectes, et artistes de tous genres, les Benvenuto, les Ascanio, les Rustici, les della Robbia, les Serlio, les Fr. de Carpi, qui avaient suivi le même chemin.

Dans toutes ces décorations par la peinture des palais royaux, nos Français ne jouaient, pour l'heure, qu'un rôle d'aides bien secondaires : Dorigny, Geoffroy du Moustier, L. Dubreuil, les Lérambert, G. Musnier, les Rondelet, J. Sanson, G. Michel, Ch. Carmoy, les trois Martin, etc. Félibien leur a fait leur part en deux pages; mais l'héritage n'était pas encore prêt pour eux, et l'on eût couru risque, en leur confiant de trop importants cartons, d'une interprétation trop peu fidèle de ce goût italien, de cette mode d'élégance raffinée dont, — je ne le lui reproche pas, — raffolait alors toute la cour des

Valois. Il fallait de l'unité dans la conduite d'un tel courant d'art, pour justifier et imposer les qualités qu'il apportait à notre école ; et cette unité elle se trouva dans le Primatice intimement confondu avec Niccolo. — Jules Romain avait dû raconter plus d'une fois au Primatice, pendant que celui-ci travaillait pour lui à Mantoue, la part qu'il avait prise aux grands ouvrages de Raphaël, et quel besoin avait eu le divin Sanzio, d'aides et de praticiens soumis et disciplinés, pour exécuter, là-bas à Rome, d'après des dessins qu'il n'avait pas le loisir de peindre lui-même, les immenses fresques du Vatican et les tableaux sans nombre qu'on lui demandait de toutes parts, pressé qu'il était par les perpétuelles et incessantes exigences des papes ses protecteurs, patrons capricieux et toujours inquiets d'une mise en œuvre immédiate de leurs commandes. Il avait fallu à Raphaël vingt bras à la fois, tout ce qu'il y avait déjà d'assez expérimenté parmi les apprentis de son atelier, pour le seconder suffisamment dans les vastes peintures dont il avait à peine le temps de concevoir les pensées premières et d'étudier, avec sa sûreté ordinaire, les figures principales. Mais dans cette troupe d'aides et de praticiens nécessaires, l'un deux devait primer les autres, et c'était lui, Jules Romain, par l'étroite familiarité qu'il avait acquise avec la manière et les procédés et les types mêmes du maître, si bien que son dessin semblait calqué sur les airs de tête et le caractère des formes de Raphaël. Le Primatice dut songer à cela et à s'assurer pour lui-même un autre Jules Romain, le jour où il se vit débordé à Fontainebleau par tant de commandes diverses, et ce lui fut une fortune sans pareille de mettre la main sur un compatriote, formé aux mêmes écoles, d'habileté tout au moins égale à la sienne, et qui se prêta avec une docilité et un désintéressement admirables, au rôle modeste et peu profitable pour sa propre gloire, qui en est restée injustement effacée, d'exécutant des dessins du maître de Bologne. A eux deux, à eux trois, en comptant le Rosso, qu'il serait malséant d'oublier, puisqu'il les précéda, quoique de peu, dans ces grandes entreprises, mais qui n'eût pas, à lui seul, laissé la même empreinte sur notre école, ne lui apportant pas les mêmes qualités souveraines de grâce délicate et de souplesse ondoyante. ils ont, par cette profusion merveilleuse de compositions, dont furent en quarante ans décorées nos maisons royales, de payennetés mythologiques et héroïques, et surtout amoureuses, ils ont créé cette brillante école de Fontainebleau, d'un ensemble et d'un caractère si particuliers, dont l'influence continuée par une nouvelle génération de Flamands italianisés, se perpétua victorieuse, depuis François Ier jusqu'à Louis XIV, et du Maître Roux jusqu'au Poussin, car même dans Simon Vouet et ses élèves les plus intimes, il reste encore beaucoup du goût décoratif du Primatice; et l'on sait que les meilleurs de ces élèves, Le Brun, les deux Mignard, avaient autant étudié à Fontainebleau qu'à Paris. « Fontainebleau, dit Félibien à propos de Nicolas Mignard, était l'école où tous les jeunes hommes allaient pour étudier, tant à cause des ouvrages de Freminet que l'on regardait alors avec estime, qu'à cause de ceux du Primatice et de plusieurs autres tableaux dont cette Royale Maison était décorée. » Il arriva même à Simon Vouet ce qui était advenu au Primatice, comme à tous ces premiers peintres mis en vogue et surmenés de besognes par la faveur de nos rois; « malgré son exécution fort expéditive, il fut bientôt forcé à ne plus faire que des dessins servant de modèles à ses élèves, dont il n'avait pas souvent même le temps de retoucher la peinture ». C'est par de tels procédés que se façonne plutôt une école de décorateurs agréables et séduisants que d'artistes émus et émouvants.

On a, dans ces derniers temps, reproché à l'art italien d'avoir dévoyé notre premier art national, celui qui, prétend-on, serait né de notre terroir, et qui par sa naïveté avait plus d'affinité avec les peintres de Bruges qu'avec ceux de par delà les monts. On s'est mépris, je crois; et la cause d'erreur est dans le choix des peintres qui furent, pour les travaux de Fontainebleau et des autres châteaux royaux, attirés par François Ier. Les artistes choyés par Louis XII et les d'Amboise n'avaient pas, en effet, ce danger pour notre pays et s'accordaient à merveille avec notre tempérament originel français. C'eût mieux été encore si le vieux Léonard eût pu développer chez nous l'influence de son génie et y implanter et gouverner un groupe formé à ses leçons. Mais les habiles gens qu'appela François Ier, je veux parler du Rosso et du Primatice, n'étaient pas, à vrai dire, des chefs d'école, mais des décorateurs; et du décorateur, voire du plus attrayant pour ses contemporains, à l'homme de principes et de pensée, la distance est grande; c'est la distance de Michel-Ange à Vasari, du Corrège au Primatice et à Niccolo dell'Abate, du Poussin à Le

Brun. Le décorateur étonne ou charme les yeux par ses conceptions hardies ou ingénieuses, mais procède toujours du goût courant de l'architecture à laquelle il s'associe ; le maître est celui qui apporte à l'art de son temps un élément nouveau et une interprétation particulière de la nature, que ses élèves vont s'assimiler et répandre dans l'école. Condamner et maudire l'influence sur l'art français, du Primatice et des Italiens de son époque, n'est ni juste ni sage, car, si le Primatice n'était pas un vrai maître dont un jeune artiste puisse avec profit étudier les expressions ni un morceau particulier de son exécution, il n'est pas niable que lui et les siens ont favorisé dans notre pays le sentiment de l'élégance, de la grâce et de la souplesse, qui allait devenir, dans le progrès futur de notre art, une de ses plus essentielles et comme de ses plus naturelles qualités. Et d'ailleurs il s'est bien vu, par la suite, que l'Italie était la patrie réelle et inévitable de notre peinture, puisqu'à toutes les époques où il a fallu la retremper et la rajeunir, c'est toujours là qu'elle a retrouvé ses véritables sources régénérantes, pour le Poussin au xviie siècle, pour David à la fin du xviiie, et même pour Lemoine et Boucher à l'imitation des Giordano.

Le peintre attire le peintre. Cet imitateur de la nature imite, avant tout, ses semblables. C'est pourquoi nous voyons, chaque année, exploités par cent brosses diverses le sujet d'histoire ou de genre traité avec succès au Salon précédent ; c'est pourquoi les paysagistes ne croiront pouvoir faire d'études profitables qu'aux endroits où auront passé avant eux quelques habiles ; de là les colonies de Bougival, de Barbizon, de Douarnenez. Dans l'histoire de notre art français on voit, dès qu'un maître étranger a réussi à la cour de nos rois, accourir à sa suite un groupe de ses compatriotes, lequel prend aussitôt faveur parmi nous, et y exerce souvent pour une longue période, une influence acceptée par la mode, qui a toujours été en France fort tendre aux artistes du dehors. Les Clouet étaient venus de Flandre, et plus d'un Flamand, durant le xvie siècle, suivit certainement le même chemin qui menait à Paris et à Fontainebleau, mais c'est surtout après le grand courant italien de Léonard et de ses élèves et de ceux que j'ai nommés à la suite du Rosso et du Primatice, que l'on voit peu à peu apparaître, puis se grossir le groupe de ces Flamands italianisés qui semblent chargés de continuer à Fontainebleau la tradition de l'école de Michel-Ange, mais de cette école interprétée par des esprits de race quelque peu barbare, à la fois sauvages et maniérés. C'est le moment des Porbus, des Ambroise Dubois, des Ninet, des de Hoëy, sur lesquels prennent modèle nos Toussaint Dubreuil, nos Bunel et nos Freminet. Le goût des Valois n'a presque plus rien à voir là-dedans ; c'en est l'outrance et la corruption. L'ornement et la composition y sont plus chargés et compliqués, les formes plus contournées, c'est l'époque d'Henri IV plutôt que de ses prédécesseurs. Vient un moment où ils sont si nombreux et tiennent tant de place à Paris parmi les gens du métier, que Henri IV leur donne, à ces Flamands, un privilège spécial pour vendre leurs tableaux à la foire Saint-Germain.

Et quand la faveur de Marie de Médicis se sera manifestée pour Rubens par la commande de la fameuse décoration de la galerie du Palais du Luxembourg, et pour Van Dyck par les négociations relatives à la grande galerie du Louvre, les Flamands, sentant toujours plus ferme leur crédit à la cour, ne vont que se multiplier mieux encore à Paris. Le lecteur en jugera rien qu'en parcourant des yeux la si plaisante lettre de Nicolas Wleughels, sur son père Philippe Wleughels (*Mémoires inédits sur les membres de l'Académie royale*, t. Ier, p. 354-362) et où sans parler de Van Thulden, de Philippe de Champaigne, et de son neveu Jean-Baptiste, de Juste d'Egmont, de Ferdinand Elle, de Jac. Van Loo, etc., on voit fourmiller dans le seul quartier de la rue Tarane et de la rue du Sépulchre, les figures de Van Mol, de Nicasius, Van Boucle, Fouquiers, Call, Wolfart, Picard, Mathieu et Nicolas de Plate Montagne et jusqu'au doreur Gérard Locreman. N'oubliez pas J. Asselyn et Herman Swanevelt qui peindront à l'hôtel Lambert, et Bertholet Flemael qui décora la coupole des Carmes, Gérard Gosuin, le peintre de fleurs, et cette dernière fournée flamande des Van der Meulen, des Genoels et des Monnoyer qui fournit à Le Brun des collaborateurs si précieux pour les travaux du roi aux Gobelins. Et je ne nomme ici que quelques-uns des peintres ; les sculpteurs sont aussi nombreux, qui, durant cent ans, viennent de Flandre se mêler à notre école.

LE XVIe SIÈCLE FRANÇAIS AU MUSÉE DU LOUVRE. — ÉCOLES PROVINCIALES

Quand on étudie au Louvre, les origines de la peinture française, dans cette courte halte de notre grande galerie consacrée à nos premiers maîtres antérieurs au xviie siècle, on est tout d'abord attristé par la cruelle indigence en ce point de notre musée national, et par les lacunes immenses qu'il laisse trop voir, pour une période que l'on sait aujourd'hui avoir été si riche. On y voudrait trouver quelque tableau des Puys d'Amiens ou quelque œuvre d'Enguerrand Charanton, ou de Nicolas Froment ou de tel autre peintre du « Roi de Sicile ». Telle qu'est cette salle si pauvre, on y rencontre pourtant des points de repère essentiels, de ces peintures du xive et du xve siècle, dites de l'école de Bourgogne, et où se reconnaît certaine influence italienne de Simone Memmi et autres florentins primitifs, mêmes expressions sincères et naïves, avec toutefois moins de préoccupations ardentes de la nature que chez les Florentins de la même époque.

Il faut de là sauter à J. Fouquet, lequel, je l'ai dit, se ressent si évidemment de la double influence, éternelle désormais, dans le courant français : la flamande-italienne ; celle des miniaturistes italiens de son temps. Léonard ne l'aurait pas renié parmi les siens et eût pu honorer son intensité de recherche et d'expression dans ses deux portraits d'Étienne Chevalier et de Charles VII. Son coloris riche et profond est un mélange des Flamands contemporains de Van Eyck et des écoles italiennes du nord ; et l'on peut admirer autant que les Fouquet, le portrait, du même temps ou peu postérieur, de Guillaume de Montmorency.

L'influence flamande s'en va prédominant avec les Clouet. Les portraits qui sont là sous ce nom, avec leur légèreté de pinceau, leur exquise délicatesse de chairs, et leur dessin plein de finesse, ont la suavité de ton de cette école qui nous arrive de Bruxelles par le vieux Jean Clouet, et où se transfusent aussitôt la distinction et l'élégance qu'ils puisent dans le goût de la cour de France.

François Clouet (le Janet de Marot), Corneille de Lyon ou du moins le joli maître auquel on attribue les ravissants petits cadres à fond vert ou bleuâtre, tous les peintres crayonneurs de la cour des Valois,

sont des artistes d'une qualité adorable, parfois coloristes d'une fraîcheur charmante, toujours grands portraitistes, jusques dans les
crayons des derniers Du Moustier, par l'observation des visages et
leur ensemble d'expression ; mais les détails surtout du costume char-
ment les peintres et les amusent : ils excellent aux broderies et arabes-
ques d'or qui dessinent les contours des pourpoints et manteaux, et
aux merveilleux bijoux et colliers émaillés qui entourent le col ou
couvrent la poitrine des princesses. — Oui, nos peintres d'alors, dans
le meilleur de leur art, sont avant tout des portraitistes, cédant,
je le veux bien, le pas à Holbein, mais fort capables de rivaliser, en
leurs bons jours, avec Antonello, avec Mabuse, avec Cranack, avec
Barthel Beham. Voyez là le François Ier, de grandeur naturelle, à
mi-corps, en costume blanc, noir et or, infiniment précieux pour le
délié et le bon goût des ornements et rinceaux de broderie. Il a pour
le moins autant de caractère que les bons portraits italiens de ce
temps. Le dessin des mains en est large et grand, et la portraiture de
la tête en est d'une sincérité parfaite dans l'exagération non trichée
des traits, la petitesse des yeux, la longueur du nez ; le peintre traduit
son modèle, son teint, son masque entier, et non sans grand aspect,
avant de songer à l'arranger comme fera le Titien : celui-ci certes est
un plus grand maître ; celui-là n'est point de taille ordinaire.

Puis vient le *Jugement dernier* de Jean Cousin ; ce fut un homme
heureux que ce Jean Cousin. Grâce à un tableau de dimension moyenne,
assez bien arrangé, dans le groupement facile de ses figurines sans
nombre, mais auquel sont supérieurs mille ouvrages en n'importe quel
pays d'art, son nom a eu l'honneur d'ouvrir durant trois siècles l'histoire de la peinture française. Et avec cela il n'est peintre plus difficile
à caractériser quand on n'a sous les yeux que ce *Jugement dernier*.
Faut-il s'en prendre à des repeints postérieurs qui auraient épaissi
la peinture du maître ? Il est certain qu'on ne saurait par cette œuvre
seule se faire une idée nette ni de son dessin, qui d'ailleurs semble
tout de pratique, ni de son coloris ; on voit seulement qu'il est grand
docteur en anatomie, car les infinies variétés d'attitudes de ses innombrables personnages ne lui coûtent rien. Il est l'homme de ce seul
tableau, si l'on excepte cette *Eva prima Pandora* restée là-bas à Sens
et dont la place serait bien au Louvre pour nous mieux expliquer son
auteur. Il n'est pas artiste de cour ; il n'est point des pensionnés du

roi, ni de la cohorte de Fontainebleau ; car, si l'on trouve une seule
fois un Jean Cousin mentionné comme « imager » dans les comptes
des bâtiments en 1540-50, je ne pense pas qu'il s'agisse du nôtre.
Lui, à vrai dire, est un peintre provincial travaillant beaucoup à Paris.
Il a dans la main, comme ceux de son temps, tous les arts du dessin :
il est peintre, il est sculpteur, il est verrier, il est graveur; l'importance de ses verrières dans les églises parisiennes a surtout contribué
grandement à sa renommée, en un temps où tous les artistes de
quelque valeur sont groupés là-bas à Fontainebleau, loin de Paris,
absorbés par la direction immédiate des Italiens ; et ce Français étonne,
travaillant librement hors du contact des gagistes du roi. Ce n'est pas
qu'il soit indépendant de la manière italienne à laquelle nul ne se
soustrait. Il s'y rattache par son goût de dessin qui est exactement
fidèle à la mode de son temps et peut-être au Rosso qu'au Primatice.

Je veux bien croire que ses œuvres, aujourd'hui perdues pour nous,
ont été très abondantes. Les plus sûrs témoignages de sa manière
nous sont venus par ses estampes, qui ne nous donnent la mesure
que d'un maître sans grand caractère particulier de forme ni d'expression, si ce n'est celui d'une certaine vigueur un peu âpre, sèche et
nerveuse. J'imagine, entre nous, que la meilleure inspiration de sa
longue vie qui remplit près d'un siècle, fut la publication de son livre
de *Pourtraicture*, par lequel il popularisa son nom dans les ateliers
des siècles à venir, en faisant preuve d'une connaissance parfaite des
proportions du corps humain et de la manière d'en exprimer les
raccourcis par des procédés géométriques. Il en a gardé la réputation
du premier peintre français qui s'avisât d'écrire sur son art, et soyez
sûrs que cela ne l'a point desservi auprès de Félibien, son confrère en
telle littérature et qui s'est si fort étendu sur son chapitre.

Cependant commençaient à se débrouiller, eux aussi, et à se déga-
ger de leurs maîtres italiens, sans rompre toutefois avec leurs traditions, au milieu des grands travaux qui les éparpillaient entre le
Louvre, les Tuileries, Fontainebleau, Saint-Germain et les églises et
hôtels de Paris, un certain nombre de peintres vraiment français, qui
remplirent la période de Catherine de Médicis à Henri IV. Toussaint
Du Breuil, le vrai continuateur abondant et souple de la manière du
Primatice et de Niccolo; Ant. Caron, compositeur ingénieux des
tapisseries de la Reine mère; Guillaume Dumée, auquel je restituerai,

sur le témoignage d'un dessin signé de lui et que je possède, le tableau
de *Chariclée subissant l'épreuve du feu*, que le catalogue Villot
attribue, au Louvre, à Ambr. Dubois; Jac. Bunel, bienvenu du roi
Henri et dont le maître tableau de l'*Assomption de la Vierge*, peint
pour l'église des Feuillants Saint-Honoré, et donné en 1803 au musée
de Bordeaux, montre dans la tournure de ses apôtres un goût assez
grandiose; et Roger de Rogery, et Gabr. Honnet, et le peintre-archi-
tecte Du Perac, et enfin Martin Fréminet dont on voit au Louvre un
Mercure ordonnant à Énée d'abandonner Didon. Je n'entends point
faire d'ailleurs un éloge exagéré de ce groupe de décorateurs en qui
se termine un mouvement d'art singulier, dans lequel le maniérisme
et le contournement des formes débordent par trop le précieux principe de la grâce française. Leur coloris, un le et troid, voire un peu
sauvage, sans liant ni recherche, se ressentirait plutôt du Rosso que
du Niccolo. Pour ces fresquistes ou élèves de fresquistes, le coloris
est le cadet de leurs soucis; mais la liberté de leur composition est
extrême, leur imagination toujours prête à pondre; et pourvu qu'il
conserve en tout l'élégance à la mode, ou l'exubérance qui passe pour
génie, leur dessin n'est jamais à court. Parmi eux se maintenaient,
il est vrai, ces Flamands tavorises dont j'ai parlé: les Ambr. Dubois,
les Bellozy, les Porbus; mais enfin les Français semblaient désormais
occupés de haute lutte la tête de leur propre école. Henri III nommait du Breuil son peintre ordinaire et Fréminet devenait bien en
titre, après la mort de Pierre Du Moustier, Premier-Peintre de
Henri IV. Ce roi lui donnait même à décorer, dans cette « manière
fière et terrible », comme dit Félibien, que Fréminet avait apprise à
Rome en se pénétrant des Prophètes et des Sibylles de la chapelle
Sixtine, la chapelle du château de Fontainebleau. — dernière grande
manifestation de la peinture, suprême effort de la seconde Renaissance
franco-italienne dans ce palais des Valois, qui avait vu, près de cent ans
auparavant, s'ouvrir par le Florentin Rosso la fameuse école de Fontainebleau et qui la voyait clore par le Parisien Fréminet, mais fidèle
et soumise jusqu'au bout à la même influence dominatrice et tourmentée du tout-puissant Michel-Ange. Il faut lire dans le journal
d'Héroard, les premières leçons que le petit Dauphin prend avec Fréminet, de ce joli jeu du dessin que le roi Louis XIII reprendra plus
tard avec Simon Vouet.

Quand Fréminet mourut en 1619, ce Simon Vouet, pensionné depuis cinq ans sur la recommandation de la Reine mère, aurait déjà pu revenir de Rome, et Poussin cherchait les moyens de gagner l'Italie. C'est assez dire qu'un nouvel âge de la peinture s'apprêtait pour la France.

Viendrait peut-être ici en la place qui lui appartient une esquisse de l'histoire de nos écoles provinciales, en caractérisant en quelques mots chacune d'elles selon leur génie local. — J'ai déjà indiqué plus haut, à propos des suivants de Memmi et autour du roi René, ce qu'il s'était aggloméré d'artistes dans le Comtat et la Provence depuis le XIIIe jusqu'au XVIe siècle; — ce qu'il en couvait autour de Dijon, dans la Bourgogne et dans le Bourbonnais; — ce que les d'Amboise en employaient à Gaillon et à Albye; — ce qu'était l'école de Tours avec les Fouquet, Bourdichon et Poyet. — Il n'est province, depuis lors, qui n'ait continué à se fournir, par les peintres de son cru, les œuvres d'art nécessaires à la décoration de ses monuments sacrés et profanes, et les portraits que réclame la légitime vanité de ses familles illustres; qui n'ait trouvé dans ses principales villes, sièges de gouvernements ou de parlements, le groupe d'habiles gens suffisamment armés pour traduire dans de tels ouvrages le tempérament d'art de leur région natale. En ce sens, Paris qui, en l'absence de ses rois, si longtemps retenus dans les châteaux des bords de la Loire, ou à Fontainebleau, ou à Saint-Germain, n'est qu'une tête de province un peu plus favorisée qu'une autre, n'est pas plus riche en peintres ou enlumineurs que Rouen, ou Lyon, ou Dijon, ou Troyes, ou Toulouse, ou la Lorraine; et pour ne parler que de la Provence, et du Comtat, d'Aix et d'Avignon, à l'heure où s'ouvre le XVIIe siècle, ces deux villes n'ont quasi rien à envier, comme abondance d'œuvres et d'ouvriers d'art, à la capitale même de la France. — Lisez, pour Avignon, les *Notes* de M. Achard *Archives de l'art français*, T. IV, p. 182-187, fournissant la liste des quarante artistes avignonais travaillant au XVIIe et XVIIIe siècles, et faisant suite à celle recueillie par le même savant archiviste pour le XIVe, XVe et XVIe siècles et que nous avons déjà transcrite plus haut. — Celle-là, s'il m'en souvient, se clôt, ou à peu près, par le nom de Simon de Châlons en Champagne, dont le musée d'Avignon montre des tableaux signés et datés de 1545 à 1565. Simon n'était pas le premier qui, depuis le roi René, fût venu du Nord dans le Comtat, mais il y apporte un très singulier mélange d'aspirations à la correction de formes et de draperies italiennes, un certain art de composition. sec et froid de coloration, de la bonhomie champenoise qui reste malgré elle un peu paysanne, tout en cherchant la légèreté et la manière savante, quelque chose, en moins dégourdi, de cet air mi-flamand mi-florentin des prédécesseurs italianisés d'Ambr. Dubois. Très Français toutefois, Français du Nord. et qui étonne l'œil dans un musée du Midi, ce Simon, par ses italianismes, me fait songer, par avance, au J. Boucher de Bourges, près duquel iront plus tard étudier d'autres Champenois. et qui datait volontiers ses dessins de Rome. Aurait-il point, lui aussi, passé par là ? — Hâtons-nous de dire que la ville parlementaire n'était guère moins foisonnante en peintres que la cité papale.

Deux siècles après les peintres du Roi de Sicile, cent ans après le peintre du tableau des premiers parlementaires de Provence qui se voit encore aujourd'hui dans l'église du Saint-Esprit, venait, en rentrant sans doute d'Italie, vers 1610, se fixer quelques années à Aix, et de là rayonner dans les villes diverses de la Provence, un peintre né à Bruges en Belgique, imitateur assez brutal du Caravage, avec un fonds traditionnel gardé des vieux maîtres flamands. portraitiste vigoureux, et duquel Peyresc son protecteur écrivait à Rubens qu'il peignait avec de bonnes couleurs. C'était Louis Finson, ou Finsonius, dont on connaît dans la cathédrale d'Aix l'*Incrédulité de saint Thomas;* dans l'église Saint-Jean la *Résurrection du Christ;* au pavillon Lanfant la *Salutation angélique;* dans Saint-Trophime d'Arles la grande toile à puissant effet de la *Lapidation de saint Étienne* et une *Adoration des Mages;* à la Ciotat, une *Descente de croix;* et venu on ne sait d'où, à Paris, dans l'église Saint-Nicolas-des-Champs, sous le faux nom de Lenain, une *Présentation au temple,* où se voit comme dans la *Lapidation de saint Étienne* le portrait de l'artiste lui-même; et la répétition du même tableau de la *Présentation* signée et datée de 1615, dans la chapelle du lycée de Poitiers; le musée de Marseille possède aujourd'hui les portraits, peints mutuellement, de Finsonius par son ami et compatriote Martin, de Martin par Finsonius; et ce Finson dont les portraitures passaient plus tard en Provence, au dire même de Mariette, pour « aller de pair avec celles de Van Dyck », avait représenté les plus nobles figures de son temps, réunies à Aix. Peyresc, son patron, il le peignit à diverses reprises (et le Peyresc du musée de Versailles doit être de son pinceau); Malherbe, Duvair, P. Hurault de l'Hôpital, J. B. Boyer d'Éguilles, et tous les parlementaires de Provence; enfin le chef-d'œuvre de l'artiste, le portrait de sa mère, que nous avons pu acquérir à la vente du peintre Clérian. Il se noya, dit-on, dans le Rhône, à Arles, en 1632, mais il avait laissé à Aix, un élève habile, du nom de F. Mimault, dont on trouve un *Baptême du Christ*, daté de 1655, dans l'église de la Madeleine; et Laurent Fauchier, l'admirable portraitiste, à qui Puget confia l'instruction de son propre fils et dont la mort est racontée dans les lettres de Mme de Sevigné de laquelle il peignit la fille, avait appris son art en imitant comme modèle, dans sa jeunesse, les ouvrages de Finsonius.

Vers 1638, un autre Belge, celui-ci natif de Bruxelles, Jean Daret, s'arrêtait dans la même ville d'Aix, et, trente années durant, en remplissait toutes les églises et chapelles de confréries d'une multitude d'agréables, douces, dévotes et harmonieuses peintures, empruntées au goût du Guerchin et du Guide; mais de plus il y exécutait, pour l'hôtel Chasteau-Renard et pour un appartement galant consacré par le duc de Mercœur à la belle du Canet, des décorations d'une élégance, d'une invention et d'une grâce de pinceau fort admirées alors par Romanelli et par le Roi lui-même, et qui certainement pouvaient aller de pair avec ce que les Bolonais et Vouet et ses élèves pratiquaient de plus brillant à la même époque, soit dans les palais d'Italie soit dans nos hôtels de la place Royale (1).

Cette suavité tranquille du pinceau et de l'expression se continue dans l'école provençale par les tableaux, très répandus dans le Comtat et à Aix, de Reynaud le Vieux, de Nîmes, dont on trouve le nom parmi ceux des copistes habiles, Mignard, Chaperon, etc., que le Poussin est chargé par Chantelou de surveiller à Rome, et qui a laissé à Saint-Louis des Français un des meilleurs tableaux qui décorent là-

---

(1) A la vente Paulin Talabot (14 novembre 1889), a été adjugé, au prix de 1.530 francs, un grand plafond de Jean Daret, représentant *Diane et Calisto;* il provenait d'un hôtel d'Aix, « transformé depuis en monastère, et les religieuses avaient fait peindre des draperies pour recouvrir les corps des nymphes ».

bas notre église nationale; — et cette douceur de ton, et cet agrément de composition, toujours et avant tout italiens, grâce au courant du voisinage, bien que, un moment interrompus par les colorations violentes de Nic. Pinson de Valence, le Pinson du musée d'Aix et de la chapelle Saint-Louis dans Saint-Louis des Français, — et de Faudran, — et du grand Puget et de son fils imitateurs des Génois (V. le *Sauveur du monde* et la *Vierge* de P. Puget, exposés à Marseille en 1861), — et par les toiles abondantes et noires de Michel Serre, plein de la verve un peu brutale des Espagnols, — se perpétueront quand même à la suite de Nic. Mignard, par S. Barras, par Pierre et Ignace Parrocel, par les Vanloo, Jean-Baptiste et Carle, par Ph. Sauvan et par Dandré-Bardon.

Ajouterai-je que la grande faveur dont jouirent de bonne heure les paysages italiens et les marines méditerranéennes de Joseph Vernet développe dans ses compatriotes du Comtat et des côtes provençales un groupe très habile de paysagistes et de mariniers, les Lacroix, les Henri, les David de Marseille, etc., groupe qui vient finir par Constantin, dernier pasticheur de J. Vernet et de Salvator Rosa, et qui fut lui-même le premier maître de Granet et de M. de Forbin.

La nomenclature et la filiation des écoles provinciales présentent des ramifications infinies, et pour en tracer un tableau suffisamment pondéré, il faudrait dépouiller à l'aise toutes les archives de nos grandes villes. Ce travail a bien été quelque peu débrouillé par les historiens des deux derniers siècles et surtout par les érudits spéciaux du nôtre. J'ai pu citer, pour ma part, à propos de Jean Boucher de Bourges, le maître de P. Mignard, la série de noms d'artistes que le baron de Girardot avait recueillis dans les comptes des dépenses de la ville de Bourges dépouillés par lui depuis 1480 jusqu'en 1792, et qu'avaient complétée les recherches de M. H. Boyer. Et à l'occasion de J. Mosnier, l'un des peintres favoris de Marie de Médicis, j'ai reproduit la page de l'*Histoire de Blois* de J. Bernier, où, en dehors de Jacob Bunel, de Tibergeau et de J. Mosnier, sont groupés ces intéressants peintres en émail Christophe Morlière, Robert Vauquer, Isaac Grisblin et J. Macé le marqueteur « peintre en bois », qui formérent à Blois une petite école spéciale si intéressante.

Pour jalonner l'histoire de la peinture française, rien n'est plus utile que ces séries de tableaux traditionnels, consacrés à des œuvres votives dans les principaux centres d'art de notre école nationale. Nous avons déjà parlé des tableaux du Puy, d'Amiens et d'Abbeville; nous parlerons plus tard des mays de Notre-Dame de Paris. — A Toulouse, à Narbonne, à Lyon, à Paris encore, c'étaient des suites de portraitures d'échevins, de capitouls, ou de consuls destinées aux Hôtels de Ville. M. Roschach, conservateur des archives communales, a pu nous dresser la liste des artistes, enlumineurs et peintres, qui, de 1362 à 1788, ont exécuté les portraits des capitouls de Toulouse, et la représentation des événements mémorables de chaque année, soit sur les murailles de la chapelle capitulaire, soit sur le fameux *Livre blanc*, consacré aux annales de la ville. Je transcris, d'après *Les douze Livres de l'histoire de Toulouse* (1887), cette précieuse liste qui fournit, à elle seule, le cadre complet de la peinture toulousaine :

P. Dal Vilar (1362); Jehan Noguier (1388-92, 1403-05); Jehan Aymes (1420); Guiraut Salas (1439-40); Antoine de Logny (1459); Daniel de Saint-Valery (1465); Colin de Trysia (1465); Guillem Viguier, dit Papillon (1469, 1487, 1498); Laurent Robyn (1475, 1488, 1489, 1497, 1503); Liénard de la Chiëse (1498); Pierre Gony, Frison (1503); Jehan Merle (1513); Mathurin Cochin (1517); Antoine Ferret (1520, 1531); Jehan Peyre Mashuquet (1522); Jacques Betelha (1523); Charles Pingault (1535); Servais Cornouaille (1537, mai 1562, 1564); Bernard Nalot (1540); Guillaume Garnier (1541); Jehan Faguelin, dit le Page (1550, 1556-60); François Michard (1550); Martin Le Guoys (1553); Jean Gibert, dit Cupido (1577-83); Arnaud Arnaud (1584-87); Jacques Bolvène (1588-1603); Jacques Clerjac (1599); Guillaume Desambec et Jeham Camp (1601); Charles Galery (1601, 1605); Pierre Pujol. d'Alby (1603); Bernard Lévesque (1606); Pol van der Schoolen et Jean Sneegans (1607); David Varin du Jardin (1608, 1609); Jean Chalette (1611-43); Hilaire Pader (1643, 1660-61-63); Denis Parrant, Colombe du Lis (1644); Antoine Durand (1645-47-48, 1658-63, 1670-73); Jean Floutou (1664); Jean-Pierre Rivals (1674-84); Antoine Panat (1689-90); André Lèbre (1691-93); Jean Michel (1694-1702); Antoine Rivals (1703-1734); Guillaume Cammas (1736-55); Pierre Rivals (1756-78); Lambert François Thérèse Cammas (1779-80); Labeyrie (1782-88).

M. Roschach avait déjà donné, avant le volume d'où j'extrais cette

liste, une étude spéciale sur Jean Chalette, où il avait rassemblé les
documents épars sur ce tant remarquable peintre et miniaturiste, l'un
des plus dignes de gloire entre nos artistes provinciaux, et qui était
venu de Troyes à Toulouse, y apportant une vigueur et une franchise
de pinceau que rappellent singulièrement les Lenain, instruits, l'on
dirait, à la même école, et quasiment du même pays. J'ai essayé
moi-même de faire apprécier ce grand portraitiste, si fin en ses
miniatures du *Livre blanc*, dans l'appendice qui complète mon
tome IVe des *Peintres provinciaux*, et où je profitai de l'occasion de
cet étrange Hilaire Pader, tellement singulier par sa peinture mais
surtout par ses livres, pour passer en revue les Tournier, les Fredeau,
les dynasties des Troy et des Rivals, et Gamelin et M. Roques le
maître de M. Ingres, c'est-à-dire les plus gros noms de l'école toulousaine, brutalement influencée, malgré elle et de siècle en siècle,
par les violences de lumière et d'ombre du soleil espagnol.

Il est bien un autre artiste languedocien que je voudrais ajouter à
cette liste. Ce n'est point un peintre, à proprement parler; ce fut un
dessinateur. Tous les peintres sont dessinateurs; tous les dessinateurs
ne sont pas peintres. Est-ce une raison cependant pour que ces derniers n'obtiennent place dans aucune histoire de la peinture; et s'ils
ne sont introduits là, où leur biographie trouve-t-elle sa case? Ce
sont des artistes, après tout, et souvent fort grands, supérieurs même,
par la pensée et la main, à beaucoup de manieurs de pinceaux.
Notre siècle à nous en a connu plusieurs de cette espèce, et de la
taille des plus hauts : Gavarni, Daumier, Charlet, Raffet et Bida, ce
dernier né dans les mêmes parages que le rustre bizarre qui m'arrête
un moment ici. De même, au XVIIe siècle, Callot, Abr. Bosse, Saint-
Igny, Isr. Silvestre, Séb. Leclerc, B. Picart, Chauveau et Berain
et Gillot, qui font assez jolie figure dans le cadre de l'art français.
Il faut dire pourtant que celui dont je parle fut vraiment un être à
part.

Chaque école n'a-t-elle pas ses artistes errants? Ils sont de leur
province, ils sont de Paris, ils sont de l'étranger, ils sont du pays où
les appelle leur tempérament : tel a été le fécond et hardi dessinateur
Raymond de La Fage. Ses contemporains ne le comparaient à rien
moins qu'à Michel-Ange et au Carrache; pour moi, aujourd'hui, c'est
un Gustave Doré; même abondance et primesaut d'invention; imagi-

nation exubérante et jamais prise au dépourvu, génie un peu gascon, si vous voulez, par son audace et sa vantardise inconsciente, mais visant vraiment au grand selon le diapason de son siècle, et étonnant ses alentours par la furie de son improvisation et je ne sais quelle science innée, qui lutte avec une vigueur, une sûreté de plume, une ampleur de formes, et une verve sans égales, contre les sujets les plus héroïques de la Bible et de l'histoire. Oui, La Fage fut un Gustave Doré, et il obtint de son époque la même admiration que celui-ci de la nôtre. Il n'a pas couvert de peinture autant de milliers de toises que Doré, bien que La Fage se soit, dit-on, exercé à quelques grisailles; mais ces milliers de toises peintes ne comptent pas dans l'œuvre de Doré, non plus que leurs essais de coloriage dans l'œuvre de tous ces dessinateurs renommés que j'ai cités plus haut, et dont pas un, j'imagine, n'a pu échapper, en ses heures de loisir, à la tentation du pinceau. Mais les dessinateurs, eux aussi, ont leur palette de lavis et de sanguine, et elle est la même que celle des peintres, alors que ceux-ci s'exercent aux croquis et aux études qui doivent préparer leurs tableaux, et il n'est point, pour les uns comme pour les autres, de maniement différent de la plume ou des crayons, selon le goût préféré par leur tempérament ou par la mode de leur temps; et pourquoi — dût-elle sembler hors place et démesurée, — ne pas tracer ici l'esquisse sommaire des procédés du dessin usités par nos grands maîtres au cours des deux siècles derniers?

Pour ne pas sortir de notre école française, nous voyons Simon Vouet habituer ses nombreux élèves, pour les études premières de leurs toiles, au beau noir gras et coulant de la pierre d'Italie, avec rehauts de blanc, dont il a appris l'usage à Rome.

Le Poussin ne connaît guère que sa plume avec son lavis de bistre; c'est le procédé des vigoureux et des simples, le procédé naturel des peintres d'histoire, celui qui se prête à l'effet, libre, solide et immédiat, à l'expression franche et preste de l'invention de l'artiste. — Le Sueur aime pour ses compositions, la mine de plomb et ses doux tons argentins; il a retenu de l'atelier de Vouet la pierre d'Italie pour l'étude de ses figures partielles. — Le doux et moelleux crayon avait plu au xviiie siècle, ou plutôt les trois crayons avec leur coquet et frais mélange, et plus particulièrement encore la sanguine familière à Watteau et à Bouchardon, aux sculpteurs comme aux peintres.

Le Brun, pour faire face à l'abondance de ses imaginations, a besoin du crayon noir qu'il a, lui aussi, rapporté de Rome, et dont Mignard a gardé, comme lui, l'usage, laissant la sanguine à Séb. Bourdon et à J. Blanchard. — Mais dès que nous entrons dans le xviiie siècle, le maniement de la sanguine devient d'une pratique presque exclusive, par l'invasion des coloristes, les Delafosse et les Coypel, et Gillot, surtout Watteau avec son goût pour les trois crayons, et Portail, et Pater et Lancret, et Vanloo et Lépicié, et Bouchardon avec tous ses sculpteurs, et Hubert Robert et Fragonard en leurs paysages d'Italie, tandis qu'en ses paysages français Oudry a conservé la pierre noire. — Greuze et Frago, pour leurs compositions familières, se sont fait un procédé de pinceau trempé d'encre de Chine, où la plume n'a que peu d'emploi. — David cherche ses groupes et ses figures isolées, avec la mine de plomb d'abord, plus tard avec le crayon noir; il n'use guère de la plume et du lavis d'encre que pour quelques dessins donnant l'ensemble de ses grandes créations. Mais le crayon noir il le transmettra à Girodet et à maint autre de ses élèves, et c'est avec cet instrument que l'élève d'un autre atelier, M. Heim, a exécuté ces séries si curieuses de petits portraits que possède aujourd'hui le Louvre. — Nous n'avons guère pourtant le droit de condamner ce crayon noir si dur et si brutal, puisque déjà Prud'hon l'a pris en affection dans presque tous ses dessins; mais il saura en assouplir merveilleusement la crudité violente par le modelé de ses rehauts de blanc; il emprunte à ce noir certains moyens de force et d'ampleur pour le caractère de ses dessins, je ne sais quelle profondeur d'impression mystérieuse, que vient aviver la grâce caressante de ses blancs. Il y a certes quelque chose du sentiment des ressources puissantes offertes par cette matière pour l'expression de la grandeur, dans l'application qu'a faite de ce même crayon noir J.-Fr. Millet à ses dessins.

M. Ingres choisit, tout d'abord et de préférence, pour ses délicieux petits portraits de jeunesse, la mine de plomb qu'il manie avec tant de finesse et de souplesse; dans les figures étudiées pour ses tableaux, il usera de la pierre d'Italie; quant au dur crayon noir qu'il a vu manier jadis dans l'atelier de son maître vénéré, il semble en avoir oublié l'usage par delà les monts, et l'a laissé aux doigts de Girodet, de Gérard et de Guérin. Avec Géricault, le jour où il quitte sa ferme plume, la mine de plomb redevient l'instrument plus léger, plus couiant et familier de nos dessinateurs coloristes et ils n'y renonceront guère plus.

Pour en revenir aux recherches historiques sur nos écoles provinciales, depuis quarante ans, le branle est donné. Que n'ont pas trouvé M. de la Fons-Melicocq sur les *Artistes du nord de la France et du midi de la Belgique, aux* XIV*, XV* *et* XVI* *siècles*, et M. A. Durieux sur les *Artistes cambresiens?* et M. Ch. Gérard sur les *Artistes de l'Alsace pendant le moyen âge?* et M. Ch. Ginoux sur les *Artistes de Toulon?* Et M. E. Parrocel sur ceux de Marseille? Et MM. A. Salmon et Ch. de Grandmaison sur ceux de Tours? Et M. Ch. Marionneau sur ceux de Nantes et de Bordeaux? Et M. Ch. Braquehaye sur ceux employés au château de Cadillac? Et M. Th. Lhuillier sur ceux de Meaux? Et M. H. Stein sur les peintres et sculpteurs de la ville de Grenoble? Et M. l'abbé Dehaisnes sur les anciens artistes de la Flandre et de l'Artois? Et M. P. Marmottan sur les peintres de Saint-Omer?

Nous, si heureux autrefois de butiner quelques noms et quelques notes sur les peintres lyonnais, dans le précieux petit livre de J. de Bombourg, et dans les *Lyonnais dignes de mémoire* par l'abbé Pernetti, que ne devons-nous pas à M. Natalis Rondot, pour ce gigantesque labeur qui lui a permis de recueillir, dans les archives du département du Rhône et dans celles de la ville de Lyon, la liste fabuleuse des 5,400 maîtres ou ouvriers ayant travaillé à Lyon depuis le XIV* jusqu'au XVIII* siècle, et dont il a, pour les seuls peintres, communiqué 984 extraits à la réunion des sociétés de Beaux-Arts des départements en 1887? « Sur ces 5.400 maîtres, dit-il, 980 étaient peintres ou enlumineurs, 918 étaient peintres, savoir : 36 au XIV* siècle, 127 au XV*, 482 au XVI*, 188 au XVII*, 85 au XVIII*. 62 étaient enlumineurs, savoir : 13 au XIV* siècle, 27 au XV*, 9 au XVI*, 13 au XVII*; — 94 peintres (dix sur cent) étaient certainement étrangers; 49 étaient flamands, 23 italiens, 12 allemands, 10 espagnols, hollandais, écossais, suédois; un certain nombre de peintres étaient, en même temps, soit verriers, soit sculpteurs, soit graveurs. 47 étaient peintres et verriers, 41 peintres et tailleurs d'histoires ou graveurs. 32 peintres et tailleurs d'images ou sculpteurs. » Et l'introduction que M. N. Rondot a donnée à sa liste de peintres est une histoire fort complète et définitive de l'histoire de l'école lyonnaise, car il en classe à merveille les groupes et les caractères principaux, les portraitistes autour de Corneille de la Haye, les dessinateurs de sujets de sainteté ou d'histoire pour les graveurs de librairie, autour du Petit-Bernard et de Perrissin, et ainsi, à travers les très savants décorateurs officiels des fêtes et de l'Hôtel de Ville, Horace Le Blanc, G. Pantho, Th. Blanchet, Paul Mignard et les autres, jusqu'aux derniers Lyonnais illustres, postérieurs aux Stella, — Boissieu, Flandrin, Chenavard et Meissonier.

S'il s'agissait de Troyes, nous n'avions pour arrondir notre butin, d'autre bréviaire que les livres de Grosley; mais que n'y ont pas ajouté les recherches de M. Alb. Babeau sur Dominique del Barbiere, le Florentin, et François Gentil, et sur tous ces Troyens qui travaillaient avec Domenico tantôt dans leur ville tantôt à Fontainebleau; les peintres : Jacques Cochin, l'ancêtre de la lignée fameuse des dessinateurs et graveurs, Charles Colin, Nicolas Cordonnier, Nicolas Hallain, Nicolas Blampignon, Colin, François et Jean Pothier; les imagers : Jacques, François, Antoine et Hubert Julyot? — Et surtout et avant lui, que ne nous donnait pas M. Natalis Rondot, fouillant les archives de la ville de Troyes et du département de l'Aube, pour y recueillir comme il faisait pour Lyon, la trace de plus de trois mille maîtres et ouvriers ayant travaillé à Troyes depuis le XIVᵉ jusqu'au XVIIᵉ siècle, et dans cette foule d'artistes, 500 peintres, 180 verriers, 35 enlumineurs.

La Lorraine est une terre où germe un art très particulier, fantaisiste, gai et généreux, élégant, fin et bizarre, nourri de lait de chèvre : il suffit de nommer Callot, Bellange et de Ruet, les Henriet et les Silvestre et les Leclerc, et nous avons vu dans notre siècle s'y reproduire, sous le nom d'école de Metz, un groupe de même nature indépendante, autour du grand pastelliste Maréchal : de Lemud, Penguilly L'Haridon, Devilly, etc. L'étude de l'école lorraine nous séduisit de bonne heure, et voilà quarante ans que nous en essayâmes l'un des chapitres, avec la collaboration de Montaiglon, sous l'étiquette de Claude de Ruet. — La petite cour de Nancy, gracieuse, coquette, galante, festoyante, guerroyante et chevaleresque, une cour à carrousels, et autour de laquelle spadassins, comédiens et bohémiens abondent, a toujours été plus riche en dessinateurs d'imagination capricieuse et vive et en graveurs à la pointe leste et fière et preste, traduisant les faits et gestes de leurs ducs et de leurs duchesses, qu'en peintres majestueux et de parade. Leur province a fourni à l'art universel trois noms mémorables : le sculpteur Ligier Richier, Jacques Callot et Claude Gellée ; mais même ceux-là ne sont pas de ceux qu'on peut appeler des classiques ni des académiques. Dans la première moitié du xvii⁰ siècle, un Lorrain obtint cependant, comme peintre d'histoire, un assez grand renom en Italie : ce fut Charles Meslin ou Mellin. Il avait travaillé dans le cloître des Minimes, à la Trinité du Mont, et naturellement dans l'église Saint-Nicolas des Lorrains. Nous retrouvons de lui une *Visitation de la Vierge à sainte Élisabeth*, dans la voussure à droite de la quatrième chapelle à gauche, de Saint-Louis des Français à Rome. On savait que Mellin avait été élève de S. Vouet, et cette peinture n'y contredit pas ; car elle est dessinée et coloriée dans la plus irrécusable manière de son maître français. Elle est signée : *Carol⁸ Lorenen⁸ pin*. On attribuait au même Mellin une *Salutation angélique* et une *Assomption* peintes au-dessus et au-dessous de sa *Visitation*. Elles n'ont aucun rapport avec notre Lorrain, l'*Assomption* d'ailleurs est signée, et bien lisiblement : *Joseph Manno inv. pin*. C'est un libre génie que celui de l'art lorrain ; son verre n'est pas grand, mais il boit dans son verre, comme dit le poëte ; et de même que ses artistes avaient gardé envers la France, conquérants généreux de leur duché, une attitude patriotique, d'une piété noble et respectée de tous, ainsi les historiens de cet art, et il n'en a pas manqué, ont-ils conservé un patriotisme attendri et passionné pour les peintres, dessinateurs, sculpteurs et graveurs qui avaient honoré leur province. Après le P. Husson, son biographe de l'autre siècle, M. Meaume a repris, avec l'exactitude et la méthode nouvelles, l'examen approfondi de la vie et des ouvrages de Jacques Callot. A propos de Callot, je voudrais ne pas perdre une note que j'ai prise jadis dans le 3ᵉ volume du très précieux recueil de dessins formé par Baldinucci, et que possède le musée du Louvre ; là se trouvent deux dessins à la plume attribués par le savant collectionneur à *Giulio Parigi Maestro del Callotti* ; ils représentent des vues de fermes italiennes, aux fenêtres mal trouées et aux toits plats, entourées de treilles et de massifs d'arbres, et de paysans allant et venant. On les prendrait pour des dessins de Callot lui-même, s'ils n'exagéraient encore le pointillé fini de sa plume dans les feuilles d'arbres : leurs petits personnages, soit qu'ils causent au bord d'un puits, soit qu'ils voyagent à cheval dans un chemin montant, soit qu'ils guident une charrette traînée par des bœufs, soit qu'ils pêchent au bord d'une rivière, soit enfin qu'ils rament dans une barque microscopique, sont d'une vivacité, d'une justesse et d'une gaieté de mouvement extraordinaires. La manière dont la plume est conduite et sa précieuse délicatesse sont entièrement d'un graveur à l'eau-forte. S'il n'était, au dire de Baldinucci, le maître de Callot, on le prendrait pour son élève, ou tout au moins pour son camarade dans l'atelier de Cantagallina. Ce n'est certes pas en France que Callot prit des leçons de ce Giulio. Ses petites fabriques, ses mouvements de terrain sont purement italiens, et s'il faut, en dehors des œuvres de son élève, lui chercher une analogie, Giulio Parigi fait penser à Paul Bril. Il n'y a point d'ailleurs à mettre en doute l'enseignement donné à Callot par ce petit maître qu'il devait rencontrer à Rome. Les biographes de Callot disent en effet que lorsqu'il partit, pour la troisième fois, pour l'Italie et Rome, à la suite d'un gentilhomme que le duc de Lorraine envoyait au pape, il s'appliqua dès son arrivée à dessiner sous Jules Parigi, le plus habile peintre de la ville, et que voulant apprendre à graver au burin, il entra chez Philippe Thomassin, natif de Troyes en Champagne, qui s'était établi à Rome et qui était alors en réputation pour la gravure. Quant à ce titre donné à Parigi du « plus habile peintre de la ville », vous jugez qu'il faut en rabattre. Cependant, si c'est lui qui apprit à dessiner à notre Lorrain, je conviens qu'il lui donna un dessin de peintre plutôt que de graveur. Les figurines de Callot sont d'un mouvement fier et vivant, libre et juste ; ses compositions trouvées de prime saut, au bout du pinceau, sont accentuées dans leurs larges teintes d'un coloris riche et chaleureux, de vrais effets de peinture. Il est bien entendu d'ailleurs que je ne crois point à son talent de peintre, il n'en avait pas besoin. Je ne saurais, que voulez-vous? avoir guères plus de confiance dans l'*Homme à l'escargot* des Offices, ou dans le *Christ montré au peuple* du palais Pitti, que dans les *Misères de la guerre* du palais Corsini. Mais ses estampes ont eu le don de provoquer nombre de petits manieurs de brosse de son temps à les colorier sur toile, et je n'ai rencontré vraiment de lui que la très fine et vive esquisse du martyre de saint Sébastien que possèdent les cartons du Louvre et que Mariette avait recueillie avec tant d'autres de ses études et croquis. — M. Meaume a fait semblable honneur à Claude de Ruet, et aussi aux Henriet et aux Silvestre: et encore à Seb. Leclerc et à ses ancêtres. Au même moment, M. H. Lepage publiait ses notes sur les peintres lorrains des xve, xvie et xviie siècles, et son livre sur le palais ducal de Nancy.

M. l'abbé Ouin Lacroix nous rendit, vers le même temps, grand service, en ajoutant à ce que nous avaient appris M. A. Deville par sa publication des comptes de Gaillon, que nous avons utilisés plus haut, et M. A. Salmon sur les peintures du château du Vaudreuil, dès 1355, par Girart d'Orléans et Jean Coste, — son volume sur les anciennes corporations de métiers et des confréries religieuses de l'ancienne capitale de la Normandie, qui nous éclairait sur l'organisation et les privilèges de nos vieux artistes normands. Encore sa reproduction des statuts de 1507 et de 1631 était-elle incomplète pour les noms des maîtres, et M. de Montaiglon a-t-il bien fait, en rééditant dans les *Archives de l'art français*, les deux pièces curieuses qui nous révèlent les noms des quatorze peintres ou tailleurs d'images, en novembre 1507 dans la ville et banlieue de Rouen et signataires des premiers statuts: Jean Toutam, Guillaume le Bourgeois, Pierre Damian, Denis le Rebours, Nicolas Quesnel, Richard du Hay, Pierre le Plastrier, Jean Testefort, Jean Larcher, Robinet Brunel, Pierre Huilart, Jean le Saunier, Guillaume Quesnel l'aîné, et Jean de Lion: de ces quatorze, M. Deville en a cité quatre dans ses comptes de Gaillon. Cette réimpression nous fournit en outre les noms des confrères et sœurs de la confrérie des peintres et sculpteurs érigée à Rouen, sous l'invocation de saint Luc, en l'église paroissiale de Saint-Herbland, le 17 septembre 1631, qui ont contresigné les statuts nouveaux : Samuel Allain, Pasquet Busquet, Pierre Bremontier, Noël Jouvenet, Pierre Rouillard, Guillaume Caron, Pierre Abraham, Antoine Bourget, Jean Lapidé, Michel Michel, Jacques Touzé, Nicolas Petit, Jean de S. Igny, Simon Grevin, Etienne Marchine, Guillaume Abraham, Charles de Grève, Louis Bremontier, Pasquet Allain, Charles Sancère, Pierre le Borgne, Jean le Pilleux, Jean Bury, Jean Guillard, Charles de Gruchet, Pierre Petit, Mathieu d'Angerville, Louis Hautement, Pierre Moriot, Charles Conard, Laureat l'Evêque, Noël Heude, Jean

Bernard, Jean Freville — Après quoi vous trouverez les noms des maîtres élus de la confrérie de Saint-Luc, depuis 1631 jusqu'à 1714 : voire des maîtres vivants en l'année 1713 et ils sont 67, joli nombre, même pour une capitale de province.

Rouen est donc de bonne heure un nid de peintres, d'imagers et de verriers. Ses innombrables églises, depuis leurs portes jusqu'à leurs vitraux, sont des plus ornées et des plus flamboyantes de France, mais de bonne heure aussi, ses artistes, facilement attirés par le voisinage de Paris, se laissent aller à porter de ce côté leurs études et leurs travaux. Il est vrai que facilement aussi le mal du pays les regagne, et on les voit, comme Saint-Igny, reçu maître trois ans plus tôt à Paris, en 1628, reprendre leur rang dans la maîtrise de leur ville natale, ou bien garder pieusement leur titre de confrère de Saint-Luc de Rouen, s'ils sont fixés à Paris. Très disposés d'ailleurs à entrecroiser leurs familles, comme les Jouvenet et les Restout, et les Hallé et les Leviel, ils conservent entre eux un esprit de corps et de race qui leur fait prendre pour parrains et marraines à leurs enfants ceux qui sont demeurés attachés à leur terre d'origine ; car certains, et non des pires, ont résisté à la tentation de Paris, comme Le Tellier de Vernon et Sacquespée de Caudebec, qui n'iront point chercher plus loin que Rouen, fortune pour leur talent.

Notez que chacun est provincial à l'heure où nous en sommes de cette histoire : chacun, même le Parisien, porte écrit sur son chapeau le nom de sa province : et longtemps encore il en sera ainsi : rappelez-vous dans Félibien l'énumération des élèves de S. Vouet ; même quand ils travaillent à Paris, J. Cousin reste de Sens, et Delaune reste d'Orléans, les Lenain restent de Laon, comme Poussin restera des Andelys, Stella de Lyon, Claude Mellan restera d'Abbeville, Nanteuil restera de Reims, Girardon restera de Troyes. Vous verrez qu'en allant à Rome, le Valentin avait pu, chemin faisant, perdre son nom de famille, mais jamais le nom de sa ville natale de Coulommiers.

XVIIᵉ SIÈCLE : SIMON VOUET, VALENTIN

Il est bon de ramener chaque chose à son degré : le vrai siècle de la France fut le XVIIᵉ : le XVIᵉ fut l'époque charmante de l'adolescence de notre art : il eut toutes les grâces, les élégances frêles, nerveuses ou intempérantes de la jeunesse, sa prime frondaison toute en fleurs, dans lesquelles apparaît le bel avenir prochain : le XVIIIᵉ siècle, l'arrière-saison maquillée et poudrée, pleine de corruptions et de mollesses enivrantes et de parfums capiteux, qui troublent les sens des jeunes gens et des vieillards. Mais le XVIIᵉ, voilà le temps de la vraie force et de la pleine santé, et de la virilité énergique et féconde. Tous ceux qui s'appliqueront à rabaisser notre XVIIᵉ siècle, ou n'auront point le sens de la grandeur mâle et du génie robuste d'une nation battant son plein, ou ne porteront point dans le cœur l'amour sacré de la patrie française.

Qui dit époque classique, dit époque de maturité parfaite : or, la période classique pour la France, en art comme en littérature, c'est le XVIIᵉ siècle. C'est le moment de pleine vigueur, de pleine raison, de plein équilibre de toutes les forces graves de l'esprit et du corps social. Toute sève y est forte et drue, toute fleur s'y épanouit franchement, tout fruit y mûrit sainement. Le XVIᵉ siècle, celui de la Renaissance, a connu, je le répète, une verdure plus luxuriante et plus enchevêtrée, il a poussé des branches plus hardies et plus folles ; le XVIIIᵉ aura encore ses jours de vif soleil et de chaude végétation diaprée. Mais la saison de vraie sagesse et de santé parfaite et d'intelligence vraiment supérieure, et partout égale à elle-même, celle où un peuple donne la mesure de sa puissance pondérée et magnifique et digne d'imposer son influence aux nations ses voisines, c'est le XVIIᵉ. Si durant le XVᵉ siècle la France a accepté et recherché l'influence des Flandres et de la cour de Bourgogne, si au XVIᵉ elle a réclamé celle de l'Italie toute rayonnante de génie, à partir du XVIIᵉ, à partir de son Poussin et de son Claude, et de Vouet et de ses élèves, les Lesueur, les Le Brun et les Mignard, devant la décadence maniérée des écoles rivales, c'est elle qui ayant accueilli et digéré les meilleurs sucs anciens de ces écoles, va faire loi à l'Europe, laquelle pendant deux cents ans ne connaîtra plus d'autre goût que le sien. Ce goût, elle l'impose tout d'abord par des qualités de noblesse et de sévérité, de jugement sain et un peu austère qui en tout temps donnent droit à la domination, et qui lui réussiront plus tard encore, lorsque David se représentera comme réformateur du propre goût très débilité et affadi des peintres officiels de son pays.

Quand s'ouvre le xviie siècle, l'école bolonaise est dans son plein éclat. Cette école des Carrache, qui dans son principe était comme une sorte « d'école du bon sens », éclectique et modérée, réagissant contre le maniérisme outré des derniers imitateurs des formes tourmentées de Michel-Ange et la facilité expéditive des Lombards, et qui cherchait son bien partout, dans Raphaël, dans la nature, dans André del Sarte, dans le Corrège et dans l'antique, avait, en somme, produit, pour la plus grande gloire de l'Italie, un très beau temps d'arrêt dans sa décadence, une série d'œuvres admirables, que notre génération, par légèreté et revers de mode, frappe aujourd'hui d'un discrédit fort injuste et dont elle reviendra: enfin et surtout, un groupe de vrais grands artistes, le Dominiquin, le Guide, Lanfranc, près d'eux Le Guerchin, et bientôt après Pietre de Cortone. La pratique des vastes décorations auxquelles ces peintres éminents avaient été employés dans les pompeux palais et les églises dorées de Rome, avait, il est vrai, affaibli dans leurs ateliers l'étude de la nature ; et la réaction contre cette pratique d'une science conventionnelle n'avait pas tardé à se manifester par l'immense faveur des peintures de Michel-Ange de Caravage. Il ne faut pas chercher en dehors de ces deux courants l'influence que vinrent recueillir en Italie nos artistes français les plus renommés de la première moitié du xviie siècle : Simon Vouet, le Poussin, le Valentin, le Bourguignon, tous ceux, en un mot, dont on rencontre encore aujourd'hui des ouvrages dans les galeries romaines, et qui y ont conservé une très réelle faveur, comme étant quasiment de la famille italienne.

Ce xviie siècle, qui est pour la France le siècle de sa grande fortune, lui offre ensemble tous les artistes qui constituent la gloire et la force d'une école. S. Vouet et Le Brun seront les décorateurs de ses palais et de ses hôtels, appropriés chacun au caractère et à la magnificence particulière de leur demi-siècle ; — Poussin et Lesueur seront les peintres plus intimes et plus profonds des tableaux pieux ou profanes dans lesquels s'exalte et se condense le génie poétique d'une nation.

S. Vouet a pu apprendre à Fontainebleau, devant les œuvres du

Primatice, puis à Venise devant celles du Véronèse, ce que c'est que
la décoration, ses conditions de souple désinvolture, ses grâces
attrayantes à l'œil, la libre abondance de ses compositions; ce ne sera
jamais un penseur grave ni émouvant; il laissera cette part au Poussin
et à Lesueur; mais il est actif, inventif et fécond, son art ne manque
pas de correction et de force, non plus que d'une certaine grâce, puisée
aux bonnes sources de la savante Italie, car l'Italie, d'où nous vient
tout le XVIIe siècle français, reste jusqu'en ces temps l'école de la force
et de la science; et c'est pourquoi Vouet sera un excellent chef d'atelier, maître très profitable et passionnant pour toute la jeunesse de son
époque, et aux enseignements duquel vont se former et se développer
les tempéraments les plus divers, Lesueur et Valentin, Mignard et
Le Brun. Son vraihéritier sera Le Brun, qui se retrempera à nouveau
dans l'Italie, et croira, après s'être assimilé les formes et le goût de
composition du Poussin, s'être approprié aussi la gravité de son
génie, pouvoir créer dans la *Famille de Darius* et le *Martyre de
saint Étienne*, des œuvres absolues de chef d'école; mais point :
Le Brun, non plus que Vouet, n'aura jamais eu la flamme supérieure;
à lui la gloire, déjà suffisante, de demeurer le maître décorateur des
palais de Versailles, du château de Sceaux, et de gouverner en leur
splendeur les merveilleux travaux du plus grand roi du monde; il
ne laissera rien qui égale les *Sept-Sacrements* ni le *Saint-Paul à
Éphèse*; même quand on regarde sa *Famille de Darius*, on voit la
distance qui le sépare du Poussin. Sauf la figure prosternée de la
vieille mère du roi des Perses, vraiment digne de Nicolas, le reste, les
autres personnages sont ou maniérés ou grimaçants, les attitudes sont
campées d'une façon altière à la mode des portraits du grand Roi; ce
n'est point là la vraie force simple et sobre du Poussin.

Le premier maître de Le Brun, Simon Vouet, a pour nous, dans
ses commencements, des côtés parfois assez imprévus.

En 1856, je notais dans la galerie Sciarra, à Rome, sa grande et
singulière toile, dite *les Trois âges* et qui représente trois femmes
lançant des flèches. La plus jeune, un genou en terre, se retourne
vers le spectateur qu'elle regarde d'un œil provocant, en lui montrant la flèche qu'elle va décocher avec l'arc qu'elle tient de la
main gauche. Une autre dans la force de l'âge, jette son dard avec
une ardeur incroyable; on voit qu'elle ne perd pas son temps, la

grande et belle gaillarde. La troisième, une vieille, lance vers le ciel un trait inutile et sans force, *imbelle sine ictu*. Bizarre composition, qui a dû être inspirée par un sonnet. Quant à l'exécution, elle est animée, preste, énergique et vivante d'effet. C'était de la peinture beaucoup plus dégagée et plus franche que celle du même temps en Italie. Cela a presque la réalité d'un Flamand avec la grâce d'un Italien ; il y a là une nouvelle école, un nouvel avenir.

Ce Vouet, d'ailleurs, si mouvant, si agissant, si résolu, qui s'en va, dès son enfance, faire en Angleterre le portrait d'une dame de qualité, et bientôt à Constantinople, avec le baron de Sancy, peindre de mémoire le portrait du Grand Turc, de là à Venise, puis à Gênes, et à Rome où il demeurera treize ans et sera salué Prince de l'Académie de Saint-Luc, avant de rentrer à Paris comme Premier Peintre du Roi, fait aussitôt la conquête de Louis XIII qui veut crayonner sous sa direction. C'est l'un de ces hommes tout d'entrain et attirant, et vers lequel se précipitent, comme d'instinct, et s'entraînent l'un l'autre par le courant de la mode et aussi, il faut le dire, par l'excellence de l'enseignement, tous les jeunes désireux d'apprendre vite et de briller tôt.

Avant l'atelier de David, jamais l'on n'avait vu en France un tel empressement d'élèves de toute province et de tous pays autour d'un maître qui charmait la cour et la ville par la fraîcheur de son pinceau, la noblesse aisée de ses ordonnances, la belle correction de son dessin, la sage manière dont il apprenait à ses disciples à consulter la nature dont lui-même ne savait se passer, et à la traduire, pour l'exécution de leurs tableaux, en des études dont ils gardèrent tous fidèlement le procédé, à ce point qu'on ne distingue que malaisément aujourd'hui les études du maître de celles de ses élèves. Il semblait qu'avant lui il n'y eût pas eu de bonne méthode de peinture en notre pays. Il résumait en lui tout ce qui restait de vaillant dans les écoles d'Italie, dans la Romaine aussi bien que dans la Vénitienne ; il balayait l'ancien terrain, devenu aride, de l'école de Fontainebleau ; et jusqu'au triomphe du règne de Le Brun, la France n'a connu d'autres principes que ceux de l'atelier de Vouet. Maisons royales, palais, églises, hôtels de ministres, de princes, de magistrats, de financiers, tout a été, cinquante ans durant, décoré par lui d'une quantité considérable de peintures plaisant aux yeux et de belle tournure, claires, nobles, lumineuses, de formes élégantes, harmonieusement balancées dans leurs mouvements, d'un aspect brillant, sans effort et toujours égal, jamais lourdes ni grossières. C'était tout un renouveau. Plus tard, il n'était pas facile d'être un bon élève du Poussin : il y fallait la gravité d'esprit, la science reposée et solide et concentrée, le recueillement de la pensée et de l'observation. Il était plus aisé, paraît-il, d'être un bon élève de Vouet, car la fin d'une école aboutit toujours à l'ennuyeux et celle de Vouet fut sauvée, jusqu'au bout, de l'ennui par sa légèreté et la grâce de sa libre allure dans les travaux décoratifs qui étaient sa vraie destinée. N'est-ce pas d'ailleurs un éternel plaisir pour les amis de notre art national de relire dans Félibien et nos autres historiens la liste si intéressante et si variée des principaux élèves de Vouet : Jacques L'Homme de Troyes en Champagne et J. B. Mola qu'il avait ramenés avec lui d'Italie, Valentin de Coulommiers, Ch. Meslin dit le Lorrain et Fr. Dupuis d'Auvergne qui avaient étudié sous lui à Rome ; ses deux propres frères Aubin et Claude Vouet ; ses deux gendres Fr. Tortebat de Paris, et Michel Dorigny de Saint-Quentin, Noël Quillerier, Nic. Ninet et de L'Estain qui étaient de Troyes, Remy Wibert Champenois, Henry Salé de Picardie, Fr. Perrier de Saint-Jean-de-Losne, le frère Joseph Feuillant, Nicolas Chaperon de Châteaudun, Charles Person Lorrain, Michel Corneille d'Orléans, Eustache Lesueur Parisien, L. et H. Testelin, Charles d'Ollin Lorrain, Jac. Belly de Chartres, Louis Beaurepère de Bordeaux, Alph. du Fresnoy de Paris, Louis du Guernier de Paris, André Le Nostre, Hanse, du Moustier, Valié, Lombard, Besnard, Vivot, Siccot, Nic. Strabre, Perelle l'aîné, — « et plusieurs autres, ajoute l'auteur des *Entretiens*. dont je ne puis pas me souvenir et que je n'ai pas connus » ? — Sans parler des peintres qu'il « employait à travailler sous ses dessins, aux paysages, animaux et ornements des tapisseries » dont il fournissait les patrons : Juste d'Egmont et Vandrisse Flamands, Scalberge, Patel, Belin, Vanboucle, Bellange, Cotelle, Séb. Bourdon avait désiré ses conseils et il avait donné l'une de ses nièces à Jac. Sarrazin. J'ai déjà cité plus haut les noms de ses deux meilleurs élèves : Le Brun et Pierre Mignard, qui plus tard, après lui, furent Premiers Peintres du Roi, et prolongèrent ainsi l'honneur de son école jusqu'au tout dernières années du xviie siècle.

Entre tous les élèves de S. Vouet, celui qui, par son nom et ses œuvres, a le plus inquiété les biographes, c'est à coup sûr le Valentin ; son vrai nom de famille, personne, à l'heure qu'il est, ne le connaît bien encore, malgré les recherches d'Anat. Dauvergne ; et sur ses œuvres que d'incertitudes, surtout en Italie ! Dans la galerie Sciarra, à Rome, se trouve un chef-d'œuvre du Valentin, celui de ses tableaux le plus inattendu, tout différent de celui du Vatican, une peinture héroïque : c'est sa *Rome triomphante*, belle et fière figure debout, appuyée de la main droite sur sa lance, de la gauche sur son bouclier, et enveloppée d'une large draperie rouge qui flotte au vent. Ses pieds foulent des épis et des fruits. La partie inférieure du tableau est remplie par deux figures colossales de fleuves demi-couchés : à gauche le vieux Tibre à barbe grise, ayant près de lui la louve avec ses deux nourrissons, Romulus et Rémus, beaux enfants nus, dont les têtes sont, pour qui se souvient des tableaux du Louvre, la signature de l'œuvre ; à droite le fleuve du Tigre, tenant sa rame dressée et adossé à son urne ; derrière l'urne repose le tigre qui donne son nom au fleuve. Quel dommage que ce grand ouvrage n'ait pas été gravé ! nous connaîtrions en France le Valentin dans ses derniers efforts, alors que sur les conseils de Poussin, il cherchait à rehausser sa manière par la noblesse des sujets.

La *Décollation de saint Jean-Baptiste* qu'on avait placée dans le même palais, en face de la *Rome triomphante*, et qui est de même hauteur, environ huit pieds, ne mérite pas la même confiance. Le saint Jean, un genou en terre et les mains liées, tend le cou au bourreau qui va le frapper. A droite, Hérodiade avec sa servante tenant sous son bras le plat qui doit recevoir la tête, et du même côté des gardes. A gauche, les compagnons de captivité du saint regardent avec compassion son supplice, à travers les barreaux de la prison. Cela est à cent piques du tableau de la *Rome*, et n'a même pas un caractère bien analogue de peinture ; mais j'imagine que le *Saint-Processe* du Vatican avait fait connaître des Romains le Valentin comme l'un des seuls élèves du Caravage dont ils dussent retenir le nom, et bons ou méchants, tous les tableaux de cette innombrable école qui ne semblent pas dignes du Caravage sont attribués au Valentin ; toutefois celui-là n'est pas encore des pires. — Au palais Spada, se voit une *Sainte famille*, que je crois bien aussi du Valentin : un petit saint Jean, présenté par saint Joseph à l'Enfant Jésus et offrant une corbeille de fruits au Bambino assis sur les genoux de la Vierge. Tableau en largeur, de six pieds sur quatre, et qui a passablement souffert; les types du peintre et certains accents de son dessin y sont très reconnaissables, surtout l'Enfant Jésus et le saint Joseph. — Là aussi une bonne *Charité romaine*. Il est incroyable d'ailleurs à quel point ce Valentin en était venu à s'assimiler la manière de son modèle; car en examinant attentivement les trois tableaux de la vie de saint Mathieu (5ᵉ chapelle de l'église Saint-Louis-des-Français, à Rome), je ne pouvais arriver à me convaincre que ces trois beaux ouvrages ne fussent pas du Valentin, mais du Caravage.

Personne ne conteste l'assertion de Sandrart, à savoir que Valentin, déjà arrivé dans Rome avant la venue de Sim. Vouet, avait été tellement séduit par la renommée de ce compatriote, qu'il était allé étudier sous sa direction. Ce n'est certes pas Vouet qui l'eût distrait de son goût furieux pour le Caravage, car lui-même à ce moment suivait la même pente. C'était une rage à Rome et le Poussin en prenait sa part, aussi bien que le Guide et le Dominiquin. Il semblait qu'on ne pût être peintre de Saint-Pierre qu'à cette condition. Quel dommage que les chanoines de Saint-Pierre aient laissé détruire, par un enlevage maladroit, le grand tableau représentant *Saint Jean Chrysostome, Saint François d'Assise* et *Saint Antoine de Padoue*, avec un chœur d'anges, que Vouet avait peint, en 1626, sur la muraille de leur chapelle, et que l'on se proposait d'exécuter en mosaïque, comme le *Saint Érasme* du Poussin, et le *Martyre des saints Processe et Martinien* du Valentin! Cela nous eût fait, avec le *Saint Basile* de Subleyras, quatre mosaïques monumentales dans la basilique Saint-Pierre, c'est-à-dire une part dont ne se peut vanter aucune école d'au delà des Alpes. Mais ce qui fait le plus d'honneur à ce Valentin, plus encore que les leçons de Vouet, et que les prix singuliers qu'acquirent ses tableaux au lendemain de sa mort, en 1632 (il n'avait que 32 ans), ce fut l'amitié du Poussin. On pense aujourd'hui, avec Mariette, que le portrait du Poussin, jeune et vu de profil, gravé par Ferdinand, avait été peint par le Valentin. Il est certain en tout cas que Nicolas s'était pris pour son compatriote d'une particulière affection, et qu'il estimait assez son talent et sa force de tempérament, pour les vouloir amener à des régions plus hautes. Il savait mieux que personne comment une tête bien douée peut partir de la pratique la plus verveuse et la

plus vigoureuse, où s'épanouit généreusement la jeunesse, pour arriver, par la maturité de la pensée, à des conceptions plus mâles, d'une
simplicité plus austère, partant plus vraiment fortes et plus dignes
d'un artiste que l'impression due à l'exécution la plus réelle et la plus
vivante d'un Christ entouré de truands, d'un tripot de joueurs, ou
d'un concert de bohémiens.

LES LENAIN

M'est avis que le Valentin avait dû s'échapper vers Rome dès sa
première jeunesse, sans avoir rien vu des peintres de Paris. Il
est. plus encore que les Lenain, une exception dans le courant de
la peinture française ; car les Lenain sont très français. et le Valentin, sauf un accent imperceptible qui le distingue et rappelle, par je ne
sais quoi, l'air natal, le Valentin peut passer pour entièrement italien. Il n'a rien pris de Vouet, ni du Poussin, qui, eux, sont restés
d'essence absolument française, et sont tous deux les chefs d'école de
notre xviie siècle. Lui, je le répète, est tout italien de types et de
brosse. Les Lenain se rapprochent toutefois de lui, par leur naïve
fidélité à la nature, avec une certaine douceur poétique et moins
sombre ; ce qui fait que quand ils peignent un tableau de sainteté
ou un intérieur de joueurs, on ne peut point ne pas penser, en les comparant à tout autre Français, que leur simplicité d'expression et de
rendu est très cousine de celle du Valentin. avec une palette un peu
différente qu'ils ont rencontrée sans sortir de leur province.

En réalité les Lenain sont, au même titre que Chardin, des
peintres de notre cru, autant qu'un bon bourgeois de Paris. d'humeur
douce, heureuse et commode. peut ressembler à des ruraux attristés
du Laonnais pouilleux. On est tout d'abord tenté d'aller chercher leur
famille à l'entour des Brauwer et des Teniers et des délicieux petits
maîtres hollandais. Mais non, par leur palette et par leurs types, ils
ne viennent pas de si loin : les Lenain sont de chez nous. Ils sont
de Picardie, c'est vrai, qui est sur la route des Flandres ; mais le
coloris d'origine flamande, dont ils se servent, est déjà d'usage en
France, et on le reconnaîtrait, depuis Porbus, dans les ouvrages de

leur compatriote picard Quentin Varin, et du Troyen Chalette, le peintre des Capitouls de Toulouse. Leurs sujets familiers, leurs « bambochades » les rapprochent singulièrement, j'en conviens, des peintres de cabarets et de paysanneries de la Hollande, surtout quand on songe que dans ce pays de France où ils travaillent, ils sont quasiment les seuls à ne pas consacrer leur talent à des décorations d'églises et de palais.

Mais souvenez-vous qu'en Italie même, alors, on rencontrait des peintres de sujets analogues; le tableau de genre naissait partout en même temps.

Je répète qu'ils sont français et bien eux-mêmes, sur leur propre terroir, et que dans l'expression particulière à leur genre ils sont supérieurs à ceux des autres pays, supérieurs parce qu'ils sont plus foncièrement naïfs. Personne n'a traduit plus bonnement qu'eux, — si ce n'est J.-Fr. Millet peut-être, mais avec une autre visée, — les attitudes toujours simples, toujours tristes, toujours fatiguées, toujours aspirant au repos, des hommes et des femmes de la vie rustique et des ouvriers de village.

Même leurs buveurs de cabaret n'ont jamais la farce aux lèvres comme ceux de Teniers et d'Ostade, et les soldats de leurs tripots ont le jeu brutal et sans gaieté; leurs enfants sont hâves, chétifs et dépenaillés. Les fonds de leurs paysages ont la terre froide et nue.

Non certes, ce ne sont pas là des maniérés, et il suffit de les comparer à Sébastien Bourdon qui a peint, lui aussi, des tableautins de gueux et de bohémiens, à leur imitation peut-être, mais qui les a peints tout de pratique, et avec une adresse de main faite pour plaire au petit amateur, mais qui fixe la distance entre des maîtres sincères et émus, et un très habile praticien.

Notre école française n'est pas, par ses instincts, une école familière. Chez nous, tout le monde, même le bourgeois, est volontiers gentilhomme. Nous sommes plutôt portés vers le raffiné, le hautain, voire l'imaginatif prétentieux, que vers le sincère et le bonhomme. Nos artistes ont toujours visé au lettré et au pompeux. Ces Lenain sont certainement, à leur heure, un singulier problème, une des curiosités de notre école, des Hollandais très français, poussés, on ne sait comme, au milieu de la très savante efflorescence du groupe des élèves de S. Vouet, une belle plante sauvage, éclose par hasard dans les parterres magnifiques et bien alignés de Fontainebleau, du Louvre ou de Saint-Germain; point si ignorés toutefois, ces trois frères, ni si méconnus de leur temps qu'on s'est plu à le répéter, puisque nous les voyons des premiers appelés dans l'Académie royale.

Champfleury a entrepris de bonne heure une enquête modèle sur les Lenain, ses compatriotes, et dont l'humeur s'accommodait si bien à la sienne (1850-1862). Il a enfin trouvé dans les mémoires manuscrits d'un M. Leleu sur la ville de Laon, cités par Dom Grenier en son recueil de documents sur la Picardie, une note inestimable sur les Lenain, et qui, fournie évidemment par leur famille, ne laissait plus rien à désirer sur la distinction à faire entre le talent des trois frères jusques-là confondus dans les historiens de notre peinture. Ils sont bien les trois que l'on savait par les archives de l'Académie royale : Antoine, Louis et Mathieu, « vivant dans une parfaite union, et quand ils passèrent à Paris, après avoir été formés dans leur art par un peintre étranger qui les instruisit à Laon pendant l'espace d'un an, s'établissant dans une même maison. Antoine, qui était l'aîné et qui avait été reçu peintre à Saint-Germain-des-Prés, le 16 mai 1629, excellait pour les miniatures et les portraits en raccourci. Louis, le cadet, réussissait dans les portraits qui sont à demi-corps et en forme de buste. Mathieu, qui était le dernier, était pour les grands tableaux, comme ceux qui représentent les mystères, les martyres des saints, les batailles, etc. Tous les trois étaient maîtres-peintres du Roi et furent reçus en même temps à l'Académie royale de peinture et sculpture. Leurs lettres de réception sont datées du 1er mars 1648 et contresignées par le sieur Le Brun, fameux peintre, l'un des anciens de ladite Académie. Antoine et Louis moururent l'un et l'autre en trois jours de temps, le 23 et le 25 mai 1648, sans avoir été mariés. Mathieu leur survécut. Il avait été reçu peintre de la ville de Paris, par le prévôt des marchands et les échevins de l'hôtel de la dite ville, le 22 août 1633. » Celui-là ne mourut que le 20 août 1677.

Dans tout cela, pas un mot des « bambochades », ni des « sujets simples et sans beauté, d'actions basses et souvent ridicules, auxquels, dit Félibien avec une légèreté qui ne lui est point ordinaire, s'attachent peu les personnes connaissantes ». C'est bien le cri de son roi : « Otez-moi de là ces magots ! » Pas un mot de « ces sujets de tabagie, où les Lenain, suivant Florent Lecomte, réussissaient fort bien », et qui, après tout, leur ont fait une renommée sans doute assez justifiée, puisque dès le xviii⁰ siècle, il ne s'est guère formé un cabinet célèbre où ces Lenain n'aient eu leur entrée. Ils se sont, en ces dernières années, fort multipliés dans le Louvre, où jadis on n'en montrait, pour bien dire, que deux ou trois morceaux, mais deux de qualité supérieure, *le Forgeron*, et *la Procession*. Encore le dernier leur a-t-il été vivement disputé.

Et Champfleury, Champfleury lui-même, devant l'aplomb des docteurs, faisait mine d'abandonner cette très belle pièce de leur bagage. Il avait tort. L'ancienne attribution du xviii⁰ siècle, celle que portait le tableau dans le cabinet du bailli de Breteuil, était la bonne ; mais il a fallu en aller chercher la preuve là-bas, en Espagne.

On connaît en France aujourd'hui, par la photographie de Laurent, la *Bénédiction épiscopale* de Lenain, au musée de Madrid. Cette intéressante peinture confirme d'une manière indiscutable et éclatante à Lenain la petite *Procession* du Louvre qui lui avait longtemps été contestée : mêmes personnages, évêque et suivants ; ce tableau de Madrid est peut-être le chef-d'œuvre de Lenain. Les figures agenouillées de la famille, enfants, mère, père, sont d'une vérité et d'un naturel, d'une fermeté de sentiment, et d'une finesse de touche tout à fait admirables. L'église que l'on voit au fond ne serait-elle pas le Val-de-Grâce, dont les constructions étaient commencées dans les dernières années de l'artiste ?

Quant à ce don de portraitiste qui éclate dans la *Procession* du Louvre, et l'avait fait attribuer à Porbus le fils, il est trop facile aujourd'hui de l'expliquer. Le « peintre étranger qui montra aux Lenain pendant l'espace d'un an, les règles de leur art », je m'imagine que ce devait être l'un de ces peintres nomades, mi-flamands, mi-français du Nord, sachant la place prise à Paris par d'autres compatriotes, qui s'en allaient alors rôdant d'Amiens à Troyes, de Picardie en Champagne, et quelquefois par delà, longeant la Lorraine et la Bourgogne, en quête de tableaux à peindre pour les églises et de portraits pour les hôtels de ville, et qui attiraient et éveillaient, pendant leur rapide passage, les esprits et les yeux des jeunes prédestinés, comme il arriva au Poussin, dans ses Andelys, devant les peintures de Q. Varin. Il était dans la nature de ces artistes vagabonds, de peindre tout ce qui s'offrait à eux, et celui-ci aura appris aux trois frères la peinture de portrait où excellaient les peintres du Nord, en même temps que tous les exercices de la palette: chacun d'eux en aura fait son profit selon son tempérament, et c'est pourquoi le mémoire manuscrit de Leleu nous les montre tous les trois portraitistes : Antoine excellant dans « les miniatures et les portraits en raccourci », c'est-à-dire dans les portraits de petite proportion: Louis, dans les « portraits à demi-corps »: Mathieu dans « les grands tableaux, mystères et martyres de saints »: c'est-à-dire qu'il faudrait lui attribuer de préférence les tableaux d'église, la *Crèche* du Louvre, et la *Nativité* de Saint-Étienne-du-Mont; mais portraitiste, lui aussi en fait profession, et il est parmi les plus renommés, puisque le roi Louis XIII lui fait compliment du portrait d'Anne d'Autriche, auquel travaille Mathieu: lui disant « que la Reine n'avait jamais été peinte dans un si beau jour », — et qu'il est en même temps, dès 1630, peintre attitré du prévôt des marchands et des échevins de l'hôtel de ville de Paris. — Louis est le peintre des portraits à mi-corps: à lui donc, s'il vous plaît, l'admirable portrait de la vieille marquise de Forbin, du musée d'Avignon, daté de 1644 et signé : *Le Nain f.*, sans aucune initiale indiquant le prénom: et si vous le voulez encore, le cardinal Mazarin destiné à l'Académie royale de peinture et sculpture. — Quant à la *Procession* du Louvre et à la *Bénédiction épiscopale* du musée de Madrid, laissez-moi les attribuer tous deux, l'un prouvant l'autre, à Antoine Le Nain, celui qui peignait des miniatures et des portraits de petite proportion. Je veux bien que les deux frères Antoine et Louis se soient voués ensemble à la même spécialité des « bambochades », par lesquelles leur nom était connu dans le monde des peintres et des curieux, déroutant au besoin les amateurs par le mélange de leurs travaux, — encore j'en doute fort: — mais des portraits comme ceux de la marquise de Forbin et du cardinal (laissons de côté le portrait de Cinq-Mars, plus intéressant pour l'histoire que pour l'art), sont toujours œuvre d'une seule main: et la *Procession* et la *Bénédiction épiscopale* ont une telle unité et simplicité de travail, une telle fraîcheur et vivacité de touche, avec un ton à la fois si riche et si franc, que je défie les deux artistes les plus absorbés l'un dans l'autre, d'avoir confondu leur talent dans cette peinture si brillante, si unie, si harmonieuse, si saine et si forte.

Les Lenain ont fourni grasse matière aux discours des éloquents,

Champfleury et Ch. Blanc en ont fait les peintres prolétaires des pauvres gens, du mendiant loqueteux, du paysan misérable, « les peintres de la réalité sous Louis XIII ». Peintres de la réalité, le mot est juste, mais n'appartient pas aux seuls Lenain. Beaucoup l'étaient à cette date, à commencer par Ph. de Champaigne, Ferdinand Elle, G. Lallemand, Fr. Porbus, en leurs tableaux des Échevins de la ville de Paris, et dont on voit de si fiers morceaux à Versailles et dans la galerie Lacaze. Il y a réalité et réalité : les toiles de Lenain sont plus réelles que celles du Valentin ; il y entre moins de métier et, comme on dit aujourd'hui, de virtuosité. Ils traduisent mieux la vie, mais une vie plus attristée, plus dure à traîner, plus humaine ; même en leurs « corps de garde » et leurs « repas de famille », où l'on rencontre des figures d'une allure plus dégagée, ou d'une bourgeoisie plus relevée à la Van der Helst. cela ne sort point du vrai, du simple, ni du solide. Cette vigueur un peu sombre n'est point, d'ailleurs, pour nous surprendre. Ces Lenain, tout du moins Antoine et Louis, avaient leur acte de naissance dans l'autre siècle: ils étaient de 1588 et 93. c'est-à-dire les aînés de S. Vouet, de Claude Vignon et du Poussin, et les premières peintures de Vignon et du Poussin ne sont guère moins rudes et colorées que les leurs. La réalité un peu brutale de leur pinceau est celle dont on usait alors dans la peinture française quand on ne travaillait point, comme les Beaubrun, pour la Cour ; c'est la réalité de tous nos bons portraitistes. la réalité de Finsonius à Aix, de J. Chalette à Toulouse. Quant aux sujets habituels des Lenain. les sujets familiers et rustiques, pourquoi s'étonner qu'ils les aient empruntés de préférence aux mœurs villageoises, quand de telles scènes étaient le fond ordinaire où puisaient exclusivement les plus fameux Flamands et Hollandais de leur temps, lesquels ne connaissaient pas d'autre thème? Ces mêmes sujets, à cela près de l'exécution en peinture, n'étaient-ils pas assez habituels à tous nos dessinateurs de cette même époque : les Jac. Callot, les Abr. Bosse. les Saint-Igny. les Michel Lasne? — Il est vrai que durant soixante ans et plus, on ne reverra plus en France un seul autre peintre de la vie rustique ou domestique ; le Roi, M. Le Brun et l'Académie y ont mis bon ordre et ne le souffriraient plus (les pastiches de Séb. Bourdon ne sont dans son œuvre qu'un jeu et une espièglerie de dilettante). Il faut attendre jusqu'à Gillot et à Watteau. pour voir reparaître en notre pays, et

encore sous les accoutrements de Pierrot et d'Arlequin, de Cassandre
et de Colombine et des comédiens italiens, quelque chose ressemblant à une peinture qui ne soit point héroïque. Gillot et Watteau
reprendront ce genre familier par ce qu'il a de plus gai, de plus fou,
de plus fleuri, de plus pimpant, et de plus pure convention, au lieu de
la cruelle et amère réalité des Lenain. Dès lors aussi ces héritiers lointains des Lenain se succéderont désormais sans interruption dans leur
lignée pour ne plus disparaître dans le courant de notre école. Après
Watteau, les Lancret et les Pater, et Chardin, Chardin le vrai, l'incontestable arrière-petit-fils des Lenain, et Greuze, et Jeaurat, et
F. Guérin, Chantereau, Aubert, Demesnil, etc., etc., et Bonvin, et
J.-Fr. Millet. Et bien mieux, la faveur publique les choiera de telle
sorte qu'elle les mettra parfois au-dessus de nos plus majestueux
peintres d'histoire.

NICOLAS POUSSIN

Nous arrivons à Nicolas Poussin, et ce chapitre pourrait être un
livre : il devrait tenir, en tout cas, la place la mieux ordonnée dans le
présent travail, car il ne s'agit pas seulement de l'œuvre du maître dans
lequel se condense la plus haute expression du génie français : c'est
sa vie tout entière qui est un enseignement et le plus noble auquel se
puisse asservir un artiste respectueux de lui-même. Mais cette vie
du Poussin, je m'appliquerai prochainement, s'il plaît à Dieu, à en
fixer de mon mieux les incidents et les dates, et je ne songe, pour
aujourd'hui, ainsi que je l'ai fait pour les périodes quelque peu intéressantes de notre peinture, qu'à jeter ici pêle-mêle les notes recueillies au hasard des voyages. Je ne m'aperçois que trop que la besogne confuse à laquelle je m'abandonne, devient de moins en moins
une histoire, et de plus en plus un fatigant vide-carnet. Encore,
moi-même, n'ajouté-je pas une confiance égale aux dates diverses de
ces carnets, préférant en toute sincérité les jugements moins inexpé-
rimentés de 1870 à ceux de 1856. Aussi les pages suivantes ne
visent-elles nullement à une biographie du Poussin, mais seulement
à indiquer, à tort et à travers, les influences auxquelles fut soumis son

génie, et dans quel air ambiant il conçut et enfanta les admirables ouvrages qui sont dans le monde entier l'orgueil de l'école française.

Il n'a pas été, il ne pouvait être de plus grand peintre français que Nicolas Poussin. Toutes les vertus de l'art particulières au génie de la France, la simplicité, la sobriété dans la force, la noblesse dans la grâce, la clarté dans la conception et « le jugement partout », ces vertus, le Poussin les possédait dans leur plénitude, et il les a poussées à leur plus haut, il les a comme incarnées en lui ; si bien que lorsqu'en la suite des révolutions de notre école, un maître ou un groupe d'artistes s'est produit qui rendait à notre peinture énervée une certaine gravité, une solidité plus robuste, on a dit de ce maître et de ses élèves, s'agît-il de Le Brun et de ses disciples, ou de David et de son atelier, ou d'Ingres et de ses fidèles, qu'ils étaient les suivants du Poussin.

Il naît aux Andelys en 1594. Sa patrie est à quelques lieues de la patrie de Corneille, et ces deux Normands de même envergure vont, d'un vol égal et d'un tempérament pareil, porter si haut la gloire de la nation que ceux qui les suivront ne sembleront plus que des débiles. Ils donneront à leur commune province une sorte d'apparence de mère de géants : et, pour les peintres du moins, deux arrière-descendants ne démentiront point la race : J. Jouvenet et Th. Géricault. Ce qui est vrai, c'est que, je ne sais par quelle parenté bizarre et mystérieuse. ils ne devaient pas tout à la fécondité puissante du terroir normand ; où ces deux mâles superbes, Corneille et Poussin, avaient ils bu le lait de la Louve ? comment tous deux étaient-ils, sur les bords de la Seine, nés Romains, fils de l'antique Rome ? Par eux le génie français se rattache sans détour, en son heure de plus sublime explosion, à ce que la grande époque des anciens maîtres du monde pouvait offrir aux esprits d'inspirations généreuses et les plus fiers enseignements d'idéale noblesse et d'inflexible vigueur.

Quelle avait été l'enfance et l'éducation première de Nicolas Poussin ? En lisant aujourd'hui les lettres du grand peintre, écrites bien plus tard, il est vrai, mais d'une plume si courante, et d'une netteté quasi élégante, et dans un français de tournure superbe, malgré ses inévitables italianismes, et les incorrections presque toujours motivées de son orthographe, nous ne saurions nous figurer que cette éducation première ait été négligée. Son père Jean Poussin était un ancien

soldat du régiment de Tavannes, neveu de capitaine dans le même
régiment, avec certaines prétentions de noblesse picarde un peu déchue,
et qui avait beaucoup vu, en courant les aventures de guerre dans le
parti du roi de Navarre, avant de s'arrêter aux Andelys pour y épouser Marie Delaisement, veuve d'un procureur de cette ville. Ce n'était
donc pas une famille de grossiers illettrés, sans ambition pour le fils
qui leur était né. Si au cours de sa longue vie, à mesure que se haussa
son esprit et se développa son génie, il reprit et compléta, par la
lecture nécessaire des anciens, son instruction d'enfance. comme nous
l'avons vu faire dans notre siècle aux plus noblement épris de leur
art, à M. Ingres et à Baudry. ce Nicolas Poussin n'était point cependant un enfant ignorant ni insouciant de ses études, bien qu'il griffon-
nât, comme tant d'autres, quelques croquis sur les marges de ses
livres, — quand vint à passer par là un peintre habile, fort vagabond,
nommé Quentin Warin. et qui était natif de Beauvais en Picardie.

Maria Graham avait bien noté, dans sa vie du Poussin, la présence
d'un tableau de Warin dans l'église des Andelys ; mais je crois avoir
été le premier à signaler deux de ses peintures dans cette église
Sainte-Clotilde, toutes deux signées, toutes deux datées de 1612, et
dont l'une, disais-je, représente le *Martyre de saint Laurent* (?),
l'autre une *Regina cœli*. J'avais fait cette curieuse remarque, lors de
l'inauguration de la statue du Poussin dans sa ville natale, et la trouvaille en valait la peine. Elle prouvait en effet que « Nicolas Poussin
n'était plus, comme on l'avait cru. un enfant de seize ans, mais un
jeune homme de dix-huit ans quand l'esprit révélateur, sous la forme
de Quentin Warin, vint exécuter sous ses yeux la grande composition qui décore aujourd'hui la chapelle de la Charité. » Oui, le
15 juin 1851, j'étais venu aux Andelys, comme tout le monde, pour
l'inauguration de la statue de Nicolas Poussin. Après la cérémonie,
une curiosité fort naturelle d'étudier dans les églises de la ville les
germes d'art qui avaient pu, aux heures de son enfance, éveiller le génie
du grand maître, me poussa d'instinct dans Sainte-Clotilde, et l'un des
premiers tableaux qui me frappèrent la vue, m'offrit cette signature
de si passionnant intérêt ce jour-là : *Quintinus Varinus — inven.
et pingeb. — mens. Jul.* 1612, au-dessous d'un papier déplié sur
lequel se lisait les mots : *Regina cœli lætare alleluia.* — Voici la description que j'en note dans mon calepin : « La Reine du ciel, debout,

dans une gloire, sur des nuages, les mains jointes et en expression de béatitude, est entourée de douze anges. En haut, à ses côtés, deux anges ailés et adorant ; au-dessous, deux autres anges ; l'un joue de la guitare, l'autre chante. A droite, l'un joue de la harpe, l'autre du violoncelle. Enfin, au bas du tableau, au-dessous des pieds de la Vierge, deux anges tiennent un cartel sur lequel est écrit, en notes de plein chant, le commencement de l'antienne paschale : *Regina cœli lætare alleluia,* suivi de la signature à droite ; et à gauche, formant groupe avec les anges qui tiennent le cartel, trois anges jouent de la flûte, un autre de la vielle. Les figures de tous ces anges donnant concert à la Vierge, sont d'un dessin plein de grâce. Évidemment Warin, dans ce moment, était dans toute la force de sa science et de son talent. C'est une espèce de grâce et de caractère de têtes à l'André del Sarte. La Vierge est moins heureuse, mais l'ouvrage indique surtout un peintre de plus de grâce que de force. Dans la partie élevée du tableau, au-dessus de la tête de la Vierge, la Trinité ; le Père et le Fils, en petites figures, supportent, au plus haut des cieux, une couronne sur laquelle plane le Saint-Esprit dans sa forme de colombe. Tableau de cinq pieds de haut, sur trois pieds et demi de large, appendu à la dernière colonne à droite de la nef avant le chœur. »

Dans la chapelle de la Charité, à gauche de la nef, je notais, ce jour-là encore, une meilleure aubaine : « Signé : *Quintin Warin — inuenieb. — et pingeb.,* 1612. — Martyre de saint Laurent (?). Un saint étendu par des bourreaux sur un brasier allumé. Un bourreau le maintient sur le gril avec une fourche ; un autre aussi debout, l'a frappé de sa fourche : un troisième, à gauche, souffle le feu et l'attise avec une poignée de paille ; un quatrième lui brûle le genou avec un fer rouge, entortillé d'un linge humide, tandis que de l'autre main, il met un autre fer au feu ; à gauche du groupe du saint, deux personnages, coiffés de casques, sont vus à mi-corps et assistent au martyre. Au deuxième plan à gauche, un préteur à cheval, escorté de deux licteurs, commande le supplice. Fonds de paysage où l'on voit des fabriques et des monuments antiques sur les deux côtés d'une rivière réunis par un pont. Cette grave et belle composition est d'un dessin très sérieux et très serré. Est-ce une hallucination ? mais nous avons cru reconnaître un avant-goût du Poussin dans les deux licteurs. Un ange, portant palme et couronne, vole au-dessus du saint, et c'est au-dessous que se lit

6

l'inscription : *Justus ut palma florente.* — Au-dessus et au-dessous
de la composition centrale, se voient quatre sujets traités en plus
petite proportion : les deux d'en haut représentent : un jugement de
sainte ; au fond, des gardes traînent une femme en prison. Ce petit
tableau, en forme de cartouche, occupe la gauche ; celui à droite représente un martyr attaché nu à un poteau et frappé par trois bourreaux ;
un cinquième personnage est assis à droite et tient un bouclier. —
Dans la partie inférieure, à gauche, un saint est lié nu à des entraves ;
six bourreaux et gardes assistent et travaillent au supplice. A droite,
la quatrième et dernière petite composition, vraiment digne d'un
Vénitien, représente l'assomption d'une sainte enlevée par deux anges
sous les yeux de trois personnages effrayés. — Tout ce grand tableau,
haut d'environ huit pieds sur six de large, est un vrai chef-d'œuvre de
l'école française du temps, bien supérieur, pour le dessin, la noblesse.
le sentiment et le coloris, aux maîtres de Fontainebleau, Dubois
et autres. C'est archi-français pour la composition et pour les figures
à mi-corps du premier plan, faisant, selon l'usage d'alors, repoussoir
aux figures centrales du tableau. Dans le fond du paysage, se voit un
cadavre abandonné duquel s'éloignent un loup, un lion, un corbeau,
pour venir dévorer le cadavre d'une martyre que traînent par les pieds
deux bourreaux. » — Nous savons aujourd'hui par M. l'abbé Porée,
curé de Bournainville, qu'outre la *Regina cœli* et la *Légende de saint
Vincent* (il paraît que je m'étais trompé et qu'il ne s'agissait point de
saint Laurent, mais de saint Vincent), la même église de Sainte-Clotilde est riche d'un troisième tableau de Quentin Warin, un *Martyre
de saint Clair*, vrai pendant au saint Vincent par les proportions et
par les sujets accessoires aux quatre angles de la toile. (Voir la *Revue
de l'art français,* n° de décembre 1884.)

Quentin Warin, par la propre valeur de ses ouvrages, mais surtout
par la fortune singulière qui fit de lui le maître du glorieux Poussin,
a eu cette chance d'émouvoir tous les chercheurs ; on commence à le
bien suivre, — et ce n'a pas été sans tâtonnements, et même encore aujourd'hui non sans vagues incertitudes, — depuis sa naissance à
Beauvais, jusqu'à sa mort à Paris, mais par quels chemins il a fallu
courir, puisqu'il a fallu attendre jusqu'à ces derniers temps (Réunion
des sociétés des Beaux-Arts des départements, 1888), pour apprendre, par M. l'abbé Requin, que Quentin Warin, « le 19 avril 1597,

passait à Avignon un contrat d'apprentissage avec un peintre de cette ville nommé Pierre Duplan, et lui promettait de le servir bien et fidèlement pendant trois ans complets, à condition que son maître lui fournirait les aliments et habits nécessaires durant ledit temps en lui montrant et enseignant ledit art de peintre ». — Et M. l'abbé Requin avait trouvé dans l'échoppe d'un cordonnier d'Avignon une coquette petite *Sainte-Famille*, signée *Q. Varin pinxit,* et sur le revers du panneau la date de 1600. — Puis, bien autre affaire, voilà M. H. Stein qui nous reconstruit, sur la foi irrécusable du contrat de mariage de Quentin Warin (1607), les dates capitales de la biographie de notre peintre (*Revue de l'art français,* mai 1889); car ce Warin, depuis quarante ans, a certainement plus occupé les biographes que ne les a occupés son glorieux élève durant la même période.

Je croyais bien cependant avoir réuni, une fois pour toutes, dans la *Revue de l'art français* (quatrième année, janvier et février 1887). tous les documents épars sur ce Q. Warin, en les coordonnant de mon mieux, et en m'essayant à mesurer l'estime due au talent personnel de ce maître picard. Et voilà que M. Stein nous force bien à admettre qu'il faut faire remonter sa naissance jusqu'à environ 1570. Moi je préférerais 1572 ou 75, en songeant à ce contrat d'apprentissage signé à Avignon en 1597, un apprenti de vingt-sept ans me paraissant un peu barbon. En tout cas la date de la petite *Sainte-Famille* de M. l'abbé Requin est là pour nous certifier, — point de grande importance pour nous rendre compte des origines de sa manière et des causeries de son enseignement, — que Warin, en 1600, laissait dans le Comtat la trace d'un peintre ayant vu, durant plusieurs années, le ciel de Provence et senti l'influence du voisinage de l'Italie qu'il peut croiser désormais avec l'influence des écoles de son pays du Nord. — Puis il remonte dans sa Picardie, et fixé, semble-t-il, à Amiens où jadis demeurait son père Antoine Warin, en son vivant marchand cordonnier, et qu'habite encore sa mère Jeanne Blochet, lui Quentin duement breveté maître-peintre se rencontre avec Raoul Mareschal, ou plutôt Maressal, maître-peintre comme lui, demeurant avec sa femme Marguerite Corsin, au village et paroisse d'Ailly-sur-Somme, et le 20 novembre 1607, il signait le contrat de son mariage avec Antoinette Mareschal, de laquelle il aura quatre enfants : Nicolas (1609), Madeleine (1611), c'est elle qui devint plus tard religieuse ursuline à Amiens et hérita du talent paternel, Raoul (1613) et Jean (1615); tous quatre étaient nés dans cette maison de la rue Basse-Notre-Dame, à Amiens, qui avait été assurée à leurs parents par leur contrat de mariage; tous quatre furent baptisés sur la paroisse Saint-Firmin-en-Castillon.

Pour nourrir cette famille toujours croissante, il ne faut point rester oisif, et Amiens ne suffit pas à fournir besogne. De là les travaux cherchés aux environs et même dans la province voisine ; de là les tableaux des Andelys. Il arrive juste à l'heure où Nicolas Poussin, comme tous ceux de son âge pubère, tend l'oreille vers les voix mystérieuses de sa destinée. Ce libre artiste le charme et l'attire par la liberté même de son art, par la séduction aussi de son talent facile et brillant qui s'enseigne comme de lui-même, par la grâce et l'aisance jamais hésitante de l'invention, et la rapidité du pinceau et l'harmonie moelleuse de la palette; et j'imagine encore, et surtout, que cet imberbe de dix-huit ans est pris et pour toujours par les fines indications de ses conseils, et par l'entraînant orgueil que ce maître avait de son métier, et enfin par les excitations personnelles que ne devait point ménager Warin à une intelligence si prompte à saisir à demi mot les secrets de la peinture et à laquelle (le Poussin s'en souvenait encore avec émotion et reconnaissance, cinquante ans plus tard) « il avait promis la plus heureuse existence dans le monde des artistes. »

Une fois signés et ajustés dans leurs cadres, les trois tableaux des Andelys, Q. Warin disparaissait de la petite ville, où il ne devait sans doute oncques remettre les pieds; mais Nicolas Poussin de cette apparition avait gardé le stigmate ; et il ne voulut jamais, ni en France ni en Italie, se reconnaître d'autre maître que celui-là, vantant à Bellori et aux autres qui, là-bas à Rome, le confessaient sur sa jeunesse, « le grand mérite que l'on devait honorer dans les œuvres laissées par ce Varin aux Andelys et à Paris. »

Il était écrit que Poussin ne reverrait de sa vie l'initiateur singulier qui lui avait été envoyé par sa bonne étoile. Warin, en 1614, travaillait à Abbeville; en 1616 il était à Paris, luttant contre la plus noire misère, puis bientôt patronné par la reine mère, et pensionné du roi dès 1617, provoqué aux plus beaux travaux du Luxembourg, les compromettant par les aventures les plus bizarres et les plus tragiques : rappelez-vous, en 1618, les angoisses de la *Ripozographie*.

On le retrouve en 1623 acquéreur privilégié d'une maison de la rue Saint-Antoine, où il a sans doute installé tout d'abord sa bonne femme Antoinette Maressal avec leur couvée d'enfants, transportés de la rue Basse-Notre-Dame d'Amiens. Ils sont là non loin de leur frère et oncle Jean Maressal, peintre du roi comme Warin, « retenu par Sa Majesté pour les patrons et tapisseries à détrempe ». Cependant, sans perdre de temps, Warin peint pour le roi le grand tableau du maître-autel de l'église de Fontainebleau ; il peint pour la reine Anne, aux Carmes déchaussés, son maître tableau de la *Présentation au Temple,* œuvre de haute coloration, de ferme dessin et expressif, de larges et grasses draperies, sous une influence plus italienne encore que flamande, et que vous retrouvez aujourd'hui dans la chapelle du catéchisme de Saint-Germain-des-Prés. Il y a à la cour de France entre la mort de Freminet, en 1619, et le retour de S. Vouet en France, en 1627, un moment unique pour la faveur d'un artiste de talent alerte et agréable, pour une imagination quelque peu féconde et servie par un outil gracieux et bien emmanché comme était le pinceau de Quentin Warin. Et voilà que tout à coup M. H. Stein prétend que, sans seulement attendre à cette année 1634, où Jal pensait avoir constaté le jour du « convoi général de feu noble homme Roch (?) Vuarin, vivant valet de chambre, peintre et architecte du roy, pris rue Royalle », il faut bien fixer aux environs de 1627 la date vraie de la mort de notre peintre picard, si bien venu du roi et des reines.

Et que voulez-vous riposter à cette preuve, fournie à M. Stein par le travail de M. J. R. Boulanger sur *Varin et sa fille, peintres picards,* publié en 1885 dans les *Mémoires de la société des antiquaires de Picardie,* 3ᵉ série, t. VIII, p. 103-141 : « Lorsque Madeleine, sa fille, entra en religion aux Ursulines d'Amiens, le 16 mars 1629, un acte fut passé chez Mᵉ Bazin, où elle se déclara « fille du « deffunct Quentin Warin, peintre ordinaire du roi, et de Antoinette « Maressal, demeurant à Paris, rue Saint-Antoine, parroisse Saint- « Paul ? » Elle devait avoir tout récemment perdu son père dont la présence à Paris est constatée quelques mois auparavant. Par cet acte, Raoul Maressal, maître peintre, grand-père de la nouvelle religieuse, s'engage à payer trois mille livres au couvent des Ursulines, et donnera en outre trois tableaux « peints en toile de la main de feu sieur Warin » ; le premier, « avec un crucifix », de 5 pieds 2 pouces 1/2 de hauteur et 3 pieds 3 pouces de largeur ; le deuxième, « avec les trois Maries », de 5 pieds 10 pouces de hauteur et 6 pieds 1 pouce de largeur ; le troisième, « avec la Magdeleine », de 4 pieds 7 pouces de hauteur et 3 pieds 7 pouces de largeur ».

Le relevé par Jal de ce convoi général, le 27 mars 1634, d'un *Vuarin, valet de chambre, peintre et architecte du roy, pris rue Royalle,* ne me laisse pas moins une certaine inquiétude, quand je songe que l'année suivante, le 11 février 1635, c'est dans la même *rue Royalle,* que l'on viendra *prendre,* pour son propre convoi général, la pauvre « damoiselle Antoinette Maressal, veufve de feu noble homme Quentin *Warin, vivant valet de chambre, premier peintre et dessinateur ordinaire* ». Et pour comble, ne faut-il pas voir, avec cet imbroglio des dates de mort de Warin, quelque rapport à établir, une sorte d'exécution d'ordre testamental dans la singulière inscription du tableau votif daté de 1627, le *Saint Charles Borromée,* de l'église Saint-Jacques-de-la-Boucherie, aujourd'hui à Saint-Étienne-du-Mont ?

Toujours est-il que Nicolas Poussin, arrivant des Andelys à Paris, en 1616, au même moment où Q. Warin vient d'y débarquer venant d'Amiens, ne sait plus y retrouver son maître dont il a dès longtemps perdu la trace. Celui-ci meurt de faim dans un galetas, ou se cache si bien pour éviter d'être étranglé, pendu et brûlé, qu'il échappe même aux appels bienveillants de la reine mère. Autrement Nicolas n'eût pas été, pour se perfectionner, chercher un autre donneur de conseils (en était-il un meilleur alors à Paris?). Il ne fût point allé se jeter au hasard, et sans peser ce qui lui serait le plus profitable, dans les ateliers de Ferdinand Elle ou de Georges Lallemand : il eût tout naturellement continué à fréquenter et à interroger son initiateur des Andelys, celui auquel il avait dû ses premières révélations sur l'art qui désormais possédait sa vie, ses premiers enseignements pratiques des recettes du divin métier. Ferdinand Elle était homme à lui apprendre le secret de manier adroitement la palette selon la mode flamande ; mais était-ce bien là ce qu'au cours de sa vie notre Poussin devait jamais chercher? Quant à Lallemand, de Nancy, ce n'est pas ce maniéré strapassonnant qui eût pu en remontrer à Quentin Warin, encore moins en enseigner plus long que lui, surtout à l'heure où celui-ci allait devenir premier peintre du roi Louis XIII, dont nous voyons qu'il portait le titre, par l'extrait mortuaire de sa femme.

Rien ne nous est resté des peintures de la jeunesse de Poussin, rien du pénible voyage en Poitou, rien des tableaux de sainteté pour les capucins de Blois, rien des Bacchanales pour le château de Chiverny, rien d'authentique durant le repos d'un an aux Andelys chez son père, rien de la poussée, en 1620, jusqu'à Florence, rien de la station à Lyon, rien de la collaboration au palais du Luxembourg avec Philippe de Champaigne, si ce n'est le souvenir de cette belle amitié de deux graves esprits dignes de s'entendre, rien même des six fameuses détrempes exécutées en six jours pour les fêtes de canonisation de saint Ignace et de saint François Xavier. Rien ne nous est resté de ces dix années grouillantes d'incessants labeurs d'un jeune homme à l'âme vigoureuse et que rien ne décourage, car il a foi dans son avenir: rien, pas même cette *Mort de la Vierge* qui, jusqu'à la fin du XVIII° siècle, était demeurée l'une des curiosités de Notre-Dame de Paris. La *Mort de la Vierge* du Poussin devait être l'un des tableaux votifs du 1ᵉʳ mai, depuis 1608 jusqu'en 1629, « contenant. dit Florent Le Comte, la vie de la Sainte Vierge ». Cette première série de peintures qui précéda les grands *Mays* de la nef, était certainement de proportions beaucoup plus petites. Si l'archevêque de Gondi a désigné le sujet de cet ouvrage, c'est qu'il en était sans doute de même pour les anciens *Mays* de Paris, que pour les tableaux de Notre-Dame d'Amiens, lesquels, sans être tous offerts par la confrérie du Puy-Notre-Dame, n'en étaient pas moins, presque tous, consacrés à la Vierge et décorés d'une devise en son honneur. Qu'est devenue cette peinture du Poussin, et faut-il donc désespérer à tout jamais de la retrouver? Elle nous serait si utile pour constater le juste point d'avancement d'esprit et de métier du futur chef de notre école, à la veille même de son départ définitif pour Rome, où son génie allait se développer et éclater si rapidement. Il semble par les contemporains qu'il n'avait plus grands pas à faire pour être salué maître, sans sortir de son propre pays. Comment Alex. Lenoir n'aurait-il pas sauvé cette œuvre précieuse, lui qui en sauva tant d'autres moins intéressantes? Si elle a péri dans les holocaustes sauvages du vandalisme révolutionnaire, ne faudrait-il pas nous en prendre au portrait du donateur? « La chapelle de Saint-Géraud, baron d'Aurillac, a été rétablie en 1761 et ornée de boiseries, et fermée d'une grille de fer, exécutée par le sieur Bouresche, aux dépens de la fabrique. Le tableau de l'autel représente le trépas de la Sainte Vierge ; on voit à côté un prélat, qui est François de Gondi, premier archevêque de Paris, qui a fait faire ce tableau en 1623, par Le Poussin, avant son dernier voyage de Rome; il est très estimé des connaisseurs, quoiqu'il ne soit pas de la première force de cet habile peintre français ; et a toujours été regardé comme un beau prélude de sa manière de peindre ; ce qui l'a fait distinguer des habiles peintres de son temps. » (*Description historique des curiosités de l'Église de Paris*, etc., par M. C. P. G. [Gueffier]. Paris, Gueffier père, 1763, p. 159.) J'ai bien cherché la *Mort de la Vierge* dans les églises de Paris, où étaient retournées tant de toiles recueillies par Alex. Lenoir aux pires jours de la bourrasque ; et j'ai eu un moment la vision de l'avoir rencontrée dans Saint-Étienne-du-Mont qui est un vrai musée de l'ancienne école française. Le sujet y était; la date de la peinture, peinture jeune, d'un coloris clair et harmonieux, ferme et habile, n'y contredisait pas trop ; c'était plutôt, il est vrai, par la dimension, un tableau d'oratoire qu'un décor d'autel de chapelle ; mais en tout cas François de Gondi y manquait, et ce portrait est la marque du tableau, si elle n'a pas été sa condamnation.

L'apprentissage premier du Poussin, tel que nous venons de le dire, son passage successif par les ateliers de maîtres expéditifs tels que Q. Warin et G. Lallemand, les besoins du gagne-pain quotidien, même son étude plus profitable, chez le mathématicien Courtois, de la collection des estampes d'après Raphaël et Jules Romain, en devaient faire naturellement, non un exécutant de beaux morceaux, mais un praticien d'une dextérité prête à tout et d'une fécondité inépuisable, un inventeur et un compositeur que n'arrête point dans son feu le souci de la nature, « *una furia di diavolo* », comme disait de lui le cavalier Marin, et qui était loin encore de pouvoir répondre à Bonaventure d'Argonne le mot de sa vieillesse : « Je n'ai rien négligé ». C'est à Rome seulement que se fit, plus tard, j'en suis convaincu, son éducation dans sa partie la plus élevée et solide. Jusqu'à l'arrivée en Italie, il ne fut, j'imagine, qu'un ardent improvisateur. Le Poussin a dessiné toute sa vie avec une abondance extraordinaire, mais toujours et toujours des croquis de groupes, ou des idées de tableaux, jamais des études de figures isolées comme cela se pratiquait chez Vouet. Tous les collectionneurs ont possédé dans leurs cartons de ces feuillets signés plus tard *Posin* par une plume italienne, et que les amateurs les plus compétents, M. de la Salle, M. Reiset, etc., ont attribués à la jeunesse du Poussin. Ces dessins sont d'une plume et d'un lavis facile ; ils n'ont point encore la fermeté ni la robustesse de la maturité; les formes en sont allongées, les têtes ont peu de caractère et la force d'expression manque encore, qui sera le propre de son génie, le feuillé des arbres en est d'un faire arrondi toujours pareil. Mais déjà le sentiment de la composition y est tout développé, les groupes bien disposés, les attitudes sont justes et non sans élégance. Stella plus tard, même guidé par lui, ne fera pas mieux. Ces dessins, par leur liberté d'invention et leur légèreté d'outil, ont parfois fait penser à Solimène, mais ils sont bien d'une imagination et d'un certain goût français et je les crois parfaitement du Poussin.

Il avait nourri, presque dès sa première arrivée à Paris, l'idée fixe et obsédante du voyage de Rome. Il sent d'instinct que sa patrie est là. Ni la maladie ni la pauvreté ne peuvent jamais le distraire de ce mirage. Bien lui en prend : Rome ne tardera pas à le reconnaître pour un de ses enfants, et seule saura nous garder précieusement ses œuvres. Le Poussin d'avant Rome n'est point le vrai Poussin, mais un praticien français, de juvénile et féconde habileté. C'est à Rome seulement que ses yeux vont s'ouvrir, et presque sans retard, dès la première contemplation des chefs-d'œuvre, car sa main est prête, son cerveau est mûr et ferme. il est tout de bon sens, sa vue est claire et ne se laissera point distraire par les manières en faveur chez les débilités de son temps. Ainsi devait faire Ingres deux cents ans plus tard : aller droit aux grandes sources, s'en abreuver dans toute leur pureté, ne point énerver sa jeunesse, même aux jours de gêne besogneuse, par des complaisances pour la mode du jour. Il est certain pour nous que ce qui a contribué à maintenir dans les plus hautes régions son goût et sa pensée, ce fut l'isolement où il vécut des travaux romains de son temps : Pietre de Cortone, le Guide, le Guerchin, Romanelli, Maratte ont dû se soumettre à un perpétuel et irrésistible exercice de peinture banale qui ne pouvait manquer d'épuiser leur génie, sans leur laisser le loisir de se retremper et de varier leur mode de concevoir les sujets les plus opposés. Par bonheur, à Rome, on s'en est tenu, pour Poussin, au *Saint Érasme*. Plus tard en France, s'il fût resté l'esclave de la cour, on l'eût mis à la même épreuve, on en eût fait, malgré lui, un producteur incessant de grandes toiles. Va pour le plafond de la *Vérité* et le *Miracle de saint François-Xavier*, ce sont deux chefs-d'œuvre. Mais adieu à ces admirables compositions d'un cadre plus restreint, où se concentrait plus puissamment et plus librement la fermeté de son génie dans ses imaginations les plus variées, les plus mâles, les plus personnellement émues de l'histoire sainte, ou grecque ou romaine. Il le sentit, s'ensauva dès qu'il put, et il fit bien. C'est pourquoi toute œuvre du Poussin rencontrée en Italie nous semble-t-elle particulièrement intéressante : elle montre, à côté de ses modèles, — merveilles des maîtres, ou beauté souveraine du paysage, — comment il avait su s'en imprégner et les digérer dès l'abord et se développer lui-même.

Dans cette ville qu'il avait tant rêvée, et qu'il avait eu tant de peine à atteindre, il endura tout d'abord une misère profonde : il vendait deux Batailles quatorze écus et un Prophète moins de deux écus. Mais il n'était pas homme à lâcher prise, car il se sentait déjà dans toute sa force ; il ne se rebuta donc point jusqu'au retour dans Rome du cardinal Barberini, lequel, il était temps, le tira de l'obscurité par la commande de plusieurs toiles où le peintre donna sa pleine mesure : l'une d'elles était la *Mort de Germanicus*, l'une des richesses, encore aujourd'hui, du Palais Barberini, l'autre la *Prise de Jérusalem*. Un autre protecteur italien, plus attentif encore, et dès la première heure, à le mettre en lumière et à soulager ses débuts difficiles, le commandeur del Pozzo, ouvrait au Poussin ses collections et sa bourse, l'encourageait par des commandes d'abord modestes, puis par celle des *Sept sacrements*, et intervenait de bonne heure pour lui procurer le *Martyre de saint Érasme*, destiné à servir de modèle pour l'une des mosaïques de Saint-Pierre ; cette vigilance constante et bien avisée de del Pozzo lui a d'ailleurs porté bonheur, car elle a marié à tout jamais son nom à celui du Poussin, dans la série des lettres que celui-ci ne cesse de lui écrire et qui font pendant à celles qu'il adressait à Chantelou. — Notons, en passant, que la qualité des protecteurs n'est pas indifférente, dans l'esprit public, à l'estime qui s'attache à l'artiste. Cela s'est bien vu chez M. Ingres, que la gravité fervente et la foi un peu hautaine et doctrinaire de ses premiers admirateurs et clients recommanda dès l'abord et jusqu'au bout à la considération du vulgaire. — Poussin a largement payé dans l'histoire l'amitié et la protection des Marini, des Barberini, des del Pozzo et des Chantelou : mais il faut dire que ces personnages d'un goût rare et épuré, que leurs contemporains savaient familiarisés avec les merveilles de l'art le plus noble, l'avaient singulièrement servi par leur confiance imperturbable.

<h3 style="text-align:center">SES PREMIÈRES ÉTUDES DANS ROME</h3>

En 1624, Nicolas Poussin n'était plus un tout jeune homme : il avait trente ans. Ses opinions en matière d'art, déterminées, formulées, affirmées avec une extrême netteté, dès le lendemain de son arrivée à Rome, lui avaient conquis presque aussitôt, parmi ses confrères de tout pays, une autorité singulière. On savait, on se répétait, il entrait dans la tradition courante, que ce Français, à la tête carrée, solide, sérieuse, franche et attirante, s'était voué tout entier, dès le premier jour, au culte de l'antique, de ses statues et de ses bas-reliefs ; qu'il copiait, — et c'est peut-être l'unique copie que l'on connaisse de lui, — le quasi seul morceau de peinture de l'antiquité romaine que les fouilles eussent alors révélée, les *Noces Aldobrandines* ; qu'il reconnaissait encore, — chose si bizarre pour un esprit de ce temps, — la dernière majesté de l'art romain et son caractère austère et puissant malgré la sauvagerie de la pratique, dans les figures du premier plan de la mosaïque byzantine de sainte Pudentienne ; qu'il allait chercher les documents de ses compositions sacrées jusques dans les catacombes ; qu'il prenait hautement fait et cause pour le Dominiquin que discréditait le parti du Guide. S'il étudiait les Titien de la villa Ludovisi, c'était en en modelant les bambins en compagnie de l'Algarde, réservant pour les fonds de ses propres Bacchanales son admiration des paysages du Vénitien ; toujours libre et intraitable dans ses jugements et ses procédés ; ne cédant en rien aux modes de son entourage ; novateur et révolutionnaire, sans l'orgueil ni la violence d'un Caravage, mais avec la fermeté d'un croyant qui rattache tout aux plus grandes et aux plus saines traditions.

On sait comment se font les mots. Poussin aurait dit qu'à son avis, le premier tableau était la *Transfiguration*, le second la *Communion de saint Jérôme*, le troisième la *Descente de croix* de Daniel de Volterre. Ce propos certainement a été mal entendu. Jamais je n'accepterai, pour ma part, que Poussin ait voulu fixer là les trois plus belles œuvres de la peinture. Jamais on ne me fera croire qu'il ne mettait pas l'*École d'Athènes*, — laquelle prenait peut-être place, suivant son tempérament d'artiste, avant la *Dispute du Saint-Sacrement*, — l'*École d'Athènes*, comme effort de génie et comme grandeur d'ordonnance, au-dessus de la *Transfiguration*, où la dualité des actions devait blesser son œil de compositeur. Certes, personne n'était mieux fait pour admirer d'enthousiasme la sublimité de la partie supérieure de l'œuvre prodigieuse de Raphaël : le Christ, qui n'est point « le père Douillet ». les deux prophètes et les disciples renversés par la lumière divine, merveille idéale de la peinture et de l'inspiration suprême. comme aussi le profond instinct d'arrangement et d'expression de la partie inférieure. La preuve de son admiration, je l'ai dans une étude du Poussin à la plume d'après la tête de femme qui se retourne de profil, et que M. Reiset m'a donnée jadis ; — mais pour la *Communion de saint Jérôme*, Poussin n'eût pas été Poussin s'il ne lui eût préféré dix autres œuvres de ce Dominiquin dont il avait grand raison de se faire le défenseur, et ne les eût mises fort au-dessus de la pénible et maladroite scène, où une bonne figure ascétique de vieillard mourant ne contrebalance pas l'ennui et la lourde insignifiance des huit autres figures. Est-ce que les deux fresques de *Sainte Cécile* à Saint-Louis-des-Français, la sainte distribuant les aumônes et la sainte mourante, — est-ce que les voûtes de la coupole de Saint-André della Valle, — est-ce que surtout la *Flagellation* à San-Gregorio, si utilement étudiée par le Poussin lui-même, ne valaient pas, et cent fois mieux, que cette peinture de bœuf, colorée pesamment, et qui n'avait pour elle que sa gravité convaincue ? Mais le Poussin, à coup sûr, n'entendait là parler que de tableaux, des tableaux seuls, qui pouvaient servir à l'étude et à la discussion, sur les autels des chapelles de Rome, les fresques murales mises hors de cause. Le Daniel de Volterre, il est vrai, est une fresque, mais qui niera que cette fresque joue le tableau ?

Je ne m'étonne pas d'ailleurs que le Poussin ait exprimé une prédilection singulière pour la *Descente de croix* de Daniel de Volterre. Cette fresque, je le répète, a les dimensions et les apparences d'une peinture à l'huile, et à ce titre notre Français la pouvait rapprocher des deux tableaux de Raphaël et du Dominiquin. Quant au goût du dessin ferme et serré, quant aux draperies savamment plissées, et surtout quant aux expressions simples et grandes qui caractérisent cette œuvre aux mouvements énergiques et sans manière, on croirait voir le type même du Poussin, jusques dans ses ajustements C'est, à coup sûr, le tableau dont, sans le savoir, il se soit le plus aidé, par sympathie de tempérament, celui qui lui a donné le ton dans ses compositions analogues, celui où sa science grave a trouvé son meilleur point de repère. Je ne sache pas un des personnages de cette grandiose composition, depuis le sublime groupe du premier plan, les trois saintes femmes secourant la Vierge, jusqu'aux formes du Christ, au saint Jean, et aux deux aides descendant le corps du Sauveur, qui, isolés, ne pussent être attribuées au Poussin. Je m'imagine que Le Brun, lui aussi, peut être d'après le conseil du Poussin, a beaucoup regardé cette maîtresse œuvre, car il me semble reconnaître un souffle du Daniel de Volterre de la *Trinité des Monts* dans les *Descentes de croix* du sectateur du Poussin, composition, sentiment et même coloris un peu rude.

Les *Noces Aldobrandines*, dégagées de leurs repeints, nous apparaissent aujourd'hui dans toute la sincérité de leur fresque antique et toute la naïveté de leur dessin et de leur sentiment. Les attitudes sont d'une simplicité et d'une noblesse délicieuses et toutes pleines de grâce. L'outil est gros, mais l'artiste est vraiment de haute valeur. Cette gouache ou fresque nous fait l'effet, à cette heure, d'un pastel léger, d'un gris bleuâtre, et les cloisons, sur lesquelles se détachent les groupes du milieu et de la gauche, sont d'un violet très estompé. J'ai dit que la touche du pinceau semblait grossière ; elle est pourtant pleine de franchise et de sûreté et modèle admirablement les chairs rouges du jeune homme assis à droite au pied du lit, une manière de jeune Bacchus indien. Les deux groupes des extrémités, les trois figures de femmes à droite, sont d'une expression aussi gracieuse que les figures du mari drapé, grave, presque triste, et de la femme tendre et étonnée, et de la belle jeune fille versant les parfums et appuyée contre la colonne et qui regarde les mariés avec curiosité, sont sérieuses, intéressantes et naïvement poétiques. Quand on rencontre au Palais Doria la copie fameuse que peignit Nicolas Poussin de ces *Noces Aldobrandines* (copie de même largeur, mais en y ajoutant beaucoup de hauteur par beaucoup de ciel), il faut convenir, tout en faisant la part de l'état où les repeints avaient mis alors la fameuse fresque antique, que notre maître français avait peut-être conservé à ces restes merveilleux de l'art romain toute leur noblesse et toute leur grandeur, mais que certainement il leur avait enlevé, par la fermeté intraitable de son pinceau, à peu près toute la fleur de leur grâce divine. Le ton velouté de pastel des fonds avait disparu. Je ne me souviens pas d'avoir vu à la droite de la figure qui tient la lyre ces tons verts si durs; et l'autre ton violet tendre sur lequel s'enlèvent les deux figures nuptiales, est devenu gris noir. Les ombres sont rudes, et la poésie charmante des expressions a été fort amoindrie. Vous trouveriez dans les œuvres mêmes du Poussin de bien meilleures copies que celle-ci des figures Aldobrandines. Ce n'est décidément point en copiant qu'il s'assimilait les merveilles antiques, mais en les regardant. Il le comprit de bonne heure et c'est pourquoi ses copies sont rares, quoi qu'on dise; celle-ci toutefois, comme préoccupation d'étude, n'en est pas moins fort précieuse. On trouve de lui quantité de dessins d'après des sculptures antiques et même d'après les peintures des catacombes; mais pour lui c'étaient de simples notes de costumes et d'arrangement, rien de plus.

Cependant je ne serais pas loin d'accepter l'attribution qui lui est faite, à l'Académie de Saint-Luc, d'une belle copie du *Triomphe de Bacchus* du Titien, et l'exécution du ciel, du paysage et des draperies ne démentiraient point trop cette tradition, alors que le Poussin admirait et étudiait avec tant de passion les chaudes harmonies du grand Vénitien.

Il n'est que trop vrai que les artistes nés et élevés dans un pays, au milieu des chefs-d'œuvre de leurs anciennes écoles ou des civilisations transformées, sont le plus souvent blasés par l'habitude; leur intelligence s'engourdit dès l'enfance sur la beauté et le génie de leur terroir natal; et cette beauté et le caractère de ce génie frappent bien plus vivement les yeux et l'esprit des jeunes artistes étrangers qui se trouvent tout à coup vis-à-vis de ces grandeurs avec des yeux de vingt ans. Ainsi, qui le niera? ce sont deux Français, Claude et Poussin, qui ont découvert et pénétré le paysage romain, et qui ont pensé à s'instruire devant les ruines et les fragments antiques. Ces ruines antiques accumulées à Rome ont fait même impression, ont éveillé de même tous les réformateurs des écoles de l'Europe; après le Poussin, Mengs, David, Sergell; et quand Cornelius et Overbeck sont venus chercher en Italie la régénération de l'art allemand, ils l'ont trouvée dans l'étude et dans l'intelligence des anciens maîtres romains et florentins que Rome et Florence ne comprenaient plus guères depuis deux siècles.

Le Poussin, dans ses paysages, n'a tout d'abord connu d'autre maître que le Titien. Je n'entends pas parler des dessins de paysages du Titien, le dessin ne donnant que la forme, les profils et les lignes d'un pays, tel que le Frioul ou le Tyrol, où le Titien a pris ses modèles, et le Poussin n'a guère copié que la campagne de Rome; mais pour la touche des terrains et des verdures et pour la simplicité et la franchise de ton de ses nuages rayés et de ses soleils couchants, il est évident qu'il a tout droit étudié la splendide manière du Titien. Voyez le merveilleux paysage, d'un ton si riche, si harmonieux et si ferme, et si fin, et si juste et si magistral, qui décore le fond du chef-d'œuvre de la galerie Borghèse, *l'Amour sacré et l'Amour profane*, et ce petit coin de verdure qui réjouit les yeux dans le superbe portrait de femme assise, faisant pendant au *Charles-Quint* dans la salle vénitienne des Offices; observez aussi au Louvre le paysage du *Jupiter et Antiope* et de celui de la *Vierge au lapin blanc*. L'école des Carraches, on pourrait s'y tromper, s'est bien saturée des mêmes modèles; mais comme touche, effet, pénétration de la nature, ils n'ont vraiment rien, ou quasi rien de commun avec la manière supérieure et si poétique du Poussin.

Voici ce que je retrouve dans mes notes sur le musée de Madrid (avril 1870) :«La fameuse bacchanale du Titien, l'*Hommage à la Fécondité*, tant étudiée par le Poussin, et qui de son temps se voyait à Rome dans la villa Ludovisi, toute voisine de la Trinité-du-Mont, est certainement, même avant son autre bacchanale, la perle des innombrables Titien de Madrid. Ce tableau merveilleux est d'une conservation admirable, du meilleur temps du maître, et le paysage et les deux grandes figures à droite sont d'une beauté, d'une splendeur de forme et de coloration, d'une noblesse et d'une poésie qu'il n'a jamais dépassées. Quant à la fourmilière des enfants, chacun d'eux pris isolément est adorable, et tous les bambins, Amours et Génies, des bacchanales du Poussin viennent de là, de même que l'on peut dire que les paysages de ces bacchanales, leurs beaux couchers de soleil, si puissants et d'une telle richesse de ton, viennent des paysages du Titien. Je repète que *l'Hommage à la Fécondité* a été l'école de Poussin pour les bacchanales et mythologies (avec l'étude des bas-reliefs antiques, cela va sans dire), de même que la grande fresque du Dominiquin à San Gregorio a été son école pour les sujets sacrés. Ce qui a donné peut-être au Titien l'idée de cette fourmilière d'enfants, ce serait, à mon avis, une volée de blancs pigeons ou d'oiseaux se bousculant pour la pâtée et s'abattant en caquetant, et se passant l'un sur l'autre quand on leur jette une poignée de grain. La femme à robe rouge et aux manches blanches, qui élève le miroir vers la Vénus, est d'une beauté égale aux deux figures de *l'Amour sacré et l'Amour profane* que l'on voit au palais Borghèse. Ce sont, à coup sûr, des beautés de la même famille. Quant au paysage, il est tout giorgionesque et rappelle celui du *Concert champêtre*, de notre Louvre. »

Evidemment dans les premières années, Poussin n'a guère, je le répète, vu le paysage qu'à travers le prisme vénitien. Cela se reconnaît aux fonds titianesques de ses bacchanales. Mais plus tard le ton change, la manière aussi de voir et de sentir la nature romaine. Cette nature lui apparaît plus simple dans ses lignes, plus auguste, plus robuste dans ses assises réelles, moins factice, moins tourmentée dans ses colorations. Le paysage dans ces conditions nouvelles de gravité et de solidité, il en a besoin à tout moment dans les fonds des compositions austères dont son génie a pris l'habitude, et peu à peu il l'a élevé à la hauteur d'un genre dont le Dominiquin lui avait peut-être indiqué le modèle, mais où il ne tarde pas à surpasser le maître italien qu'il a tant respecté. La période des bacchanales où le Poussin avait dépensé tant d'imagination juvénile et de verve facile et brillante, me paraît remplacée plus tard par l'exercice plus ferme et aussi fécond de ses paysages historiques, j'entends du moins pour le délassement satisfait de son esprit et de sa main ; au paysage de l'école des Carraches, auquel avec son principe de « ne rien négliger », il sait donner le caractère plus vraiment propre à la campagne romaine, il impose je ne sais quelle noblesse qui tient presque de la largeur et de l'harmonieuse tranquillité de la fresque, et en ferait au besoin l'idéal des modèles de tapisseries pour la galerie d'un palais ; je dirais même que par l'austérité religieuse des petits personnages et la solennité des sites, les paysages du Poussin agrandis s'accommoderaient mieux que des peintures de proportions plus ambitieuses, à la décoration d'une chapelle ou d'un cloître de monastère ; et n'ai-je pas vaguement mémoire d'une chapelle de Rome décorée de cette façon et non sans convenance, par le pinceau du Guaspre, c'est-à-dire par l'ombre du Poussin ?

Quand on étudie le paysage français au xviiᵉ siècle. le Poussin, le Claude et les fonds de batailles du Bourguignon, en un mot ce qui nous vient d'Italie, il est difficile de ne point parler de Salvator Rosa, et de ce qu'on voit de lui au palais Pitti.

L'un de ses paysages représente un pont en ruines, portant sculptées sur l'une de ses arches les armes des Médicis, et sur lequel des voyageurs passant à cheval vont s'engager dans d'horribles montagnes ; — l'autre qui lui fait pendant. représente la sortie d'une rivière entre des rochers, chargés de tours en ruine, au pied desquelles s'abritent, comme dans un havre, quelques vaisseaux marchands. — Ces deux tableaux, dont le ciel et les lointains sont beaux et lumineux, semblent par leur faire, avoir été l'école et l'étude particulière de Jos. Vernet et de tous ceux de son siècle. les Panini. les Servandoni, qui se sont d'abord formés d'après les procédés fiers et braves de Salvator.

Ce qui me paraît, d'après ces deux marines capitales, et ses autres paysages, distinguer la manière de Salvator de celle de Claude, c'est moins la touche caractéristique des rochers et du feuillé du Napolitain, qu'une certaine vigueur outrée et toute de pratique dans les ombres des rochers aux formes parfois trop fantastiques ou d'un ton gris trop dépouillé. Assurément, dans la plus vaste de ses deux immenses marines du Pitti, surtout dans celle où se voient groupés à gauche une grosse tour, un pin parasol et un bateau en réparation, le ciel est d'une lumière et d'une légèreté et d'une perfection admirables ; les deux sont d'une étonnante transparence ; mais il manque dans cette peinture le je ne sais quoi de simple et de naturel et de vraiment vrai qui donne aux marines et aux couchers de soleil de Claude un charme

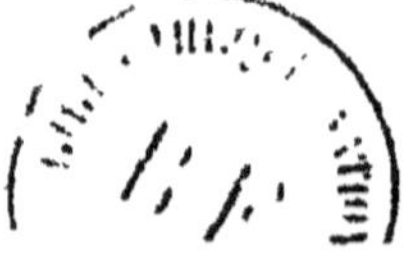

si profond, si délicieux et si pénétrant. Ce Salvator avait le don de
l'étendue, de l'espace et, bien mieux, un sentiment heureux et franc de
la lumière ; mais, que voulez-vous ? il n'aura pas assez aimé la bonne
nature, il a mieux aimé la poésie ; tant pis pour le peintre : il lui en
est resté de la sécheresse.

Le jour où il a peint son paysage de *la Paix*, Salvator a été mieux
que versificateur ; il s'est montré grand peintre et partant grand poète.
Cette Paix qu'il a placée au premier plan, avec un lion endormi à ses
pieds, et près du lion un agneau, cette Paix, elle est réellement l'âme
du tableau. C'est simple de sentiment, de composition, comme un
Poussin ; c'est lumineux, intense et harmonieux comme un Claude.
L'impression en est vraiment puissante et profonde, et l'exécution
même en est calme et large. Ce n'est pourtant qu'une rivière qui ser-
pente, le soir, entre deux rives tranquilles, et sur laquelle se penchent
de grands ombrages d'arbres, déjà noyés et confondus dans la nuit.
Grâce à ce seul tableau, Salvator se trouve, par le hasard d'une admirable inspiration, au niveau des grands maîtres. Ce que c'est qu'une
certaine noblesse de race et d'esprit, une certaine pointe d'imagination
élevée ; jamais un Hollandais n'aurait trouvé cela.

Un autre tableau de lui qui, sans être aussi complet, est pourtant
bien intéressant, est celui de *la Forêt des philosophes.* Si l'exécution
en était un peu plus heureuse, ce serait là le chef-d'œuvre du
maître.

Ce n'était cependant pas, Dieu le sait, un maladroit praticien que le
Salvator, mais il semble dans un même tableau avoir voulu rivaliser
avec Claude, et avec Poussin qui avait traité le même sujet ou appro-
chant. L'invention de l'effet et de la composition du tableau est des
plus heureuses. Son groupe principal, celui des huit philosophes, est
excellent ; je dirai mieux, c'est que son vieux cynique de Diogène
isolé est d'une si naïve et grande tournure qu'on le croirait peint
par Poussin. Les trois autres plus jeunes qui l'entourent debout et le
questionnent, et les deux couchés à terre qui les écoutent, sont très
nettement et simplement posés, mais l'exécution de ces petites figures
n'est ni tout à fait sûre, ni tout à fait serrée, ni tout à fait savante. Je
ne parle pas du groupe de bohémiens avec leur troupeau, demi-perdus
dans l'ombre de droite qu'ils remplissent et qui, hélas ! semblent
avoir été le point de départ de tous les Rosa de Tivoli qui ont suivi

cent ans plus tard. Quant au paysage, il est d'une grâce et d'une fraîcheur toutes matinales ou plutôt toutes vespérales. La silhouette des montagnes découpant de leurs teintes bleuâtres si légères, les tons orangés du ciel d'horizon, les deux belles bandes du lac miroitantes de lumière et pourtant là-bas déjà atteintes de vapeur, ce beau bouquet d'arbres à la Claude, sous lequel se passe l'étrange dialogue des philosophes, près de l'enfant à gilet rouge qui boit dans sa main, penché sur la source, toute cette splendeur tranquille du plus beau soir d'Italie semblent un défi à notre Lorrain, tandis que la largeur de dessin des vigoureux terrains du premier plan relèverait plutôt du Poussin; mais, que voulez-vous? pour la valeur d'ensemble de ce tableau, la finesse d'exécution n'est point à la hauteur de sa conception. On fait malgré soi l'affront à Salvator, en regardant ce paysage, de penser plus à Both ou à Swanevelt qu'à Claude; et voilà comment dans son œuvre la plus poétiquement conçue peut-être et la plus idéale, Salvator reste au-dessous de l'un et de l'autre de nos deux très grands Français.

Voyez encore au Pitti, la grande mêlée de cavaliers du Bourguignon, où une puissante colonne de fumée, d'une forme et d'un effet grandioses, se bifurque à droite; très beau fond de montagnes éclairées par un ciel lumineux qui suit le soleil couchant. Ce fond, d'une lumière si tranquille, dorant et bleuissant les montagnes à l'horizon, est vraiment quasi digne de Claude. Le Salvator, qui lui fait face dans la même salle du palais, est plus violent. On s'y bat, vers les quatre heures d'après midi, aux portes d'une ville dont les tours murales forment presque partout la silhouette d'horizon. C'est moins heureux que l'œuvre de Jac. Courtois. Notez que dans ses batailles, Salvator a rivalisé, en vainqueur le plus souvent, avec notre Bourguignon, qui en réalité est son élève, puisqu'il procède tout droit de ses principes et de sa fougue. Mais quelle singulière destinée du Napolitain de se trouver, dans presque tous ses genres, aux prises avec nos Français de son temps! Si je m'attache à lui, c'est qu'il n'est pas si étranger qu'il semble au mouvement décisif de notre école au xvii° siècle; il a, à cette date, côtoyé tous nos illustres; et il est lui-même, par l'imagination fantasque et capricieuse de son génie, le dernier primesautier de l'école de son pays. Je ne parle pas de cette espèce de portrait de comédien, désigné là sous le titre de « la

Fourberie », et où il n'a peut-être cherché qu'une sorte de portrait de caractère. Mais, quand il peignait son *Catilina*, il n'y avait plus en Italie un homme capable de mettre dans une toile cette énergie et cette vigueur d'âme, bonne ou mauvaise ; à ce point de vue, comme à celui de la singulière interprétation de l'antique dans l'espèce de sénateur demi-chauve qui se retourne, l'ouvrage est des plus intéressants. C'est, je le répète, le dernier des Italiens aux prises avec les premiers Français qui fondent notre école et la font triompher dans toute l'Europe. La France prend, dans cette dernière lutte, possession de la suprématie d'art pour deux siècles. Tout du moins ne soyons pas ingrats à Salvator Rosa, car si comme peintre de batailles il n'a guère laissé d'héritiers en Italie, nous lui devons le Bourguignon, à lui beaucoup plus qu'à la *Bataille de Constantin*, et par le Bourguignon Jos. Parrocel, puis Ch. Parrocel ; et, pouvons-nous ajouter sincèrement, nous lui devons Joseph Vernet, à lui beaucoup plus qu'à Claude Lorrain ; oui, Joseph Vernet et ses nombreux élèves, les peintres de marines de la Méditerranée au xviiie siècle. C'est de Salvator que Joseph a appris ses lointains lumineux, ses tons gris clair, et aussi ses rochers et ses feuillés un peu de convention, surtout en sa période italienne, sa période de jeunesse et qui n'est pas la pire.

Il faut bien cependant en venir aux œuvres mêmes du Poussin et nous mettre en quête, ici et là, de ce qui reste de lui dans cette ville auguste, pavée des débris merveilleux de l'ancien monde, qu'il avait scrutée et fouillée en tous ses fragments et toutes ses poussières, dont il avait mesuré au Campo Vaccino les colonnades tronquées, et dont il avait interrogé l'âme avec tant de passion. Autrefois les œuvres de sa jeunesse, autant que celles de sa maturité, foisonnaient dans les palais de Rome. Beaucoup, hélas ! en furent enlevées qui ont trouvé gîte ailleurs ; mais celles qui sont demeurées là, nous semblent d'autant plus précieuses qu'on y cherche le reflet des nobles monuments ensoleillés, au milieu desquels il les conçut.

Le plus célèbre de ces ouvrages, non, bien s'en faut, le meilleur du maître, est à coup sûr le *Saint Érasme*. J'en suis réduit à transcrire aujourd'hui les notes que j'avais prises, en 1856, dans les diverses galeries romaines. Je m'appliquai alors à étudier, le livre de Dussieux en main (il venait de publier sa seconde édition des *Artistes français à l'étranger*), toutes les peintures et sculptures françaises éparses dans les monuments de la ville Éternelle, et plus attentivement, cela va sans dire, les tableaux de Nicolas Poussin, ceux d'origine certaine et aussi ceux qu'à tort ou à raison l'on a décorés de son nom. Peut-être, si j'avais revu les œuvres à plus fraîche date, mon opinion se serait-elle modifiée sur plusieurs d'entre elles, et mes yeux eussent-ils vu autrement, grâce à l'expérience acquise par les ans qui s'en vont. En tout cas, ma sincérité d'alors ayant été absolue, le lecteur gardera quelque indulgence au voyageur d'il y a trente ans.

On connaît la composition du *Saint Érasme*; ce tableau dut être peint dans le même temps que la *Peste des Philistins*, à en juger par la figure et surtout par la tête du martyr. Il n'est pas encore très, très éloigné des leçons d'habile praticien du Warin et des maîtres parisiens, et moins encore de cette influence caravagesque qui était dans l'air et dont il n'était donné à personne de se défendre; voyez là, à côté, le *Crucifiement de saint Pierre* du Guide. La couleur brique, non seulement des chairs, mais des vêtements du saint et des bourreaux, n'était-elle pas également familière à Testa? Saint Érasme est étendu, la tête renversée, et son œil est effrayant et perçant comme celui d'un saint Barthélemy de Ribera; à gauche, un prêtre payen, drapé dans un vêtement blanc, invite le saint à sacrifier à Hercule, dont on voit la statue à droite dans une colonnade du temple. Deux bourreaux dévident sur un rouleau les entrailles du martyr, pendant que deux autres se penchent pour voir le patient; à gauche, un soldat à cheval causant avec celui des bourreaux qui tourne le rouleau. En haut de la composition, deux anges apportent la couronne et la palme. Ce grand tableau, de dix pieds de haut, n'est pas, quoi qu'on dise, des meilleurs de Poussin. C'est une œuvre de son moyen âge, œuvre encore d'incertitude, et où sa poétique n'était pas encore bien arrêtée, ni très élevée, ni purifiée. On a écrit que c'était sa seule peinture signée; on lit, en effet, au bas à gauche du tableau, ces mots tracés en noir au pinceau : *Nicolaus Pusin fecit*; mais cela n'a jamais été écrit de sa main; le Poussin n'a jamais, que je sache, dénaturé son nom; cette fausse signature est, à coup sûr, d'un Italien maladroit.

David lui-même, en arrivant à Rome, « avait couru tout d'abord », pour les copier, au Caravage et au Valentin, dont la rudesse farouche et le sombre coloris plaisaient à son tempérament, déclarant plus tard que Raphaël était alors « une nourriture trop délicate pour son estomac ».

Le *Martyre des saints Processe et Martinien* du Valentin a été traîtreusement placé au Vatican à côté de la *Mise au tombeau* de Michel-Ange de Caravage, c'est-à-dire à côté de la maîtresse œuvre d'un vraiment grand peintre, pleine d'une écrasante maestria. Il y a dans ce tableau du Caravage, un Christ, une Madeleine désespérée, et surtout un Simon le Cyrénéen portant les jambes du Christ, qui n'ont jamais été dépassés par aucun dans la représentation de cette lugubre scène. Et puis le Caravage possède une fermeté de modelé bien autrement puissante que le Valentin. Évidemment quand le Poussin reprochait à cet homme d'être né pour la ruine de la peinture, il lui en voulait, non pas de cette étonnante fermeté du pinceau, mais de s'être, au détriment des autres parties supérieures de l'art, emparé si complètement de ceux qui étudiaient ses œuvres, comme le Valentin, le Guide, le Guerchin et tous les contemporains, à ce point de ne pouvoir plus se déprendre de son absorbante influence. Il est certain que le *Martyre de saint Processe*, placé ailleurs et à l'écart du Caravage, comme il est dans Saint-Pierre, produirait la plus grande impression par son réalisme, par l'énergie souple et ardente de ses bourreaux et de la foi intraitable de ses deux martyrs. C'est en vérité l'œuvre prodigieuse d'un jeune homme, et qui justifie du reste l'estime singulière que les Italiens ont vouée à son nom.

Les deux Michel-Ange ont dû paraître au Poussin deux archanges de destruction et de ruine et de mort pour les arts. L'un semblait, par sa figure de la *Nuit* pour les sculpteurs, par son *Jugement dernier* pour les peintres, avoir frayé la grand'route du maniérisme. L'autre réagissant contre ce même maniérisme mais par la plus brutale négation de la beauté, de la noblesse et de l'idéal. C'était pourtant un maître et un vrai grand peintre que celui-ci, et autrement varié et puissant et souple de talent, que l'innombrable troupeau de ses imitateurs. La *Mise au tombeau* écrase par sa prodigieuse énergie de dessin et d'effet toutes les excellentes œuvres qui se voient dans la même salle du Vatican, et surtout le pauvre Valentin son voisin. Par contre, à Gênes, il y a deux œuvres de lui qui, au rebours de son système et de ses habitudes, révèlent une grâce fort inattendue : une est la ravissante Madeleine de la Résurrection de Lazare au Palais

Brignole, souple, élancée, élégante comme une figure de notre Renaissance, dont elle porte presque le costume, coiffure, corsage, ajustement. L'autre est dans le palais Durazzo, cette jolie Vénus, nue et endormie, dont le modelé, la pose souple et câline est toute corrégienne, avec son petit Cupidon couché près d'elle dans son giron, et le piquant effet de lumière cachant à demi la tête et dont les peintres de notre siècle ont tant abusé ; tout cela, en vérité, semble un souvenir du Corrège.

Dans la galerie Sciarra, on voyait, de mon temps, une esquisse terminée du *Martyre de saint Erasme* ; j'admets qu'elle soit du Poussin, rien ne me l'assure pourtant : elle est de son moment, elle est franchement touchée, peut-être un peu grossièrement (voir les mains des bourreaux et les draperies du prêtre payen). Pourquoi ne serait-ce pas une copie, librement peinte sous ses yeux ? La toile d'ailleurs est romaine ; m'est avis que le maître, même en une esquisse, aurait mis davantage dans la tête du saint qui est autrement effrayante dans le tableau du Vatican.

Dans cette même galerie se trouvait le saint Mathieu écrivant sous la dictée de l'ange ; c'est un paysage plutôt qu'un tableau composé, malgré la figure du saint assis sur des ruines antiques, et il est intéressant parce qu'il rappelle l'une des vues les plus familières au Poussin, le cours du Tibre près de l'Acqua Acetosa et la Tour de Néron. Le ton des deux figures et surtout celui des terrains est assez froid, mais il faut bien y reconnaître le maître à la majesté de l'ordonnance et à la vigueur des seconds plans ; comptons-le donc parmi les bons Poussins secondaires. Sans parler de la répétition peut-être douteuse, qui se voit au musée du Capitole, de notre *Triomphe de Flore*, du Louvre, il ne manque pas, cela va sans dire, dans toutes ces galeries des palais romains, de tableaux attribués au Poussin, et plusieurs sans trop d'invraisemblance : ainsi dans le palais Chigi, la Bacchanale d'enfants, tableautin de 4 à 5 figures, renfermé à mon grand regret, en 1856, dans la chambre du Prince qui venait de mourir ; mais dans la galerie je retrouvais trois tableaux sous son nom : — une *Sainte Famille*, que l'on dit prudemment « dans la manière du Poussin », et que nous, en France, nous dirions plus hardiment être de lui, mais dans sa première manière italienne, presque encore caravagesque d'effet. La Vierge est assise dans la partie gauche de la toile ; elle est tournée un peu vers la gauche, et son visage, son cou et le voile blanc qui recouvre son épaule sont frappés d'une lumière blanche assez vive. L'enfant Jésus dort étendu sur ses genoux, et par derrière, un petit ange debout le regarde avec un visage naïf et gracieux. Dans la dernière obscurité du second plan, s'entrevoit le saint Joseph reposant à l'ombre des grands arbres qui abritent le groupe sacré. Effet singulier de nuit et de lune, reflet du soleil couché sous un nuage; beaux mouvements du paysage occupant le fond du tableau. — Autre *Sainte Famille*; cadre plus petit et celui-ci en hauteur. La Vierge est assise à gauche sur un fragment de colonne, à l'abri d'un pan de ruines antiques; elle est drapée dans un long vêtement bleu. Elle tient debout près d'elle le Bambino nu, dont le petit saint Jean, un genou en terre, baise la main à droite, se détachant à contre-lumière, dans un de ces ciels roses du soir si communs à Rome, saint Joseph assis, tenant un livre ouvert, et regardant vers les enfants. La tournure de cette divine figure est simple et grande, et la composition d'ensemble bien pittoresque, non pas plus que l'autre toutefois. Cette seconde n'a-t-elle pas d'ailleurs été quelque peu repeinte, tant les têtes se sont emmignardées et la pâte trop beurrée! — Le plus Poussin des trois serait encore, malgré les singularités du pinceau assez rond dans les chairs des deux petits anges, et le corps du Christ et certaines parties des draperies, le tableau de la *Déposition de croix*. Au pied de la croix, contre laquelle reste appuyée l'échelle et s'étend le drap d'ensevelissement, le Christ mort est soutenu et soulevé à gauche par saint Jean vêtu de draperies jaunes et brunes. La Mère de Douleurs, le visage déformé par son angoisse et enveloppée de son long manteau bleu qui recouvre une robe brune aux plis assez épais et lourds, se lamente et se penche désolée et les mains jointes, sur le corps de son fils. Deux petits anges aux pieds du Christ à droite; l'un tient la couronne d'épines; l'autre baise en pleurant les jambes du Sauveur. Une figure drapée s'aperçoit dans l'ombre à droite, au pied de la croix; c'est sans doute la Madeleine, accroupie dans son désespoir. Effet de nuit terrible, aux nuages rouges et sombres. — Des Poussin, dans cette maison on en croit voir partout, au-dessus des portes, ou perchés dans les hauteurs: Vénus et Adonis couchés sous de grands ombrages, au milieu d'Amours luttant ou jouant avec des animaux familiers; — ou bien c'est un Narcisse se mirant dans la fontaine ; il est agenouillé à droite, appuyé de la main gauche sur son épieu de chasseur, ses chiens sont derrière lui : à gauche, de l'autre côté de la source, un petit Amour lui lance un trait et deux nymphes le regardent. Beau fond de paysage esquissé vaguement. Toute la lumière est sur la poitrine et la tête de Narcisse, et sur la surface de la fontaine. On dirait une toile du Poussin jeune, dans sa veine poétique. Mais peut-être devant ces sortes de mythologies, juchées surtout hors de vue, pour peu qu'elles aient de charme antique, un Français rêve-t-il un peu trop aisément Poussin.

Dans le palais Colonna, l'on donne au Poussin un tableau sur le premier plan duquel, courant vers la gauche, Apollon poursuit Daphné. Celle-ci arrive auprès d'un vieux Fleuve couché dans l'angle gauche de la composition. A droite, groupe de quatre petits Amours jouant. Un autre, tenant son arc, vole dans les airs. Fond de paysage assez mouvementé : cascade à gauche, tour et fabrique, avec montagne par delà. Je ne puis me mettre en tête que ce soit là un Poussin. L'Apollon, le Fleuve, la Daphné, rien ne me parle Poussin. C'est œuvre de copiste ou d'imitateur. La donnée du groupe, le paysage et les Amours sont assez dans le goût poussinesque : mais non, non, non, ce n'est point là un Poussin. Son dessin est toujours plus noble, ses expressions plus belles, son pinceau plus sûr et plus léger.

On attribue à notre maître, dans la galerie du même palais, un tableau bien autrement important, et qui, s'il est du Poussin, serait rarement intéressant. Disons tout d'abord que pas une de ses figures n'a le moindre air qui se rapproche des types ordinaires du peintre. C'est seulement par je ne sais quel air de maître et je ne sais quel sentiment mystérieux et poétique, qu'on a été amené à l'attribuer au Poussin.

Le sujet serait emprunté à une nouvelle de Boccace, intitulée *Simone il chcceo ignorant*. A gauche, un berger naïf, appuyé sur un long bâton, s'entretient pendant la nuit avec une belle fille vêtue de blanc, laquelle se soulève sur sa main pour causer avec le rustre innocent. Près d'elle, à ses pieds, à sa droite et à sa gauche, sont étendues deux autres jeunes filles endormies profondément, et près de la plus éloignée se voit un homme aussi endormi. Boccace, qui en effet décrit fort bien la scène, parle de deux suivantes et d'un serviteur. Un Amour, volant au-dessus du groupe des trois filles, darde une flèche contre le jeune niais énamouré. Toute cette scène se passe dans le coin d'un bosquet. La lune éclaire seulement la belle éveillée, l'épaule de l'endormie du premier plan et le bras gauche de l'Amour volant; tout le reste est dans une demi-ombre. Au-dessus et par de là l'homme qui dort, se profile une belle fontaine, surmontée de la statue d'un Amour soufflant de l'eau par l'orifice d'un coquillage. A droite, le paysage s'éclaire des rayons du soleil couchant. En somme, c'est là une composition extrêmement attrayante et pleine de charme juvénile. On voudrait la croire du Poussin et elle serait de ses commencements, alors qu'il dessinait et peignait des sujets de l'Adonis du Cavalier Marin. Celle-ci est entièrement exécutée dans le goût vénitien. On y trouve le sentiment de chaude poésie qui distinguera les œuvres de cette période de sa jeunesse. Bien que la tête de la charmeresse, dont l'apparition déniaise le Simon, soit un peu arrondie et sans élégance, bien que les draperies soient encore bien lourdes, — faut-il s'en prendre à des repeints nouveaux, ou à la faute d'un goût encore incertain? — ce tableau a un attrait rare, l'attrait qui émane de ces Vénitiens, les Giorgione et les Titien, que le Poussin se préoccupait alors d'imiter; et quand nous admirons ses Bacchanales d'une invention si gracieusement payenne, nous regrettons qu'il n'ait pas, malgré sa fécondité, abordé plus encore dans cette donnée noblement poétique et amoureuse.

Si par son exécution et les types de ses figures, le singulier tableau du *Simone il chocco* n'était pas d'une attribution tout à fait incertaine, ce n'est pas le sujet qui m'inquiéterait sur l'auteur. Plus tard il épuisa tout ce que pouvait fournir à sa grave invention l'histoire hébraïque, retournant, avec son imagination toujours féconde, et avec une horreur naturelle des redites, les combinaisons les plus variées des sujets qui lui plaisent. *Moïse exposé sur le Nil*, le *Baptême de saint Jean*, les *Sept sacrements*, les *Saintes Familles aux Anges*; avant cela, les charmants sujets de la Fable antique qui s'accordaient de si bonne grâce avec ses paysages titianesques et ses études aimées de la campagne romaine; — mais en même temps et tout d'abord, il ne lui déplaisait point d'alterner avec les scènes riantes de la mythologie amoureuse, les sujets empruntés, non seulement à l'*Adonis* du Cav. Marin, mais aux épopées galantes du Tasse, les

Renaud et Armide, les *Tancrède et Clorinde* ; pourquoi n'eût-il pas remonté aux nouvelles de Boccace ? Ne revêtait-il pas des plus belles formes de son pinceau ses propres rêveries idéales : *La Danse des Saisons, Les Bergers d'Arcadie, l'Inspiration du poëte, Hercule entre le Vice et la Vertu ?*

Dans la salle des *Offices* à Florence, consacrée à l'École française, le Poussin est représenté par une œuvre excellente et de son meilleur temps. Le sujet, du reste, est très bien choisi dans la donnée antique qu'il préfère. On voit sur le premier plan d'un paysage aux fonds simples et étendus, en avant de la colonnade d'un temple ruiné qui, selon la Fable, est celui de Trézène, près du détour d'un fleuve, Thésée soulevant, par un effort gigantesque, une pierre énorme sous laquelle paraissent les armes dorées d'Égée son père, à qui il doit les rapporter. Sa mère Etra, grande et belle et encore jeune, s'appuie noblement sur l'épaule d'une jeune fille, et semble dire à son fils, en lui montrant du doigt la pierre, qu'il va trouver là à coup sûr le trésor. L'architecture occupe dans ce tableau une place considérable : elle y est noble et simple et du plus pur antique. Le soleil semble près de son coucher : les tons du ciel s'orangent, les montagnes se bleuâtrent. Le groupe d'Etra et de la jeune fille est des plus beaux d'arrangement qu'ait trouvés le Poussin : aussi s'en est-il resservi, il me semble, dans le *Moïse sauvé des eaux*. En tout cas le Thésée est de son meilleur temps, et je ne vois rien de lui en Italie qui nous le représente plus pleinement dans les qualités qui ont fait sa gloire. — L'autre Poussin des *Offices* me paraît, en vérité, bien peu digne du nom qu'il porte. Le sujet, la composition, l'arrangement, l'économie du paysage, les formes mêmes des Amours et du vieux Fleuve, la toile romaine à gros grains, les tons noircis et rougis, tout cela certes ressemble bien à une œuvre du maître. Mais le groupe principal dans le coin à droite, ce groupe raide et mal agencé, aux têtes lourdes et niaises, et où le torse de la Vénus, retourné plus que de face, ne peut s'accorder avec ses jambes de profil, cela est-il, tout de bon, du Poussin ? Ne saurait-on, même s'il en est, comme il y a vraisemblance, le classer parmi les douteux ? Vénus demi-nue a couronné Adonis de fleurs. Ils sont assis, à droite, à l'ombre d'une draperie suspendue aux arbres prochains. Près d'eux, un petit Amour debout, cachant son arc et s'appuyant sur le javelot d'Adonis ; un autre joue avec un chien couché, sur le dos duquel il est assis ; un troisième vole dans les airs et décoche une flèche. Dans le coin à gauche, un vieux Fleuve endormi sur son urne. Un petit Ruisselet, assis près de lui, veille appuyé sur une urne dressée. Le fond du paysage est tout dans la nuit : la lumière, un effet de lune sans doute, tombe seulement sur le groupe des amants et sur les Amours.

D'autres Poussin se trouvaient en Italie, qui en sont sortis pour venir en France, sans remonter plus loin que le commencement de notre siècle. Le cardinal Fesch en possédait deux, dont l'un fut rapporté par l'expert Georges, la délicieuse petite *Sainte Famille* autour de la Vierge debout, cédée par lui à M. Reiset. et qui se voit aujourd'hui à Chantilly, chez Mgr le duc d'Aumale. L'autre, le *Repos en Égypte*, gravé par Morghen, — la *Sainte Famille servie par les Anges*, et au fond duquel se profile un superbe éléphant. — décorait la chambre à coucher du cardinal, et fut acquis, à sa vente célèbre, par un négociant de Marseille, M. Fourcade. Depuis lors. cette toile d'une invention pleine de grâce, est tombée en mains amies et celui à qui elle est échue en jouit avec dévotion.

Au reste, dans toutes les œuvres du XVIIe siècle en Italie, on croit sentir du Poussin partout :

Au palais Pallavicini, à Gênes, les peintures du Castiglione, entre autres celle représentant Romulus trouvé par Faustulus et sa femme, m'ont fait penser à la coloration de quelques Bacchanales du Poussin. Est-ce imitation de cet adroit Génois ? Est-ce source commune provenant des tons vénitiens ?

Dans la galerie Brignole, ce sont deux petits tableaux représentant des sujets de l'histoire de Tobie, hauts d'un pied, sur un pied et demi de large. L'un nous montre Tobie, au retour de son voyage, prenant dans un grand plat le fiel du poisson qui doit rendre la vue à son père. Le vieux Tobie est assis à droite ; derrière son siège est debout sa vieille femme. Entre le père et le fils se tient l'Ange conducteur ; au second plan, à gauche, les serviteurs rentrent le bagage du eune Tobie. Joli fond de paysage. — L'autre petit tableau représente Tobie, un genou en terre et jetant dans la cheminée qui flamboie à gauche le foie du poisson, pour chasser le démon ; au second plan, à droite, se voit sa jeune femme assise, essuyant et cachant ses pleurs ;

elle est accoudée contre une table couverte d'un tapis, sur laquelle est posée la cassette qui contient ses bijoux de noces. Sur le devant est couché un chien endormi. — La peinture de ces deux jolies petites toiles est solide et excellente ; le goût du dessin est pur et savant, elles sont attribuées à l'école du Poussin et sont bien françaises en effet et du meilleur xviie siècle. La fermeté ample du dessin, la noblesse des draperies, le caractère assez robuste des figures et la simplicité des expressions, les désignent comme peintes en Italie, et me feraient volontiers croire à quelques tableaux d'Errard ou du petit Lemaire. J'avais d'abord pensé à Le Brun ou à Stella ou peut-être à Colombel, surtout la nuit de noces un peu sombre de couleur ; mais la guérison de Tobie est plus large et plus ferme de formes ; cela procède autant, semble-t-il, de l'étude des Loges du Vatican, que des compositions du Poussin. En tout cas celui qui les a peints a certainement connu le Poussin et ses paysages.

Dans l'antichambre de l'appartement du prince Palavicini au palais Rospigliosi, à Rome, j'ai noté, comme entièrement dans le goût du Poussin, une composition très nombreuse de personnages vêtus à l'antique, où l'on voit au bord d'un fleuve, dont le Dieu est là couché, une femme vêtue de bleu, demi-relevée par d'autres femmes. Elle a été renversée de son cheval qui se tient près de là avec sa selle vide ; à gauche et en arrière, groupes pressés de figures à cheval ou descendues de leurs montures ; l'un de ces personnages est coiffé d'un casque magnifique et semble un roi entouré de sa cour. La scène se passe au premier plan d'un paysage de belle ordonnance poussinesque ou dans le goût du Dominiquin. La coloration du tableau est un peu pâle et de tons peu fondus, arrivant presque au ton de la détrempe ou de la tapisserie.

Nous avons signalé certains tableaux du Poussin dont la coloration était assombrie jusqu'à l'obscurité, et cette coloration a grandement nui à l'admiration du peintre auprès de la foule des amateurs vulgaires, toujours épris assez naturellement de l'éclat et de la fraîcheur des tons. Observons, en passant, que la faute n'en est pas toute au peintre, et que Rome à qui il doit tant, à qui il doit tout, lui a fait sur ce point un tort considérable par les très nuisibles procédés en usage chez les préparateurs de toiles de son temps ; toutes ces toiles romaines, à gros grain, préparées en rouge, ont singulièrement repoussé leurs dessous et très décomposé en la noircissant la peinture qui les recouvrait. Les tableaux de chevalet du Poussin, représentant le plus souvent des scènes d'intérieur et d'une exécution plus savante, plus réfléchie et partant plus peinée en sa maturité, en ont souffert autant et plus qu'aucune autre œuvre contemporaine. Cependant il a su, quand il l'a voulu, trouver des tons clairs, lumineux et dorés pour certaines compositions du monde enchanté de ses mythologies, le jour par exemple où il peignait le merveilleux *Royaume de Flore* du musée de Dresde. Mais comme tout en lui était fortement médité et motivé et se reportait volontiers par système à ces *modes* de « nos braves anciens Grecs inventeurs de toutes les belles choses », il n'est pas impossible que ce soit de parti pris et pour se conformer aux modes ionien et lydien qu'il se soit résolu à une exécution plus sombre et qui devait par le temps s'assombrir encore outre mesure. Lanzi ne raconte-t-il pas à propos de Jules Romain et du reproche qu'on lui faisait d'avoir trop poussé au noir les demi-teintes, que « Nicolas Poussin, considérant ce point dans la Bataille du grand Constantin, avait coutume d'approuver cette âpreté du ton, comme convenant à la rudesse (*fierezza*) d'un combat » ?

———

SA FAMILLE DE ROME — SA MAISON

Nicolas Poussin, surtout depuis son arrivée à Rome, a été l'un des peintres les plus laborieux et les plus féconds qu'ait connus l'histoire de l'art. Par humeur et par nature, par la tranquillité fière et désintéressée de son génie, c'était l'envers d'un artiste courtisan, car il fuyait les inutiles, partageant ses journées entre son atelier et ses promenades à travers les ruines et la campagne romaine, ne frayant qu'avec quelques confrères choisis et dont l'esprit grave s'accommodât au sien, ou avec les rares Français qu'il eût rencontrés à Rome et qui eussent ouvert avec bonhomie leur maison à ses habitudes simples et solitaires. De ces familles de compatriotes, exilés volontaires comme lui dans la ville pontificale, se trouvait celle d'un honnête Parisien, Jacques Dughet, qui était là avec sa brave femme, ses trois fils et ses deux filles, tout cela gens du bon Dieu, et qui avaient pris Nicolas en pitié, voyant sa santé fort éprouvée par la triste maladie qu'il traînait depuis son séjour à Lyon. Le père, raconte-t-on, lui amenait les médecins et chirurgiens ; la mère veillait charitablement sur le désordre du ménage de ce vieux garçon de 35 ans. Tant et si bien que se voyant débarrassé par eux de son mal et de ses soucis, Poussin ne crut pouvoir mieux faire que de demander la main de leur fille aînée, Anne-Marie, qu'il épousa le 18 octobre 1629. Avec la dot modeste de sa femme et les rares écus qu'il commençait à gagner, notre peintre, qui s'était fait tout Romain, de costume aussi bien que d'usage, et qui ne songeait plus à quitter une ville dont l'air était une part de son génie et s'accommodait si bien à son tempérament, acheta, sur le Pincio, la maison où il devait mourir après l'avoir habitée trente-six ans.

Il avait rencontré là la « bonne femme » qui lui convenait entre toutes, la compagne humble et dévouée, qu'il pleurera si amèrement trente-cinq ans plus tard, simple comme lui, et ménagère, et attentive à ne le point troubler dans le recueillement de ses travaux, côte à côte de laquelle il va conduire sa vie, et dont, faute d'enfants, il adoptera paternellement les frères, Gaspard et Jean Dughet, faisant de l'un un grand paysagiste, son meilleur et pour vrai dire son seul élève, de l'autre, un très habile graveur, l'un des plus fidèles interprètes des œuvres de son maître. Gaspard ou Guaspre n'a que seize ans quand Poussin épouse sa sœur. Le jeune garçon a bientôt pris le goût du grand air et des champs en suivant son beau-frère dans ses promenades autour de Rome ; il va même s'y laisser gagner par une passion désormais incurable pour la chasse ; mais autant j'ai peine à me figurer Nicolas quittant sa plume et son pinceau à bistre pour emprunter le fusil de son jeune compagnon, autant il est inévitable que l'observation quotidienne des études de ce frère aîné, et l'exemple de sa pratique vont entraîner l'enfant à une imitation instinctive de ce qui se crayonne et se peint là devant ses yeux ; il s'empreint si fidèlement du large procédé et du mode d'interprétation de la nature, regardée là, côte à côte du grand homme, qui prend plaisir à ouvrir à ce jeune esprit clair et dispos et qui l'intéresse de près, le secret de ce qu'il convient de recueillir dans les magnifiques aspects qui s'offrent à tous deux, et avec quelle simplicité sobre il les faut comprendre et noter, qu'avant qu'il eût vingt ans, le Guaspre passait déjà pour l'un des plus habiles paysagistes de l'Italie et méritait de bonne heure que le nom de Poussin demeurât à jamais accolé au sien, en manière de glorieux héritage. Comment d'ailleurs Nicolas n'eût-il point pris plaisir à échauffer les progrès de cet ardent écolier que l'on devine de l'espèce de ces amants naïfs de la nature, qui ne connaissent qu'elle et ne savent vivre sans elle, et dont Daubigny dans notre siècle a été, avec son installation flottante en bateau, l'un des plus attachants modèles ? Vous rappelez-vous ce que « des gens de bonne foy ont raconté, à Rome », à notre ami Mariette : « Le Guaspre ne se contentoit pas de dessiner et de faire ses études d'après nature, comme le font la plupart des peintres de paysages. Il peignoit aussy d'après nature une bonne partie de ses tableaux. Un petit asne qu'il nourrissoit à la maison et qui estoit son unique domestique, lui servoit à porter tout son attirail de peinture, sa provision et une tente pour pouvoir peindre à l'ombre et à l'abri du vent. On l'a veu souvent passer ainsy des journées entières aux environs de Rome. » On trouve dans le Mémoire de Guillet de Saint-Georges sur le peintre Claude Audran, fils et frère de graveurs, et comme eux né à Lyon, que ce Claude « était parent du célèbre paysagiste Gaspard Dughet qui est connu vulgairement sous le nom de Gaspre, beau-frère de M. Poussin. » Parent de Guaspre, et par où ? et de quel côté ? Serait-ce que les Dughet eussent une part de leur famille à Lyon ? ou si, comme on le dit, ils étaient de Paris, les Audran s'étaient-ils alliés là, après leur installation parisienne ? car je ne vois point trace de voyage de Claude Audran du côté de Rome. Félibien a dit, avec un peu de hauteur, que « les tableaux du Guaspre étaient les restes des festins du Poussin ». Beaux restes toutefois et d'un goût encore fort relevé. C'est qu'il avait si bien digéré le faire et les conseils de son maître que, dans les galeries mêmes de Rome, nombre de ses paysages ont été attribués par les guides à Nicolas Poussin, et Dieu sait s'il les a multipliés, outre que son besoin d'agitation l'a poussé à travailler à Milan, Naples, Pérouse et Florence, au lieu d'imiter le tranquille attachement de son beau-frère à la ville éternelle dont le séjour fournissait par lui-même un enseignement plus nourrissant. On a dit que, rentré dans Rome, le Guaspre s'était attaché à étudier les ouvrages de Claude Lorrain ; il n'y paraît guère dans ce que nous connaissons et estimons de lui. Son vrai mérite est de nous donner un reflet assez exact et profond des œuvres du Poussin, pour qu'on soit tenté parfois d'y chercher une impression personnelle du maître, et d'avoir pénétré assez avant dans le

caractère de grandeur sobre et large que Nicolas savait extraire de la
nature, pour que les tableaux de son élève ne puissent pas plus se
confondre avec la manière de Claude qu'avec les précurseurs du
Poussin, ces très nobles Bolonais, les Carrache, le Dominiquin, le
Grimaldi, vrais inventeurs du paysage italien, de ce paysage des Apen-
nins, que le Poussin a porté à sa plus vigoureuse majesté de conception, à une majesté quasi monumentale et qui l'égale à la peinture
d'histoire. Je ne parle pas du paysage vénitien que Poussin, en ses
premières années, avait cultivé si chaudement d'après le Titien, mais
où il ne donna point, comme dans les poétiques et idéales compositions, fruits de sa plus forte maturité, le dernier mot de son propre
génie, celui dans lequel peut-être il s'est complu davantage.

Le genre de paysage qui est né du goût personnel et de la tradition du Poussin, on l'a appelé le paysage historique, le paysage
académique. Historique, académique, pourquoi ? N'est-ce pas tout
bonnement, je le répète, le paysage italien, traduit au plus haut point
de sa beauté par un génie mâle, pur et austère ? C'est le paysage de
la campagne de Rome, de toutes les contrées montagneuses, où
l'étude sévère des lignes d'horizon, des plans aux perspectives solen-
nelles, et des fabriques bien plantées sur des masses de rochers et
faisant corps avec eux, l'emporte en intérêt sur l'étude minutieuse
des détails de végétation qui font la beauté particulière des paysages
du Nord. Ce paysage, de très réel qu'il était aux yeux du Poussin et
du Guaspre, est devenu fatigant, et monotone et ennuyeux ; mais
l'autre, celui du Nord, n'a-t-il pas, lui aussi, ses mesquineries et
ses fadaises, tandis que le paysage poussinesque garde toujours,
même chez ses médiocres sectateurs, quelque chose de la majesté
grave et de la conception naturellement élevée de celui qui en
observa les mouvements de terrains et les robustes silhouettes de
verdoyants massifs, depuis les bords du Tibre aux sinuosités savamment déroulées, jusqu'aux fermes arêtes des monts de la Sabine !
Et puis aussi ce paysage s'accommode mieux que les flamanderies
dans les cadres aux moulures épurées et élégantes de l'architecture
de nos galeries.

Nicolas Poussin est le plus français de nos peintres ; le Guaspre,
par le sang parisien de son père et par le tempérament de son
esprit, est aussi français que le Poussin, et je ne sais pourquoi les

catalogueurs l'ont classé parmi les étrangers ; aussi leur paysage est-il essentiellement le paysage français, celui que vont continuer, par tradition, dans notre école, les Lemaire-Poussin, les Allegrain, les Francisque Millé, les Manglard, puis nos décorateurs de tentures familiales, les inventeurs de cartons pour pompeuses tapisseries de verdures. Le Poussin avait su imprimer d'instinct une telle élévation à sa conception du paysage que ses tableaux de ce genre portaient en eux-mêmes une émanation de gravité religieuse. Son élève et ses contemporains le comprirent très bien, le jour où le Guaspre fut chargé de couvrir de ses peintures les murailles de l'église de S. Martino de 'Monti, dont parle le Romain Nicolas Pio, en tête de son énumération des meilleurs ouvrages de ce « *Gaspare Pusino, huomo umile e di ottimi costumi* ». — Ce sentiment de la dévotion que peut entretenir dans les esprits religieux l'aspect d'une scène pieuse encadrée dans un noble et austère paysage, n'a pas été perdu pour notre siècle ; car dans l'ensemble des décorations de nos églises de Paris, nous avons vu de nos jours une part considérable faite aux paysagistes, arrière-suivants du Poussin : à Corot, Aligny, Alex. Desgoffe, Paul Flandrin, Français ; et ç'a été justice, car ce ne sont pas les peintures les moins pénétrées de ce recueillement poétique, exhalant dans sa forme la plus choisie et la plus haute, le souffle doux et mystérieux qui doit courir dans nos sanctuaires.

Revenons à cette paisible demeure du Pincio, d'où sont sortis tant de tableaux mémorables, et où plus tard, quand il rentrait de Paris, le cœur gros de joie, dans sa chère ville de Rome, Nicolas était si heureux de retrouver sa bonne femme et l'honnête famille des Dughet qu'il avait faite sienne, le doux logis que n'avait pu lui faire oublier le « petit palais, le Paradis » des Tuileries. C'est là que fréquentent les amis de sa vie tranquille, les artistes studieux et laborieux dont il estime et respecte le jugement et dont les recherches et les enthousiasmes sont les siens, ceux avec lesquels il a mesuré et comparé les antiques et médité dès l'abord et creusé les féconds enseignements des Titien de la villa Ludovisi, à laquelle sa maison est presque adossée, n'en étant séparée que par la Trinité-des-Monts. Ce sont, dans les premiers temps, — et de préférence, semble-t-il, aux artistes du cru, dont son humeur sérieuse prise peu les façons vaniteuses et bruyantes, — des peintres ou des sculpteurs venus de l'autre côté des Alpes, pour chercher à Rome, comme lui, les meilleurs principes de l'art qu'ils comptent remporter dans leur pays : les Duquesnoy et les Valentin, et les Snelles, et les Jac. Stella, et les deux Lemaire, et qui observent Rome avec des yeux plus sincères que les Italiens eux-mêmes ; plus tard, après les Del Pozzo, et les cardinaux amateurs qui ont appris à la bonne heure le chemin de l'atelier, viendront les Félibien, et les Chantelou, et les Pointel, plus tard l'abbé Fouquet et le P. Bonaventure d'Argonne, et Bellori et les autres cueilleurs de notes intimes pour leurs biographies futures.

Le goût du grand peintre qui avait toujours été sûr, devenait d'année en année plus sage et plus solide. Son cerveau demeure éternellement jeune, comme son imagination inépuisable. Cela se voit assez par la quantité prodigieuse de dessins, études ensoleillées d'après nature qu'il rapportait le matin au logis, et où, tant que la main obéit prestement à l'œil, le feuillé des arbres avait une légèreté et une franchise d'effet, une vivacité papillotante de lumière et d'ombre que le Claude lui-même ne pouvait atteindre. Puis chez lui, sur le coin de la table familiale, dans son perpétuel flux d'invention, c'était une abondance et une variété de compositions, écloses du premier jet, dans toute la force primesautière d'expressions qui convenaient à chacune, et au cours de la plume, cela se voit d'ici, pendant le va-et-vient des causeries amicales, comme il en coule de source, naturellement et quasi distraitement, du bout du doigt des vrais maîtres, quand ils sont travaillés par un certain ordre de sujets. Quoi de plus facile, à distance, que de nous figurer cet intérieur du Poussin encombré de tant de documents qu'il allait recueillant partout, dans sa soif de ne rien négliger : amas de croquis personnels, d'après les costumes, armes et ustensiles extraits des bas-reliefs, d'après les ruines de temples et d'arcs de triomphe, d'après les colonnes tronquées et des morceaux de riches entablements, car il importe qu'il ait là sous la main tout ce qui le peut renseigner, par un détail exact, sur la vie extérieure des siècles anciens, sur l'histoire romaine et sur la judaïque, qu'il confond volontiers avec la romaine, pour lui conserver plus de gravité ?

C'est qu'en effet, depuis les premiers temps de la Renaissance, les sujets religieux et les mythologiques avaient suffi à l'imagination des artistes ; mais, au xviie siècle, les sujets de l'histoire grecque et romaine sont devenus fort de mise auprès des peintres les plus achalandés de Rome, les Pietro de Cortone, les Romanelli, etc. Et voilà qu'il se trouve que cet ordre de sujets convenait beaucoup mieux au Poussin, à son esprit pondéré et d'une conception juste et sobre, qu'à pas un autre de son temps. Il se les approprie d'instinct par le côté qui seul les pouvait mettre en valeur. Avec son bon sens net et droit, il ne va pas chercher leur caractère véritable ailleurs que dans les œuvres contemporaines de ces histoires : ses Grecs et ses Romains il les emprunte aux statues et aux bas-reliefs, aux bas-reliefs surtout qui lui fournissent le pur goût de la composition antique, et c'est là que David les ira retrouver plus tard, mais avec moins de simplicité, avec un tact beaucoup moins naturel, plus sec, moins calme et moins mesuré, de la vraie grandeur. Nous devons donc au Poussin, au seul Poussin, du vrai antique, du vrai Romain ; par la trempe vigoureuse de son esprit et de son humeur, il se trouve tout assimilé à la mâle simplicité des citoyens de l'ancienne Rome ; en plus il s'est mûri par l'éducation tenace qu'il s'est faite en la ville des Césars ; si bien qu'on peut dire que depuis l'époque des Antonins, le monde n'a rien vu de plus proche de la peinture antique que les œuvres de Nicolas Poussin. Jugez ce qu'en sa maison il a pu accumuler de ces sortes de documents pris au vol à tous les coins de la ville, à tous les détours de la campagne ; ajoutez-y les maquettes, dont il garda toute sa vie l'usage, les maquettes en terre ou en cire, d'abord d'après le Titien, puis d'après l'antique, joignez-y les menus modèles en argile, préparatoires de ses propres tableaux ; et ci et là les toiles aux sujets variés qu'il ébauchait, pressé désormais par les commandes ; — puis, en un coin, quelques bons morceaux de marbre, des bustes de fouille récente, les moins frustes dont il pût faire trouvaille pour ses patrons de Paris, — outre les caisses de commissions singulières, modes et parfumerie, que requéraient de lui les Chantelou. Voilà pour le dedans du logis ; et maintenant, s'il vous plaît de suivre l'homme, sortez de cette jolie maison, la plus proche de la Trinité-du-Mont et qu'on appelle la maison du Poussin, — n° 9 de la via Sixtina. — Elle m'avait paru, de prime abord, par une certaine recherche de son architecture, contemporaine d'ailleurs du peintre, l'habitation peu vraisemblable du grand artiste simple et économe. Il y a dans les frontons des fenêtres de sa petite façade, des ovales et des arcades d'un goût qui n'est pas supré mement antique, et même deux niches aux côtés de la fenêtre à balcon qui sembleraient plutôt exécutées sur les dessins et pour la demeure d'un artiste moins austère de l'école un peu suivante, soit autour du Bernin, soit de l'époque de Legros ou de Maratte. Admettons toutefois que la tradition ait raison. Il paraît d'ailleurs bien acquis que le Poussin logeait proche de la place d'Espagne, très fréquentée en tout temps de nos artistes, et dans la fontaine de laquelle prit la mort le pauvre Valentin. Si donc le Poussin demeura sur cette terrasse de la Trinité-du-Mont, voisine du Pincio, si cette maison au modeste escalier de pierre, et dont l'entrée et l'intérieur offrent d'ailleurs un caractère de gravité sévère et janséniste, fut vraiment la sienne, voici ce qu'il voyait de son seuil : à droite, la rampe et l'escalier de la Trinité couverts de mendiants et de pauvresses aux loques bariolées. Puis, l'obélisque se dressait-il alors surmonté de sa croix sortant d'une fleur de lys ? Puis il dominait la partie de la ville qui aboutit vers la porte du Peuple. A son horizon le Monte-Mario, coiffé de ses cyprès et de ses pins et de la noire verdure de ses chênes verts, et montrant à son côté la Villa Madama, rêve merveilleux, éclos comme une fleur du cerveau de Raphaël. Puis venait le dôme de Saint-Pierre dont les rayons du soleil couchant traversent les grandes fenêtres et la ceinture de colonnes qui supportent sa coupole si élégante à distance. En deçà, il avait la coupole de Saint-Charles, élancée comme celle de nos Invalides, et qui se présentait à ses yeux comme l'avant-garde de Saint-Pierre. Dès que le vieillard, en devisant le soir avec ses amis, s'avançait de quelques pas sur la terrasse de la Trinité, il voyait se profiler et descendre les poétiques verdures du Monte Pincio, de l'autre côté de la Villa Médicis, où plus tard l'école française semble être venue chercher la trace de ses pas et les conseils de sa grande ombre. Et devant lui, allant et venant sur cette longue terrasse, se déroulait la ville entière, la Ville Éternelle, dans l'atmosphère embrasée du soleil couchant, atmosphère étrange et unique au monde qui baigne la cité d'une austérité et d'une grandeur apocalyptiques, et fait planer sur elle le calme suprême de sa toute-majesté, depuis le Vatican aux grandes ailes, jusqu'au Quirinal, jusqu'aux mille coupoles qui vont répétant en moindre, et comme en ricochet, celle de Saint-Pierre.

Descendant de la Trinité-du-Mont, Poussin sortait par la porte du Peuple, et suivant, quelques pas, les murs de Rome, le long des abattoirs remplis de ces grands bœufs aux cornes terribles. Il arrivait au bord du Tibre, d'où ses yeux embrassaient la grande ville depuis Ripetta jusqu'aux cyprès de Monte-Mario. Droit devant lui, au delà du fleuve et des enclos et des jardins, sortant de terre comme un rocher isolé la tour énorme du château Saint-Ange. Il voyait le fleuve entrer et se perdre dans la ville, et ses mille clochers s'élever au-dessus des saules, des broussailles et des roseaux. Puis il remontait le Tibre en suivant le chemin bordé d'enclos ; et le fleuve faisant détour vers la gauche, et l'horizon s'aplatissant, le vieux peintre voyait, entre cet horizon aux collines douces et les arbustes des champs voisins de la rivière, s'élever dans le calme de deux ou trois pins parasols, les groupes épais de maisons pareils aux villages qu'il a peints dans ses Marines et ses Sacrements, et le tombeau des Nasons et au fond le Soracte.

Enfin, quand l'auguste navire était presque arrivé jusqu'au détour où la pointe et les cyprès du rocher conduisent à l'Aqua-Acetosa, il se retournait et, revenant doucement vers la ville, il ne trouvait plus devant ses yeux, — par delà le fleuve et les champs de vignes semées de quelques-unes de ces fabriques toujours nobles et belles par leur irrégularité, leurs tours carrées et les arcades de leurs terrasses, — que ce coin de Rome d'aspect si grandiose où se trouvent rapprochés et comme mariés par leur grandeur les deux monuments des deux Romes, — le dôme de Saint-Pierre et ce colossal du génie, s'élançant sublime vers le ciel, appuyé sur les lignes immenses et sans fin du palais Vatican et de ses terrasses pareilles aux murailles d'une ville couronnée de statues ; — puis le môle d'Adrien, massé comme un Léviathan, par delà le vert plateau du rivage et de ses chênes verts et de ses cyprès, si éternellement surmonté par l'ange aux ailes déployées qui fait comme flotter la terrasse céleste. Et le môle se détache tout-puissant sur la belle ligne de coteaux qui empanachent si poétiquement les plus purs soleils de la Ville Papale. Ainsi à mesure qu'il se rapprochait de la ville et que ses coupoles et ses nobles toitures lui apparaissaient de plus en plus, se profilant sur l'azur violacé du soir, c'était pour lui toujours toujours et toujours et le môle et Saint-Pierre gouvernant et couvrant la cité des Césars et des Papes de leur éternelle majesté. Quant à son Tibre, quant à ses bords avec leurs encaissements hauts et profonds, rongés par le courant rapide, aux eaux bourbeuses, et mêlés de roseaux et de petits peupliers, et boisés de broussailles, non, ces bords du fleuve sacré n'appartiennent pas à Claude ; Poussin seul en a bien connu les graves sinuosités, austères, solides et sereines, comme lui-même ; Poussin seul les a hantés avec amour : il est leur peintre, ils sont à lui. C'est là ce que depuis deux siècles on appelle « la promenade du Poussin » : c'est là ce que nous ont peint Paul Flandrin, Boisselier, Lenoue, et tous les paysagistes historiques de l'Académie de France à Rome.

Puis enfin le soleil empourpré se dérobe derrière la ville violâtre : et sur le ciel tout d'or et flamboyant de tons orangés, se dessine avec une finesse indicible, la merveilleuse ligne d'horizon des pins de la Villa Pamphili. Ou bien, d'autres soirs, ce sont des nuages gris énormes, se composant en formes grandioses et resserrant de magnifiques éclats de lumière orangée, car tout dans cette ville, sur cette ville, autour de cette ville, revêt des caractères mystérieusement gigantesques.

Dans cet air, dans ce terroir dont chaque pierre, chaque bout de ruines, chaque groupe d'arbres, chaque chef-d'œuvre ancien et moderne lui sont familiers pour les avoir tous observés, Nicolas Poussin a désormais pris telle racine que l'on ne connaît plus à Rome de peintre plus romain que lui, plus identifié au génie de la Ville Éternelle : la clientèle des jeunes se groupe comme d'instinct autour de lui : les étrangers se répètent que lui seul possède le juste sens de ce pays des choses augustes et l'influence de son sage esprit, si clairvoyant et si ferme, sur tous ces zélés qui se pénètrent de la sève féconde de ses entretiens, s'en va chaque jour grandissant. Il n'avait donc plus qu'à se réjouir d'être fixé là désormais et sans retour. Rome n'était-elle pas pour lui, à la façon dont il savait en user, une source inépuisable pour l'enrichissement de son propre fonds, source inexplorée, semblait-il depuis Raphaël, Jules Romain et Polydore, et dont la veine s'est perdue aujourd'hui pour les Italiens aveugles qui l'entourent, sauf pour le Dominiquin qu'ils renient. Dans ce Paris auquel il avait renoncé et où il avait connu le tréfonds du groupe encore assez maigre des artistes employés par Marie de Médicis et Richelieu, on sentait bien qu'il se préparait lentement un mouvement favorable, grâce à l'activité de Vouet et de son école, grâce surtout à l'élan glorieux que prenait en tout sens le génie français de par le monde. Mais c'est à Rome que l'Europe entière, venait chercher, là et non ailleurs, des œuvres d'art pour la curiosité de ses princes et de ses amateurs. Et la fortune, enfin juste, et récompensant son entêtement dans le vrai, voulait qu'après le jeûne dur et cruel des premières années, notre Poussin, au milieu de la décadence des Romains eux-mêmes, montât, lui, au premier rang, et l'heure venait où, parmi les vivants, en et hors des trois grands Bolonais, l'on ne voyait plus que lui, aussi bien les envoyés du Roi de France et de ses ministres que ceux du Roi d'Espagne. Encore une fois, où Nicolas Poussin eût-il rencontré pareille paix et pareille faveur ?

LES TABLEAUX RAPPORTÉS EN FRANCE DE LA MAIN DE POUSSIN

A l'heure où, enfin émus par le grand bruit qui se faisait à Rome autour du nom du Poussin, le Roi et le Cardinal, excités par M. de Noyers, c'est-à-dire en réalité par les château, cousins de ce dernier, se résolurent à faire procurer à la France des talents extraordinaires qu'on vantait si haut dans ce peintre français, les tableaux de Nicolas, — je ne parle pas des peintures de sa jeunesse antérieures à 1624, et dont personne ne se souciait et ne se souvenait guère, mais des tableaux venus de Rome et consacrés par l'admiration italienne, — étaient fort rares à Paris. Excepté les quatre *Bacchanales* destinées au cardinal de Richelieu et la *Manne* destinée à Chantelou et le *Maître d'école des Falisques* pour M. de la Vrillère, les autres œuvres admirables qu'on appelle l'*Enlèvement des Sabines*, ou la *Peste des Philistins*, ou le *Pyrrhus sauvé*, ou le *Frappement du rocher*, ou le *Triomphe de Flore*, et qui faisaient déjà si renommée, ces merveilles s'en allaient entre les mains des cardinaux très connaisseurs, tels que Massimi ou Omodei j'ai déjà cité les Barberini, ou d'un simple Sculpteur comme Matheo, ou, sous la forme des *Sept Sacrements*, chez Cassiano del Pozzo; mais elles semblaient, comme leur auteur, renoncer à la route de France.

Aujourd'hui, Dieu merci, les Poussin ne manquent pas en France. Outre les trente-neuf toiles, presque toutes capitales, qui le représentent avec une primatie et une autorité sans égales, comme le père et le souverain indiscuté de notre école, dans la galerie du Louvre consacrée à notre superbe xvii° siècle, vous le retrouverez dans sa province natale, honoré, en chacun de nos musées normands, par quelque œuvre digne de son grand nom: — aux Andelys, par le tableau de *Coriolan et sa mère*, offert jadis à la patrie de Poussin par le muséum central; — à Caen, par la *Mort d'Adonis*, provenant de l'ancien cabinet du Roi; — à Cherbourg, dans le musée Henry, par une *Mater Dolorosa*; — à Rouen, par un *Énée venant chercher les armes que lui donne Vénus*, fort beau tableau, avec son vieux fleuve « appuyé sur son urne qui penche », ses nymphes et son paysage profond, et qui fut acquis vers 1864, chez Vancuyk, sur l'indication d'Alfred Darcel. Lors de la distribution faite en l'an XI aux musées de province, Lemonnier, entre autres tableaux qu'il connaissait bien, pour avoir été l'un des commissaires chargés de répartir entre le Louvre et le dépôt des Petits-Augustins les œuvres d'art recueillies dans les églises de Paris, avait pris possession, pour le musée de Rouen, d'une certaine toile, haute de 4 pieds 7 pouces, large de 3 pieds 8 pouces, et qui représentait *Saint Denis couronné par un ange*. Ce cadre était venu de l'abbaye de Saint-Denis au *dépôt* de Lenoir qui l'inscrivait sous le titre de « Saint Denis effrayant ses bourreaux, petit tableau attribué à Poussin », dans son « État général des tableaux et autres objets qui ne tiennent pas à la collection des monuments français et qui se trouvent déposés provisoirement dans le musée de la rue des Petits-Augustins », état placé en tête des pièces de l'an IX, bien qu'il eût été adressé par Lenoir au comité d'instruction publique le 11 vendémiaire an III, 2 octobre 1794. Et dans ce même état figure, comme venant de Notre-Dame, « la *Mort de la Vierge*, attribuée à Poussin dans sa jeunesse ». Or, voilà que Dufourny, réclamant pour le Muséum certains tableaux déposés aux Petits-Augustins, écrit à Lenoir, en mai 1797, prairial an V : « Je vous envoie deux gardiens auxquels vous voudrez bien faire mettre en évidence les tableaux du Poussin, de Lesueur et de Lebrun que vous possédez... » puis quelques jours après : « Je vous prie de donner aux porteurs quelques-uns des tableaux réservés pour Paris et pour la réserve, qui sont dans la galerie supérieure, notamment celui du Poussin, etc... » Lequel des deux Poussin, le *Saint Denis*, ou la *Mort de la Vierge*? — Je feuillette les diverses listes des tableaux pris en réserve par le jury des Arts, provenant du musée des Monuments français et remis au citoyen Naigeon, conservateur du dépôt de la rue de Beaune, en décembre 1797 et de janvier à novembre 1798, et n'y trouve trace ni de l'un ni de l'autre Poussin. Et cependant ce dépôt de la rue de Beaune va fournir abondamment, et à tort et à travers, et sans que l'on songe assez à remettre les choses en leur ancienne place, à la décoration nouvelle des églises de Paris rendues au culte, et à la grande répartition entre les musées de province. Je serais porté à croire que le *Saint Denis* fut celui des Poussin rapporté par Dufourny au Louvre, d'où il serait sorti naturellement dans le lot de Rouen, mêlé aux autres excellents ouvrages provenant de l'admirable trop-plein du musée central d'alors. Il n'y fit pas fortune d'ailleurs, car il y fut bientôt mis à l'écart, et le catalogue de Garneray n'en faisait pas mention, et pour ma part je ne l'ai jamais vu, alors que, de 1845 à 1848, je recueillais mes « Notes pour servir au prochain catalogue du musée de Rouen » publiées dans la *Revue de Rouen* de 1848. Tout au plus me fut-il possible de signaler de confiance et de regretter l'absence de ce tableau, intéressant en tout cas, ne fût-ce que par son attribution, dans le musée de la capitale de Normandie.

Le 19 frimaire de l'an II (9 décembre 1793), Lenoir avait « reçu du citoyen Lemonnier, membre de la commission des Monuments, parmi les objets que celui-ci avait retirés de la ci-devant paroisse Saint-Germain-l'Auxerrois », un « Saint Denis, copié d'après Poussin ». Alfred Darcel ajoute à cette mention la note suivante : « Il existe au musée de Rouen, un *Saint Denis l'Aréopagite* qui est venu comme envoi de l'État à l'époque de la Révolution. Le saint est debout et tient un livre dans sa main. Au fond du tableau, de petits personnages figurent le martyre du saint et de ses deux diacres, Rustique et Éleuthère. L'œuvre est dans le style du Poussin, surtout dans les petites figures, mais donne amplement matière à contestation. » Ce *Saint Denis* du Poussin est décidément une œuvre assez inquiétante ; mais pour que Saint-Germain-l'Auxerrois en possédât une copie, faut-il croire que le tableau ne fût point trop méprisé en son temps ; et si son attribution est si discutable, ne saurait-on penser que l'on y peut voir une de ces peintures, gagne-pain de la première manière du Poussin, de celles qu'il exécutait vers la même époque que la *Mort de la Vierge*, c'est-à-dire à la veille de son départ pour Rome ?

Et je reviens, comme malgré moi, à cette *Mort de la Vierge*, œuvre de jeunesse du Poussin, et dont j'ai déjà parlé plus haut.

Il est plus que certain qu'elle n'avait point été oubliée dans le sauvetage général des églises de Paris, puisque, comme le note avec raison Montaiglon, Lenoir lui-même, dans « son curieux inventaire, publié dans le *Bulletin des Comités*, tome III, 1844-45, le catalogue, p. 290, sous le n° 103, avec d'autres tableaux du Poussin: « De Notre-Dame. La *Mort de la Vierge*. Première manière de ce peintre. » Nous savons d'ailleurs aujourd'hui par l'*Inventaire des Richesses d'art de la France, archives du musée des monuments français* (2e partie, pages 110-111), que le 6 nivose an II, c'est-à-dire le 26 décembre 1793, le citoyen Boisset, commissaire aux accaparements de la section de la cité, remettait à Lenoir, comme provenant de Notre-Dame, tant pour le Muséum que pour le Dépôt des Petits-Augustins, ainsi que l'avaient arrêté les citoyens Moreau jeune et Lemonnier, un certain nombre de tableaux de Simon et Aubin Vouet, Lenain, Champagne, Jouvenet, Delafosse, Boullogne, etc., désignés pour le Muséum, et parmi ceux désignés « pour le Dépôt »: « La Mort de la Vierge, par le Poussin, dans sa jeunesse ». Du 15 au 17 décembre 93, avaient été remis par Lenoir aux conservateurs du Muséum qui par Jollain lui en donnèrent décharge, quinze des *Mays* les plus fameux de Notre-Dame, ceux de Lesueur, Lebrun, Blanchard, Séb. Bourbon, La Hyre, L. Testelin, Jouvenet, Hallé, Bon Boullogne, Sourlai, Cazes et Silvestre. Mais de Poussin et de sa *Mort de la Vierge*, il n'en est encore question. Elle entrera le 26 au *Dépôt*, et l'on n'en entendra de sitôt parler. Le Louvre devra, en fait de Poussin, se contenter, pour l'heure, de cette *Adoration des Mages* que Lenoir avait recueillie aux Chartreux et qu'il avait remise au Muséum national le 12 décembre 1792. Le 2 octobre 1794, Lenoir adresse au comité d'instruction publique cet état des tableaux déposés provisoirement dans le musée des Petits-Augustins, et la *Mort de la Vierge* y est bien énoncée avec sa provenance. Naigeon, en 1797-98, ne la réclame point pour son dépôt de la rue de Beaune. Mais Dufourny, en mai 97, ne l'a-t-il point déjà réclamée pour le Louvre? Cependant on ne peut en reconnaître la désignation ni dans la liste des tableaux distribués aux églises de Paris, ni dans le registre des tableaux répartis entre les musées de province en 1803 et 1811. Il est certain qu'entre temps elle a couru de singuliers dangers auxquels aujourd'hui notre imagination a peine à songer. Le 30 octobre 1793, le comité révolutionnaire de la section de l'Unité se faisait remettre par Lenoir, « environ 180 tableaux, représentant des *portraits féodaux, de nobles, évêques et prélats*, pour être brûlés dans le jardin de l'abbaye Saint-Germain-des-Prés, en l'honneur de Marat, après avoir fait assembler le peuple à coups de tambour. » Le 11 novembre, c'est la section du faubourg Montmartre qui se fait remettre 76 portraits de *nobles, prélats,* etc., qu'ils appelaient *proscrits*, pour les brûler de même publiquement à la fête ordonnée en mémoire de Marat et Lepelletier. Le 16 novembre, la section de l'Observatoire s'est présentée à son tour, en vertu de l'arrêté de la Commune de Paris, et s'est fait livrer par Lenoir 54 portraits de *nobles, évêques, prélats, etc.*, pour être brûlés publiquement à leur fête populaire. Puis, le 22 novembre, la section dite des Marchés, toujours en conséquence de l'arrêté de la Commune de Paris, est venue « enlever 180 portraits royaux de *prélats, évêques, et autres dits proscrits*, pour être brûlés à la fête populaire de leur section. » Et souvenez-vous que le portrait de François de Gondi, premier archevêque de Paris, occupait une place très voyante et très importante, comme donateur, au premier plan de ce tableau de la *Mort de la Vierge*, commandé par lui au jeune peintre. Mais ce n'est pas tout. Le 13 août 1797, François de Neufchateau, ministre de l'Intérieur, écrivait à Lenoir : « Je vous préviens, citoyen, que j'ai chargé le citoyen Delafosse de disposer, de concert avec vous et les commissaires nommés par le ministre des Finances, la vente qui doit se faire des tableaux destinés à être vendus et qui se trouvent au dépôt du musée des Monuments français. Je vous invite donc à prendre, avec le citoyen Delafosse, tous les arrangements et mesures convenables pour l'ordre et la sûreté à établir dans cette vente... » Brûlé ou vendu, comment le pauvre tableau eût-il pu échapper à tant de chances périlleuses de disparition ?

Mais le plus grand danger de tous n'aura-t-il pas été l'abandon ?

Le nombre est incalculable des toiles qui, retirées, à l'heure de la Révolution, des places occupées par elles, ont, en moins d'un demi-siècle, de 1792 à 1840, péri sûrement, incurablement, comme le Q. Warin de l'église de Fontainebleau et tant de morceaux de récep-

tion de l'ancienne Académie, de cette terrible maladie d'abandon, soit
par la sécheresse, soit par l'humidité des greniers.

Pour en revenir aux autres œuvres de Poussin conservées aujour-
d'hui dans les musées de France, rappelons que le don Fabre a valu,
en 1825, cinq de ses toiles, sans compter les dessins, au musée de
Montpellier : *Rebecca et Éliézer*, un *Baptême du Christ*, *Vénus et
Adonis*, une *Naissance de Bacchus*, un portrait du *Cardinal Rospigliosi*, et cette énigmatique *Mort de sainte Cécile*, dont le faire serait
si insolite dans l'œuvre du maître et si éloigné de l'autre *Sainte Cécile*,
celle du musée de Madrid. — Mgr le duc d'Aumale avait acquis en
Angleterre trois tableaux : un *Thésée retrouvant l'épée de son père*,
une *Éducation de Bacchus*, un *Massacre des Innocents*; aujourd'hui
il en possède quatre autres qui lui sont venus de M. Reiset, l'adora-
teur du Poussin, et qui comptent parmi les pièces exquises du maître :
l'*Annonciation*, œuvre de sa première manière ; l'adorable *Sainte
Famille*, de la collection Fesch ; une *Léda* et le magistral *Paysage
aux deux Nymphes*. — M. De la Salle, autre ami du Poussin, avait,
lui aussi, espéré posséder une peinture du maître dans cette Vénus
étendue au-devant d'un paysage et dont un Amour soutient la draperie.

M. Gatteaux possédait une toile un peu lascive de la jeunesse de
Nicolas, *Hersé et Mercure*, que l'incendie de la Commune n'avait
pas respectée et que vous retrouverez à l'école des Beaux-Arts. Mais,
qu'est devenue une pastorale que je me souviens d'avoir vue à Aix, au
temps de ma jeunesse, dans le cabinet de M. Portes, et qui avait, je
crois, passé antérieurement par les mains du peintre Peyron ?

L'Angleterre qui dans l'école française n'a jamais voulu reconnaître que quatre maîtres (et il faut avouer qu'ils ne sont pas des
pires) : Poussin, Claude, Lesueur et Watteau, — ajoutez-y, si vous
voulez, les noms de Clouet, de Lenain, du Valentin, du Bourguignon,
de Lebrun et de Greuze, — et qui les a, avec sa persistance habi-
tuelle, attirés obstinément dans les riches cabinets de ses demeures
seigneuriales, y a fait particulièrement large place aux toiles du
Poussin. Dussieux, sans recourir à d'autres sources qu'au catalogue
de Smith, aux *Trésors d'art* de Waagen et aux notes de Vict. Cousin,
a dressé une liste d'au moins cent vingt tableaux de Nicolas. Cent
vingt tableaux, il y a là de quoi remplir la vie la plus assidue devant
le chevalet, et pour invraisemblable que paraisse une telle foison

d'ouvrages par un seul peintre, dans un pays qui n'est pas le sien, il n'en est pas moins sûr qu'ils ont détourné là-bas, à leur profit, de l'autre côté de la Manche, des chefs-d'œuvre de l'importance des *Sept Sacrements* (les deux séries, s'il vous plaît, celle de Del Pozzo et celle de Chantelou), et la *Danse des Saisons*, et l'*Enfance de Bacchus*, et le *Phocion*, et la grande bacchanale de la National Gallery, et l'*Inspiration du poète* de la galerie Dulwich, et tous les actes de la vie de *Moïse*, et que de *David*, et que de *Saintes Familles*, et que d'*Antiope*, et que de *Vénus et Adonis*, et que de *Jupiter nourri par la chèvre Amalthée*, et que de *Renaud et Armide*, et quelle infinie variété de son inépuisable jeu des Bacchanales et de ses paysages poétiques !

Il n'est galerie se respectant en Europe qui n'ait voulu se parer de quelques toiles du Poussin. Vous en trouverez, je l'ai dit, une vingtaine de magistrales à Saint-Pétersbourg, le grand paysage du *Polyphème*, celui d'*Hercule et Cacus*, le *Frappement du rocher*, les *Victoires de Josué, Esther et Assuérus*, etc.; vous trouverez de belles mythologies au musée royal de Berlin; — vous en trouverez à Stockholm; — vous en trouverez à Copenhague, et, parmi eux, assure-t-on, le fameux *Testament d'Eudamidas*; — vous en trouverez d'admirables à Dresde, notamment ce *Royaume de Flore* d'une qualité de ton tout argentine, — sans parler, pour les curieux, de ce « portrait du Poussin de profil, avec moustache et cheveux courts, et la main posée sur le bord d'un livre placé debout ». Il s'agit encore là du mystérieux portrait, en sa seconde jeunesse, entre trente et trente-cinq ans, que nous autres, sur l'indication très ingénieuse et naturelle de Mariette, attribuons au Valentin (peint par V. E., gravé et publié par deux Ferdinand, de la famille de Ferdinand Elle, de Malines, chez lequel Poussin courut tout d'abord en arrivant à Paris, et ces Ferdinand Elle savaient à coup sûr le nom de l'artiste qui avait peint ce portrait énigmatique, dont la draperie, après tout, sent plutôt le flamand que le français).

L'heure était venue d'ailleurs et l'Europe entière s'en mêlait. Ce Français qui représentait, sans qu'on parût s'en douter, le plus net et le plus pur du génie de la France, et de qui devait procéder à l'avenir notre école dans ses principes les plus essentiels et les plus particuliers à son tempérament, ce Français était classé, de l'aveu même des artistes italiens, parmi les plus excellents peintres que Rome pût offrir aux étrangers qui venaient lui emprunter le concours de ses artistes les plus renommés. A ce Poussin, que le Vatican n'avait pas cru indigne d'une commande pour Saint-Pierre, M. de la Vrillière devait demander plus tard, en 1645, l'un des tableaux destinés à la décoration de la galerie célèbre de son hôtel de Paris, et le Poussin avait là pour concurrents, le Guerchin, le Guide, le Romanelli.

Velasquez, lors de son voyage d'Italie, en 1648, avait été chargé par Philippe IV, d'acheter des œuvres d'art pour l'académie projetée par lui, et l'on pense que le très important tableau du *Départ pour la chasse de Méléagre et d'Atalante* avec leurs compagnons, qui se voit au musée de Madrid (n° 1050 du catal., haut. 1m80. larg. 3m60), est celui qui fut commandé au Poussin par Velasquez pour le roi d'Espagne. Je le croirais, pour la date, assez contemporain du *Pyrrhus sauvé*, peut-être un peu antérieur. Il est plein de ressouvenirs des bas-reliefs antiques. Cette belle et très noble composition est d'une touche un peu sèche, les chevaux surtout. Les statues des divinités gardiennes des forêts, un Pan jouant de la flûte, une Diane tenant l'arc, décorent les alentours des bois sacrés que la troupe vient de traverser. Ils se dirigent à gauche vers un pays montagneux dont l'horizon est embrasé. Le ton général est de ce malheureux roux noir, trop habituel au Poussin, et auquel échappent, à Madrid, avec tant de bonheur, le tableau, un peu aigre d'ailleurs, du *Parnasse* et les deux excellents paysages.

Dans le même musée se voit un grand tableau, horriblement repeint, du *Combat des Horaces et des Curiaces* (1013. — Haut. 2m20, larg. 3m). Il est presque perdu, tant il est noir et refait avec une effroyable lourdeur. Sont-ce *les Horaces et les Curiaces?* Deux jeunes hommes sont étendus morts au premier plan, à gauche, et un troisième aussi est gisant. Au deuxième plan, à droite, par delà les quatre combattants, l'un des quatre reçoit à la gorge un coup de pointe, et va certainement tomber à terre. Sur une estrade, à droite, un roi est assis, entouré de ses courtisans et de ses gardes. La scène se passe en avant de la colonnade d'un palais décoré de statues. A gauche, fond de paysage; au second plan de la gauche, groupe de soldats et de femmes. Ce tableau est si noir, si grossièrement repeint qu'on en est à se demander si c'est là du Poussin. M. Reiset le croit de sa jeunesse ; il n'y faut voir, en vérité, qu'une composition du maître, bien difficile à juger aujourd'hui, si loin qu'elle est de sa pureté première. En tout cas. cette large machine est de celles que le Poussin aurait exécutées dans la mode courante des Italiens renommés de son temps. Le musée de Madrid en possède un certain nombre de ces grandes compositions italiennes que nous, en France, nous prendrions, à première vue. pour des Poussin : je citerai le Camassei (n° 1142 du catalogue) dont la partie gauche tout entière pourrait aussi bien être donnée au Poussin. noir, roux. plein de fortes et expressives attitudes, tel que nous le montre le *Combat des Curiaces*. De même les deux vastes et nombreuses compositions, grandes marches triomphales, attribuées à l'école de Lanfranc, et la *Marche des Cavaliers*, attribuée au B. Castiglione, et aussi le Pietre de Cortonne, plus savant et plus moelleux, mais aussi moins robuste. et qui représente un combat dans une arène. Je me demande si toutes ces toiles, un peu de même taille. de même ton. de sujets assez analogues. de même époque, ou peu s'en faut, n'ont pas, depuis l'*Atalante*, qui leur est très supérieure. jusqu'au *Combat des Horaces*, et au Camassei et au P. de Cortonne. fait partie du même convoi de cadres rassemblés par Velasquez dans les ateliers de Rome, et expédiés par lui à son maître Philippe IV.

Les tableaux de l'*Atalante* et du *Combat des Horaces* me fournissent l'occasion à laquelle je ne sais résister, de reproduire la description prise par moi en 1870, des autres toiles du Poussin qui foisonnent dans ce merveilleux musée de Madrid, de même que j'ai décrit les œuvres du même maître que, quelques années plus tôt, j'avais notées à Rome. La plupart de ces tableaux de Madrid sont d'une qualité supérieure, et l'on voit que les Bourbons d'Espagne avaient eu à cœur de posséder dans leurs palais des ouvrages qui y représentassent avec éclat le chef d'école de leur vraie patrie, la France, le peintre honoré des faveurs de leurs ancêtres, Louis XIII et Louis XIV.

Le Poussin le plus accompli du musée de Madrid, est un paysage admirable, et de son plus beau temps (entre le *Diogène* et les paysages des *Quatre Saisons*), très bien conservé et gravé par Chatillon. (976, haut. 1^m5o, larg. 2^m). Au premier plan, deux voyageurs demandent leur chemin à un personnage vu de dos et assis au bord de la route. Un peu plus à droite, deux jeunes paysans, avec leurs chevaux, se dirigent vers la porte d'une ville dont les premières fabriques occupent le côté gauche de la toile. Fonds de montagnes et de coteaux boisés, couronnés de maisons de campagne. Devant la porte de la ville, à droite, une grande nappe d'eau où viennent s'abreuver des chevaux et se baigner des hommes nus.

Le Parnasse, il a été photographié par Laurent (989, haut. 1ᵐ20, larg. 2ᵐ). Tableau très clair, très poétique, très important, de vers 1635, un peu aigre comme coloris, mais qui serait admirable à la gravure. Les personnages n'en sont point des portraits, quoi que dise le catalogue; ce sont huit poètes sans nom; mais toutes les figures sont d'une élévation et d'une gravité et d'une poésie incomparables; et les Muses et la Nymphe couchée sont d'une grâce tout idéale. Il me semble qu'à Paris il se resservit de quelques-unes de ces Muses pour les titres de livres de l'Imprimerie Royale, de l'Horace entre autres. Comparez ce *Parnasse* avec celui de Raphaël, qui a certes plus de charme, mais moins de noblesse vraiment antique.

David vainqueur de Goliath (982, haut. 1ᵐ10, larg. 1ᵐ80). C'est celui qu'a gravé Coelemans dans la galerie Boyer d'Aguilles. Il est admirable, et, après le grand paysage, ce David serait l'œuvre de notre maître la plus digne de tenir place dans le salon d'Isabelle. M. Reiset classe ainsi ces Poussin comme qualité : le grand paysage, le *David* et la petite Bacchanale, *le Parnasse* et la grande Bacchanale. Pour moi, je mettrais *le Parnasse* et l'*Atalante* au-dessus de la Bacchanale. La coloration des draperies du *David*, de la tête et du trophée de Goliath, rappelle le goût caravagesque du temps. La jeune Victoire, le David assis appuyant sa main droite sur l'épée du géant, le petit ange qui, à gauche, prend la couronne de la main droite de la Victoire, l'autre ange qui s'appuie sur la harpe, et celui assis au-dessous, sont d'un goût et d'une noblesse incomparables de dessin; le ton général est superbe, l'œuvre me semble d'une époque qui suit de peu les belles Bacchanales du Louvre.

Sainte Cécile chantant (1023, haut. 1ᵐ20, larg. 1ᵐ). Elle est assise devant l'orgue sur les touches duquel sont posés ses doigts; le corps est tourné vers la droite, la tête de face, et ses yeux tombent sur le papier de musique déroulé, que supportent deux anges. Le cahier de musique est posé sur la tête d'un de ces anges agenouillé ; l'autre, à gauche, est debout et du doigt indique à la sainte la note écrite. Au fond, à droite, chantent deux anges debout près du clavecin ; un cinquième, au-dessus de la tête de la sainte, supporte la draperie qui ferme le portique à gauche. Beau fond de ciel et de paysage. Charmant tableau de la jeunesse du Poussin.

Le Sacrifice de Noé (1007. haut. 0^m80, larg. 1^m10). Le dessin est au Louvre (?). C'est un tableau sombre et roux, des premiers temps de Poussin en Italie. Dans le haut à gauche, le Père Éternel descendant du ciel ; à droite, les autres personnages agenouillés.

Le Christ en bon jardinier (944, haut. 0^m50, larg. 0^m35). Il est debout à gauche, et à droite la Madeleine est agenouillée vers lui. C'est, malgré la beauté d'expression de la Madeleine, un médiocre morceau de la quasi-vieillesse du maître. Les draperies sont nobles et savantes. Le Poussin a dû, ce me semble, peindre ce tableau vers le même temps que les *Aveugles de Jéricho*, mais d'un pinceau bien alourdi. Les bouts de rochers à droite, rappellent pourtant le faire du beau paysage des *Aveugles*.

Petit paysage (1040, haut. 0^m50. larg. 0^m70), d'un effet admirable, mais totalement repeint. Celui-ci est de sa jeunesse, et des plus éblouissants et des plus poétiques. Une Diane ou Chasseresse est étendue à gauche et dormant à l'ombre d'un bosquet d'arbres entremêlés de vignes. Un satyre la regarde par-dessus la draperie qu'elle a suspendue derrière elle. Au milieu du premier plan, un Amour assis joue avec des fleurs. Au fond, par delà les arbres, un soleil couchant et doré illumine les nuages et modèle l'horizon des montagnes azurées. Mais dans ce bijou qui ravit les yeux, on en est à se demander ce qui reste du maître, tant les terrains et le feuillé des arbres ont été repiqués partout.

Petit paysage d'un faire excellent (1024, haut. 0^m80, larg. 1^m). On y trouve toute la force du maître, toute son adresse, même un peu de dureté dans le feuillé des arbres. A droite, un grand tombeau sur lequel reposent deux statues de personnages demi-couchés. Au premier plan, à droite, s'avance un homme, vêtu naturellement à l'antique, qui va suivre le petit chemin âpre et ardu par lequel on monte vers le temple dont on voit au fond le fronton. Autres temples et monuments au fond, dans les collines à gauche ; au premier plan, à

gauche, autre personnage assis au pied d'un tertre surmonté de grands
arbres. Le Poussin est là dans toute la vigueur de sa maturité, et son
architecture antique est exécutée avec une finesse qui ne pressent pas
encore les hésitations d'une main tremblante. Les terrains sont dessinés d'une forme et d'un goût admirables ; et tout cela clair et franc
et aussi savant que son grand paysage, lequel n'a de supérieur qu'une
plus grande sérénité d'invention et plus de moelleux dans l'exécution.

Grande Bacchanale (983, haut. 1^m50, larg. 2^m), de l'époque de
notre *Triomphe de Flore,* et, elle aussi, sur toile rousse qui l'a rendue
plus sombre et plus illisible. Des personnages entiers, tels que le
Bacchant qui traîne, au premier plan, deux chevreaux vers la droite
au-devant d'un Satyre et d'un enfant tenant des vases, disparaissent
complètement. Ce ton noir roux donne au tableau, quoique très
important, une apparence molle qu'il n'avait certainement pas dans
le principe. Au milieu de la composition, Bacchus debout descend de
son char et tend les bras vers Ariane, qu'un petit Amour veut attirer
aussi dans le char du dieu. Derrière elle, à gauche, un Bacchant,
deux Bacchantes et un Amour. Deux petits Amours sont restés jouant
dans le char du dieu ; un autre vole au-dessus. Un Bacchant retient
les léopards qui traînent le char. En avant, à droite, marche de
Bacchants et Bacchantes, jouant de divers instruments, et d'enfants ou
petits Silènes sur un âne. Au premier plan, à droite, Bacchante à
cheval sur un bouc et soutenue par un Bacchant et un petit Satyre.
Peinture affreusement rousse, et pourtant l'une des meilleures qui
soient là du Poussin.

En 1870, je possédais une petite Bacchanale, que je cédai à
A. Sensier le lendemain du jour où j'eus, à la vente Fourcade, le bonheur d'acquérir la *Sainte Famille aux Anges,* de l'ancienne collection
du cardinal Fesch. On comprendra mon émoi quand je rencontrai à
Madrid la même Bacchanale (1030, haut. 0^m82, larg. 1^m66), mais
d'une exécution très supérieure, et voici la note bien sincère que cette
rencontre me dicta :

« C'est le grand de mon petit, et je dois avouer qu'il est incomparablement plus beau. C'est du plus magnifique des Bacchanales du
Poussin. Point d'hésitation, point de lourdeur, point d'inégalités
comme dans le mien. C'est d'une liberté, d'une légèreté, d'une franchise, d'un premier coup, qui se retrouvent à peine dans nos Baccha-

nales de Paris ; en somme l'un des morceaux les plus réussis de sa première bonne manière. La Nymphe assise, dont la main droite pose sur le globe de verre, n'est pas, comme dans mon panneau, adossée à la bordure ; elle en est isolée par au moins une épaisseur de main ; de même, la main et le pied du Satyre sont écartés du cadre par un petit espace. En haut, à droite du tronc d'arbre sur lequel est posé un morceau de draperie, éclaircie de ciel avec nuages blancs, et dans l'encoignure un bout d'arbuste. Le nez de la Nymphe est droit et court plutôt que long et alourdi comme en mon tableautin ; moins lourds aussi sa jambe et le ruban bleu, bordé de noir et à touche d'or dans la lumière qui serre ses cheveux roux ; ma peinture devrait être plus légère que celle-ci, si elle en est l'esquisse. M. Reiset penserait volontiers que mon tableau et le *Triomphe de David* qu'a aussi gravé Coelemans étaient d'autres plus petits qui appartenaient à Boyer d'Aguilles ; moi, je croirais que ces deux de Madrid ont été acquis à Aix, au dernier siècle, pour l'Espagne, des héritiers appauvris de J.-B. de Boyer.

Deux grands paysages (612 et 653. haut. 1ᵐ80. larg. 2ᵐ20). Celui au premier plan duquel est agenouillé un saint Jérôme devant la croix, est d'une large et belle exécution qui ne permet pas, par certain caractère de maîtrise, de le confondre avec un Guaspre, auquel il ressemble à première vue. L'autre grande toile, de même taille, et au premier plan de laquelle se voit, à gauche, debout, un saint personnage parlant à des animaux, sortis, pour l'entendre, d'une forêt à droite : un chien couché à ses pieds, un cheval que l'on dirait peint par un Hollandais, par quelque Bamboche, tant la forme du quadrupède est peu héroïque, une vache, un lion, un renard. Ce tableau est affreusement fatigué et refait ; et n'était qu'il fait pendant au *Saint Jérôme*, on ne le penserait point du maître auquel cependant il doit être attribué. Pour en revenir à cette figure du saint Jérôme (du nᵘ 612), elle est très belle et d'une rare énergie de dessin et de caractère. Il est tourné vers la droite, où un grand massif d'arbres, sortant des rochers amoncelés, ombrage sa grotte. Au fond, à gauche, des montagnes dont deux grands arbres d'un beau dessin coupent le double plan. Ce sont là deux tableaux encore voisins de la première manière du maître, mais de peu de fini et comme purement destinés à la décoration.

J'imagine que les heures consacrées par le Poussin à ces magnifiques paysages, le *Diogène*, l'*Orphée et Eurydice*, le *Polyphème*, le *Phocion*, et tous ceux gravés par Chatillon et Baudet, celui de Madrid, le *Serpent* du cabinet Reiset, passé au duc d'Aumale, et tant d'autres qui partagent aujourd'hui notre admiration avec ses plus savantes compositions, ces heures ont été les moments de demi-repos, de soulagement d'esprit, des manières d'intermèdes de loisir égayé, entre les graves inventions empruntées soit aux livres saints, soit aux historiens de la Grèce et de Rome, et que seules ou presque seules réclamaient de lui les protecteurs de son génie. De ces paysages d'une grandeur et d'une majesté étonnante, on n'en trouve quasi point trace dans sa correspondance, si ce n'est par hasard du dernier, de ce chef-d'œuvre d'*Argus* qui nous est venu naguères au Louvre et que sa pauvre main défaillante ne put mener à terme. Il n'en est pas moins certain que l'amour de la campagne romaine, des horizons montueux du pays latin, était devenu de bonne heure sa passion et le besoin quotidien de ses yeux. Dans les milliers de dessins qui nous sont restés de lui, beaucoup sont des croquis de tableaux en gestation, beaucoup sont des documents empruntés aux ruines antiques, un plus grand nombre sont des études de mouvements de terrains et de perspectives de plans se croisant et s'échelonnant jusqu'à l'horizon, et de groupes d'arbres projetant leur ombrage sur le sol, voire du feuillé de ces arbres scruté dans le détail de leur lumière ; Claude et lui rivalisent parfois à s'y méprendre, de sincérité et de conscience dans ces sortes d'études. (Voir au Louvre les adorables pages qu'avait recueillies Mariette.) Sandrart ne nous montre-t-il pas Poussin, dans cette campagne de Rome, mêlé en bon compagnon aux paysagistes de tout pays qui y faisaient alors apprentissage.

Il va sans dire que dans le grand nombre de tableaux qui sont là, à Madrid, sous le nom de Poussin, tous ne sont pas, bien s'en faut, de la main du maître. Ainsi la Bacchanale auprès de tombeaux antiques, et servant, *proh pudor !* de couvercle à un clavecin, ne fut jamais de lui. M. de Tauzia la croyait flamande ; M. Reiset et moi la croyons française. De qui ? Je n'en sais rien. Cela ressemblerait plus, chez nous, à La Hyre qu'à aucun autre. L'imitation du Poussin y est évidente, mais d'un goût si mince et si petiot ! Les draperies bleues y ont des reflets blancs et rouges, comme dans certains de l'école de

S. Vouet. Ne serait-ce pas de ce « petit Lemaire », qui passait, en son temps, pour imiter si bien le Poussin? (948, haut. 1^m, larg. 2^m50.)

Le n° 1063 du catalogue d'alors est une copie du paysage célèbre, le *Polyphème,* que l'on sait être au musée de Saint-Pétersbourg : copie ancienne et passable qui pourrait être d'un élève du Guaspre (haut. 0^m50, larg. 0^m65).

De même les n°s 1070 et 937 sont deux assez médiocres Guaspre. Le n° 1014 est un grand et beau tableau d'architecture de Lemaire-Poussin, dit le « gros Lemaire » ; et le 1067 est un médiocre ouvrage du même Lemaire-Poussin.

Enfin, le n° 1031, le gros Silène couché et entouré de Satyres et de petits Amours, tableau de proportion plus grande que nature et placé d'ailleurs hors de vue, est vraiment, pour la grossièreté de son aspect et de son exécution, indigne de Nicolas Poussin.

Les dessins du Poussin foisonnent dans tous les musées d'Europe ; vous les trouverez pullulant aussi bien à Turin qu'à Stockholm. En 1880, mon ami Ch. Ephrussi m'écrivait de Vienne : « Il existe deux dessins du maître à l'Albertine, d'après Raphaël, sans parler des originaux représentant la *Résurrection de Lazare* et la *Descente de Croix,* qui sont vraiment admirables... Je note dans le carton consacré à Poussin toute une série de paysages comme je n'en ai jamais vu de lui, puis un *Baptême du Christ,* composition de vingt figures, une *Assomption de la Vierge,* des dessins d'après de petits et grands monuments antiques, analogues à ceux que possède le duc d'Aumale, exactement de la même série ; enfin un *Moïse faisant refluer les eaux de la mer Rouge,* des *Amours dans un paysage,* un autre *Baptême du Christ* avec six personnages de plus grande dimension ; *Moïse sauvé des eaux ; le Sacrifice de Noé ; le Père Éternel apparaissant à Noé et lui ordonnant de bâtir l'arche.* Il y a encore deux séries, l'une à la sanguine ; l'autre sur papier bleuté à la plume et lavé, qui sont fausses. Ceux que je mentionne sont d'une qualité extraordinaire et non moins beaux que les dessins de la *Salle des Boîtes.* »

Dans son catalogue Crozat, Mariette n'a-t-il pas donné une analyse admirable de la manière de dessiner du Poussin ? « L'on a un très petit nombre de dessins finis du Poussin. Quand il dessinait, il ne songeait qu'à fixer ses idées, qui partaient avec tant d'abondance que le même sujet lui fournissait sur le champ une infinité de pensées différentes. Un simple trait, quelquefois accompagné de quelques coups de lavis, lui suffisait pour exprimer avec netteté ce que son imagination avait conçu. Il ne recherchait alors ni la justesse du trait, ni la vérité des expressions, ni l'effet du clair obscur. C'était le pinceau à la main qu'il étudiait sur la toile les différentes parties de son tableau. Il était dans la persuasion que toute autre méthode n'était propre qu'à ralentir le génie et à rendre l'ouvrage languissant. Son raisonnement était bon pour de petits tableaux, et le Poussin en a fait très peu de grands; mais si l'on ne voit point de ses académies ni d'études de têtes et autres parties en grand, il ne faut pas en conclure qu'il méprisât l'étude de la nature. Personne, au contraire, ne l'a consultée plus souvent : l'on ne peut même lui reprocher d'avoir jamais rien fait de pratique : c'est pourquoi il suivait, par rapport au paysage, une méthode différente de celle qu'il tenait pour la figure. L'indispensable nécessité d'aller étudier sur le lieu le modèle, lui a fait dessiner un grand nombre de paysages d'après nature avec un soin infini : non seulement il devenait alors religieux observateur des formes, mais il avait encore une attention extrême à saisir des effets piquants de lumière, dont il faisait une application heureuse dans ses tableaux. Muni de ces études, il composait ensuite dans son cabinet ces beaux paysages, où le spectateur se croit transporté dans l'ancienne Grèce, et dans ces vallées enchantées décrites par les poètes ; car le génie de M. Poussin était tout poétique. Les sujets les plus simples et les plus stériles devenaient entre ses mains intéressants. Dans les derniers jours de sa vie, qu'une main tremblante et appesantie lui refusait le service, le feu de son imagination n'était point encore éteint; cet habile peintre mettait au jour des idées magnifiques qui saisissent d'admiration, en même temps qu'elles causent une sorte de peine de les voir si mal exécutées. »

CE QUE LE POUSSIN A DÛ AU XIXᵉ SIÈCLE

Quand je commençai dans cet essai d'histoire de notre école, le présent chapitre sur Nicolas Poussin, je ne m'étais point dit que, peu à peu, et de proche en proche et quasi sans y songer, j'y accumulerais tout ce qui pourrait dans l'avenir, servir aux annotations des lettres de mon personnage. Que le lecteur me pardonne cet amoncellement de pièces mal dégrossies, mal ordonnées, mal proportionnées, et dont il me suffira plus tard d'extraire le fait capital, la date précise, pour les ajuster au bas de la page qui les rappelle, ou dans la notice succincte qui doit raconter la vie du souverain peintre français. Aujourd'hui je me sens pris par le courant et ne peux plus m'arrêter, débordé par cette suite de notes qui elles-mêmes sont devenues des chapitres. La figure du Poussin y apparaîtra-t-elle plus haute et plus lumineuse, parce qu'elle occupera plus de place dans mon travail, comme elle en occupe une immense dans notre école ? Cela je ne puis l'espérer : il y faudrait un burin plus fortement emmanché que le mien. Il importerait pourtant que les traits de cette grandissime figure y ressortissent dans toute leur ampleur et leur netteté, avec sa carrure mâle, fière et solide, comme l'image même de la peinture française, en ce qu'elle a apporté à notre art de sens droit et de « délectation ». Peut-être pour tracer ce portrait, et le graver avec la profondeur qu'il mérite dans l'esprit de nos lecteurs, en dehors de mon désordre, n'aurais-je rien de mieux à faire que de transcrire ici, sans plus tarder, deux pages éloquentes de J. Buisson, égarées l'une fort loin de l'autre, par ce maître analyste en matière d'art, mais qui, rapprochées, disent ensemble la double part de reconnaissance que la peinture française devra éternellement à son plus beau génie. Il m'est doux, d'ailleurs, je l'avoue, d'unir ici le nom de mon ami à la glorification « de cette quintessence de Français, Nicolas Poussin ». Dans l'étude sur l'Exposition universelle de 1867, qu'il insérait dans la *Revue de Toulouse*, notre Jules Buisson écrivait : « Apparaissant l'un et l'autre en un temps où les spectateurs se contentaient, dans les livres, *d'horizons à souhait pour le plaisir des yeux*, Claude Lorrain et le Poussin ne semblent-ils pas, eux-mêmes, deux météores échappés à l'orbite du génie national, bien plus humain que naturaliste ? Ne furent-ils pas contraints de se faire Italiens ? Claude le devint exclusivement, avec une aimable et belle aisance. En dépit de Paul Bril, ses vrais inspirateurs furent le Titien, le Dominiquin, paysagistes, les Carrache, qu'il complète par l'abondance et la précision d'un spécialiste. Le Poussin ne demeura Français qu'à force de doctrine, de raison, d'ordre. Il garda, sur les bords du Tibre, le pli spécial de tous les grands ordonnateurs de nos richesses au xviiᵉ siècle. La jouissance que l'on éprouve de ses paysages, n'est nullement voluptueuse et italienne, mais française, aristocratique et socratique. Ce mélange admirable, dans une mesure unique, d'art et de nature, de haute philosophie et de poésie sereine, d'inspiration et de règle, de facultés innées et de science, cette révélation d'une grande âme, d'un grand caractère, se possédant et se communiquant tout entiers, ce chef-d'œuvre d'idéalisme, y a-t-il rien au monde de si conforme à l'expression du génie français la plus admise par l'Europe ? y a-t-il rien de si incomparablement pur, de si incomparablement honorable pour nous ? Néanmoins c'est sur des sites italiens que s'exercèrent, comme celles de Claude Gelée, les nobles aptitudes de Nicolas Poussin. *L'agro-romano* reste, encore aujourd'hui, son inaliénable domaine... »

Puis, dans son rapport sur le concours de l'Académie des Jeux Floraux, ayant pour sujet « les Beaux-Arts en France au point de vue religieux durant le xixᵉ siècle », J. Buisson disait encore : « Je regrette que M. l'abbé Bernois ait omis le grand nom du Poussin, ses *Sept-Sacrements,* ses tableaux de religion. De son temps déjà, prévoyant le rigorisme des dévots, le maître affirmait à ses contemporains qu'il n'avait jamais eu l'intention de peindre le Christ en *père Douillet.* Poussin est le plus rythmique, par conséquent le plus hellénique de nos peintres. Il n'en est pas moins entré dans le sentiment chrétien avec sa gravité naturelle et sa puissance compréhensive. Je vais plus loin : on sent le chrétien vigoureux et austère jusque dans ses peintures païennes. Voyez son *Testament d'Eudamidas :* l'intensité de l'expression et de l'impression morale en est telle que le peintre y semble payer, en monnaie chrétienne, à l'antiquité ce qu'il lui doit d'autre part. Si l'on excluait de la peinture religieuse les tableaux du Poussin, il faudrait dire que le génie français, dans sa mâle et superbe maturité, était incapable d'expression religieuse. Non, Poussin, comme Lesueur, boit aux eaux du fleuve déblayé par les grands chrétiens dont j'ai parlé, mais puisées en d'autres contours et à des profondeurs différentes. Ingres aussi est habituellement grec, mais cela ne l'a pas empêché d'introduire magistralement, dans son *Saint Symphorien,* le cri cornélien et chrétien de Polyeucte : « A la gloire! » et de propager avec succès dans son école, comme Poussin, l'application des méthodes de composition et d'interprétation helléniques à des sujets chrétiens. Je ne connais rien qui donne plus l'idée de cette fusion que la *Naissance de l'Enfant-Jésus*, de Flandrin, à Saint-Germain-des-Prés ; on dirait une fresque exhumée de quelque Pompéi chrétienne. »

Mais que dirait l'ami que je viens de citer, si, en même temps que son jugement du Poussin, je ne transcrivais ici celui de l'homme qui, dans notre école, avec une éducation semblant la plus éloignée possible du Poussin, en a été l'un des plus proches par le sentiment capital et passionné de l'expression et du geste ? « On a tant répété, dit Eugène Delacroix, que le Poussin est le plus classique des peintres, qu'on sera peut-être surpris de le voir traiter dans cet essai comme l'un des novateurs les plus hardis que présente l'histoire de la peinture. Il est arrivé au milieu d'écoles maniérées, chez lesquelles le métier était préféré à la partie intellectuelle de l'art. Il a rompu avec toute cette fausseté, s'y trouvant porté par sa pente naturelle et sans parti pris ; mais il ne faudrait pas conclure de cette qualité de réformateur qu'il ait eu une très grande influence sur ses contemporains... Bien que Le Brun ait étudié le style du Poussin et présente dans ses ouvrages une régularité empruntée à ce style sévère, le génie académique domine chez lui et n'a pas tardé à inspirer de nouveau toute la génération d'artistes qui ont paru en France à sa suite. Lesueur a exercé moins d'influence encore que le Poussin : c'est qu'on ne peut pas plus lui dérober sa naïveté et sa grâce, qu'au Poussin la vigueur de sa composition et ses autres qualités élevées. Mais ce qui fait la gloire de ces deux véritables pères de l'art français, c'est que cette action, moins appréciable dans les ouvrages des contemporains, éblouis encore des faux brillants d'Italie, a survécu à ce qui les a suivis immédiatement et exerce encore un empire incontestable. Ils étaient sortis l'un et l'autre de la banalité, et, sous ce rapport, non seulement ils rappellent la naïveté des écoles primitives de Flandre et d'Italie, chez lesquelles la franchise de l'expression n'est gâtée par aucune habitude d'exécution, mais encore ils ont ouvert dans l'avenir une carrière toute nouvelle dans la manière de concevoir et de composer. Ils resteront des guides sûrs pour tous ceux qui ne respecteront, dans les conven-

tions établies, que celles qui permettent de prendre à la source
même, c'est-à-dire dans l'imitation de la nature, les effets qu'il est
donné à la peinture de produire. »

« Les Italiens, dit encore Eugène Delacroix, plus entraînés par
le désir de faire briller les mérites de l'exécution, sont peu délicats
sur la convenance et sur l'expression. Le Poussin, au contraire,
ne fait aucun sacrifice au désir de faire parade de son habileté : il ne
pense qu'à satisfaire la raison et l'imagination. On peut dire que,
malgré sa partialité pour l'Italie, il est le moins italien de tous les
peintres... Le Poussin est vraiment réformateur sur ce point.
Quoiqu'on sente dans ses compositions l'abondance de l'imagination
la plus heureuse, il est sobre partout, et dans le nombre de ses
figures et dans le choix de ses ornements. Il ne tombe point dans
les redites et dans les banalités; comme il ne se faisait jamais aider
dans ses tableaux, que tout y était fait de sa main, il ne donnait à
chaque objet que le degré d'intérêt que cet objet comportait, il ne se
complaisait pas à rendre les détails avec un soin exagéré, ce qui
arrive trop fréquemment chez les peintres qui ont beaucoup employé
leurs élèves et leur ont confié l'exécution de parties très importantes. « Il faut, dit-il, que le dessin tourne toujours au profit de
« la pensée : le dessin ni la composition de toutes les parties ne doit
« point être recherché, ni étudié, ni trop élaboré, mais conforme en
« tout à la nature du sujet. » Il dit encore : « Il faut qu'un peintre
« commence par la disposition, puis l'ornement, la beauté, la grâce,
« la vivacité, le costume, la vraisemblance et le jugement partout.
« Ces dernières parties sont du peintre et ne se peuvent enseigner :
« c'est le rameau d'or de Virgile, que nul ne peut trouver ni cueillir
« s'il n'est conduit par le destin. » Ces principes, fruits de la raison
et de l'expérience, étaient déjà les siens à son arrivée à Rome : ils
l'ont guidé toute sa vie, et l'on s'explique ainsi qu'il ne se soit
pas laissé entraîner à l'imitation des maîtres. Il lui fallait ce *jugement partout*, cette qualité qui fait les plus grands hommes dans la
pratique des affaires comme dans tout ce qui est du domaine de
l'imagination. Il est probablement le seul des grands artistes qui
n'ait pas sacrifié à la tentation de s'approprier quelques-uns des
mérites de ces hommes imposants que nous sommes habitués à
considérer comme les lumières de l'art; peut-être est-il le seul qui

n'ait point imité Michel-Ange... A côté de ces Prophètes, de ces Sybilles et de tous ces êtres d'une effrayante majesté, qui n'appartiennent à aucun pays et qui semblent à peine être des hommes, il trouvait tout le cortège de ces dieux et de ces héros de la Grèce qui unissent la grandeur à des conditions plus humaines : il est probable qu'il ne fut profondément touché qu'en présence de ces ouvrages des anciens, dans lesquels il se retrouvait lui-même... Poussin n'a pas imité les bas-reliefs et les statues par le côté matériel, comme on l'a vu faire de nos jours, c'est-à-dire qu'il ne mettait pas un soin scrupuleux au costume, aux usages purement extérieurs. Il n'a pas affecté une prétendue pureté, en cherchant à prendre pour ainsi dire sur le fait la forme d'un pli, d'un meuble, d'une coiffure. Ceci est l'art de l'antiquaire, mais non de l'artiste qui doit remonter à l'esprit ou sens de ce qu'il s'approprie en l'imitant. C'est l'homme qu'il étudie à travers l'antique, et au lieu de s'applaudir de retrouver le peplum ou la chlamyde, il le fait de ressusciter en quelque sorte le mâle génie des anciens dans la représentation des formes et des passions humaines. Telle est l'imitation du Poussin... Le Poussin a trouvé incontestablement la beauté : mais elle n'a pas dans ses tableaux cet attrait irrésistible qui nous charme dans ceux de Raphaël. Les figures des divinités qu'il emprunte à la fable, celles de ses saintes et de ses madones ont beaucoup de noblesse, mais elles la doivent surtout à une certaine correction un peu monotone et un peu froide... Mais, en revanche, quelle supériorité dans les sujets qu'il emprunte à l'histoire ! quelle hauteur ! quelle vigueur dans ces mâles Romains qui sont vraiment des hommes ! Qu'on est loin de ces héros de théâtre qui semblent n'avoir que l'habit ! quels Grecs que ces Phocion, ces Eudamidas, quel Romain que ce Coriolan vaincu par les prières de sa mère, au milieu de son camp !... Il semble, comme le grand Corneille (1), avec lequel il a plus d'un point de ressemblance, qu'il choisisse de préférence ses sujets dans des temps qui

___

(1) Delacroix, quand il rappelait tout à l'heure le fameux mot du Poussin : « Et du jugement partout », se souvenait-il que le *jugement*, le bon sens avait été la grande vertu des génies de la province du peintre, du Poussin, aussi bien que de Malherbe, aussi bien que de Corneille? Corneille, en l'examen de *Mélite*, pièce « qui fut son coup d'essai », dit : « Je n'avais pour guide qu'un peu de sens commun » ; et il répète quelques lignes plus loin : « Ce sens commun, qui était toute ma règle, m'avait fait trouver l'unité d'action. »

comportent la peinture des grandes actions et des grands sentiments. On est tenté de le confondre avec ces hommes de Plutarque qu'il faisait revivre dans ses peintures ; il semble que son âme, dédaignant des objets bas et vulgaires, ne se trouve à l'aise que dans une sphère héroïque... »

Et maintenant que nous venons de voir le génie intérieur du peintre anatomisé par l'homme de notre siècle qui pouvait le mieux mesurer sa taille, — et quel dommage que nous ne puissions y joindre quelques lignes de son autre servant non moins enthousiaste, de son disciple plus direct, semble-t-il, par Raphaël l'ancêtre commun, M. Ingres ! — avant de reprendre la trace de notre Poussin, à l'heure où son renom a commencé à se répandre dans l'Europe entière et à y effacer la gloire des Italiens de son temps, énumérons à tout hasard ce que sa biographie ne pouvait manquer de provoquer de recherches et de trouvailles dans notre école historique éveillée de toutes parts.

Le meilleur de ce que Nicolas Poussin doit à notre xixe siècle, ce n'est point les images de marbre et de bronze qui nous ont, ici et là, multiplié cette noble figure : ni la statue de Julien qui concourut, en 1810, pour les prix décennaux ; ni celle de Brian que j'ai vu inaugurer sur la place des Andelys en 1851 ; ni le monument que Chateaubriand fit sculpter à Rome dans l'église de San-Lorenzo in Lucina. — Non, c'est, après toutes les expériences ondoyantes faites à travers les tiraillements amollissants du xviiie siècle, et les courants d'influences étrangères qui se sont succédé dans le nôtre, c'est la consolidation définitive de l'autorité du Poussin, acceptée et saluée par tous, comme celle du père et du chef : désormais, nul ne le conteste, son bon sens est notre bon sens ; sa forme est notre forme ; son imagination poétique demeure notre manière de concevoir la poésie de tout sujet livré à la peinture ; à lui nous ramène toute crise grave en nos évolutions d'école ; c'est lui que tout critique doit analyser d'abord s'il veut se pénétrer des conditions vitales de notre génie national. Je ne parle pas du menu procédé, propre à chaque main et à chaque œil et qui sert à la traduction du sentiment passager des vagues aspirations morales caractérisant chaque époque. Mais pour ce qui est de l'interprétation supérieure de la nature par le génie dans sa plus impeccable mesure, et de sa transformation par le jugement, il est bien acquis que jusqu'à l'extinction de notre peinture, toute mode d'art, même un instant victorieuse, tout en France pourra passer, — sauf le Poussin.

Une clarté et une simplicité admirables gouvernent la vie de Nicolas Poussin, comme elles gouvernent l'esprit de son œuvre. Dans ses lettres, tout au plus se rencontre-t-il une vingtaine de menues énigmes qu'un nom provoque, s'il est peu connu, qu'un mot éveille, s'il touche à un détail intime de sa vie, et il n'est guère de ces énigmes qui n'aient été vidées et résolues aujourd'hui par les serviteurs attentifs de la gloire du grand peintre. Le xviiie siècle n'avait été, d'aucune façon, le siècle du Poussin, et les histoires d'art de cette époque ont plutôt dénaturé et faussé, par leurs anecdotes controuvées, ce que cet honnête xviie siècle nous avait appris de lui par les témoins de ses travaux et de ses habitudes quotidiennes.

Il est d'ailleurs naturel que plus ces témoins sont proches voisins de l'homme, plus ils sont incontestables dans les détails qu'ils tiennent de sa bouche; et c'est pourquoi rien ne vaut ce que nous répétera Bellori sur Q. Varin et ses tableaux d'Amiens et de Paris; sur les copies de Nicolas d'après les estampes de Raphaël et de Jules Romain prêtées par le mathématicien Courtois; sur la pénible équipée en Poitou; sur les relations avec le cavalier Marino et les dessins sur le poëme d'Adonis, dont Bellori pouvait voir le recueil dans la bibliothèque du cardinal Massimi; sur cette « Mort de la Vierge entourée d'anges pour l'intérieur d'une chapelle de l'église de Notre-Dame de Paris, échantillon de sa première manière bien composé et bien conduit »; ajoutez que ces trois mots : *Vierge entourée d'anges,* coupent court à mon rêve de jadis touchant le tableau noté par moi dans Saint-Etienne-du-Mont; enfin sur le moment désespéré après le départ de Rome du cardinal Barberini, où Nicolas, « ne sachant plus où ni à qui débiter ses peintures, se réduisit à les donner pour un si bas prix qu'ayant peint deux batailles pleines de figures sur des toiles de quatre palmes, il en retira à peine sept écus de chacune, selon ce que lui-même en rapportait en les revoyant. » Même confiance nous devons à Felibien d'abord, homme de probité sincère et haute; puis à Passeri, à Sandrart et à Baldinucci, à De Piles et à Florent-le-Comte, à Bonaventure d'Argonne et à l'abbé Nicaise correspondant de J. Dughet, à tous ces derniers demeurants du siècle de Poussin, où résonnent encore les souvenirs non trop effacés de Le Brun, de Mignard et des Chantelou.

Par malheur, les imaginations vont se mettre de bonne heure en campagne, et par ceux-là même qui sembleraient devoir être le mieux informés et de plus près; lisez ce que son quasi compatriote Thomas Corneille, le frère du grand Pierre, raconte dans son *Dictionnaire universel géographique et historique* (Paris 1708), à l'article *Andeli* : « C'est une gloire pour la petite ville d'Andeli d'avoir été la patrie du fameux Nicolas Le Poussin, qui, dès ses premières années, donne des marques du talent sublime qui l'a rendu un des plus grands peintres de son siècle. Il y naquit l'an 1594, de parents d'une condition fort médiocre, *et une affaire qui lui survint lui ayant fait craindre quelques poursuites qui l'auraient embarrassé, il abandonna son pays et vint à Paris où après avoir étudié sous différents maîtres*, il fit quelques voyages en province et surtout à Blois. Il n'avait pas encore vingt ans et il y fit deux tableaux pour l'église des Capucins, qu'on ne peut voir sans les admirer, quoiqu'ils se ressentent un peu de la faiblesse de son âge... » Dans quel cancan de bourgade du Vexin normand, Thomas a-t-il pris cette fable du Poussin chassé des Andelys par une affaire embarrassante ; et d'autre part son jugement des tableaux des capucins de Blois n'est pas à dédaigner, car on sent que qui lui en a parlé les a vus. Et ainsi des autres.

Mais, à partir de David, le culte du Poussin a refleuri tout de bon, et avec les Emeric David, et les Quatremère, et les Gault de Saint-Germain, et Castellan, prédécesseur de Clarac à l'académie des Beaux-Arts, et les Dufourny, la curiosité sérieuse, l'exactitude sincère ne badinent plus avec la majesté des figures qu'elles abordent ; le groupe des chercheurs qui les ont suivis, depuis cinquante ans, n'a, pour bien dire, rien laissé d'inexploré chez l'illustre Normand et dans son entourage.

Et d'abord il semblait que ce fût comme un vague besoin d'honneur pour l'école française de livrer enfin au jour cette fameuse correspondance du Poussin, où Felibien, cent ans plus tôt, avait déjà puisé tant de lettres superbes à lui communiquées par la pieuse amitié de Paul Fréart de Chantelou, et qui avaient fourni leurs pages les plus mémorables aux *Entretiens sur les vies des Peintres*. On savait entre quelles mains se trouvaient les diverses copies des lettres, particulièrement la série transcrite, en 1754 ou 1755, sous les yeux d'Ant. Duchesne, prévôt des Bâtiments du Roi, et avec l'autorisation de Favy de Chantelou, petit-neveu et héritier de l'ami du Poussin; et Dufourny préparait de longue main le dossier des documents qui devaient éclairer l'édition projetée par lui, avant que Quatremère de Quincy ne résolût enfin la question par la publication de 1824. L'apparition du corps de ces lettres, c'était là d'ailleurs le grand point et qui permettait à tous d'attendre, en grossissant, chacun à sa façon, le bagage du maître.

Il n'est, dans notre pays, écrivain d'art, se respectant quelque peu lui-même, qui n'ait cru se devoir d'écrire sur le Poussin une notice ou un éloge. Je ne parle pas des D'Argenville et des Guibal du siècle passé; mais, après ceux-là que je viens de nommer, viennent les Cambry, et les Ruault, et les Le Carpentier, et les Gense, et les Raoul Rochette, et les Charles Blanc, et les Ch. Clément, et mieux que cela, je l'ai dit, Eug. Delacroix lui-même, en cette belle et sereine étude, écrite non sans une certaine application classique, à la française, avec la pureté et la placidité forte d'un contemporain de Nicolas Boileau.

Ce ne sont point là toutefois les biographes de métier qui intéressent notre curiosité moderne. Ce qu'il nous plaît de chercher et de rencontrer dans la légion des érudits de notre siècle, ce sont les découvreurs de dates et de pistes nouvelles. Qui est allé aux Andelys dresser l'enquête de l'enfance du peintre et du passage de son maître Warin? Ce fut d'abord la sage et calme Anglaise, Maria Graham, pour ses *Mémoires sur la vie du Poussin*; puis le brillant et ardent professeur de la faculté de Caen, M. Gandar, pour ses *Souvenirs de la jeunesse de Nic. Poussin*, publiés en 1860, dans la *Gazette des Beaux-Arts*. Le premier volume des *Peintres provinciaux* se mêlait, lui aussi, des origines de ce Warin, le seul que Poussin avouât pour son maître; et, à l'autre bout de la vie du peintre des Andelys, le même volume recueillait ce que la tradition avait raconté de P. Le Tellier de Vernon, chef fort respecté en son vivant de l'école de Rouen, et que ses contemporains saluaient, non sans juste apparence, comme le proche parent et l'élève du Poussin :

> Pour la première fois l'Apelles de son temps
> Dans la mort de Tellier vient de perdre la vie...

> Pour la première fois le grand Poussin est mort...
> De l'illustre Poussin il mérita les soins
> Et Rome eut quatorze ans son étude et ses veilles
>   Le Poussin ayant reconnu
>   Que l'élève approchait du maître,
>   Qu'à sa gloire il pouvait paraître...
> Va, dit-il au Tellier, va montrer à la France
> Que nous ne faisons rien indigne de son nom...
> Le Tellier se piqua de satisfaire aux vœux
> Qu'en faveur de la France avait faits ce grand homme.
>   Il fit plus qu'il n'avait promis,
> Et plus pour le Poussin que pour l'idolâtrie
>   Qu'on a souvent pour sa patrie.
> Cet illustre Normand préféra son pays.
> Pour garder de son maître une plus forte idée,
> Il évita la foule et le bruit de la cour,
> Et d'un si beau sujet son âme possédée
> Lui choisit dans Rouen un paisible séjour...
> Le bon goût est partout et Rome ailleurs qu'à Rome.
> Pour le bel art de peindre et les riches dessins,
> Le Tellier n'a-t-il pas les plus beaux airs romains?
>   Vernon, quoique petite ville,
>   Vous a fourni ce grand trésor :
> Vous donnant le Poussin, Andely fut encor
>   Plus obligeante et plus fertile...

Ajoutez à ces vers du livre imprimé à Rouen en 1702, les *Vérités plaisantes ou le Monde au naturel*, que les registres baptismaux des paroisses de Caen nous ont appris, depuis notre première étude sur P. Le Tellier, comment ce cousin du neveu et héritier du Poussin, et l'un des seuls peintres qui pût se vanter d'avoir reçu, pendant nombreuses années, les conseils directs du maître normand, lesquels d'ailleurs n'opprimèrent point son tempérament, plus voisin de celui de Ph. de Champaigne que de l'illustre auquel il était allié, se trouvait, par son parrainage de l'un des enfants de Marc Restout, et l'enseignement donné à Jacques Restout et à ses frères, une sorte de point singulier d'union entre les deux grandes gloires de la peinture normande, Nicolas Poussin et Jean Jouvenet. Mais ce Marc Restout même n'avait-il pas la prétention d'avoir suivi, lui aussi, Poussin à Rome, car, surtout parmi les Normands, chacun en ce temps prétendait, honneur suprême, avoir fréquenté chez Poussin et avoir reçu ses conseils, quand on ne se vantait pas, comme Noël Jouvenet, l'aïeul du fameux, d'avoir procuré « les premières instructions » à l'enfant des

Andelys. Les provinciaux, particulièrement les Gascons, se targuent, tous, sans broncher, d'avoir traversé cet atelier dont l'approche leur fait à jamais une illustration. La *Biographie toulousaine* (1823, t. II, p. 207), art. de Jean-Pierre Rivalz, né à la Bastide d'Anjou, en 1625, mort à Toulouse, en 1706, raconte que vers 1642 « un religieux Augustin, nommé Ambroise Fredeau, habitait le couvent que son ordre possédait à Toulouse. Élève de Simon Vouet, Fredeau avait acquis de vrais talents. Il joignait à une profonde connaissance de la peinture, un goût décidé pour l'art du statuaire. Rivalz visita d'abord par curiosité l'atelier du religieux, et dans la suite il ne put résister au désir d'être compté au nombre des élèves qui accouraient dans la cellule de Fredeau. Les parents de Rivalz encouragèrent leur fils, et celui-ci ayant fait des progrès rapides, reçut de Fredeau le conseil de parcourir l'Italie et d'y contempler avec soin les tableaux qu'on y admirait... Fredeau était lié d'une étroite amitié avec le célèbre Poussin; il recommanda Rivalz à cet illustre artiste qui était alors à Rome. Rivalz fut accueilli par ce grand homme que la France semblait alors dédaigner; et, par ses soins, si nous en croyons une tradition qui paraît certaine, le jeune Rivalz fut employé par le Poussin à finir les fonds de ses tableaux, les fabriques pittoresques que l'on y remarque et les détails d'architecture qui les enrichissent. Après avoir parcouru en entier l'Italie, Rivalz revint à Toulouse... » Mais quelle peine n'ai-je pas à me figurer ce rude Languedocien, au pinceau brutal, plus proche voisin par origine et par tempérament de l'Espagne que de l'Italie, appelé par le Poussin à couvrir de sa peinture les lignes idéales des paysages du Normand!

Nous savons d'autre part les relations que l'obstination du Toulousain Hilaire Pader imposa, malgré lui, à notre Poussin, jusqu'à de lui arracher une lettre civile; — et encore les récits que fit Le Blond de la Tour, de Bordeaux, de ce qu'il avait observé des pratiques du Poussin.

Puis on trouvait que Jean Mosnier de Blois « avait étudié la force du coloris et la beauté du pinceau en la compagnie du célèbre Poussin qui était encore fort jeune ». Où s'étaient-ils joints, ces deux studieux aventureux : à Blois peut-être, lors du passage de Nicolas revenant quasi-mendiant du Poitou, — ou bien à Florence quand s'y arrêta Poussin, empêché d'arriver jusqu'à Rome; ou bien à Rome même, en cette année 1624-1625, qui fut la seule où ils purent deviser ensemble sur la terre romaine, où le Normand abordait enfin 1624, alors que le Blaisois allait la quitter pour retourner en France (1625). Quarante ans plus tard, le fils de ce même Jean Mosnier, Pierre Mosnier partait à son tour pour Rome en qualité de pensionnaire du Roi : muni des instructions de son maître Sébastien Bourdon qui « en avait conféré avec l'illustre Poussin et se trouvait muni de l'approbation de ce grand homme », P. Mosnier fut chargé de mesurer à nouveau les plus beaux antiques. Bourdon « lui avait enseigné la méthode qu'il devait mettre en pratique et dont il était sûr pour en avoir déjà fait lui-même l'épreuve. Il ne voulut pourtant pas que son élève entreprît rien que de concert avec le Poussin, et il eut la satisfaction d'apprendre que l'habile artiste dont il recherchait l'avis avait fort goûté la justesse et la simplicité de sa méthode, que l'entreprise n'avait pas moins été de son goût, et que tout usé qu'il était par le travail et par les années, l'amour de l'art lui avait fait retrouver de nouvelles forces : et ce fut en effet avec les propres instruments et presque sous les yeux et la direction du bonhomme que l'opération se fit. » J'ai voulu laisser subsister l'expression de Bourdon dans toute sa simplicité. Notez que P. Mosnier arrivait à Rome dans les premiers mois de 1665, et que le « bonhomme », qui se prêtait avec une si paternelle complaisance aux études du fils de son ami de jeunesse, allait mourir quelques mois après, avant la fin de cette même année.

Inutile d'ajouter que parmi ces noms de copistes employés par Poussin, après son retour à Rome, pour le service de Chantelou, il s'en trouvait qui, moins heureux que Mignard, Nocret, Errard, Chaperon et les deux Lemaire restés eux du moins, dans le répertoire de Félibien, s'étaient laissé quelque peu confondre dans un oubli qui vint même brouiller leurs personnages. Guillet de Saint-Georges et les historiens récents de l'Académie royale nous ont ravivé à jamais la figure importante et mouvante de Ch. Errard ; — M. Robert-Dumesnil, en son *Peintre graveur français*, rassemblait sur Remy Vuibert le peu qu'en avait dit son siècle ; Bellier de la Chavignerie nous a trouvé à Châteaudun l'extrait de naissance de l'intraitable Chaperon ; et après que j'ai eu la bonne chance, au temps jadis où j'exhumais nos premiers *Peintres provinciaux*, de décrire en leur pays natal les œuvres rencontrées par moi de Reynaud Le Vieux, je pouvais enfin déterminer, dans une manière de supplément à mes études anciennes, inséré dans la *Revue de l'art français*, la part qu'avait obtenue ce gracieux peintre, dans les copies distribuées par Poussin, et comment le nom de mon brave Nîmois se trouvait à jamais glorifié par cette passagère accointance avec le souverain maître. Bien mieux, cela nous permet aujourd'hui de distinguer nettement dans le groupe des copistes de Chantelou, les deux quasi-homonymes Reynaud Le Vieux et Claude Le Rieux ou De Rieux, que Quatremère de Quincy avait confondus comme à plaisir, et c'est rendre un juste service à l'honnête Le Vieux, car le De Rieux, auquel Poussin ne manque jamais d'appliquer son prénom de Claude Claude Le Rieux et qu'il emploie à copier chez dei Pozzo, quand Le Vieux vient de repartir pour la France. Claude Le Rieux ou De Rieux, plus inconnu encore que le peintre de Nîmes, son nom ne nous avait été révélé que par une aventure qui lui fit peu d'honneur, la violence d'une délation contre un tout jeune confrère. Félibien et Guillet de Saint-Georges nous racontent tous deux que le pauvre Sébastien Bourdon, alors qu'il gagnait péniblement son pain en pastichant Claude Lorrain, André Sacchi ou le Bamboche, sans même avoir le loisir d'étudier les vrais maîtres dont « la théorie et la pratique » lui manqueront plus tard, eut, peu de temps après son arrivée à Rome, « un différend avec un peintre nommé De Rieux qui le traita d'hérétique et menaça de le dénoncer au Saint-Office en faisant connaître qu'il n'était pas catholique. Cette menace obligea M. Bourdon de sortir en diligence des terres du pape, de crainte d'être arrêté. Il se sauva promptement chez M. Hesselin, maître de la Chambre aux Deniers, et qui étant alors à Rome y faisait paraître cette grande inclination qu'il a toujours eue pour les beaux-arts... Il donna donc asile à M. Bourdon et le mena avec lui à Paris... »

Qui nous a dûment renseignés sur le commandeur dei Pozzo, le plus ancien patron du Poussin dans les premiers jours de ses pénibles débuts à Rome, celui à propos de qui Baldinucci, dans sa vie du Testa, raconte que Nicolas proclamait bien haut et avec justice, que, dans son art, il était avant tout l'élève de la maison et du musée du cavalier dei Pozzo ? N'est-ce pas M. J. Dumesnil, dans son *His-*

toire des plus célèbres amateurs italiens? Je n'ai eu que la bonne fortune d'ajouter quelques pages sur ce qui restait encore de cette collection fameuse au commencement du XVIIIe siècle, et des Poussin qu'elle avait religieusement gardés.

Qui nous a fait connaître dans tous les détails de leur famille, ascendants et descendants, du pays du Maine, de leurs goûts, de leurs charges de cour et de province, de leurs habitudes familières, de leurs états et de leurs travaux, ces trois frères, les Fréart de Chantelou, dont le nom est à jamais inséparable de celui du Poussin? M. H. Chardon, dans le plus intéressant et le plus attachant des livres, le seul livre plein du Poussin qu'on ait écrit, en ce siècle, selon mon goût. — Car je ne puis souffrir qu'on me fasse un Poussin ennuyeux; et n'est-ce pas le cas de cet honnête M. Bouchitté, que Sorbonne harcèle constamment parlât sur Poussin et sur Champaigne, rappelant que le recteur émérite, et qui dans son volume ne songeait qu'à mettre en thème biographique le pédantisme doctoral de Cousin l'aîné? — C'est assez, c'est trop qu'on me poursuive mon homme à la tare de peintre philosophe. Était-il donc si philosophe, ce fier a peine endurant? un philosophe, ou plutôt un sage à la mode grecque, si vous voulez, mais surtout un homme. Quant à Paul de Chantelou, c'est le modèle achevé des amateurs, doux, poli, délicat, fidèle à ses amitiés, courtois sans bassesse, de ces êtres d'humeur accorte et bienveillante, jouissant avec délices et non sans une vanité un peu jalouse des chefs-d'œuvre qui leur sont échus et qu'ils ont su démêler dans le goût douteux de leur époque: nous en avons certes connu et honoré de tels en notre temps; mais celui-ci est le parfait ancêtre de cette aimable famille. Par surcroît, diplomate habile et lettré, point ennemi de la vie élégante et friande, intimement lié, non seulement avec son compatriote Scarron, ce dont Poussin enrage, mais avec Voiture, Costar, Pinchesne et tous les beaux esprits: tour à tour. conseiller le mieux écouté en matière d'art, agent familier et tendrement choyé de son parent M. de Noyers, puis secrétaire du duc d'Enghien, le héros, puis intendant du duc d'Anjou, puis gouverneur de Château-du-Loir et maître d'hôtel ordinaire du Roi; enfin, et c'est là son plus beau titre, celui qu'en souvenir de l'amitié anoblissante du Poussin, Colbert et Louis XIV consulteront jusqu'à la fin sur l'excellence des œuvres et des artistes, protecteur, jusqu'en son extrême vieillesse, de Le Brun, l'homme du Poussin et de Colbert, contre la cabale de Mignard et de Louvois.

M. Chardon n'a pas manqué, dans le même volume, de nous rassembler à foison tout ce qu'il y avait à dire sur les deux frères de Paul Fréart, sur Jean Fréart, l'aîné des trois, commis, lui aussi, de leur oncle M. de Noyers (c'est Sauval qui traite M. de Chantelou de « neveu » de M. de Noyers), Jean Fréart, conseiller du Roi et commissaire provincial en Champagne, Alsace, Lorraine et Allemagne: Jean Fréart favorisé, comme ses frères, de lettres et continuels souvenirs du Poussin, qui loue l'excellence de son goût et dote son cabinet d'un *Baptême de saint Jean*; et sur Roland Fréart, celui qu'on appelait M. de Chambray, et qui m'a occupé moi-même un peu plus que ses deux autres frères, au point de remplir la moitié d'un volume de l'analyse de ses doctes travaux sur l'*Architecture antique* et la *Perfection de la peinture* et le *Traité de Léonard*, livres doctoraux à logique étroite, laissant entrevoir, en dépit du Poussin lui-même, vers quels travers systématiques pouvait être entraînée dans l'avenir notre école, en s'appuyant sur certaines conséquences mal comprises des principes du maître.

M. Chardon n'oublie point davantage cette Madame de Montmort, Françoise Mariette, aimable veuve de deux maris, que Paul Fréart épousa tardivement en 1656, après avoir été tant d'années son chevalier fidèle, et dont il est si souvent question dans les lettres (v. Chardon, p. 91-92); non plus que M. de Charmois, autre amateur célèbre, dont Poussin loue le goût et la modestie, né comme les Fréart dans cette bonne ville du Mans, alors si féconde en patrons de la peinture, et en amis intimes du Poussin; Martin de Charmois, l'un des fondateurs et premier directeur de l'Académie royale. Ce livre sur *Les frères Fréart de Chantelou* était vraiment la préface nécessaire de la correspondance du Poussin, et il ne pouvait être écrit, toutes archives privées et publiques du Maine bien fouillées, que par M. Henri Chardon, le mieux renseigné des Manceaux et le plus scrupuleux dans la mise en œuvre et le contrôle de ses documents.

Depuis lors, M. de Montaiglon nous a écrit dans les *Archives* l'excellent chapitre sur Poussin, sculpteur, et les Termes de Fouquet; M. Th. Thuillier nous a enfin mis en liaison avec « le pauvre M. Snelles » : — et ainsi, chacun apportant sa pierre, se grossira le monument de celui dont, jusqu'à la moitié de sa vie, la France dédaigna les ouvrages, tandis que, pendant l'autre moitié, on en eût fait volontiers le précepteur unique et absolu de l'art de son pays.

N'ai-je pas dit déjà, avec quelque honte, qu'ils étaient bien peu nombreux les Français pour lesquels avait travaillé Poussin avant le fameux voyage à Paris, provoqué par la lettre de M. de Noyers? Pour le maréchal de Créquy, notre ambassadeur à Rome, un *Bain de femmes*, qui passa plus tard entre les mains de Stella; ce sujet fait penser au petit tableautin qu'avait recueilli M. de La Salle, et où il croyait, avec des yeux peut-être complaisants, reconnaître une peinture du maître en sa jeunesse. Pour un M. de Gillier, qui était auprès du maréchal de Créquy, le *Frappement du rocher*, qui finit, après avoir traversé plusieurs cabinets, par arriver chez le marquis de Seignelay; — pour M. de la Vrillière, en 1637, le *Maître d'école des Falisques;* — une mythologie pour un peintre nommé La Fleur; — et un *Renaud et Armide* et un *Hercule et Déjanire*, pour son ami Stella; — les quatre *Bacchanales*, pour le cardinal de Richelieu; — la *Manne*, pour Chantelou.

Hormis ces rares tableaux, il semble que le Poussin n'ait guère eu durant quinze ans d'obligation qu'au cardinal Barberini, au commandeur del Pozzo et à sa famille et aussi à l'Espagne, à Naples, à Turin. Quant à Paris, c'était comme un parti-pris par Vouet et les siens; Paris avait oublié Poussin aussi profondément que Poussin avait oublié Paris. Jugez du réveil.

* * *

VOYAGE A PARIS — LE PALAZZETTO DES TUILERIES

Le grand événement de la vie de Nicolas Poussin fut son voyage et son séjour à Paris, sur l'appel du roi, de janvier 1641 à la fin de 1642. Il ne fallut pas moins de deux années de négociations pour le décider à ce déplacement. Malgré toutes ses défiances trop justifiées, hélas! malgré ses répugnances point dissimulées à rompre ses habitudes casanières de travail recueilli et d'engagements pris, et de soins nécessaires à une santé déjà fléchissante, plus moyen, à moins de se mettre en rébellion ouverte, de résister à l'appel de flatteries qui sont comme un ordre du roi Louis XIII. C'est à partir de ce moment, que ses lettres aux del Pozzo et aux Chantelou nous permettent de suivre, au jour le jour, les moindres incidents de sa vie et de ses travaux.

Depuis ce malencontreux mois de janvier 1639, où il reçoit, coup sur coup, la lettre de Lemaire apostillée par Chantelou, et la lettre royale datée de Fontainebleau le 18, et que vient de précéder, plus pressante encore, celle de M. de Noyers, datée de Ruel le 14 janvier, le pauvre Poussin se débat comme un damné. Il ajourne, il ajourne son consentement et son départ. Il croit s'en tirer tout d'abord en ne parlant que de maux de vessie, et de médecins et de chirurgiens: il y revient plus tard encore : « Mon misérable mal de carnosité n'est point guari, et j'ay pœur qu'il faudra retomber entre les mains des boureaux de chirurgiens devant que de me partir ; car de se acheminer par un long voyage et facheux avec telle maladie, ce seroit aller chercher son malheur avec la chandelle. »

Plus il se débat, plus on le circonvient. Il prétexte les tableaux à finir, ses amis avec qui il doit se mettre en règle, il ne veut pas, en partant incontinent, perdre la bienveillance de tant d'honnêtes gens qui « en son absence peuvent tenir la protection de ce qu'il a de plus cher en ce monde. » Il gagne un an, il gagne deux ans ; il demande grâce sur tous les tons. Jamais artiste n'a quitté plus à contre-cœur son modeste train de famille, l'atelier où le labeur quotidien se suit désormais sans incertitude. Il faut que le violentant par un suprême effort, munis d'instructions presque comminatoires : « Les Roys ont les mains bien longues, et il sera bien difficile d'empêcher qu'un grand Roy, comme le nôtre, n'ait quelques sentiments de l'injure qu'il reçoit d'un homme né son subject et qui lui manque de parole », — Chantelou lui-même et son frère Chambray viennent arracher le Poussin à la maison de Rome ; ils l'entraînent enfin sur la route de Paris, où eux-mêmes vont arriver le 17 décembre 1640.

Ne serait-il pas plus simple et quasi plus bref de transcrire sans façon la traduction de la lettre à Carlo Antonio del Pozzo datée du 6 janvier 1641 ? Et qui pourrait conter avec plus de bonhomie le triomphant accueil de M. de Noyers, les embrassades du fameux cardinal, et le « voilà Vouet bien attrapé ! » du Roi :

« ... J'ai fait en bonne santé le voyage de Rome à Fontainebleau. J'y ai été reçu très honorablement dans le palais d'un gentilhomme, auquel M. de Noyers, secrétaire d'État, avait écrit à ce sujet. J'ai été traité pendant trois jours splendidement. Ensuite je suis venu dans la voiture du même seigneur à Paris. A peine y fus-je arrivé, que je vis M. de Noyers, qui m'embrassa cordialement, en me témoignant toute la joie qu'il avait de mon arrivée.

« Je fus conduit le soir, par son ordre, dans l'endroit qui m'avait été destiné pour ma demeure. C'est un petit palais (*un palazzetto*), car il faut l'appeler ainsi. Il est situé au milieu du jardin des Tuileries. Il est composé de neuf pièces en trois étages, sans les appartements d'en bas qui sont séparés. Ils consistent en une cuisine, la loge du portier, une écurie, une serre pour l'hiver, et plusieurs autres petits endroits où l'on peut placer mille choses nécessaires. Il y a en outre un beau et grand jardin rempli d'arbres à fruits, avec une grande quantité de fleurs, d'herbes et de légumes: trois petites fontaines, un puits, une belle cour, dans laquelle il y a d'autres arbres fruitiers. J'ai des points de vue de tous côtés, et je crois que c'est un paradis pendant l'été.

« En entrant dans ce lieu, je trouvai le premier étage rangé et meublé noblement avec toutes les provisions dont on a besoin, même jusqu'à du bois et un tonneau de bon vin vieux de deux ans. J'ai été fort bien traité pendant trois jours, avec mes amis, aux dépens du roi. Le jour suivant, je fus conduit par M. de Noyers chez S. E. le cardinal de Richelieu, lequel avec une bonté extraordinaire m'embrassa, et me prenant par la main, me témoigna d'avoir un grand plaisir de me voir. Trois jours après, je fus conduit à Saint-Germain, afin que M. de Noyers me présentât au roi, lequel était indisposé, ce qui fut cause que je n'y fus introduit que le lendemain matin, par M. le Grand, son favori. S. M. remplie de bonté et de politesse, daigna me dire les choses les plus aimables, et m'entretint pendant une demi-heure, en me faisant beaucoup de questions. Ensuite se tournant vers les courtisans, elle dit : *Voilà Vouet bien attrapé.* Ensuite S. M. m'ordonna elle-même de lui faire de grands tableaux pour les chapelles de St-Germain et de Fontainebleau. Lorsque je fus retourné dans ma maison, on m'apporta, dans une belle bourse de velours, deux mille écus en or : mille écus pour mes gages, et mille écus pour mon voyage, outre toutes mes dépenses. Il est vrai que l'argent est bien nécessaire dans ce pays-ci, parce que tout y est extraordinairement cher. »

C'est ici, pour le lecteur, l'occasion de juger combien est difficile la solution de la moindre questionnette. Le roi régale son peintre, qu'il vient de mander à grand bruit de Rome, de la jouissance d'un logis dans le jardin des Tuileries. Or, pendant un siècle et demi, on n'a point songé que ce logis sis dans les Tuileries pût occuper autre place qu'un coin avoisinant ce qui était resté dans la mémoire du public sous le nom de Jardin Renard(1). Et c'est pourquoi, tout naturellement, je m'étais mis en campagne de ce côté, n'ayant pour guide qu'une idée, à savoir que M. de Noyers et M. de Chantelou, voulant à n'importe quel prix fixer à Paris le maître peintre, avaient dû songer, avant tout, à faire oublier au Poussin, par les agréments singuliers de l'habitation voisine du Louvre, les doux et riants souvenirs de la maison du Monte Pincio, et les bienfaits de son soleil. Le mal est qu'avec nos yeux d'aujourd'hui, habitués depuis deux siècles à cette unité immense du Jardin des Tuileries, nous ne pouvons nous faire idée de ce que le morcellement d'alors pouvait trouver d'usages divers dans ces terrains royaux.

(1) « Sur Renard dont Le Poussin occupa la maison aux Tuileries, voir la notice qu'en donne Vigneuil-Marville, II. 253. » Notule de Dufourny, pour l'édition qu'il projetait des *Lettres* du Poussin.

Me voilà donc en quête, — dans la grande publication de la ville de Paris : *Topographie historique du vieux Paris,* par Adolphe Berty (*Région du Louvre et des Tuileries*), — de la place exacte de ce « petit palais, situé au milieu du jardin des Tuileries », et que le Poussin décrivait si minutieusement, dans sa lettre du 6 janvier 1641 à Carlo Antonio del Pozzo, comme devant être « un paradis pendant l'été ». Mes yeux se tournaient toujours vers ce jardin Regnard, qui, peu après, durant la minorité de Louis XIV, « devint, dit Piganiol, par sa situation et les manières commodes du maître, le rendez-vous ordinaire des seigneurs de la Cour et de tout ce qu'il y avait de galant dans ce temps-là ». M. Berty raconte que « l'espace compris entre le mur de clôture du parc des Tuileries et le rempart avait été laissé vide pour les besoins de la défense; le plan de Quesnel le représente en cet état. On y établit ensuite une garenne à lapins et un chenil pour les meutes du roi. Le 26 avril 1630, Louis XIII en fit don à un nommé Regnard, à charge de transformer le terrain en un jardin de plantes rares, de rebâtir le chenil en un autre endroit, et d'indemniser un nommé Pascal, qui avait là sa demeure. Dans l'acte de donation, lequel fut confirmé par un autre du 26 mai 1641, le lieu est énoncé : « Place contenant quatre arpens, où il y avait une ga-
« renne, sise au-delà des Thuileries, estendue la largeur depuis la
« muraille du bout du jardin des Thuileries jusqu'au bastion qui est
« sur le fossé de la Porte-Neuve, et en longueur depuis la muraille
« qui est sur le grand chemin, le long de la rivière, jusqu'à la mu-
« raille des bastimens servans lors à la retraite des bestes sauvages
« entretenues pour le plaisir de Sa Majesté. Ensemble la maison du
« sieur Pascal, bastie dans l'un des coins ». La maison de Pascal qu'on ne trouve point sur le plan de Mérian, paraît avoir été située au lieu où la terrasse du bord de l'eau s'élargit en formant un retour d'équerre devant le grand bassin. Gomboust représente le terrain donné par Louis XIII sous l'aspect d'un jardin divisé en parterre, d'un dessin compliqué, et il continue à l'appeler la *Garenne.* (Il désigne du nom de *M. Regnard* un espace voisin de la porte de la Confé- rence, où Regnard avait probablement sa maison.) On remarque qu'à l'époque où le plan de Gomboust fut dressé, le rempart était devenu une terrasse ombragée d'arbres. Sauval vante la vue agréable dont on y jouissait et qui contribuait à y attirer la foule. Le jardin de Regnard

a été détruit, et l'emplacement renfermé dans l'enceinte des Tuileries, lorsque Le Nôtre bouleversa le jardin du palais, c'est à dire vers 1664. »

Tout cela ne répondait, je l'avoue, que d'une façon bien incertaine à la question de la maison où, en janvier 1641, le Roi fait installer Nicolas Poussin : « un petit palais », situé au milieu du jardin des Tuileries, et composé de neuf pièces en trois étages, sans les appartements d'en bas qui sont séparés, et consistant en une cuisine, la loge de portier, une écurie, une serre pour l'hiver, etc. Beau et grand jardin rempli d'arbres à fruits, avec grande quantité de fleurs, d'herbes et de légumes, trois petites fontaines, un puits, une belle cour dans laquelle il y a d'autres arbres fruitiers. Des points de vue de tous les côtés, un paradis pendant l'été. A moins de chercher du côté de l'Assomption, où M. de Noyers, son protecteur, possédait de vastes terrains et maisons, confinant à la porte de l'Orangerie des Tuileries, — ce qui d'ailleurs ne s'accorderait guères avec la désignation précise donnée par le peintre : « au milieu du jardin des Tuileries, — des points de vue de tous côtés ». J'en revenais volontiers à cette maison de Pascal, quoique celle-ci paraisse avoir été un peu écartée du « milieu du jardin », exposée plutôt vers l'extrémité de la terrasse proche de la Seine, « bâtie dans l'un des coins », dit expressément l'acte de donation royale. Nul ne parle de la démolition de cette maison : elle existait encore, à coup sûr, en mai 1641, lors de la confirmation du don des terrains à Renard. Il eût été facile de croire que le concessionnaire se serait contenté plus tard de ce « petit palais », pour sa propre habitation, et que c'est là que le cardinal Mazarin venait admirer et acquérir les belles tapisseries dont Renard faisait commerce. — Ne serait-ce point d'ailleurs en voisinant à travers les Tuileries que se seraient liés assez intimement Poussin et Renard, pour que le peintre s'occupe dans ses lettres des commandes à Rome de l'intelligent amateur et des commérages du gros Chapron entre lui et M. de Chantelou :

On ne pouvait d'ailleurs se dispenser, pour éclaircir ce mystère, d'interroger l'œuvre gravée de Silvestre, et particulièrement « *Les lieux les plus remarquables de Paris et des environs, faits par Israël Silvestre*, — dédiez à Monseigneur Louis de Buade, Seigneur de Frontenac, comte de Palluau, vicomte de Lisle Sanary ». Vous remarque-

rez dans l'une des pièces de ce joli dessinateur, si précieux aujour-
d'hui pour la topographie du vieux Paris, au bout du jardin des
Tuileries, à l'angle du mur final, séparé par un passage de la porte
de la Conférence, un bâtiment à toit assez plat, dont le pignon est
percé d'une fenêtre, et au-dessous, au rez-de-chaussée, est indiquée
une large porte ; juste la mine d'un logement de concierge. Une petite
porte se dessine dans le mur latéral de la longue muraille de la terrasse du bord de l'eau. Cela ne saurait avoir l'importance du « petit
palais » décrit amoureusement par Poussin ; tout au plus cela se rap-
procherait-il de la désignation de la maison Pascal. Mais, en outre,
vous trouverez à une autre page de l'œuvre de Silvestre, une charmante petite « *Veue du jardin de Monsieur Renard aux Tuilleries, —
dessigné et gravé par Israël Silvestre. — 1658* », et qui, récemment,
a été reproduit, en 1882, à la page 45 de *l'Histoire de Paris, ses
transformations successives*, par Ch. Yriarte, — et en 1885, à la page
83 du *Journal du voyage du cavalier Bernin*, publié par Lud. Lalanne. On y distingue bien, au pied de la terrasse plantée de grands
arbres et de laquelle on descend par un escalier monumental, le commencement des larges allées et des plates-bandes dessinées à la française, de ce jardin que Regnard s'était chargé d'enrichir de plantes
rares ; mais sur cette terrasse on n'aperçoit nulle trace de la maison
Pascal, à moins qu'il ne faille la reconnaître là-bas, là-bas, dans
l'éloignement à droite, à l'extrémité de l'estampe, et tenant encore, en
effet, semble-t-il, au jardin ; et il n'est pas douteux que là où elle était
située, elle ne dût avoir « des points de vue de tous les côtés ». Re-
marquez toutefois, pour la confiance à ajouter à l'exactitude scrupu-
leuse de ces petites vues de Silvestre, ce que dans son livre de *Renseignements sur quelques peintres et graveurs des xviie et xviiie siècles ;
Israël Silvestre et ses descendants* (Paris, 1868), nous dit son arrière-
petit-fils, M. E. de Silvestre : « C'est après avoir parcouru, à diverses
reprises, la France, la Lorraine et l'Italie, que, vers 1659, à l'âge de
38 ans environ, Is. Silvestre, possédant déjà une riche collection de
dessins et de planches gravées, vint définitivement se fixer à Paris,
et qu'il songea à tirer parti du fruit de ses travaux ». Or, l'estampe du
Jardin Renard est datée de 1658 et, s'il faut en croire son descendant,
Silvestre n'aurait commencé qu'en 1659 à utiliser et à reproduire ses
anciens dessins. Tout cela ne manque pas d'une certaine confusion.

— Que s'il fallait chercher ailleurs l'habitation du Poussin, en un endroit beaucoup moins écarté du « milieu du jardin », et surtout du palais, peut être eût-on dû, de préférence à toute autre hypothèse, penser à ce bâtiment qu'on appelait « la Volière », et que M. Berty, s'appuyant sur Israël Silvestre et Pérelle, reproduit en deux de ses planches, la *Vue de la porte de la Conférence*, et son *Élévation panoramique des quais du Louvre et des Tuileries*. Mais il était peu digne du roi de loger son premier peintre, duquel il attendait alors, à coup sûr, de longs services, dans une maison que lui-même avait, depuis dix ans, donnée à un autre, bien que cet autre ne se tînt pas pour très assuré de sa possession, puisqu'il avait besoin, trois mois après l'arrivée du Poussin, d'une confirmation nouvelle de la donation royale. Le Poussin, d'ailleurs, n'a jamais, dans ses lettres, laissé entendre qu'il eût lieu de s'inquiéter et qu'il ne se sentît pas logé d'une façon définitive.

Loin de là, le souvenir de cette habitation paraît le seul agréable qu'il ait remporté de France, puisque, même résolu à ne pas retourner à Paris, il a peine à renoncer, même à distance, à ce bien-aimé logis, témoin sa lettre du 5 octobre 1643, à M. de Chantelou : « Si M. Rémy vous a dit quelque chose de mon retour, ce que je lui en ai pu dire n'a été que pour amuser ceux qui font l'amour à ma maison du jardin de Tuileries. »

Et puis l'aspect de *la Volière*, dessinée du côté du quai, où elle a une issue, s'accordait à merveille avec la description de la lettre du 6 janvier 1641 : les trois étages y sont avec le nombre de fenêtres suffisant de reste aux neuf pièces signalées. Bien mieux, on y reconnaît, se prolongeant à gauche, « les appartements d'en bas qui sont séparés », et qui fournissent « une cuisine, la loge du portier, une écurie, une serre pour l'hiver, et plusieurs autres petits endroits où l'on peut placer mille choses nécessaires ». J'ajouterai même que d'après le dessin de M. Berty, l'air de « petit palais » ne manque pas à la façade du bâtiment, vu du bord de la rivière. J'en étais donc venu à croire qu'il fallait s'en tenir là, et accepter cette maison commode et ample de *la Volière*, dont la destination avait sans doute changé vers la fin du règne, comme étant le logement très plaisant et attrayant, et avec « des points de vue de tous les côtés », que le roi avait ménagé à son peintre, pour lui rendre moins pénible l'abandon de sa maison de Rome.

Guillet de St-Georges raconte que, « même dans ses commencements, Thibaut Poissan avait été fort considéré de M. de Noyers et de M. Ratabon, surintendant des Bâtiments du Roi. L'un et l'autre lui continuèrent successivement pour son logement une maison bâtie au jardin des Tuileries, sur l'endroit où l'on a depuis élevé la grande terrasse qui regarde la rivière. » Et je m'obstinais à voir dans cette « maison bâtie au jardin des Tuileries », le « petit palais » que M. de Noyers avait aménagé, vingt ans plutôt pour l'illustre ami de Thibaut Poissan. C'eût été d'ailleurs un procédé digne de M. de Noyers et de MM. de Chantelou de n'avoir point voulu d'autre habitant pour le logis consacré par le séjour du Poussin, et vers lequel celui-ci avait si longtemps tenu les yeux tournés avec complaisance, de n'en avoir point souffert d'autre usufruitier que le protégé et le confident du Poussin lui-même. Mais du moment que la maison où fut logé Th. Poissan était « sur l'endroit où l'on a depuis élevé la grande terrasse qui regarde la rivière », vous verrez tout à l'heure pourquoi il ne peut être question de l'habitation du Poussin.

Le premier volume de la *Topographie* de Berty était publié en 1866 et voilà tous les buissons que, jusqu'à l'impression du second volume en 1868, elle permettait à un pauvre chercheur de battre à l'aventure dans les vagabondages d'alors. Mais l'année suivante, en 1867, était livré au public le *Dictionnaire* de Jal, et tout d'un coup la vraie lumière était faite : la maison du Poussin, c'était le « Pavillon de la Cloche, situé dans le grand jardin des Tuileries »; plus d'incertitude sur le logis ; on savait son nom, son ancien occupant et aussi celui à qui le Roi le concédait finalement, bon gré mal gré le peintre.

Jal nous révélait en effet, à l'article du Poussin, l'extrait d'un brevet, expédié le 8 novembre 1644, et qui donne sur le « petit palais, situé au milieu du jardin des Tuileries », et sur sa destination nouvelle par suite de l'absence prolongée du Poussin, un renseignement précis et qui ne permet aucun doute sur le changement d'occupant: le peintre n'en garda pas moins longtemps l'amertume de son regret : « Le Roy bien mémoratif d'avoir cydevant accordé au sieur Samson Lepage, mareschal des logis de son régiment des Gardes Suisses, par son brevet du 20 mai 1642, confirmatif de celuy du 5 nov. 1638, la conciergerie du pavillon de la Cloche, situé dans son grand jardin des Tuileries... tout ainsy qu'en auoit cy deuant jouy le feu sieur Menou, lequel pauillon a depuis esté occupé par le sieur Poussin peintre jusques à son retour à Rome, lequel s'en estant retourné sans auoir desclaré s'il auoit dessein de reuenir en France s'habituer au d. logement. S. M. auoit ordonné au sieur Lepage de retarder d'en prendre possession jusqu'à ce qu'elle eust été informée de la volonté du d. Poussin, et que pour cet effect Elle auroit commandé d'en escrire au sieur marquis de St Chamont, son ambassadeur extraordinaire à Rome, lequel par sa lettre en date du 26 sept. dernier, auroit mandé que « le d. Sr Poussin s'estoit expliqué qu'il ne pou-« uoit se résoudre de s'acheminer à Paris, et que, quand il y viendroit « jamais, de loger dans la d. maison en laquelle il a esté incommodé « pour beaucoup de raisons, et mieux, qu'il l'auoit remise entre les « mains du Sr de Noyers, intendant des bastiments, il y a plus d'un « an... » permet à Lepage d'en prendre possession. »

Cet abandon était, d'ailleurs, certifié par le paragraphe suivant de la lettre du Poussin à Chantelou, datée « de Rome, ce 15me apuril 1644 : ... Je vous rends mille graces de ce que vous aues permis à M. Remy de faire la vente des meubles qui estoient restés en la mai-son des Thuilleries; aussi bien se gastoient-ils. On en a tiré cent escus que je receuurei demain. »

Toutefois la question n'était pas encore toute claire. Ce « Pavillon de la Cloche », de quel côté du grand jardin des Tuileries fallait-il le fixer en dehors des terrains déja explorés par nous?

Dans le Brevet de Louis XIII au sieur Poussin, daté du 20 mars 1641, on lit bien : « ... Comme aussi sa dite Majesté a accordé au sieur Poussin la maison et le jardin qui est dans le milieu de son jardin des Tuileries, ou a demeuré ci-devant le feu sieur Menou, pour y loger et en jouir sa vie durant, comme a fait le dit sieur Menou... Mais ces lignes ne disent pas plus nettement que la lettre du Poussin le point précis qu'occupait cette maison « au milieu du jardin des Tuileries. »

Sur la piste imprévue fournie par Jal, je refeuillette à nouveau la *Topographie* de Berty, et j'observe que, dans ces vastes espaces du « grand jardin des Tuileries, » le nom des « Cloches » se retrouve en plus d'un endroit : « ... La maison qui précédoit celle des Carneaux et les deux qui la suivaient sont énoncées, en 1561, aboutissant au jardin des Cloches », de même que la maison des Carneaux, suivant un acte de 1556. Ce jardin des Cloches le nom resta au terrain et à ses environs pendant assez longtemps : dans un bail du 29 mai 1637, un lieu dit *les Cloches* est indiqué comme voisin de l'entrée du Cours-la-Reine. Dans un autre acte, de 1634, deux arpents tenant aux fossés d'entre les portes Saint-Honoré et de la Conférence, sont pareillement énoncés comme se trouvant au territoire des Cloches ; ce jardin des Cloches, qui, en 1564, appartenait aux héritiers de Marie Briçonnet, est donc le même que le clos du président Le Viste ; il paraît avoir commencé à peu près au droit de la maison de l'Image-Sainte-Geneviève et s'être étendu assez loin dans la campagne. On verra par l'acte de la vente faite à Catherine de Médicis, qu'il tenait, vers l'est, au clos de Villeroy ou Legendre, vers l'ouest à des terres labourables, et qu'il aboutissait, du côté du midi, sur le quai. Dans un titre de 1520, il est parlé d'une place à pêcher s'étendant « depuis la porte des Tuilleryes jusques à la porte neufve des Carneaulx de l'hostel de Mons. de Villeroy. » Le jardin des Cloches aurait-il dépendu de l'hôtel des Carneaux, situé sur la grande rue du faubourg ? L'emplacement de la partie orientale du jardin correspond aujourd'hui à celui des Quinconces, à la hauteur de l'îlot compris entre les rues d'Alger et de Castiglione. » Dans tout cela, comme l'on voit, il n'est nommé mot du « Pavillon de la Cloche », ni de Menou ni de Samson Lepage, encore moins du Poussin.

Cependant il ne tenait qu'à M. Betty de nous tirer, sans retard, d'embarras sur le mot de « Pavillon », en citant tout d'abord avec moins de parcimonie l'acte de vente en 1564, par les héritiers de Marie Briçonnet, des terrains des Cloches à la Reine Catherine, acte qu'il lui-même devait publier *in extenso* dans son second volume, p. 2-5. Il commence naturellement par la désignation des fondés de pouvoirs, « achepteurs et acquesteurs pour la dicte dame très haute et très excellente princesse Catherine, par la grâce de Dieu Royne de France, mère du Roy, ses hoirs ou aians cause au temps advenir, d'ung jardin clos de murailles de tous costez, auquel y a deux *pavillons couvertz d'ardoize, faictz en façon de cloche.* Le dict jardin, ainsiqu'il se poursuit et comporte, appelle le *Jardin des Cloches,* qui fut et appartint à la dicte deffuncte dame, Marie Briçonnet leur grand mère, et faisant partie du lieu des Thuilleries, assis hors et près la Porte Neuve, près les faulxbourgs Sainct-Honoré de ceste ville de Paris, tenant le dict jardin, d'une part, a la dicte dame Royne, a cause de l'acquisition par elle faicte de Mons. de Villeroy; d'autre part, aux terres labourables estans entre les fossez cy-devant faictz pour la fortification de la ville, et le mur dudict jardin; d'un bout, par devant, sur le quay ou chaussée de la rivière de Seine, allant de ladicte Porte Neuve aux Bons-Hommes; d'autre bout, par derrière, aux terres labourables estans entre lesdictz faulxbourgs Sainct Honore et ledict jeu des Tuilleries... » — L'emplacement du Jardin des Cloches, d'après la *Topographie* de Berty et Legrand, forma l'extrémité occidentale du parc de Catherine... et il nous est bien permis de penser que ces deux *pavillons couverts a antique, faits en façon de cloches*, ne devaient pas y occuper la place la moins agréable d'un jardin renommé dès cette ancienne date. Quant aux deux pavillons, on ne s'étonnera qu'en l'espace d'un siècle, — et que siècle d'agitations, de démolitions et de reconstructions, — autant de pierres sont remuées dans ces parages des Tuileries et du Louvre! — l'un des deux pavillons ait disparu, ne laissant debout que son voisin, bien dégagé en ses vues, avec ses « trois fontaines, avec ses arbres à fruits, et ses quantités de fleurs, et d'herbes et de légumes », et dont le Roi confiait, dès 1658, la conciergerie au maréchal de logis de son régiment des Gardes Suisses.

Quand tout à l'heure, rôdant à tâtons, je me demandais avec doute s'il ne fallait pas chercher à côté de l'Assomption, où le protecteur du Poussin, le ministre de Noyers possédait force terrains et maisons, je n'étais donc pas si loin de la vérité. Poussin logeait sur le domaine du roi, mais M. de Noyers, mieux que personne, connaissait les agréments du quartier, « les points de vue de tous les côtés, le paradis pendant l'été. »

La prise de possession de ce *palazzetto* si bien pourvu, si bien planté, cela égaie et charme Poussin dans le premier étourdissement du débotté. La maison coquette avec toutes ses commodités, révues, l'amuse dès l'abord et le séduit. Mais bientôt il faut en rabattre, et le voilà excédé des tiraillements et exigences de ses patrons. Il lui pleut des commandes; il ne sait à laquelle entendre, et il faut satisfaire à toutes de front, et sans désemparer, ni choisir dans leur variété.

On ne lui a parlé, de loin, par prudence et selon son propre dess-

que d'un engagement de cinq ans : M. de Noyers ajoute avec bonhomme : « Bien que j'espère que lorsque vous aurez respiré l'air de la
patrie, difficilement la quitterez-vous. » On avait cru peut-être qu'en
lui taillant, à son arrivée, de la besogne pour vingt ans, on enchaînait
pour vingt ans sa liberté à la France. Mais ce fut l'envers : se sentant
débordé par des tracasseries ou entravé par des jaloux, il ne songea
qu'à fuir ; et après avoir montré sa bonne volonté, il ne cessa de guetter,
de ramener à part lui le moyen et le moment de s'évader et de retourner là-bas, d'où l'on avait eu tant de peine à le faire sortir. Durant tout
son séjour à Paris, on sent qu'il souffre du mal du pays de Rome.
On devine, — inutile de le dire, — que c'est M. de Chantelou qui
a imaginé et emménagé l'installation de son peintre dans le pavillon
de la Cloche. De loin comme de près, il y veille constamment sur lui
et sur ses aises. Lisez plutôt la plaisante lettre souvent citée, où
Poussin se révèle bon drille, compatriote de Saint-Amant : — « Monsieur et patron, mardi dernier, après avoir eu l'honneur de vous accompagner à Meudon et avoir esté heureusement, à mon retour le
soir, que l'on descendoit en ma cave un muid de vin que vous
avez mandé. Comme c'est vostre coustume de faire regorger ma
maison de biens et de faveurs, mercredi j'eus une de vos gracieuses
lettres, par laquelle je vis que particulièrement vous desiriez sçavoir
comme me sembloit dudit vin. Je l'ay essayé avec mes amis aimant le piot :
nous l'avons tous trouvé très bon, et m'assure, quand il sera rassis,
que l'on le trouvera excellent. Du reste, nous vous servirons, car nous
boirons à vostre santé, quand nous aurons soif, sans l'espargner :
aussi bien je vois que le proverbe est véritable qui dit : qui Chapon mange, Chapon luy vient. Mesmement hier Monsieur de Costart m'envoya un pasté de cerf si grand que l'on voit bien que le
forest n'en a retenu sinon les cornes. Je vous assure Monsieur
que deshormais je ne manqueray pas, à commencer par le dimanche,
de me resjouir comme je fis le dimanche passé, affin que la semaine
suivante soit comme l'on dit que toutte l'année est au pais de Co-

(1) Qu'est-ce que ce [illegible] M. de Costart [illegible] quelque pâté de venaison
[illegible] il [illegible] la lettre le nom du [illegible] Costart, le courtisan comme
[illegible] de ses *Lettres* [illegible], un compère et commensal de
[illegible] sur ces [illegible] où le [illegible] Voiture, Prédichesne et les Perrault,
[illegible] les [illegible] grâces du Mars [illegible] un si grand [illegible]. — A. H. Chardon,
[illegible].

cagne. Je vous suis le plus obligé homme du monde, comme aussi je vous suis le plus déuotieux seruiteur de tous vos seruiteurs. — *Poussin.* » — Et la lettre, — notez ceci, — est datée « *de rostre maison du jardin des Tuilleries, ce tantiesme d'avril 1641.* » — Ce « tantiesme », date incertaine : Chantelou en précise de son mieux le chiffre, car il écrit de sa main le *17e auril* et aussi le *13e auril 1641.* — Mais, « vostre maison du jardin des Tuilleries » subsiste de la plume de Poussin, et deux mois après, à la fin de la lettre du *16e juin 1641*, il répétera la même phrase au même Chantelou : « *De rostre maison du jardin des Tuilleries.* » Il y tient et ce n'est de sa part que trait de juste reconnaissance, constatant un fait dont nous ne pouvions douter, à savoir que celui qui avait été chargé d'amener l'homme à Paris, s'était chargé en même temps de lui trouver et de lui payer le logis qui pouvait l'y retenir.

— — — — — — —

LE BARON FOUQUIER

Vers la fin de sa lettre du 19 août 1641, le Poussin dit à Chantelou : « Le baron Fouquer est venu me trouuer auec sa grandeur accoutumée : il trouue fort estrange de ce que l'on a mis la main à l'ornement de la grande gallerie sans lui en auoir communiqué aucune chose. Il dit auoir un ordre du Roy confirmé de Monseigneur de Noyers, touchans la ditte direction, prétendans que ses paisages soient l'ornement principal dudit lieu, estant le reste seullement des incidents. J'ay bien voulu vous escrire sesi pour vous faire rire... »

Ce « baron Fouquet » que le Poussin raille si gaiement, a été marqué là par lui d'un sobriquet qu'il gardera dans tous les siècles, et qui d'un trait peint tout l'homme. Ce n'était point d'ailleurs le premier venu parmi les peintres que Jacques Fouquières : Corneille lui-même ne s'est-il pas mêlé de glorifier son nom : *Peuple, voici Fouquière, apprêtez la couronne;* mais on n'en vit guère en son temps de plus vaniteux, ni de plus brutalement hautain. Le Poussin ne pouvait donc rencontrer sur son chemin de confrère plus malcommode, sorte de matamore à rapière, ivrogne et processif. Né dans la

Flandre occidentale, il était allé de bonne heure à Anvers, avait été élève de Josse de Momper, suivant de Piles, — de Breughel de Velours. suivant Félibien. « Mais ce fut Rubens, dit Mariette en l'une de ses pages les plus brillantes, qui lui enseigna les principes les plus essentiels de l'art. Ce furent les excellents préceptes de ce grand maître qui le rendirent un des meilleurs paysagistes qui eussent encore paru. Il excelloit à représenter des enfoncements de forêts, où il faisoit régner un sombre et une fraîcheur merveilleuse ; il entendoit très bien les lointains, touchoit les plantes, les pierres, les rochers et les montagnes dans leur véritable caractère et peignoit avec beaucoup de vérité les eaux dormantes. Les figures champêtres qu'il introduisoit dans ses tableaux s'y trouvent placées à propos et avec toute la grâce et la vraisemblance possible : de Piles ne craint pas de le mettre en parallèle avec le Titien. Il faut pourtant avouer que, s'il a fait d'excellents tableaux où le bon goût de couleur et l'intelligence des lumières sont poussés à un haut degré, il en a peint d'autres où un même verd domine trop. et que s'il a eu une bonne manière de toucher les arbres. les touffes en sont aussi quelquefois découpées avec sécheresse. Au reste, il avoit une grande pratique de peindre en grand, et Rubens l'employa plusieurs années dans les grands ouvrages qu'il étoit obligé de faire... Il dessinoit volontiers et s'en acquittoit très bien. Il manioit parfaitement bien la plume. Je n'en connois point de plus moelleuse. Personne que je pense n'a dessiné des broussailles dans un plus grand détail et avec plus d'intelligence. Quoyque faits à peu d'ouvrage. ce n'en sont pas moins des portraits de la nature rendus dans une fidélité surprenante. Il y règne une telle vérité dans le port des branches ; les feuilles et les fleurs prennent des tours si heureux et des formes si justes, que chaque genre de plantes se reconnoît aisément. Les ombres sont avec cela distribuées avec tant d'intelligence que chaque objet avance ou recule suivant qu'il est nécessaire. Il ne se sert, pourtant, pour faire agir sa machine, que d'un lavis assez léger, sans trait ; quelquefois il y mêle quelques couleurs fort légères et mises à propos. Ce qui me charme dans ce maître, c'est qu'il est expressif. et qu'il entre merveilleusement dans le détail des formes ; il n'oublie rien. Il y a dans la plupart de ses dessins des effets de lumière étonnants. Sa manière de dessiner favorite est le lavis sur un trait extrêmement léger fait au crayon noir, seulement pour arrêter sa première idée. Mais son lavis est heurté et est bien éloigné d'être mol. (Mariette n'avait pas manqué de recueillir quelques excellents dessins de l'homme qu'il prisait si haut. V. son catalogue ; et moi-même en possède deux qui suffisent à montrer la souplesse grasse et large et l'éclat de sa manière.) M. de Piles a grande raison de regarder Fouquier comme le Titien des Flamands. Je suis sur cela entièrement de son avis... Fouquiers quitta Rubens pour s'en aller en Allemagne, où il travailla pour l'électeur Palatin ; mais c'est en France où il a fait un plus long séjour. Félibien asseure qu'il y vint en 1621. — (Le musée de Nantes possède de lui une toile signée *J. Focquier* et datée de 1620.] — Ce qui est vray, c'est qu'il existoit fort considéré, lorsque Le Poussin y vint en 1641. Ils eurent mesme ensemble quelques contestations au sujet des peintures de la grande galerie du Louvre... »

Je ne dis pas que les « contestations » seraient restées éternellement ignorées de la postérité ; mais il faut avouer que l'auteur des *Entretiens sur les vies des peintres* n'eut garde de manquer la bonne aubaine qui s'offrait à lui pour raviver outre tombe, et sur bons papiers, la piquante querelle du Poussin et de Fouquières. Elle dormait cette ridicule chicane du « Baron » dans la correspondance de Chantelou, quand Félibien s'avisa de l'en tirer en citant la lettre du 19 août 1641. Il est vrai que ce lui fut une occasion d'expliquer, non sans équité, ce qu'il pensait de l'homme et de l'artiste. Après avoir rappelé que « tant de grands ouvrages que l'on préparoit au Poussin, les grâces qu'il recevoit du Roi et de ses ministres, attiroient sur lui la jalousie des autres peintres françois, particulièrement de Vouët et de ses élèves, qui en toutes rencontres ne manquoient pas de critiquer ce qu'il faisoit », il ajoute : « Fouquière, excellent paisagiste, avoit eu ordre de monsieur de Noyers de peindre des vues de toutes les principales villes de France pour mettre entre les fenêtres de la grande Galerie du Louvre et en remplir les trumeaux. Il crut que cet ouvrage qui véritablement eût été considérable, devait le rendre maître de toute la conduite des ornemens de la Galerie, et comme cela ne réussissoit pas selon son désir, il fut un de ceux qui se plaignirent le plus du Poussin, qui en écrivit alors à M. de Chantelou. — Je me souviens, dit Pymandre, d'avoir vu ce

Fouquière qui portoit toujours une longue épée. — C'est pourquoi, répartis-je, le Poussin l'appelle le Baron, car il eût cru dégénérer à sa noblesse, s'il n'eût même travaillé avec une épée à son côté. — S'il étoit, répliqua Pymandre, parent de certains Fouquières d'Allemagne, il pouvoit comme eux, avoir beaucoup de cœur, car j'en ai oui parler comme de personnes puissantes et généreuses. — Si quelques-uns, répondis-je, ont cru qu'il fût de cette famille, ils n'ont pas sçu que leurs noms ni leur païs n'ont aucun rapport. Ceux dont vous voulez parler se nommaient Fouckers ; ils étoient d'Augsbourg et les plus riches et accrédités négociants de leur ville... or la famille de Fouquière le peintre n'a jamais été en état de faire de si grandes libéralités. Et quant à lui, pour soutenir sa vanité sur le fait de la noblesse que le Roi lui avoit accordée, il souffroit volontiers toutes sortes d'incommodités, aimant mieux ne point travailler, et ne rien gagner que de n'être pas considéré comme un gentilhomme d'un mérite extraordinaire. Il est vrai que pour ce qui regarde ses tableaux, il en a fait de très excellens, et qu'il avoit une manière bien plus vraie et meilleure que son maître (Breughel). Ce qu'il a peint d'après le naturel, ne peut être plus beau et mieux traité. »

On retrouve dans la très curieuse lettre où Nicolas Wleughels raconte à Dubois de Saint-Gelais la vie de son père Philippe, le nom de Fouquiers parmi ceux des peintres flamands qui prenaient leur gîte et leur table, « et grasse chère, paraît-il, dans cette maison qu'on appelle la Chasse qui est à l'autre bout de la rue du Sépulchre, joignant la rue du Four et qui était une espèce de refuge des peintres de son pays ». P. Van Mol, Nicasius, Van Boucle, Fouquiers, Calf, etc., Picard peintre de fleurs et marchand de tableaux, Gérard Locreman doreur : et la colonie s'étendait jusqu'à Mathieu Plate-Montagne, et touchait par là à Philippe de Champaigne, qui lui même avait été à Bruxelles élève de Fouquiers. C'est dans cette hôtellerie de la Chasse que, par la rivalité quasi naturelle et inconsciente que j'ai dite ailleurs entre Poussinistes et Rubenistes, l'on médisait à cœur joie du Poussin, et que Fouquières échauffait ses griefs et exaltait sa rancune. Mais c'est là aussi qu'il était le mieux connu dans les intempérances de sa vanité et que ses prétentions à la race antique étaient le plus cruellement rabattues.

Félibien n'avait pas ignoré que Fouquières était « né en Flandre de parents médiocres, » et que la noblesse de ses ancêtres n'était que vanterie, et qu'il devait se contenter sur ce chapitre d'une complaisance personnelle du roi. Le même Nicolas Wleughels que je viens de citer apportait là-dessus un autre témoignage bien autrement cruel pour notre hableur. «Vleughels, raconte Mariette, m'a dit qu'il avait souvent ouï dire à son père qui était Flamand, ami de Fouquiers et de sa même profession, que bien loin d'être né gentilhomme, il étoit d'une fort médiocre condition, et que Juste d'Egmont ne le mortifioit jamais tant que lorsqu'il lui reprochoit d'être fils d'un charron et de n'être riche que de nom. C'est que les Fuggers, ou, comme on les appelle en Flandre, les Fokkiers, ont formé une maison puissamment riche, et que lorsqu'on veut distinguer dans ce pays là un homme qui jouit d'une grande fortune, on dit assez volontiers *c'est un Fokkiers.* »

Félibien ignorait-il complètement les commissions, titres et brevets dont argua si bruyamment Fouquières auprès du Poussin pour défendre son privilège et droit exclusif à la décoration de la grande galerie ? Nous la connaissons aujourd'hui cette *commission* royale qui remettait en effet entre les mains de Fouquières, et sans ambiguïté et dans son incontestable plénitude, le gouvernement absolu de ce magnifique travail, y comprenant et bien prévoyant tout ce qui pouvait favoriser ses études préparatoires : sa lecture ne laisse aucun doute sur les droits entiers de Jac. Fouquières.

M. Ch. Ginoux a trouvé dans les archives communales de Toulon, et a communiqué à la *Revue de l'Art français* (1885, pages 100-101) une *Copie de la Commission du Sr de Fouquières pour les consuls et communaulté de la ville de Tollon du 29 octobre 1626* : « Louis, par la grâce de Dieu, Roy de France et de Navarre, à tous nos Gouverneurs, Maires, Eschevins, Consuls, Jurats et Capitouls des villes et places de notre royaume, salut. Nostre intention conforme à celle du feu roy Henry le Grand, nostre très honoré seigneur et père que Dieu absolve, étant pour plusieurs bonnes considérations à nous ordonnées d'avoir en la grande gallerie de nostre chasteau du Louvre les portraits desdittes villes, places et paysages des environs, aux despans des Communautés d'icelles, nous avons estimé ne pouvoir commettre le soing à personne plus digne et qui se puisse mieux acquitter que nostre cher et bien amé le Sr Jacques de Fouquières,

gentilhomme ordinaire de nostre chambre, nous, après causes du
buet, informés de son industrie et capacité en l'art de perspective et
peinture et de sa fidelle affection à notre service, avons ledit Fouquières commis et députté, commettons et députtons par propres pièces
signées de notre main pour aller et se transporter diligemment par
toutes les grandes villes et places de nostre royaume et tirer et faire les
plans et dessaings mesmes des paysages des environs pour à son retour (d'iceux) rediger les tableaux et portraits sur les mesures qui lui
en seront données par nostre amé et féal conseiller surintendant et
ordonnateur de nos bastiments, le Sr de Fourcy, gouverneur de ladite
Gallerie de nostre chasteau du Louvre avec les ornements qui y seront nécessaires. Sy nous mandons également de tous endroits, pour
ainsi qu'il appartiendra, très expresseman enjoignons souffrir et permettre aud. Sr Fouquières faire les plans et dessaings desdites villes
et paysages, et, ce faisant ouverture dans lieux et endroits que besoin
sera, et desdits plans et dessaings et paysages, mesmes des tableaux
et pourtraits que à son retour il en fera, de faire payer incontinant
de ses sallaires des deniers communs et d'octroi de chascunes de nos
dites villes et places, où ainsi qu'il sera par vous advisé, autreman
nous lui en ferons faire taxe en notre conseil pour les susdits plans
et dessaings et paysages estres aportés à nostre ville de Paris
à la diligence et conduite dud. Fouquières : et par lui rédigé les
tableaux et pourtraits sur les susdites mesures estre mis à ladite gallerie du Louvre, ainsi que ses ornemans qui y seront nécessaires,
sans que nul autre se puisse ingérer à prétendre lesd. plans, dessaings et paysages, ne les rédiger les tableaux, et pourtraits, conduire
ornemans, décoration de lad. gallerie, circonstances et dependances :
ce que nous deffendons très expresseman à toutes personnes, de quelque qualité et quelque condition qu'ils soient ; et à chacun de vous
de le promettre sur permis dresser dessaings ; commandons à nos
huissiers ou sergens, produire, requérir, signifier ou prêter à tous
ceux qu'il appartiendra et dont led. Fouquière les requerra sans
demander permission ne paration nonobstant quelconques édits,
ordonnances, mandemans, deffences et lettres à ce contreres auxquelles nous derogeons, car tel est nostre plaisir. — Donné à St-Ger-
main-en-Laye, le XXIXe jour d'octobre l'an de grâce mil-six-cent-
vingt-six, et de nostre regne le dix-septiesme. Signé Loris, et plus bas :

par le Roy : DE LOMÉNIE, et scellé de cire jaulne. — Collationné à son original, signé et collationné comme dessus, exibé et retiré pour le Sʳ de Fouquières par moi Honoré Gilles, notaire royal, au lieu de Six-Fours, 28 janvier 1628. — Six-Fours, ce 28 janvier 1628. Signé GILLES. »

La commission royale à Fouquières était de 1626. La copie de cette commission était collationnée à Six-Fours en 1628, et, la même année sans doute, signifiée aux consuls et communauté de Toulon. Le peintre ne juge pas apparemment que les pleins pouvoirs soient assez nettement accentués et reconnus, car voici la lettre que l'année suivante 1629, il fait adresser par le roi aux consuls de Toulon : « De par le Roy, comte de Provence. Chers et bien amez, nous avons fait expédier une commission au sieur Fouquier, gentilhomme ordinaire de notre chambre pour se transporter par toutes les villes de notre pays de Provence [1] pour en faire les plants, tableaux, perspectives mesmes des paysages des environs pour les faire mettre dans la grande gallerie de nostre chasteau du Louvre, suivant le desseing du feu Roy nostre très honoré seigneur et perre. Il vous fera voir sa commission que nous avons voulu accompagner de cette lettre afin que vous luy permettiez de faire et lever le plan de vostre ville et luy administriez ce qui luy sera nécessaire durant son séjour, le faisant partre honnorablement de son travail, comme personne de qualité et peintre nny faictes faucte : car tel est notre plaisir. Donné à Paris, le vingt huitiesme jour de juillet 1629. — LOUIS. — DE BRIENNE. »

Il semble que, muni de tels papiers qui lui ouvrent toutes les portes et le défraient grassement de toutes dépenses, Fouquières n'a qu'à hâter ses études à Toulon et à Marseille, pour transporter de là ses

---

[1] Ce n'était pas, en effet, Toulon seulement que Fouquières entendait exploiter : dans un *Extrait du requisitoire du procureur, à la suite de l'appel de la communauté [1] de la requete de Fouquières 1628*, publié par M. Ch. Gau... *Revue de l'art français*, février 1888, on lit : « ... Avant le dit Fouquières vouloit tirer le plan de la susdite ville de Thoulon, ensemble des villes de Marseille, Arles, Tarascon et Les Martigues, il auroit mis en cause lesdites villes pour en avoir payement, et obtenu arrest le dernier juillet mil six cent vingt neuf ; par lequel fut enjoint aux consuls d'icelles de convenir de et avec luy, suivant l'arrest du 13 juin mil six cent vingt huit, avecq ledit Fouquières du prix de ses plans, et cependant, et provision ordinaire, que chacune desdites villes payeroit ès main audict Fouquières, pour commencer lesdicts plans, de la somme de trois cents livre... »

crayons et ses pinceaux vers les provinces voisines et se rapprocher sans
retard, avec un gros butin de croquis et d'esquisses, de cette galerie
du Louvre dont les murailles l'attendent impatiemment, sans parler
de M. de Noyers. Mais point; il avait, paraît-il, pris grand goût à la
Provence, et il y gâte, de prime abord, ses affaires comme à plaisir.
Cette « personne de qualité » ne se fait faute de pressurer insolem-
ment sa lettre de cachet pour en tirer de la ville de Toulon tous les
bénéfices qu'il s'imagine par tricherie en pouvoir exiger. Après les
deux premières toiles représentant Toulon et ses environs qu'il a
exécutées sur place, et dont il a touché le prix, plan, perspective et
paysage, que les députés de la ville ont fait parvenir au roi, s'avise-
t-il pas, le « Jacques Fouquières, se disant gentilhomme ordinaire de
la chambre du roy », de vouloir se faire payer trois cents livres un
tableau nouveau qui ne lui a point été commandé et qu'il n'a pas même
exécuté. Les consuls finissent par juger insoutenables et mal plaisantes
les obsessions de ce capitan qui s'éternise depuis quatre ans dans leur
pays dont il trouve le vin à son gré, et qui traîne avec lui une sorte
d'huissier ou de recors du nom de Giraud, « se disant exploitant
partout le royaume ». Ils en appellent, en 1632, au Parlement de
Provence, menaçant de recourir à Sa Majesté. Le terrain devient enfin
très mauvais sous les pieds du gentilhomme ordinaire qui est rappelé
à Paris, d'où l'on ne voit point qu'il reparte pour une autre ville ou
place du royaume. Sa commission de décorateur du Louvre n'est
évidemment pas déchirée, et M. de Noyers la lui maintient et la
rafraîchit au besoin et avec raison, car si le roi tient au projet de son
glorieux père, il ne saurait, en attendant la venue lointaine encore de
Vandermeulen, trouver mieux que ce Fouquières son compatriote
avec « sa grande pratique de peindre en grand ». Mais adieu son
crédit de coupe-gorge pour l'exploitation des provinces; et même son
crédit de peintre de cour est fort entamé.

Il est certain qu'outre ces démêlés quelque peu honteux avec les
autorités de la première ville qu'il abordât, il avait gâté lui-même à
jamais son affaire par ses inexcusables lenteurs. « Fouquier, ayant été
en Provence, — dit Mariette, lequel a signalé la présence du peintre à
Marseille en septembre 1629 d'après une lettre écrite par un Marseillais
à Ciartes l'éditeur, — s'y amusa pendant longtemps à boire au lieu de
travailler, et ayant été rappelé à Paris, il n'y rapporta que quelques

dessins. Depuis son retour, il travailla pour M. de la Vrillière et pour M. d'Émery. Il fit quantité d'autres ouvrages dans cette ville, et se les faisoit payer extrêmement cher. » Il eût fait plus sagement en commençant les travaux de la galerie. Mais cet ajournement éternel dans une fainéantise de dix ans, qu'avait-il fait en effet pour le roi, de 1630, mettons 1632 à 1641, je veux dire jusqu'à l'arrivée du Poussin; ce retard compromettant et énervant pour M. de Noyers, avait mis dorénavant l'artiste dans tous ses torts, et prêtait trop beau jeu aux Chantelou, puisque les trumeaux de la galerie restant vides, il ne se pouvait offrir au Poussin plus beau champ pour développer son génie au service du roi. Que pouvaient valoir à cette heure tardive les réclamations de Fouquières et que pesait désormais cet artiste déconsidéré par lui-même, par ses travers et par ses ridicules qui en faisaient la risée de ses confrères et des courtisans?

C'était pourtant une idée vraiment royale que le projet de rassembler dans la galerie du Louvre les vues de toutes les villes de France de quelque importance, et si elle eût été exécutée avec tout le talent que portait en lui ce maître paysagiste qu'était Fouquières, et à l'heure de sa maturité qui était bien celle de 1626, il y avait là une très belle entreprise à poursuivre, qui nous intéresserait très vivement aujourd'hui au point de vue de l'art et de l'histoire. Henri IV n'est pas l'un de nos princes dont le règne ait été le mieux servi par la qualité et le génie de ses peintres, et il ne semble pas que lui-même se soit par goût autant préoccupé de favoriser à sa cour les arts de peinture et de sculpture que d'enrichir son royaume de bonnes manufactures. Il lui suffisait de Fréminet pour Fontainebleau, et de Bunel et Dubreuil pour le Louvre. Mais les commandes de ce roi au sens pratique, dont il nous soit resté souvenir, ont un caractère net et clair et toujours visant juste et large dans leur utilité nationale. Rappelez-vous cette petite galerie du Louvre, qu'on appelait alors la galerie des Peintures et qui devint plus tard, après l'incendie de 1661, la galerie d'Apollon. Henri la fait décorer des portraits de « la plupart des rois et des reines, raconte Sauval, qui ont régné en France depuis St-Louis jusqu'à lui, et ces portraits des rois et reines, grands comme nature, sont entourés de têtes, mais des seigneurs seulement ou des dames les plus considérables de leur cour, soit par leur naissance ou par leur beauté, soit par leur esprit et par leur humeur complaisante. Ces portraits sont partis de la main de trois personnes : Porbus a fait celui de Marie de Médicis... Tous les autres portraits sont de la main ou du dessin de Bunel. Il peignit d'après le naturel ceux des personnes qui vivaient de son temps. Pour déterrer les autres, il voyagea par tout le royaume et prit les stucs des cabinets, des vitres, des chapelles et des églises, où ils avaient été peints de leur vivant. Il fut si heureux dans sa recherche, que dans cette galerie il n'y a pas un seul portrait de son invention. et que par le visage et l'attitude. tant des hommes que des femmes qu'il y a représentés, on juge aisément de leur génie et de leur caractère. Sa femme (Marguerite Bahuche) le seconda bien dans son entreprise. Comme elle excellait à faire les portraits des personnes de son sexe, ceux des reines et des autres dames pour la plupart sont de sa main et du dessin de son mari... » Lud. Lalanne retrouva jadis dans la collection Godefroy, conservée à la bibliothèque de l'Institut, et communiqua aux *Archives de l'art français* (tome III, documents, pages 55-58), un *Estat des tableaux qui sont en la galerie à Paris*, c'està-dire la liste des portraits qui décoraient cette galerie à la date de septembre 1603. Notez bien cette date: car elle semble contredire ce que dit Sauval d'une réunion presque exclusive des portraits de nos rois et de nos reines entourés de personnages de la cour de France. En 1602, si l'on excepte le roi Henri IV et Marie de Médicis, Catherine de Médicis et Henry III, on ne rencontre, dans ces 127 portraits, que les images « en grand volume » de toutes les figures connues de la famille de Médicis; flatterie galante à l'adresse de nos deux reines de cette maison. Quant aux autres portraits qui encadrent en plus petit format, les ancêtres ou parents illustres de Catherine et de Marie. ce sont les têtes de tous les princes et principicules de l'Italie et de l'Europe entière au xvi⁰ siècle, depuis les papes jusqu'aux empereurs et rois de Moscovie et de Pologne. de Hongrie et d'Écosse, et les grands Turcs et ceux d'Éthiopie et de Tunis et du Maroc, et le prêtre Jean d'Abyssinie. Totila, Tamerlan. et Scanderberg, et jusqu'aux empereurs de l'ancienne Rome, et les savants et les grammairiens, voire jusqu'à Michel-Ange: dans tout cela pas une tête de femme célèbre par sa beauté. Vous le voyez. il n'y a là rien de commun avec la galerie que nous décrit Sauval, de cette série de « rois et reines de France depuis St-Louis jusqu'à Henry le Grand ». C'est qu'assurément l'un des jours qui ont suivi cette date de 1603, le roi s'est ravisé, et ne jugeant plus que ce rassemblement d'images de fantaisie fût de nature à honorer particulièrement notre nation ni son règne, il a pensé à appliquer à la décoration renouvelée de la petite galerie de son palais cet art de la portraiture qui a été depuis plus de cent ans, à la suite des Fouquet, des Clouet et des crayonneurs, l'art français par excellence, favorisé entre tous par le goût et le génie de la nation. Bunel a été mis en campagne : il a recueilli partout des notes, du haut en bas du royaume, d'après les monuments authentiques, et quand meurt le grand roi, le peintre et sa femme ont mené à bien cette œuvre considérable dont nous devons à jamais regretter la perte. De là à cette autre entreprise des portraits des principales villes de France, pour la grande galerie du Louvre, quand la petite était désormais pourvue de la série des figures qui glorifiaient notre histoire, ce n'était, pour bien dire, que la continuation d'une même pensée royale ; et Henri n'avait pas manqué de l'exprimer assez hautement, puisque son fils se fit un devoir de la recueillir comme l'un des legs de sa volonté paternelle, et d'en poursuivre religieusement l'exécution en la laissant toujours sous le patronage de qui l'avait conçue. Les portraits des rois et des reines et des principaux personnages de l'histoire de France, dans la petite galerie du Louvre, les portraits des principales villes du royaume dans la grande galerie, c'étaient deux entreprises jumelles et dont l'une appelait l'autre, sortant bien naturellement du même cerveau. Et par des empêchements divers, ni l'une ni l'autre n'est venue jusqu'à nous. Celle dans laquelle se trouvent mêlés les noms de Fouquières et du Poussin aurait pu cependant, quand on songe à voir son aboutissement, si le premier, blessé dans sa superbe, eût su reconnaître qu'il ne pouvait entraver éternellement, par ses retards, la décoration de cette galerie fameuse, et si M. de Noyers qui, par égard pour l'idée d'Henri IV et de Louis XIII, lui a tant montré tant d'endurance, l'eût amené, comme il en avait le droit, à partager avec le nouvel arrivant les espaces de cet immense travail, comblant un décor où seraient mariées et alternées leurs œuvres, au lieu de les opposer l'un à l'autre. N'était-ce pas la mode, en ce bienheureux XVIIe siècle, d'utiliser grandement le paysage dans l'or-

ment des galeries de palais ? Et dès le siècle précédent, les Bril et
leur école n'avaient-ils pas montré d'exemple au Vatican et à Fontainebleau, ce qu'on pouvait tirer pour le repos des yeux, de l'al-
ternance de leurs œuvres avec les conceptions des grands figu-
ristes ? De même, en l'île Saint-Louis, du vivant même du
Poussin et de Fouquières, on vit ce que donnaient à l'hôtel Lambert, au-dessous des chefs-d'œuvre de Le Sueur, les Patel, les
Swaneweit et les Asselyn. Pour moi, m'est avis que les grands paysages
de Fouquières, espaçant et encadrant sur les deux faces de la
grande galerie les sobres compositions du Poussin sur la vie
d'Hercule, sortes de bas-reliefs à l'antique en camaïeu demi-coloré,
eussent donné à cette monumentale galerie un aspect d'une majesté
unique, sans desservir la gravité du maître; la monotonie même de
« ce même vert » dont l'accuse doucement Mariette, n'aurait pas nui
à l'accord des deux œuvres parallèles, en supprimant des touches
d'un éclat intempérant. Souvenez-vous, dans les plus capitaux paysages du Poussin, de la tranquillité robuste mais un peu monotone de
certains verts; ne savons-nous pas nous-mêmes, dans l'ordonnance de
nos musées, de quel profit peuvent nous être de bons paysages pour
encadrement et la mise en valeur des compositions des meilleurs
maîtres ? Tout pouvait donc s'arranger au mieux peut-être pour la
décoration de la plus belle galerie du monde, en menant de front et
en harmonisant entre elles deux idées excellentes. Mais il était écrit
que le pauvre M. de Noyers n'obtiendrait rien finalement de l'un ni
de l'autre de ses grands artistes. Que resta-t-il de tout cela ? quelques dessins « dans le portefeuille de chacun des deux peintres ».
Fouquières, — n'est-ce pas chose triste à dire ? — n'a même pas dans
cette galerie qu'il devait couvrir tout entière, un bout de toile, un
échantillon de son rare talent, là où ont trouvé place tant d'autres de
valeur bien inférieure, là où il pourrait laisser entrevoir comment
s'introduisit le paysage flamand dans les veines de l'école française.
Son orgueil le soutint jusqu'au bout; mais la fin de sa vie fut pénible
et navrante, ne connaissant plus que la malechance jusque dans ce
qui pourrait perpétuer le dernier souvenir humain de sa hautaine
personne. Nous avons vu, par Mariette, qu'il « faisoit payer ses
ouvrages extrêmement cher. Cependant sa conduite fut telle qu'il
mourut, sans laisser de bien, vers l'année 1660. » — On ignore même

la date précise, cinq ans environ avant la mort du Poussin. « Il laissa
deux élèves qui se sont attachés à suivre sa manière, Belin et Rendu.
Ce dernier a copié beaucoup de tableaux de son maître. » Et Mariette
ajoute : « Fouquier a été ami de M. Montagne ; et celui-ci dessina son
portrait après sa mort. Je l'ai vu entre les mains des enfants de
Montagne avec plusieurs dessins de Fouquier. J'appréhende que tout
cela n'ait été dispersé. Ceux qui avoient ces dessins sont tous morts.
C'étoient de vrais ours, qui ne communiquoient avec personne et
qui auroient laissé périr dans la poussière des morceaux qui méri-
toient d'être mieux conservés. Je regrette entre autres choses le portrait de Fouquier. » Ce qui n'est point douteux pour nous, c'est
qu'une fois rentré dans sa Rome bien-aimée, le Poussin avait mis
en parfait oubli le nom du peintre dont il avait un jour reçu l'étrange
et malencontreuse visite et connu les prétentions superbes ; et si ce
nom lui revint jamais sur les lèvres, ce fut innocemment, pour faire
rire « là-bas quelques honnêtes paysagistes, compatriotes du pauvre
« baron ».

LA DÉCORATION DE LA GRANDE GALERIE DU LOUVRE

Ce que j'ai fait, il y a juste quarante ans, pour décrire la Galerie
d'Apollon, la « Petite Galerie du Louvre », et raconter son histoire,
je pourrais le refaire aujourd'hui pour la « Grande Galerie » ; je
retrouverais le même Sauval et les mêmes comptes des Bâtiments
du Roi. J'y avais songé dès 1881. à ce chapitre nouveau de la
chronique de notre cher Louvre, et laissant de côté la description
extérieure de la longue galerie d'Henri IV, je n'ai qu'à intercaler ici la
copie transcrite alors des deux pages indispensables, l'autre, les
pages 43 et 44 du tome II, de l'*Histoire et recherches des antiquités
de la Ville de Paris, par Henri Sauval, avocat au Parlement :*

« La grande gallerie règne au-dessus de ces différens départemens,
l'Imprimerie royale, la Monnaie, la salle des Antiques, un manège, et
les logements des artistes et artisans ; elle est de plain pied à la
petite galerie, et terminée à ses deux bouts par un arc de triomphe ;
sa largeur est de vingt-huit pieds, et sa longueur de deux cens trente-
deux toises : tant de longueur étonne : la vue se perd dans un entre-

cement si profond, et pour ainsi dire, avant que d'être au bout, on est déjà las. Néron, à ce qu'on tient, est le seul qui en ait fait une de mille pas : au moins dans toute l'histoire ne se voit-il que ce seul exemple. Elle est éclairée de nonante-six grandes croisées et environnée au pourtour d'une grande corniche, qui sert d'arrachement à la voûte dont elle est couverte. Dès les premières fenêtres, on découvre tous ces beaux objets et merveilleux qui se voyent de la petite gallerie : mais de plus des dernières, les yeux se promènent sur un grand amas de bocages, de villages, de maisons champêtres : nouvelle perspective, qui, toute rustique et vague qu'elle parait, est tout autrement égayée.

« Pour conduire les tableaux et les ornemens qui devaient entrer dans cette gallerie, François Sublet, sieur des Noyers, surintendant des bâtimens, avait fait venir Poussin de Rome exprès, comme le plus fameux peintre de notre siècle. Entre tant de Doreurs et de Stucateurs qui se trouvent toujours à Rome, on avait choisi Arudini et Branchi pour les stucs : et quant à la dorure, Ponti et Tritani. Les trumeaux des croisées devaient être remplis de pilastres Corinthiens, de bois peint et doré, qui eussent monté jusqu'à l'arrachement de la voûte : outre cela de grands Tableaux : dans ces Tableaux, l'Ouquière le paysagiste du siècle eût peint nonante-six des plus belles et plus renommées villes du Royaume, et dont les habitans, chacun à part de la sienne, auraient fourni le profil, autant par ménage, et pour sauver la dépense, qu'afin que l'ouvrage fût plutôt achevé. La voûte devait être enrichie de quantité de compartimens de stuc : une partie aurait fait voir la naissance et toutes les actions héroïques d'Hercule, peintes de blanc et de noir sur un fond d'or après les desseins de Poussin : de grands Termes de même façon d'espace en espace, auraient soutenu ces compartimens : leurs pieds eussent été plantés sur la corniche, et le reste du corps roulé sur la rondeur de la voûte, où entre deux on aurait rangé par manière d'incrustation, les plus beaux bas reliefs de l'arc de Constantin et de la colonne Trajanne : il est aisé de juger que ces profils de Villes, et ces bas reliefs n'ont rien de commun avec la vie d'Hercule : aussi Poussin fut-il contraint d'en venir là malgré lui, et de se conformer à la demande qu'on lui fit d'une ordonnance qui pût être exécutée en peu de tems et à peu de frais. Et de fait il n'eut pas le tems de méditer sur une aussi grande entreprise, ni de l'examiner de près ; aussi est-ce pour cela que dans cette voûte nous y voyons tant de choses qui n'ont entre-elles aucun rapport, et de plus tant de petits compartimens, qui ne répondent point à la grandeur d'une telle galerie. On croyait alors achever l'ouvrage ; mais s'y étant mal pris, on a tout laissé-là : le quart des compartimens, des stucs et des camayeux n'a pas seulement été fait, et même on n'a pas dressé la cinquième partie des pilastres, ni doré la dixième : et quant aux tableaux aucun n'a été commencé. »

Sauval, dans ces derniers mots, parle évidemment des tableaux projetés et éternellement ajournés par Fouquières. Mais il a oublié de nous dire qu'un autre très grand artiste avait en ce même temps ambitionné de décorer la Grande Galerie du Louvre et avait usé, pour obtenir ce fameux travail, d'autant d'insistance qu'en eût volontiers employé Poussin pour écarter de lui-même ce calice. Je veux parler de Van Dyck, que l'on trouve à Paris l'année même de sa mort, juste au moment où Poussin vient d'y arriver. Bellori raconte que, dans son désir d'être chargé de peindre la Grande Galerie du Louvre dans le palais du roi, Van Dyck, revenant de Flandre avec sa femme, fit un détour à cet effet jusqu'à Paris, et s'y occupa durant deux mois à solliciter sans succès la commande qui le tentait, en souvenir sans doute de la galerie de Médicis de son maître ; puis s'en retourna en Angleterre où il ne tarda pas à mourir à Londres. Mariette a trouvé de son côté la preuve et la date de ce séjour dans « une lettre de Vignon à M. François Langlois dit Ciartres, du mois de janvier 1641, où il l'invite à le conduire chez Van Dyck qui étoit pour lors à Paris. Vignon ne pouvoit avoir un meilleur introducteur, car Langlois étoit intime ami de Van Dyck. »

Tout ce que nous pouvons désirer apprendre touchant la part réservée au Poussin dans la décoration de la Grande Galerie du Louvre, nous le savons par ses lettres. Lui-même, et sans y songer, a pris soin de nous dire, en termes fort verts et parfois plus rudes que d'habitude, ses projets et ses tribulations et les jalouses et ignorantes querelles de ces architectes, et de ces peintres qui le traquent et le contrecarrent, l'enfermant dans des cadres qui offensent sa raison, représentant comme chicherie et pauvreté d'imagination, la pureté et la simplicité du génie de ce nouveau venu, et son horreur du mauvais

faste. Ils l'énervent traîtreusement et le dégoûtent. Ils travestissent
l'ensemble de ses vues et de ses inventions. Ils l'amènent à se défendre, non sans amertume et d'un ton, ma foi, très haut, contre la
défiance qui commence à poindre dans l'esprit de M. de Noyers.
C'est, à coup sûr, l'une des lettres les plus curieuses qu'il ait écrites,
celle que Félibien s'était procurée, je ne sais comme, des héritiers
sans doute de M. de Noyers, et qui ne fait point partie du recueil que
nous a conservé M. de Chantelou, de sa correspondance personnelle.
Le peintre y tance sans ménagement les contre bon sens de cet
architecte, Lemercier, qui, dans la distribution de ses compartiments à décorer, renverse la base de toute perspective et semble avoir
pris plaisir à violer toutes les règles du goût et même les lois élé-
mentaires de son métier ; sur quoi Poussin profite de l'occasion offer-
te pour infliger à M. le surintendant des Bâtiments une leçon complète et d'un tour fort relevé, sur ce qui convenait à l'entreprise pour
laquelle on l'avait mandé, leçon capable d'apprendre à tout jamais
à de Noyers ses fonctions de surintendant, et avant tout la valeur
extraordinaire de l'homme qu'il avait là dans la main, et le respect
profond qui lui était dû. Il semble, en effet, que le coup ait porté
juste, car de ce jour Poussin parut avoir ses coudées franches, et
M. de Noyers ne lui demande plus que d'accélérer son œuvre. Mais
ce pauvre M. de Noyers a beau s'agiter dans son rêve de pompe et
d'économie, on pourra harceler un grand artiste de bon sens, on ne
sortira point de cette ruineuse décoration de la Grande Galerie au
Louvre, que semble entraver la fatalité. Évidemment l'entreprise est
par soi trop colossale et dépasse toutes les ressources de l'art du décorateur par son étendue trop démesurée. Le Poussin en a bien jugé
ainsi dès le premier coup d'œil, et il en a dit le vrai mot dans ce mémoire à M. de Noyers, analysé par Félibien : « Pour répondre à
ceux qui ne trouvaient pas la voûte de la Galerie assez riche, le Poussin ajoute qu'on ne lui a jamais proposé de faire le plus superbe
ouvrage qu'il pût imaginer ; et que si on eût voulu l'y engager, il
aurait librement dit son avis ; il n'aurait pas conseillé de faire une
entreprise si grande et si difficile à bien exécuter : premièrement, à
cause du peu d'ouvriers qui se trouvent à Paris capables d'y travailler ;
secondement, à cause du long temps qu'il eût fallu y employer : et
en troisième lieu, à cause de l'excessive dépense qui ne lui semble pas

bien employée dans une Galerie d'une si grande étendue, qui ne peut servir que d'un passage, et qui pourrait encore un jour tomber dans un aussi mauvais état qu'il l'avait trouvée, la négligence et le trop peu d'amour que ceux de notre nation ont pour les belles choses étant si grande qu'à peine sont-elles faites qu'on n'en tient plus de compte, mais au contraire on prend souvent plaisir à les détruire ; qu'ainsi il croyait avoir très bien servi le Roi, en faisant un ouvrage plus recherché, plus agréable, plus beau, mieux entendu, mieux distribué, plus varié, en moins de temps, et avec beaucoup moins de dépenses que celui qui avait été commencé. Mais que si l'on voulait écouter les différents avis et les nouvelles propositions que ses ennemis pourraient faire tous les jours et qu'elles agréassent davantage que ce qu'il tâchait de faire nonobstant les bonnes raisons qu'il en rendait, il ne pouvait s'y opposer ; au contraire qu'il céderait volontiers sa place à d'autres qu'on jugerait plus capables. Qu'au moins il aurait cette joie d'avoir été cause qu'on aurait découvert en France des gens habiles que l'on n'y connaissait pas, lesquels pourraient embellir Paris d'excellents ouvrages qui feraient honneur à la nation. » Le fier homme en venait à dire « qu'il sentait bien ce qu'il était capable de faire sans s'en prévaloir ni rechercher la faveur, mais pour rendre toujours témoignage à la vérité et ne tomber jamais dans la flatterie, qui sont trop opposées pour se rencontrer ensemble » ; et pour toute excuse sur sa manière de s'énoncer, il déclarait « qu'on doit lui pardonner parce qu'il a vécu avec des personnes qui l'ont sçu entendre par ses ouvrages, n'étant pas son métier de savoir bien écrire. »

Les fonctions de peintre du Roi déroutaient les habitudes du Poussin, même ses habitudes d'esprit et de pinceau. Adieu les figures et les cadres de sa proportion préférée ; adieu les compositions où il exprimait, par des personnages de demi-nature et groupés savamment, des sujets par lui librement conçus et où son génie se complaisait dans sa grave austérité ! Désormais il était voué, par son titre même, à de vastes machines, à des figures plus grandes que nature. Or, des compositions de cette proportion et de cette envergure, on n'en connaissait guères dans son œuvre que deux ou trois, le *Martyre de saint Erasme*, la *Notre-Dame del Pilar*, et il allait avoir à improviser, coup sur coup et sans avoir le temps de les méditer et de les mûrir à souhait, le *Miracle de saint François-Xavier* et la *Cène*, sans parler du fretin courant.

En 1641, Nicolas Poussin se trouvait, il est vrai, en pleine maturité de conception et d'exécution, et le nombre est prodigieux des travaux de toute sorte qu'il invente et livre à ses protecteurs en ces quelques mois de séjour à Paris. Les compositions seules de la Galerie eussent suffi pour absorber une imagination moins prête à tout et moins féconde, et nous voyons qu'il les mène de front avec les dessins de tapisseries que lui demande, au nom de M. de Noyers, M. de la Planche, trésorier des Bâtiments, avec les frontispices de livres pour l'Imprimerie royale, avec les deux grandes toiles pour Saint-Germain et l'église du noviciat des Jésuites. «... Il ne laissait pas, dit Felibien, de disposer des cartons pour la Grande Galerie du Louvre, où il voulait représenter, dans des bas-reliefs feints de stuc, une suite des actions d'Hercule. Vous en pouvez voir plusieurs desseins de la main du Poussin, très finis et très beaux, qui sont chez M. de Fromont de Veine. » Et ces cartons pour la Galerie, il ne cessa d'y travailler en conscience, même après qu'il fut retourné en Italie.

Souvenez-vous de la lettre du 20 décembre 1655, où Poussin prenait Chantelou à témoin qu'il « n'avait rien touché de l'année quarante trois, laquelle il avait employée toute pour les dessins de la Galerie, et, outre cela, il n'avait rien eu de la maison que le Roi lui avait donnée pour sa vie et dont d'autres que lui jouissaient. »

Quant à retourner à Paris pour s'y vouer, sans autre charge, à cette décoration, il n'était plus homme à s'y laisser prendre, ayant la mémoire pleine des soucis qu'il avait endurés là : «... Comme on le pressait fortement, dit Felibien, d'aller en France pour finir seulement la Grande Galerie, il fit réponse (par sa lettre du 26 juin 1644) : qu'il ne désirait y retourner qu'aux conditions de son premier voyage, et non pour achever seulement la Galerie, dont il pouvait bien envoyer de Rome les desseins et les modèles; qu'il n'irait jamais à Paris pour y avoir l'emploi d'un simple particulier, quand on lui couvrirait d'or tous ses ouvrages. » C'était une manière bien péremptoire de couper court à toute négociation nouvelle.

Par bonheur, un certain nombre des dessins du Poussin sur les travaux d'Hercule se trouvent aujourd'hui dans la collection nationale du Louvre, et peuvent nous donner une idée certaine de la manière sobre et sculpturale dont le peintre avait conçu son œuvre et aussi de l'effet de camaïeu qu'il entendait lui assigner dans la décoration. On connaissait les vingt pièces, compris le titre et deux Termes, que J. Pesne en a gravées et que G. Audran a publiées en 1678; mais une trentaine d'autres compositions, originaux et copies, étaient venues entre les mains de M. Gatteaux, qui, en 1873, les a jointes à celles du Louvre, après les avoir fait graver, dans le même goût que la série de Pesne, par A. Gelée, en 1850. Nous transcrivons ici la copie, qu'on a bien voulu nous communiquer, des fiches de l'inventaire du Louvre, donnant description des dessins de l'ancien fonds du Musée national, puis la liste des sujets ajoutés par le don Gatteaux :

« *Hercule nettoye l'étable d'Augias en y faisant passer les eaux du fleuve Alphée*. A la pierre noire et à la plume avec quelques touches de blanc sur papier gris. H. 0,194 — L. 0,455. Ce dessin a fait partie des compositions arrêtées par le maître en 1641 et 1642 pour la décoration de la grande galerie du Louvre et dont quelques-unes avaient même été peintes en camaïeu avant le départ définitif de Poussin pour Rome dans les derniers mois de 1642.

« *Eumolpe enseigne à Hercule à jouer de la lyre*. A la plume, lavé de bistre et rehaussé de blanc sur papier gris clair. H. 0,180 -- L. 0,423. Composition destinée à la décoration de la grande galerie du Louvre.

« *Chiron apprenant à Hercule à dompter les chevaux*. Chiron est debout, une baguette à la main. A la plume, lavé de bistre. Forme circulaire. Diamètre 0,281.

« *Mariage d'Hercule et de Déjanire*. A gauche, un homme debout, la tête couronnée. A la plume, lavé de bistre. — H. 0,159 — L. 0,417.

« *Hercule apportant le lion de la forêt de Némée*. Il est debout à droite, portant le lion sur les épaules. A la plume, lavé de bistre. H. 0,158 — L. 0,367.

« *Les travaux d'Hercule* (don Gatteaux, 1873) : n[os] de l'inventaire R. F. — 104. *Naissance d'Hercule* à la plume, lavé d'encre de Chine, rehaussé de blanc sur papier gris. — 105. *Hercule enfant tue deux serpents*. — 106. *Éducation d'Hercule*. — 107. *Eumolpe enseigne la musique à Hercule*. — 108. *Hercule frappe son maître Linus*. — 109. — *Célébration des noces d'Hercule*. — 110. *Mariage d'Hercule*.

— 111. *Hercule institue les Jeux Olympiques*. — 112. *Hercule porte le lion de Némée à Eurysthée*. — 113. *Hercule tue l'hydre de Lerne*. — 114. *Hercule prend le sanglier d'Érymanthe*. — 115. *Hercule nettoye l'écurie d'Augias*. — 116. *Hercule tue les oiseaux d'Étymphale*. — 117. *Hercule tue Diomède*. — 118. *Hercule arrête le taureau de Crète*. — 119. *Hercule emmène les bœufs de Gérion*. — 120. *Hercule combat Antée*. — 121. *Hercule tue Hippocoon et ses fils*. — 122. *Hercule enlève la reine des Amazones*. — 123. *Hercule punit Diomède et Busiris*. — 124. *Course ordonnée par Hercule*. — 125. *Hercule délivre Hésione*. — 126. *Hercule étrangle le lion de Némée*. — 127. *Chiron enseigne à Hercule à tirer de l'arc*. — 128. *Mort d'Antée aux colonnes de Lybie*. — 129. *Nicolas Poussin*. Onze croquis pour les *Travaux d'Hercule*. A la plume. »

Mais le mauvais sort devait s'en mêler jusqu'au bout, voire jusqu'à l'incendie : « En ce temps là (vers 1669), dit Guillet de Saint-Georges dans son mémoire historique des principaux ouvrages de peinture de M. Boulogne père (*Mémoires inédits sur la vie et les ouvrages des membres de l'Académie royale de peinture et de sculpture*, tome Iᵉʳ, page 203), plusieurs peintres de l'Académie royale eurent de l'emploi dans le Louvre, et M. Colbert, sachant que M. Boulogne peignait fort bien à fresque, lui donna l'ouvrage de la Grande Galerie du Louvre, que M. Poussin avait commencée, et dont une partie avait été brûlée. Il refit cette partie brûlée sur les dessins de M. Poussin, mais ensuite il continua sur ses propres dessins ; son fils aîné l'avait secondé dans le commencement de cet ouvrage ; mais il partit pour le voyage de Rome et le cadet continua à travailler avec le père dans la même Galerie ; ces peintures sont sur le sujet des travaux d'Hercule. »

Et voici, à l'appui du dire de Guillet sur les travaux de Boulogne et d'autres artistes dans la Grande Galerie, une certaine série d'extraits des comptes des Bâtiments du Roi :

Du 7 avril 1668

à Laurent Magniere, Henry le Grand, Philbert Bernard et Nicolas le Gendre à compte des ouvrages de stuc qu'ils font au platfond de la Grande Gallerie du Louvre....................... 2.000 ℓ·

à Michel-Ange à compte des ouvrages de peinture à fresque qu'il fait au platfond du d. lieu.............. 300

Du 21 avril

à Cucci à compte des ouvrages de bronze qu'il fait pour la
fermeture des portes et croisées de la Grande Gallerie
du Louvre.. 1.000

Du 7 may

aus d. Magniere, Legrand, Bernard et le Gendre, etc..... 1.000

Du 13 may

à Michel-Ange, etc.. 300

à Gervaise et Gontier à compte des ouvrages de peinture
qu'ils font dans la Grande Gallerie........................ 80.,

Du 3 juin

aus d. Legrand, Bernard et autres, etc...................... 1.000

Du 12 septembre

à Michel-Ange, etc.. 500

Du 3 décembre

à Michel-Ange, peintre, à compte des ouvrages de peinture à fresque qu'il fait à la voute de la Grande Gallerie
du Louvre... 500

Du 15 janvier 1669

au s^r Boulogne, peintre, à compte des ouvrages de peinture à fresque qu'il fait dans la Grande Gallerie. 400

Du 23 avril 1668

à Pierre Dionis, Jean Anglebert, Claude Buret et Jacques
Prou, menuisiers, à compte des ouvrages qu'ils font à
la Grande Gallerie du Louvre... ... ...   2.000

Du 14 mars

aux mémes, id............ .. ..   1.000

Du 21 avril

aux mémes.. 2.000

ANNÉE 1669

PEINTURE, SCULPTURE, DORURE ET AUTRES ORNEMENS DU CHASTEAU DE LOUVRE

Du 28 janvier

à Nicolas Legendre, Laurent Magnier, Philbert Bernard et Henry le
Grand, sculpteurs, à compte des ouvrages de stuc qu'ils font en la
Grande Gallerie du Louvre................................. 1.000 l.

à Louis Boulogne, peintre, à compte de la peinture à
fresque et dorure qu'il fait au platfond de la Grande
Gallerie du Louvre.   300

Du 28 mars

au s' Michel-Ange, peintre, etc.   300

Du 26 avril

au d. Boulogne, etc.   800

Du 11 may

à Poissant, sculpteur, pour son payement de la sculpture
de neuf souches de cheminées de plastre qu'il a faites en
la Grande Gallerie du Louvre.   108

Du 23 juin

au d. Boulogne, etc.   500

Du 7 juillet

à luy.   400

Du 9 novembre

au d. s' Boulogne, peintre, pour son payement des restau-
rations qu'il fait à la voulte de la Grande Gallerie du
Louvre.   440

Du 13 décembre

au d. s' Michel-Ange, peintre, à compte des ouvrages de
peinture à fresque qu'il fait en la Grande Gallerie du
Louvre.   300

Du 23 décembre

au d. s' Michel-Ange, etc.   300

Du 1er janvier 1670

à Boulogne, peintre, à compte de la Grande Gallerie du
Louvre.   400

Du 12 janvier

à Legrand, Bernard, Legendre et Magnier sculpteurs, etc.   1.200

ANNÉE 1670

PEINTURE, SCULPTURE, DORURE ET AUTRES DESSEINS DU CHASTEAU DU LOUVRE

Du 24 janvier 1670

à Caffieri et L'Espagnandel, sculpteurs, à compte des ouvrages
de sculpture en bois qu'ils font pour la Grande Gallerie du
Louvre. . . . .   400 t.

Du 1er mars

à Michel-Ange, peintre, à compte des ouvrages de peinture qu'il fait à la Grande Gallerie du Louvre.........   400

Du 12 avril

à Maniere, Bernard, Le Gendre et Le Grand, sculpteurs,
à compte des ouvrages de sculpture qu'ils font à la
Grande Gallerie du Louvre......................   2.000

Du 5 mai

à Boulogne, peintre, pour parfait payement d'avoir
restauré de peinture à fresque des tremaux à la Grande
Gallerie du Louvre............................   700

8 juin

à Boulogne, peintre, à compte des ouvrages qu'il fait à la
Gallerie du Louvre............................   400

3 juillet

à Boulongne, peintre, à compte des ouvrages de peinture
qu'il fait en la Grande Gallerie du Louvre.......   1.000
à Michel-Ange, peintre, id....................   800

16 juillet

à Poissant, sculpteur, pour son paiement de la sculpture
de deux cheminées de la Grande Gallerie du Louvre..   7₂ 15

24 juillet

à Maniere, Legendre, Legrand et Bernard, sculpteurs,
à compte des ouvrages de sculpture qu'ils font en la
Grande Gallerie du Louvre.....................   1.000

5 septembre

à Boulogne, peintre, etc......................   300

2 octobre

à Michel-Ange, etc...........................   150

1er novembre

à Boulongne, peintre, pour son parfait paiement des
ouvrages de peinture à fresque qu'il a faicts en la
Grande Gallerie du Louvre.....................   2.290 t.

18 novembre

à Cuccy, fondeur, à compte des garnitures de bronze qu'il
fait pour les croisées de la Grande Gallerie du Louvre.   300

27 novembre

à Michel-Ange, etc...   500

à Bernard, Legrand, Legendre et Magnier, sculpteurs,
   à compte des ouvrages de stuc qu'ils font en la Grande
   Gallerie du Louvre...   3.200

1er janvier 1671

à Michel-Ange, peintre, à compte des ouvrages de peinture à fresque qu'il fait dans la Grande Gallerie du
   Louvre..   400

15 janvier

à Cuccy, fondeur, etc   500

26 janvier

à Legendre, Magnier, Bernard et Legrand, sculpteurs, etc.   1.000
   Sans parler des travaux de couverture, de retablissement et de neuf
qui se font sur la Grande Gallerie et les autres ouvrages de serrurerie
et de menuiserie.

ANNÉE 1671

Du 12 mars 1671

à Michel-Ange, peintre, à compte des ouvrages de peinture à fresque
   qu'il fait au plaffond de la Grande Gallerie du Louvre, la somme
   de...   400 £.

Du 12 mar

au même, etc...   500

Du 20 mar

au st Boulogne, peintre, à compte des ouvrages de peinture
   à fresque qu'il a faits à la Grande Gallerie du Louvre..   400
au st Boulogne, id...   800

Du 9 aoust

à Michel-Ange, peintre, etc..................................   400

Du 2 septembre

au d. st Boulogne, etc ....   600 £.

Du 3 mars 1671

à Laurens Magnier, Nicolas le Gendre, Philbert Bernard
   et Henry Le Grand, sculpteurs, à compte des ouvrages
   de sculpture qu'ils font à la Grande Gallerie du Louvre.   2.000

Du 18 avril

à eux, à compte des ouvrages de stuc, etc.....................   1.200

Année 1672

Du 14 avril 1672

à Michel-Ange, peintre, à compte des ouvrages de peinture à fresque
qu'il fait dans la Grande Gallerie. . . . .   400 L.

Du 18 aoust

à Michel-Ange, pour son parfait payement de 8.400 L.
pour les peintures à fresque qu'il a fait dans la d.
Gallerie. 1.450

Du 9 mars 1673

à Boulogne, pour parfait payement de 1920 L. pour la
peinture à fresque qu'il a fait à la Grande Gallerie   120

Année 1674

Du 16 septembre

à Marsy, à compte des frontons de la Grande Gallerie   3.500 L.

Année 1675

Du 9 mars 1679

à Magnier et consors, sculpteurs pour parfait payement de 24.927 L. 10 s.
pour les ouvrages de sculpture en stuc de la Grande Gallerie du
Louvre ès années 1668-69-70 et 1671   7.827 10
à Gaspard Marsy, sculpteur, pour parfait payement de
43.000 L. pour les restablissemens d'architectures des
deux faces de la Grande Gallerie du Louvre. 2.500

Cette Grande Galerie du Louvre, tout semblait devoir concourir
aux splendeurs de sa décoration : Brice, parlant des tapisseries antiques et modernes, qui étaient conservées dans le garde-meuble, ancien
Hôtel du Petit-Bourbon, ajoute : « Sans comprendre un grand Tapis
de pié d'ouvrage à la Turc, qui a esté travaillé dans une manufacture
établi exprès au bout du Cours de la Reine, que l'on nomme la
Savonnerie, et qui devoit estre de la longueur de la Grande Galerie
du Louvre, mais qui n'est pas encore achevé. » *Description nouvelle
de ce qu'il y a de plus remarquable dans la ville de Paris, par
M. B***. Paris, 1684, t. I**. p. 24.* — C'est à coup sûr de ce fameux
tapis que parle Clarac quand il dit : « Pour loger les personnes atta-
chées en service de l'Infante d'Espagne qu'on destinait pour femme
à Louis XV, on s'empara d'une partie de la Grande Galerie du côté
du Louvre et l'on y fit des appartements ; le reste servant de passage

à la jeune princesse pour aller du Louvre, où elle habitait, aux Tuileries. On plaçait alors un immense tapis de la Savonnerie, qui n'était composé que de sept pièces, dont, au reste, on ne peut pas connaître les dimensions, puisque l'on ignore l'étendue occupée par les appartements de la maison de l'Infante. »

Tous ces projets pour la décoration de la Grande Galerie, depuis Henri IV jusqu'à Louis XVI, semblent condamnés par une destinée bizarre, par une sorte de *fatum* invincible. Avez-vous remarqué dans l'édition de G. Brice de 1684, quelques lignes étranges : « Le lieu où sont les tableaux du Roy au Louvre est dans un appartement qui se trouve assez proche du bout de la Grande Galerie : il seroit difficile d'en trouver un plus grand nombre et de plus rares en quelque endroit de l'Europe que ce puisse estre : il y en a de tous les fameux maistres d'Italie, de Flandre et des autres endroits, que le Roy a fait graver, et dont on a deux gros volumes : mais depuis quelque temps, l'on a transporté une grande partie à Versailles pour embellir ce magnifique Palais... » Brice, p. 15-16.

La voilà, dans cette manière d'embuscade, la destinée de la Galerie. Ils y reviendront dans cent ans, ces tableaux du Roi, ramenés les uns de Versailles, les autres du Luxembourg, et ce ne sera plus pour encombrer un appartement du bout de la Grande Galerie, mais pour l'envahir tout entière et en couvrir toutes les parois et d'un bout à l'autre bout et du haut jusques en bas, et en faire une décoration qui n'a jamais rien eu d'égal au monde : et Poussin lui-même y prendra sa part, représenté par ses meilleurs tableaux.

Quelle destination donner, en effet, à cette Grande Galerie d'un achèvement si difficile et d'un entretien si ruineux ? Quelques années après que le Poussin eut quitté Paris, dit Clarac, l'humidité eut pénétré à un tel point à travers les toits que la plus grande partie des peintures de la voûte avait été endommagée. On craignit même pour les tableaux de Le Brun, et surtout pour les *Batailles d'Alexandre* qui avaient été placées dans cette galerie, quoiqu'elles fussent d'une proportion qui n'y convenait pas : on les transporta dans la galerie d'Apollon... Vint un moment où la Grande Galerie ne fut plus une communication libre entre le Louvre et les Tuileries : on y plaça des plans en relief des villes fortes de France. C'était, sous une autre forme, un ressouvenir du projet d'Henri IV. Il y en avait, en 1698, cent soixante-dix ; ils avaient été faits avec un grand soin par un ingénieur habile en ce genre d'ouvrages, nommé Berthier. Cent vingt existaient encore en 1755, et ont fait le fonds de la belle collection réunie aujourd'hui aux Invalides... Au commencement du XVIIIᵉ siècle, probablement vers 1716, il fut question de mettre la Bibliothèque du Roi dans la Grande Galerie. Le projet, fort débattu, fut abandonné par suite de l'arrivée en 1722, de l'Infante d'Espagne. En 1754, le marquis de Marigny s'occupa de la Grande Galerie et la rétablit dans toute sa longueur ; car, en 1755, il y replaça, au nombre de cent vingt, ce qui restait en bon état des modèles des places fortes de France. On voit qu'il y avait aussi des tableaux, puisque dans cette même année, on en donna à l'évêque de Meaux, plusieurs de Raphaël (des copies, cela va sans dire), qui étaient dans la galerie. » Enfin, en 1775, arrive M. d'Angiviller, et bientôt, avec lui, « le projet de réunir dans la galerie, sous le nom de *Muséum*, tout ce que la Couronne possédait de beau en peinture et en sculpture. » Et l'on sait de reste ce qui en est advenu.

En 1889, au Champ-de-Mars, dans l'exposition rétrospective de notre école française, figurait une curieuse et fort agréable toile d'Hubert Robert. Elle représentait la Galerie du Louvre dans sa nouvelle destination projetée de Muséum des tableaux du Roi. Un tel projet intéressait fort les artistes et le public : on le savait d'exécution très prochaine ; l'idée en avait mûri depuis Lafont de Saint-Yenne et M. de la Condamine ; on en faisait grand honneur à M. d'Angiviller et les essais de sa mise en perspective convenaient à merveille à l'imagination pittoresque et au leste et brillant pinceau d'Hubert Robert. Il en était si préoccupé que son crayon en dessinait constamment d'abondants croquis, et il me souvient d'en avoir vu jadis toute une série apportée par le hasard dans un lot de défets de la librairie militaire de mon ancien camarade de collège Ch. Tanera, rue de Savoie ; je ne sais entre quelles mains ils sont passés.— Quand, en 1791, le peintre Duplessis écrivait à Barrère de Vieusac : « Ce projet d'un Muséum a été conçu, si je ne me trompe, par feu M. de la Condamine. Si M. d'Angiviller n'en est pas l'inventeur, il a le mérite de l'avoir adopté et d'avoir commencé son exécution. Depuis environ dix ans, il travaille à remplir le désir que vous manifestez aujourd'hui. » C'est-à-dire que M. d'Angiviller poursuivait, depuis 1781, l'appropriation de la Grande Galerie au dépôt des plus excellents chefs-d'œuvre d'art dont s'énorgueillît la nation. Hélas! pour arriver à ce but glorieux, M. d'Angiviller n'y alla pas par des moyens timorés. Delacroix, regrettant que le voyage du Poussin ait été « infructueux en tout, puisque les médaillons de la vie d'Hercule dont il décora la Grande Galerie furent détruits plus tard », ajoute : « Ces embellissements que le Poussin laissa dans le Louvre, pendant son séjour éphémère à Paris, n'ont pas même été respectés, et ce n'est pas un accident qui nous en a privés ; ils furent détruits par les ordres du comte d'Angiviller pour faire place à d'autres arrangements... » Le Poussin n'était donc point si mauvais prophète quand il annonçait à M. de Noyers que la Galerie « pourrait encore un jour tomber dans un aussi mauvais état qu'il l'avait trouvée »,et je tremble de penser qu'Hubert Robert, grand rêveur de projets nouveaux en matière de décoration, n'ait poussé l'honnête directeur des Bâtiments du Roi à gratter ce qui restait des grisailles du Poussin, réparées tellement quellement et continuées par Boulogne et les moulures de stuc dédorées qui, de loin en loin, les pouvaient encore encadrer.

Ainsi, je le répète, il était dit que cette Grande Galerie ne garderait rien des meilleurs projets qu'on avait conçus pour elle, depuis le rêve d'Henri le Grand, rêve qui n'était point médiocre, d'en couvrir les murs par les vues des principales villes de son royaume. Les vues n'ont pas été peintes, non plus que la vie d'Hercule : ni Fouquières ni Poussin n'ont laissé là leur œuvre. Il est vrai que, depuis cent ans, la Galerie jouit triomphalement d'un bien autre décor, un décor que rien ne saurait égaler, et qui ne nous permet de rien regretter. Le Poussin y a vu passer son plafond destiné au cardinal, et le *Miracle de saint François* peint pour M. de Noyers, et la *Cène* que le Roi voulut pour Saint-Germain. Quant au pauvre Fouquières, il ne nous a jamais été donné d'apprécier là de sa main le plus petit morceau d'un talent que sa propre superbe et Mariette prisaient très haut; le « Baron » tout du moins aurait pu, durant cent ans, ne s'en prendre qu'à lui-même et à M. d'Angiviller. Si comme du Poussin il nous était resté de lui, à défaut des toiles destinées à la Galerie, une cinquantaine d'esquisses d'après les villes de Pro-

vence qu'il excellait à rançonner, sa renommée ne s'en trouverait
point mal aujourd'hui et ses dessins, eux aussi, seraient là pour le
défendre.

PERLAN-POISSAN

Singulière et double méprise : l'éditeur des lettres du Poussin a
vu Thibaut Poissan où il n'était point ; il ne l'a point vu là où on
le rencontre à chaque page de la Correspondance. Quand le Poussin (le 30 mai 1641) dit, à propos des « profils et modénatures »,
de la Galerie : « Nous ne trouvons autre sculpteur que M. Perlan
pour modeler ce qu'il sera nécessaire, mais l'on le guidera le mieus
que l'on poura, affin qu'il puisse seconder nos intentions » ; quand,
le 29 juin 1641, il ajoute : « J'ay fet des modelles de cire que j'ay
baillés à monsieur Parlan, affin de faire modeler les piédestaus dudit
ornement de la gallerie », l'éditeur déclare que ce nom a été mal lu
ou mal écrit par le copiste des lettres originales et qu'il s'agit de
« Thibaut Poissan le sculpteur architecte, né en 1605, conseiller de
l'Académie en 1663 et mort en 1668 ». Le pauvre copiste est accusé
cette fois très à tort, car on vient de voir que le Poussin a fort bien
écrit *Perlan* et *Parlan,* non *Poissan,* et il faut chercher ce nom d'un
sculpteur ornemaniste parmi ceux des gagistes du Roi, qu'à défaut
des comptes des bâtiments du Roi, non encore régularisés pour
cette époque, nous énumère sommairement la *Liste des artistes et
artisans employés à l'embellissement et à l'entretien des châteaux
royaux de 1605 à 1656, etc.,* publiée par J.-J. Guiffrey, dans les
Nouvelles Archives de l'art français, année 1872.

L'auteur du *Dictionnaire critique de biographie et d'histoire,* avait
signalé avec sagacité cette erreur de Quatremère de Quincy, substi-
tuant dans son édition de la Correspondance du Poussin (lettres du
30 mai et 29 juin 1641), le nom de Thibaut Poissant à celui de
Perlan qui lui était inconnu. Or, Jal avait relevé en plus d'un acte de
la paroisse de Saint-Germain-l'Auxerrois, le nom de Perlan,
sculpteur et fondeur, employé par Poussin à modeler d'après les
cires qu'il lui avait baillées pour les piédestaux de la Grande-Galerie.
Henry Perlan (le registre porte *Perlent,* « fils de Blaise Perlent et de

Françoise Messier », avait été baptisé le vendredi 4e avril 1597, ayant pour parrain « Toussain Perlent Mᵉ Orfeure ». « Henry Perlan mourut en 1662. Il était de la famille d'André, Pierre et Toussaint Perlan, marchands orfèvres qui vivaient sur la paroisse de Saint-Germain-l'Auxerrois ». Jal, rencontrant ce nom dans l'*Histoire de Paris* de Sauval, s'était rappelé la ligne de l'*Enciclopedia* de Zani : « Perlan. S. i. B. Fon. f. 1660 », c'est-à-dire : « Perlan sculpteur en bronze et fondeur français, florissait en 1660 », et il ajoutait : « Ami intime de Jacq. Sarazin, Perlan jeta en moule les anges qui portaient au ciel le cœur de Louis XIII, figures dont les têtes, les bras et les jambes étaient d'argent et tout le reste de bronze (église des jésuites de la rue Saint-Antoine), et le tombeau du prince Henri de Condé, ouvrage de Sarazin, exécuté par ordre du président Perrault, pour la même église. Le 11 août 1647, il tint, avec la femme de Sarazin, une fille de Michel Corneille, le père. Ce jour-là, il signa *Henry Perlan*. Le 22 juin 1648. il fut parrain de Henry, un des sept enfants de Sarazin. »

La confusion qui substitue l'un à l'autre les noms des deux artistes, a gagné jusqu'à Clarac. Dans le *Musée de Sculpture* (t. Iᵉʳ, p. 499) ne lit-on pas : « Les chapiteaux des colonnes et les autres ornements des bains d'Anne d'Autriche étaient en bronze doré, travaillé avec le plus grand soin par Poissant que Sauval nomme à tort *Perlant*, sculpteur et ciseleur de talent, qui est cité dans les lettres du Poussin et dans les *Entretiens* de Félibien? Les trumeaux et tout le reste de la salle ornés de stucs rehaussés d'or par Tritani et Arudini, artistes italiens très habiles (mis ailleurs, pour la Grande-Galerie, sous la direction du Poussin), offraient des paysages de Patel et de Fouquières... » Comme Guillet de Saint-Georges, si copieux en détails sur les œuvres de Th. Poissan, ne parle nullement de sa participation aux travaux des bains d'Anne d'Autriche, il est certain qu'il s'agit ici de ciselures de Perlan et non de Poissan.

Transcrivons enfin, dans la *Liste des artistes des châteaux royaux du Louvre, des Tuileries, de Fontainebleau, de Saint-Germain, etc.* (*Nouvelles Archives*, 1872. pages 42-3), le trop court mais très précis extrait de J.-J. Guiffrey : « Henry Perlan, sculpteur et excellent fondeur en bronze, pour ses gages, la somme de huit cens livres dont il sera payé entièrement, attendu son mérite et le service actuel qu'il rend à Sa Ma^{té}, cy — VIIIe £. — 1656. Bât. roy. — Le nom est barré et en marge est écrit : *mort.* » Ce qui provoque de Guiffrey la note suivante : « M. Jal donne la date de la naissance d'Henry Perlan, mais il nous paraît se tromper lorsqu'il nous affirme, sans preuves, qu'il mourut en 1662, puisque, en 1656, il est déjà biffé sur les états des bâtiments, comme mort. »

On sait par les lignes citées plus haut, le cas que fait le Poussin de son modeleur ; d'ailleurs quand il dit de ce Perlan : « Nous ne trouuons autre sculpteur pour modeler ce qu'il sera nécessaire ; mais l'on le guidera le mieus que l'on pourra affin qu'il puisse seconder nos intentions », l'éloge n'aurait rien d'invraisemblable, appliqué en pareille matière à Th. Poissan ; celui-ci, même après réputation faite, fut occupé à tous les genres de travaux, d'ornements aussi bien que de figures ; et il est certain qu'en mai et en juin 1641, il se trouvait à Paris, où il figurait parmi les humbles praticiens de Jac. Sarrazin : mais ne vous semble-t-il pas que le retrouvant à Rome, dans les années qui suivirent, le Poussin en ses lettres à Chantelou, où il parle si souvent de Thibaut Poissan, n'eût point manqué de faire allusion à leur collaboration de Paris ?

C'est la remarque qu'eût pu indiquer Quatremère, s'il n'eût été complètement égaré dans la confusion des deux artistes ; car, en revanche de la méprise de Poissan pour Perlan, le vrai Thibaut Poissan, — dont la note de l'éditeur ne paraît pas soupçonner l'intervention perpétuelle dans les rapports du Poussin à Chantelou, — c'est le « M. Thibaut », le « bon M. Thibaut », c'est le « petit M. Thibaut », le « bonhomme Thibaut », le « pauvre garçon », que l'on suit d'un bout à l'autre de la correspondance, depuis son arrivée à Rome en 1642, jusqu'à son départ pour Lyon et Paris en 1647. Ce qui a trompé Quatremère et son collaborateur, c'est que nulle part le nom de sa famille n'est prononcé dans les lettres : mais n'en allait-il pas ainsi en Italie, par un usage immémorial, entre artistes de tous pays, voire, en premier exemple, pour Nicolas lui-même et son ami Valentin ?

De 1643 à 1647, il n'est guère de lettres du Poussin qui ne donnent à Chantelou des nouvelles de Thibaut Poissan. Poussin l'a trouvé fraîchement arrivé à Rome et en a fait son fidèle. Il s'intéresse à ce laborieux pensionnaire du roi, et obtient de M. de Chantelou

un petit supplément de pension dont il semble, aux grands cris de
reconnaissance, que le besoin soit pressant, et l'encouragement des
mieux placés : 23 septembre 1643 : « Pour ce qui est du bon monsieur Tibaut, il est honneste homme et fort affectionné à vous seruir.
Vous fetes une charité de luy oider des vint escus que vous m'ordonnes que je luy donne ; il ne restera pas ingrat je m'en assure
bien. Je luy ferei scauoir la bonne volonté que vous aues pour luy et
les espéranses que vous luy donnes si les choses des bastimens se
remettent. » — 5 octobre : « ... Pour monsieur Thibaut, il mérite
que l'on luy face du bien. Vous l'aues ressucité, tans par les vint
escus que vous voules que je luy paye, comme par les temoignages
que vous luy montres de l'affection que vous aues pour luy ; il vous
remerciera par lettres, et vous seruira en effet si vous luy commandes.
Il fet bien de demourer enquore icy au moins une anée ; je vous
assure qu'il a fet grand proffit en peu de temps... » — 27 octobre :
« ... J'ay esté, en compagnie de Mʳ Thibaut, voirs le sieur Hypolite
Vittelleschi. J'ay traicté auec luy des huit testes de marbres que vous
desires... » Et le 11 décembre, à propos de ces bustes et des gaines
qu'il leur faudrait, il ajoutait : « ... Il me semble que vous feries
mieux de les fere escequter de delà que non pas icy, en ayans les
desseins ou modelles ; au moins vous series assuré de les auoir seins
et entiers, et alla fin à aussi bon marché ; car, qui contera tout, là où
va l'un va l'autre, et à Paris l'on trauaille mieux le bois que non pas
icy. Je vous dis sesi, parceque si nous vous achettons des bust ou
testes de marbre, il y faut dessous leur termes pour les poser. Vous
pouues penser à d'autres gentillesses et nous en aduiser : M. Tibaut et
moy nous ne manquerons pas à vous bien seruir ». Nous verrons en
effet, par la lettre du 25 février 1644, que Poussin et le « bonhomme
Tibaut » envoyaient à Chantelou « plus d'un modèle pour poser ses
bustes quand il les auroit ». Mais dès le 7 janvier Poussin écrivait :
« J'ay monstré vostre lettre au bon Mʳ Tibaut qui en a esté fort
consolé, et si vostre volonté est de luy aider, il seroit bon luy ordonner quelque peu de chose par mois, affin que ce luy fust un recour
dans la nécessité. » — Le 8 mars 1644 : « Monsieur Tibaut ces
esuanouy de joye, en lisant ce que vous m'ordonnes de faire pour luy
et de l'espéranse que vous luy donnes pour l'aduenir : le pauure garson auoit bien besoin de vostre ayde. A tout hasars je luy avois

donné, oultre les vint escus que vous luy ordonnastes, autre dix escus de vostre argent, ainsi que vous voirres sur vostre compte; que si par hasar vous n'en eusies pas esté content, je vous les euses remboursés du mien. Mais voyans la bonne volonté que vous aues pour luy par vos dernières lettres, j'ey esté hors du doubte là où j'estois et de nouueau je luy ay donné dix escus pour son mois de mars, et ainsi j'iroy continuans de mois en mois, ainsi que vous me l'ordonnes. Il dit que tout ce qui modelle est pour vous, et s'il me remet quelque chose en main, je vous le conseruerei jusques à tant que vous en ordonneres. » — Le 15 avril : « J'e du depuis employé vint escus à Mr Tibaut... J'ei donné à Mr Tibaut les vint escus en deux fois, dix escus pour le mois de mars, et dix autres pour le mois d'apuril. Il a esté raui quand il a veu vostre lettre et qu'il a sceu que vous luy ordonneries icy X escus le mois : il vous en remercie très humblement... » — Le 14 mai (il est bien un peu quémandeur le bon M Tibaut) : « ... Le bon Mr Tibaut atend auec bien de l'impatiense la lettre que vous luy aues promise ; il m'a prié de vous presenter ses baise-mains et vous faire souuenir de luy en sa necessité. » — Le 20 juin : « Le bon M. Tibaut es resucité d'auoir veu ce que vous m'escriues. Je luy ay donné dix escus de l'argent que vous auense pour le mois de may, ainsi comme vous le desires... Le susdit sieur Tibaut m'a promis de vous escrire par cet ordinaire touchant les modelles que vous desires qui me consigne... » — Le 26 juin : « J'ei repseu la vostre du 29e may, ensemble l'ordre que vous enuoyes à monsieur Thibaut. Je ne l'ay peu rencontrer jusques aujourd'hui que je crois le trouuer sur la plase là où je luy presenterei, à celle fin qu'il puisse toucher les dis escus pour le present mois. Il vous escript par le dernier ordinaire sur le fet des modelles qu'il fet icy. Je lui procurerei la license de modeller un faune qui dort, statue, en vérité, de la plus belle manière qui se trouue entre le reste des œuures grecques antiques ; et comme laditte figure est en un lieu particulier ches messieurs les Barberins, il pourroit estre qu'il y eust un peu de difficulté; mais quand le cardinal scaura que c'est pour vous, je crois que lon impetrera ce que l'on desire. » — Le 6 novembre : « ... M. Tibaut vous baise très affectueusement les mains ; il vous apelle son bienfacteur; je vous assure qu'il est pour faire grande passade... » — Le dernier avril 1645 : « ... Nous ne vous auons pas enuoyé encore les modelles des piédestaux ou escabelles pour poser vos testes de marbre, mais nous vous les enuoirons bientost ; M. Tibaut les pourra modeller, ou au moins nous vous les ferons voir en dessein avec leur mesure ». — Le 28 mai : « Jei pensé que se sera une bonne occasion de vous faire tenir les dittes testes, quand monsieur Tibaut sera de retour pour Franse : car estant fort commode à porter sur des mulets, il sera facile de les fere porter de Lion à Rouane sans courir dangier de les gaster. Un mulet au moins en portera deux, de manière que les frais ne seront pas grands, ayant la commodité de l'eaue par tout le reste du chemin.

« J'ai continué à donner à Monsieur Tibaut dix escus le mois de l'argent que vous aues icy, ainsi comme vous m'aues ordonné... Le sieur Tibaut n'ayans pu s'en auoir license de modéller commodément l'Hercule de Farnèse, s'est resoleu de se seruir de la forme que vous fites fere et en tirer un ject que l'on conseruera : luy et moy nous nous sommes d'autant plus tost resolus de fere cela, comme nous craignons qu'il n'ariuast de cette forme comme des autres qui touttes ont esté rompues et jettées avec les videnges de la cour du palais Mazarin... » — Et toujours, dans chaque lettre, l'éternelle question de « pension que M. de Chantelou fait à Thibaut », ou bien : « Mr Tibaut a besoin de vostre aide : il vous baise bien humblement les mains ». — Le 15 octobre 1645 : « M. Tibaut auoit eu quelque pensée de partir cet autonne, ainsi que je vous auois escrit ; mais il a estimé le melieur de passer encore icy cet iver, et le printemps qui vient, se partir d'icy. L'argent que vous luy ordonnies pour son voyage lui seruira pour passer l'iuer en fesant encore quelque étude nouuelle. Il vous escrira touchant serteine choses que je ne vous peux escrire en si petit espace ». — Le 21 janvier 1646 : « ...Si je vous peus enuoyer vos marbres, je les enuoyerei à Lion, et là en lieu assuré on vous les conseruera jusques à tant que Monsieur Tibaut en passant vous les conduisse à Paris. Le pauure garson est for triste de la perte que nous auons fete (la mort de M. de Noyers) : il vous baise les mains et se confesse vostre très obligé ». — Le 25 fevrier : « Nous conseruerons soigneusement la forme de l'Hercules, et quand Monsieur Tibaut se partira, je la ferei porter ches moy, pour jusques à tant que vous m'ordonnies ce qu'il en faudra faire ». — Le 29 juillet : « Si j'estois que de vous, j'atendrois le retour ou de

Monsieur Tibaut ou de Monsieur Pointel qui, s'en retournant (à Paris) vous les peuuent faire porter fidellement (les caisses des bustes)... Si vous n'aues eu à temps les modelles des piédestaux que Monsieur Tibaut vous auoit promis, se n'a pas esté faute de le soliciter ; mais je l'ei tellement trouué ataché à ses modelles, qu'il semble qu'il luy facent oublier toutte autre chose ; et de plus le pauvre homme s'est trouué malade l'espase de deux mois, sans argent et sans en pouuoir gagner, chose qui luy auoit engendré une si grande mélancolie, que nous croyons qu'il deuiendroit ph(t)isique ; mais maintenant il se porte mieux. Il m'a prié de vous faire ses escuses et ses baise-mains ; l'automne prochain, la necessité le chassera d'isy... » — Le 21 octobre : « Je vous ay escrit il y a longtemps que Monsieur Tibaut repassoit en France cet automne et qu'il seroit fort à propos de luy ordonner à Lion de l'argent pour le port de vos bust de Lion à Paris. Monsieur Serisier que vous cognoisses bien, est maintenant audit Lion ; vous pourries vous seruir de luy en cette affère là. Sinon je crois que ledit Tibaut seiournera quelque temps en laditte ville de Lion : que si sela est, vous vous pourres faire entendre facillement ». — Le 4 février 1647 : « — Depuis le depar de Monsieur Tibaut de cette ville pour aller à Paris, il m'a escrit de Lion, que pour quelque incommodité qui luy estoit suruenue en sa santé, il auoit esté contrainct de seiourner en laditte ville plus qu'il ne pensoit, et que ce destourbier auoit esté un des tours de souplesse que la fortune scait faire quant il luy plaist et quant elle veut se moquer des pauures hommes ses subiects, meslans tousiours le mal auec le bien et le bien auec le mal, assesonnant ainsi les choses pour nous les faire mieux sentir. Ce malheur qu'il estimoit tel, se peu de retardement luy fit faire un rencontre de cinquante-deux, tant bust antiques que de figures de marbre, toutte lesquelles choses il a eues (il faut dire) pour rien. Voilà un heureus voyage, pourcueu que le reste s'ensuiue. Se succès innopiné m'a incontinent fet penser que il n'estoit plus necessaire de vous chercher des testes de marbre en cette ville, puisque bientost vous en auries à choisir ; car je crois que vous seres le premier à qui le sieur Tibaut les fera voir quand ils seront ariués à Paris ». — Le 24 mars 1647 : « ...Je vous ei escrit touchant le rencontre que Monsieur Tibaut a fet à Lion, de manière que je ne chercherei point de bust sans un nouuel ordre... » — Le 7 avril : « ...Pour ce qui

est du proceder de M. Tibaut enuers vous et du peu de satisfaction qui vous donne, j'en demeure estonné et je vous assure que j'y ai esté trompé. Il est vray que je l'ay recongneu estimer trop ce qu'il fet et en estre par trop jalous ; ausi d'un autre costé je ne pouuois pas le forcer de me mettre en main ses modelles, lorsque vous me dites de les retirer, particulièrement m'aiant assuré quils estois tous vostres, et que luy mesme vous les porteroit. S'il i a eu de la duplicité, je n'en ay rien seu. L'on ne voit pas dedans le cœur des hommes. Je mi suis fié encore et je commense à craindre qu'il ne me paye comme vous. »
— Enfin le 3 juin 1647 : « ...Je serois bien aise de scauoir si le petit Tibaut vous a contenté, et si vous aues achetté quelcun de ses marbres ; nous n'entendons aucunement de ses nouuelles, et nous ne scauons s'il est vif ou mort ».

Mais la lettre du 3 novembre est bien plus navrante : quelle désillusion ! Le pot aux roses est découvert ; et quelles vilaines « friponneries du petit Thibaut », le mot est de M. de Chantelou, nous y sont révélées au lendemain du jour où il a quitté Rome : « . . Pour ce que vous m'escriues touchant le petit Tibau, je suis d'acord auec vous que s'est un ingrat et de plus un trompeur. Non vous seulement ni moy en sommes mal satisfet, mais encores tous ceux qui l'ont cogneu et pratiqué icy, maintenant s'en pleignent, car aux uns il doib de l'argent et ne leur escrit point, aux autres il leur a manqué de foy. Il est difficille de cognoistre les personnes dissimulées si se nest avec un longtemps ; quand à moy, je vous jure que j'y ay esté trompé, et n'usse jamais cru que il se fust porté si mal en vostre endroit, car il m'a juré cent fois que tout ce qui fesoit icy estoit à vostre seruise ; et que quand il seroit de retour, qu'il vous donneroit à choisir ou de ses modelles propres, ou de ceux qui getteroit estant dilligamment réparés. Quand il dit qu'il n'a pas fet grand'chose sependans que vous l'aues entreteneu, il dit vrai ; et peut estre l'a il fet esprès, parceque il a esté quelque fois trois et quatre mois sans rien faire ; Mr Pointel en sera temoins. Il s'amusoit à fere l'amour auec une Loraine, qui dit qui luy a promis de l'espouser, ou à faire des modelles pour vendre, et ce pendant qu'il a eu vostre argent, je crois qu'il n'a modellé que un des cheuaux de Monte Cauallo. Je voyes bien le tout et m'en desplaisoit ; mais je ne pouuois pas pénétrer si auant que je peuse cognoistre ses pensées et mauuaises resolutions, lesquelles maintenant vous aues descouuertes. Il est vray que il a modelé le Faune qui dor, par la faueur que luy fit Nicolas Mingin, sculpteur du cardinal Barbarin. sans que jen impetrasse la license du dit cardinal. la quelle je luy auois promis d'auoir si ledit Mingin luy eust niée. Enfin demandes luy ce quil a modelé depuis auril jusques en nouembre de l'an 1645 ; cest cequil a fet ou peu plus sependant qu'il a 'repceu vos apointements. Le papier me manqueroit si je voulois vous dire tout ce que jei descouuer depuis qu'il est parti d'icy : vous pouues sans scrupule le traicter comme un homme fallacieux. Jei fet pour luy ce que je ne ferois pas à un mien parent. jusques à luy prêter de l'argent en sa maladie et pour faire son voyage : et demeure si mal recognoissant que il ne m'a pas seullement escrit un seul mot depuis qu'il est en France. »

Oui, c'est un « ingrat ». oui. c'est un « fallacieux », et son nom ne sera plus prononcé. jamais, jamais. entre les deux amis qu'a si vilainement trompés ce « dissimulé ». Mais, après tout. pourquoi pas un peu de pitié. quand on songe que ce malheureux petit Thibaut mourra. vingt-cinq ans plus tard. célibataire et mélancolique ? Et comment se trouvait-elle là à Rome cette Lorraine pour conduire à mal l'imprudent Picard ? Il perdait « trois ou quatre mois sans rien faire ». c'est le propre des amoureux : et puis. entre nous. les dix écus par mois de M. de Chantelou ne devaient pas le mener bien loin. le pauvre diable, pour « faire l'amour avec sa Lorraine ». Et n'est-ce pas elle. autant que la passion de s'avancer dans son art, qui l'aura induit à prolonger d'une année son séjour à Rome ? Mais enfin. les dettes allaient grossissant de tous côtés : crédit était mort : la Lorraine, à grands cris. réclamait mariage : il fallait partir. en empruntant encore, même au Poussin. un peu d'argent pour son voyage : et le pauvre besoigneux qu'allait-il trouver là-bas à Paris ? Tout au plus M. de Chantelou pour dupe et non plus comme protecteur. s'il prétendait lui vendre trop chèrement ses bustes de Lyon ou ses propres modèles que M. de Chantelou regardait d'avance comme lui appartenant. On comprend que le malheureux. couvert de honte, n'eût point hâte de s'expliquer avec Poussin : c'était un affreux naufrage où tout paraissait perdu pour lui : en arrière. là-bas à Rome. l'estime du Poussin, son meilleur garant et à qui il devait tout : pour l'avenir, à Paris. la faveur de M. de Chantelou assez puissant en cour et assez généreux pour lui assurer le premier pain du lendemain. Dans ce naufrage, avec la confiance du Poussin, l'ancien Thibaut a disparu ; si un nouveau Poissan a surnagé, c'est par Guillet de Saint-Georges et les comptes des bâtiments que nous le saurons désormais.

La vie de Thibaut Poissan se divise ainsi en deux parties qui font semblant de s'ignorer l'une l'autre. Le Poussin ne sonnera plus mot de son Thibaut ; Guillet de Saint-Georges n'a jamais voulu savoir que Poissan eût oncques approché du Poussin. Ces deux parties n'ont qu'un trait qui les unisse, bon gré malgré, d'un bout à l'autre ; c'est la destinée si bizarre du fameux moulage de l'Hercule Farnèse, dont Poussin, pour le sauver, encombre un moment « la moitié de sa maison. »

Celui-ci écrivait le 4 février 1647 : « ... La forme de l'Hercule de Farnèse est demeurée à l'abandon, en la maison là où demouroit le sieur Tibaut, de manière que l'on m'a aduisé que quelques insolens mesme ceux à qui elle a esté comise en garde en ont tiré quelque jet la nuit en secret. Et parceque c'est dommage que la forme d'une si belle chose aille en ruine et que je n'ei point de lieu pour la mettre à couuert ches moy, je voudrois sçauoir ce que vous voulez que l'on en face. » — Le 7 avril : « ... Demain au matin, je ferei porter la forme de l'Hercule de Farnese en lieu assuré. » — Et le 3 juin : « ... J'ei fet porter ches moy la forme de l'Hercule, qui occupe la moitié de ma maison, là où je la conseruerei tant que il vous plaira. »

Guillet de Saint-Georges a consacré à Thibaut Poissan un gros mémoire qui met cet artiste au niveau des plus importants de l'Académie royale. C'est là que l'on voit d'où part le laborieux et modeste provincial, cet enfant d'Estrées en Picardie, qui, à l'âge de seize ans, est envoyé d'abord à Abbeville, chez Martin Carron, sculpteur en bois, maître de François Anguier, puis de là à Amiens chez le fameux sculpteur et architecte Nicolas Blasset, qu'il aide en ses travaux pour le cardinal ; puis il vient à Paris et « se met, l'espace d'un an, chez M. Sarrazin qui pour lors travaillait à la sculpture du Louvre. » — M. de Noyers « obtenoit du feu roi Louis XIII plusieurs pensions et secours considérables en faveur des élèves qu'on envoyoit se perfectionner à Rome. Poissan fut de ce nombre ; il partit de Paris au commencement de l'année 1642, avec une pension de cinq cents

livres, et après avoir, durant cinq ans, fait à Rome des études très
exactes d'après l'antique, il revint à Paris, en 1647, à la Chandeleur,
et fut un de ceux qui eurent soin de faire apporter à Paris les jambes
antiques et la figure colossale d'Hercule qui est posée dans la grande
salle de l'Académie, et qui par les ordres de M. de Noyers avoit été
moulée sur celle du palais Farnèse. — On trouve dans les comptes de
1665, un acompte de 700 £. à Thibaut Poissan pour cette figure de
l'Hercule Farnèse qu'il a fait, qui est présentement dans l'Académie
de peinture. »

En 1669, vingt-deux ans après le retour de Thibaut de Rome, on
soldait encore une somme de 1.200 livres « aux héritiers de deffunct
Thibaut Poissant sculpteur, pour parfait payement de 2.200 pour la
figure de l'Hercule Farnèze moulée en plastre, qui est présentement à
l'Académie de peinture. »

Guillet de Saint-Georges nous dénombre pompeusement les maî-
tresses œuvres de Th. Poissan, celles qui lui feront son bagage
académique. — depuis le retable du grand autel de l'église Saint-
Honoré, et les deux figures de bois de la Cour des comptes et sa
collaboration au tombeau de Montmorency à Moulins où il retrouvait ses quasi compatriotes les Anguier, particulièrement François,
son camarade d'études à Abbeville : et que de besognes combinées
d'architecte et de statuaire il sème dans les châteaux et chapelles de
Paris et des provinces ! Mais c'est dans les comptes des Bâtiments du
Roi qu'on apprend à le connaître tout de bon et en son vrai jour.
Th. Poissan, c'est le sculpteur à tout faire, si utile dans les siècles de
grands travaux. Rien que de 1664 à 1667, on le rencontre à chaque
page des comptes : en 1664, « il fait des masques à la cimaise de
la corniche de l'entablement du bâtiment neuf du Louvre » : à lui
seul il entreprend le quart des ouvrages de stuc qu'on voit à la
calotte du salon du Louvre, au bout de l'appartement de la Reine :
il fait des bustes et consoles pour Versailles : — en 1666 et 1667, on
le trouve travaillant au Louvre et produisant « six grandes figures au
gros pavillon du milieu du palais des Tuileries », ou des « ouvrages
de stuc au plafond de la chambre du roi, audit lieu » : ou fournissant « un groupe de figures pour une des petites niches de la grotte
de Versailles » : — en 1668 « il moule quatre bustes du Roi sur celui
en marbre du cavalier Bernin ». On ne sait par quel prodige d'acti-

vité, il sculpte à la fois, en cette même année 68, qui sera sa dernière,
à la façade des Tuileries du côté de la cour, au logement du comte
d'Armagnac dans ces mêmes Tuileries, — et pour les Tuileries
encore il achève ses figures du dôme. — En 1670, sera soldé « à ses
héritiers le parfait payement de 900 livres à quoy montent les modelles qu'il a faits d'un ornement pour la lanterne du dosme des Thuilleries et de deux figures pour le grand parterre de Fontainebleau, représentant les mois de mars et de septembre. »

Dans l'un des lots de dessins de la vente Guichardot, j'avais
remarqué un projet d'autel, et d'un faire très habile et très libre, à la
plume et lavé, avec indications intéressantes et signé du nom de
Thibaut Poissan. J'avais espéré poursuivre aux enchères ce lot
curieux ; mais un autre amateur plus avisé, ou mieux favorisé par
l'expert, l'avait glissé sans doute, à l'heure critique, dans une autre
chemise, et j'ai toujours regretté que ce dessin m'ait échappé.

Dans la longue nomenclature que donne Guillet de Saint-Georges
des travaux considérables de Thibaut Poissan, et qui la plupart
n'intéressent guères que les monuments de Paris et les Bâtiments du
Roi, je suis arrêté par quelques lignes singulières où il est difficile de
ne pas entrevoir une pensée de pieuse reconnaissance envers celui
dont il devait vénérer à jamais le souvenir et les services : « Au grand
Andely, en Normandie, il travailla, comme architecte et comme
sculpteur, à une chapelle consacrée à Sainte Clotilde, épouse du roi
Clovis. La disposition de cette chapelle est de M. Poissan aussi
bien que tout le retable de l'autel, et l'on y voit de sa main trois
grandes figures de pierre de Tonnerre, l'une représentant Sainte
Anne, l'autre Saint Nicolas, et dans le milieu une Sainte Clotilde que
deux anges couronnent. » Ainsi le bon M. Thibaut était venu dans la
ville natale du Poussin, dans cette petite ville de Normandie, dont
celui-ci s'était toujours fait gloire d'être l'enfant, à ce point de ne manquer pas d'accoler le nom au sien sur son propre portrait, — Thibaut
était venu décorer la maîtresse chapelle de Sainte-Clotilde, et des trois
grandes figures dont il l'avait ornée, l'une était consacrée au patron
même du maître qui confessait hautement dans une heure de cruelle
épreuve, avoir eu plus d'amitié pour lui qu'il n'en eût eu « pour un
sien parent. »

Nous verrons par ceux qu'il trouva moyen d'obtenir du Poussin,

le goût particulier de Fouquet pour les Termes. Thibaut Poissan,
protégé du Poussin, eut aussi son lot de Termes à exécuter à Vaux-le-
Vicomte : « Après une Renommée couchée dans le fronton de la
façade du salon du côté du parterre, il y fit les modèles de stuc
pour faire huit Termes de grès qui ont chacun vingt pieds de hauteur. » Michel Anguier n'avait-il pas eu, lui aussi, « douze Termes
qui figurent les Dieux principaux », à exécuter pour le même château de Vaux ? — Les Termes semblent d'ailleurs l'une des spécialités
de Poissan, dès son temps d'études à Rome : « Le bonhomme Tibaut
se recommande fort à vos bonnes grâces, — écrivait Nicolas à M. de
Chantelou, le 25 février 1644 : — j'ai oublié à vous dire que l'on vous
enuoye plus d'un modelle (de Termes) pour poser vos bust quand
vous les aures. » Vint un temps où ce Thibaut en modela et en
sculpta bien d'autres : rien qu'à partir de 1664, c'est lui qui taille les
huit Termes de pierre dure, chacun de 12 pieds de hauteur, destinés
au Petit Parc de Versailles : « Jupiter, Neptune, Pluton, Junon,
Vénus, Apollon, Mercure et Pan : ils ont été posés au Fer-à-cheval ».
C'est lui, la même année, qui « fait et doit poser sept autres Termes
de pierre dure à Fontainebleau. » Le Terme est l'un des éléments de
décor qui, à nous légués par l'antiquité grecque et romaine, ont
trouvé le plus de faveur dans l'art de la Renaissance et dans les
siècles qui l'ont suivie. Dieu sait à quoi l'ont appliqué les architectes du xvi⁰ siècle en Italie et en France, non seulement pour l'embellissement extérieur des jardins et châteaux, portails et façades,
mais aussi pour l'ornementation intérieure des galeries et des
voussures ; et les sculpteurs dans les compositions de leurs monuments funéraires ou cheminées de palais, et jusqu'aux dessinateurs de
librairies dans l'ajustement de leurs élégants frontispices : la recherche alambiquée et tourmentée des Termes fut alors poussée jusqu'à
la manie ; rappelez-vous notre Hugues Sambin et ses bizarres et
compliquées imaginations. Mais l'usage des Termes est tellement
nécessaire et comme naturel aux décorateurs en tous les temps, que
les plus sages et les plus continents dans leur art n'ont pu se priver de
ses ressources, et Poussin tout le premier ne s'en est fait faute,
dès qu'il s'est agi de l'espacement et de l'encadrement de ses camaieux
de la vie d'Hercule : « L'oppinion que vous aues de repeter les Termes
qui sont fets est conforme à ce que j'auois proposé dès le commen-

cement ; cela estans, nous pouuons suiure et promtement et facillement le reste ». (23 septembre 1643). — « Le bon M. Remy m'auoit
prié de luy enuoyer deux desseins de deus medalles de celles qui sont
dépeintes sur les fenestres de la Gallerie entre les Termes, affin
que par ce moyen il peut acomplir la disiesme pontée... » (5 octobre 1643).

Notre Thibaut avait un frère, qui s'appelait Antoine, « Poissant
le jeune » comme on disait alors, maître sculpteur lui aussi, « l'ancien maître de communauté de peinture et de sculpture ». Cet Antoine, de même que son aîné, s'exerçait à toutes les variétés d'appli-
cations décoratives que peut fournir l'outil du sculpteur, et les comptes des bâtiments sont pleins de ses travaux, dix ans encore par
delà son frère. Guillet nous les a montrés mêlant leurs œuvres dans
la clôture du chœur du couvent des Minimes à Chaillot, et y désigne
même la part de chacun. A Versailles, aux Tuileries, ils font face,
chacun pour soi, à une infinité de commandes de toute sorte, celles d'Antoine toutefois d'ordre et de prix inférieurs à celles de son
aîné. N'est-ce pas plutôt à Antoine qu'à Thibaut qu'il faut attribuer
ces « vases de pierre posés, en 1664, sur les pavillons du Louvre »,
puisqu'en 1665 et 1666, on lui en paye d'autres pour les pavillons des
Tuileries ? Antoine fait des consoles pour les bustes de la cour de
Versailles ; il sculpte la devise du roi pour la chambre royale aux
Tuileries, ou les armoiries sur la porte du pavillon du Commerce
à Versailles. En 1670, après la mort de son frère, il continuait à
tailler des chapiteaux à la façade du Louvre, et deux cheminées pour
la Grande Galerie du château du Louvre. Déjà, l'année précédente.
« il sculptait neuf souches de cheminées de plâtre, qu'il avait faites en
cette même Grande Galerie ». Et depuis lors on le suit constamment
mêlé à l'intarrissable et infatigable légion qui, sans choisir les tâches,
nobles ou médiocres, et à mesure et en quelque palais qu'elles se présentent, travaillent sans relâche pour le roi : consoles pour la grotte
de Versailles ; consoles pour poser bustes et vases sur les lucarnes
du château de Versailles ; chambranles et foyers de marbre fournis
au magasin du roi ; remonté le moule d'Hercule Farnèse qui est aux
Gobelins ; réparations de stuc au Palais-Royal ; ouvrages de stuc à
l'appartement de Monseigneur le Dauphin et de Monsieur à Versailles ; flammes de pierre des cheminées et vases posés sur l'amortis-

sement des lucarnes tant du château que des quatre pavillons de l'a-
vant-cour ; moulage de six bustes du roi ; sculpture et ornements de
glaçons faits dans la pierre de taille des rampes et terrasse du grand
escalier de Trianon. On voit que cet Antoine Poissant avait appris
de son aîné à ne rien dédaigner de ce qui pouvait exercer son outil ;
et cet outil cependant avait connu des sujets et des matières plus re-
levées, alors qu'aux Minimes de Chaillot il sculptait à côté de son
frère Thibaut, et presque avec même renommée, « les figures de la
clôture du chœur de ce couvent, qui consistent en un crucifix. une
vierge, un St-Jean et tous les ornements de cette clôture ». Mais
ainsi allaient la modestie et la simplicité courantes des artistes de ce
siècle, ne se refusant à aucune besogne, statues, vases, consoles. bustes, termes, flammes de cheminées, masques et trophées, ornements
de frontons, de façades et d'escaliers, marbre, bois, terre cuite ou
stuc, qui rendirent possible cette magnifique improvisation de Versailles, orgueil de la France et parèrent à la fois aux besoins fourmil-
lants du Louvre et des Tuileries, de Fontainebleau, de Saint-Germain,
de Versailles, de Trianon et de Marly et de tous les châteaux du
Grand Roi. Ces Poissan, aujourd'hui, sous le titre d'artistes décorateurs, trancheraient du personnage ; ils furent tout bonnement, comme
toute la légion de leur temps, de laborieux praticiens ; et l'aîné, notre
Thibaut, le bon « M. Thibaut » du Poussin, se tint pour recompensé de
son honnête carrière par son admission en 1663 à l'Académie royale,
laquelle conserva pieusement dans sa grande salle son morceau de
reception, « un modèle de terre cuite représentant une femme nue.
couchée sur un piédestal qui est de marbre ».

A propos du logis charmant concédé à Nic. Poussin par le roi dans
son jardin des Tuileries, j'ai dit quelle illusion m'avait un moment
traversé l'esprit, me figurant que, dans leur bonne volonté pour le
laborieux Thibaut Poissant, M. de Noyers et Ratabon lui avaient
procuré la jouissance de ce même pavillon privilégié qu'avait occupé
jadis le Poussin et où le bon Thibaut eût retrouvé la trace et les souvenirs de son maitre. Il est vrai que Guillet de Saint-Georges a déjà pris
soin de nous prévenir que la maison où logeait Poissant était « bâtie
au jardin des Tuileries sur l'endroit où l'on a depuis élevé la grande
terrasse qui regarde la rivière. » — Mais Jal manœuvrant pièce en
main, nous raconte sur ce logement de Thibaut une pénible co-

médie, qui ne donne que trop raison à cet homme mélancolique dont parle Guillet : « Par un brevet de 1647, le roi avait donné à Poissant au logement qui fut abattu sept ans après. Le 10 février 1655, Sa Maj. permit au sculpteur de « se faire un logement et un « atelier dans l'allée au dedans des Tuileries, le long du mur, du « côté de l'eau »,s'engageant à faire rembourser 1500 l.aud.Poissant, si l'on était obligé de le déloger pour le service du Roi. On démolit atelier et maison pour construire le mur de la terrasse et agrandir le jardin ; Poissant alla se loger sur le quai des Tuileries, mais on ne lui paya point les 1500 livres ». Et c'est là, « sur le quai des Tuileries », qu'il décéda en septembre 1668. — Ses amis étaient nombreux et en faisaient grand cas. Guillet nous juge l'homme dans deux lignes : « Il n'a jamais été marié et a vécu très sagement. Il était sobre, très obligeant et un peu mélancolique, ce qui le rendait très attaché à sa profession ».

LE RETOUR A ROME

Vers la fin de septembre 1642, Poussin repartait pour Rome. Il allait, soi-disant, y mettre ordre à ses affaires et y chercher sa femme, confiée, en son absence, aux bons soins des Del Pozzo; il prétendait vouloir l'installer avec lui à Paris, tant que l'y retiendraient les travaux de la Galerie et les multiples commandes du Roi. N'était-il pas lié par tous ses engagements et n'avait-il pas, depuis le 20 mars 1641, un brevet royal qui, « en qualité de Premier Peintre Ordinaire, lui donnait la direction générale de tous les ouvrages de peinture et d'ornement que Sa Majesté ferait ci-après pour l'embellissement de ses maisons royales, voulant que tous ses autres peintres ne pussent faire aucuns ouvrages pour Sa Majesté sans en avoir fait voir les desseins et reçu sur iceulx les avis et conseils du dit sieur Poussin » ?

Le chancelier Séguier lui avait recommandé un jeune peintre, son protégé, Ch. Le Brun, dont le Poussin avait vu et loué à Paris les premiers essais exécutés pour le Cardinal, et qui aspirait à perfectionner à Rome les leçons qu'il avait prises dans l'atelier de S. Vouet. Vingt ans plus tard, ce Le Brun, fortifié en Italie par l'étude de Raphaël et par les conseils familiers du Poussin, qu'il saluait orgueilleusement comme ses deux seuls maîtres, devait faire d'un brevet de Premier Peintre, semblable à celui de Louis XIII au Poussin, un usage autrement jaloux et d'une autorité autrement absolue. Poussin avait annoncé qu'il s'arrêterait à Lyon, pour s'y reposer dans la famille de son bon ami Jac. Stella(1). Le Brun vint l'y rejoindre le 5 novembre et ils arrivaient ensemble à Rome.

Il semble, par un mot de Félibien, que Le Brun ne fut pas le seul compagnon du Poussin dans ce voyage de Rome : « Jean Le Maire retourna pour la seconde fois à Rome lorsque le Poussin y alla en 1642, mais il n'y demeura pas longtemps ».

Ce Le Maire, dont il est tant parlé dans les lettres du Poussin, depuis le jour où il travaille, de connivence avec Chantelou, à attirer notre grand peintre à Paris, et que celui-ci proposera comme « son second » pour conduire sous lui les ouvrages de la Grande Galerie, « il en aura le guain et pourra en ce travail s'amaigrir »; ce Le Maire est bien le Jean Le Maire, qu'on appelait le gros Le Maire ou aussi Le Maire Poussin, né à Dammartin en 1597, et que le marquis de Chanvalon envoya à Rome où il séjourna vingt ans. Il en revint vers 1633, à Paris, où il se rendit célèbre, comme peintre d'architecture, par les perspectives de Bagnolet et de Ruel. Une ligne de la lettre du 4 avril 1642, où Poussin rappelle à Del Pozzo que lui, le commandeur, possède de ce sien ami Le Maire de petits tableaux de ruines, ne permet pas de douter qu'il s'agisse de Jean et non de Pierre. Le 26 mai, il mandait à Chantelou : « Je continue tousiours comme à l'acoustumée les desseins et cartont de la Gallerie, sans m'occuper à autre chose. J'espère que alla fin de ce mois prochain j'auray mis à bon terme les susdits desseins, de sorte qu'il restera seullement à continuer les Fables d'Hercules ; et lors le tout se pourra commettre à Monsieur Le Maire, s'il en voudra prendre la peine, et s'il plaira à Monseigneur de me donner occasion de pouvoir laisser quelque chose en France de moy, avant que je meure, digne du peu de nom que j'ay aquis enuers les entendus. » Ce qu'il serait intéressant de retrouver, c'est le dessin dont le Poussin annonçait le prochain envoi au commandeur Del Pozzo, par sa lettre du 13 juin, « l'ordonnance

____

(1) On lit en effet dans la lettre du Poussin à Del Pozzo (18 avril 1642) : « M. Stella peintre et mon ami, partit avant hier pour Lyon, sa patrie, où il doit résider tout l'été. »

générale de la Grande Galerie, qu'il fait dessiner par un jeune architecte et qui sera bientôt finie ». On connaîtrait par ce dessin la charge
qu'il destinait à son ami J. Le Maire.

A défaut de ce Le Maire, parti en compagnie du Poussin, la conduite
des affaires de la Galerie paraît confiée à Remy Vuibert dont le nom
revient constamment dans les lettres depuis le premier de l'an 1643.
Je ne m'étonne pas d'ailleurs que Poussin ait eu la pensée de se
substituer ce gros Le Maire pour l'exécution de ses cartons du Louvre,
car dans les excellents tableaux de ruines antiques qui nous restent
de lui, la force et la science et la solidité sont telles, et jusqu'au ton
de sa peinture, qu'on les croirait de son illustre compère lui-même.
Félibien nous raconte qu'étant de retour à Paris, après ce second
voyage à Rome, en compagnie du Poussin, J. Le Maire « logea dans
un des pavillons des Tuileries où il pensa être brûlé ; car le feu
s'étant mis aux offices, et ensuite aux appartements, l'incendie fut
fort grand, et tout étant au pillage, Le Maire y perdit une partie de
son bien. Peu de temps après cet accident, il se retira à Gaillon, en
Normandie, où il est mort, âgé de soixante-deux ans, en 1659
(Mariette dit, avec raison peut-être, en 1655, car en 1656, sur l'État
des comptes des Bâtiments royaux où ses gages sont mentionnés
pour 1200 livres, « son nom est barré et en marge est écrit : *mort* »);
son corps fut enterré à la Chartreuse; (ainsi il était allé finir sa vie à
deux lieues de la ville où Poussin était né). N'ayant jamais été marié,
il donna aux pauvres la plus grande partie du bien qui lui restoit, et
laissa le reste à ses parens et à quelques amis. » L'autre Le Maire,
Pierre Le Maire, celui que, par opposition, on appelait « le petit
Le Maire » et dont il est fort souvent parlé dans les lettres à Chantelou, n'était guère moins intimement lié avec le Poussin, duquel il
excellait à copier et à imiter les ouvrages ; mais il n'était pas de taille,
celui-là, faute d'expérience et d'autorité, à ce qu'on lui confiât la
responsabilité d'une aussi grosse entreprise que celle de la Galerie du
Louvre ; tandis que maître Jean, le gros Le Maire, pouvait offrir
comme garantie, ses travaux décoratifs de Ruel exécutés avec si grand
succès pour le cardinal de Richelieu, plus son titre de Valet de
chambre du Roi, chargé des peintures du cabinet du Louvre. (V. la
Liste des Artistes de la Maison du Roi, donnée par J. J. Guiffrey aux
Nouvelles Archives, 1872.)

Le jour où il remettait le pied sur le seuil de sa chère maison du Pincio, Poussin, il faut le dire, ne songeait guère à son brevet. Sauf la tâche, sincèrement acceptée par lui, de fournir les compositions de la Grande Galerie, il avait laissé gaiement derrière lui et pour n'y penser de sitôt, tous « les grands travaux qu'on lui préparait ». Il était dans la plénitude de sa force et de sa maturité, et il s'en fallait même de cinq ans pour qu'il atteignît l'âge où Félibien devait tracer de lui ce beau portrait : « Il me semble que je le vois encore. Son corps étoit bien proportionné, et sa taille haute et droite ; l'air de son visage qui avoit quelque chose de noble et de grand, répondoit à la beauté de son esprit et à la bonté de ses mœurs. Il avoit, s'il m'en souvient, la couleur du visage tirant sur l'olivâtre et ses cheveux noirs commen-coient à blanchir lorsque nous étions à Rome. Ses yeux étaient vifs et bien fendus, le nez grand et bien fait, le front spacieux et la mine résolue. »

Le voilà donc rentré dans son logis et y reprenant, après deux ans d'absence, avec toute la tranquillité d'une âme bien trempée, ses douces habitudes de vie simple et désintéressée, de travail coutumier, purement amoureux de son art, celles que le même Félibien lui verra pratiquant en 1647 : « Il n'envisagea point une grande fortune et ne pensa jamais à s'élever au-dessus de sa condition. Il ne souhaitoit point de grands biens, parce que sa modération ne le portoit ni à faire des dépenses superflues, ni à enrichir sa famille. Il n'avoit rien eu de sa femme et ne l'avoit prise que par une pure reconnaissance des charitables services qu'il en avoit reçus dans une grande maladie, pendant qu'il logeoit chez son père. Il n'en eut aucun enfant, mais ils vécurent toujours ensemble d'une manière honnête, sans faste et sans éclat, n'ayant pas même un valet pour le servir, tant il aimoit le repos, et craignoit l'embarras des domestiques. M. Camille Massimi, qui depuis a été cardinal, étant allé lui rendre visite, il arriva que le plaisir de la conversation l'arrêta jusques à la nuit. Comme il voulut s'en aller et qu'il n'y avoit que le Poussin qui le conduisoit avec la lumière à la main, M. Massimi ayant peine de le voir lui rendre cet office, lui dit qu'il le plaignoit de n'avoir pas seulement un valet pour le servir. « Et moi, répartit le Poussin, je vous plains bien davantage, « monseigneur, de ce que vous en avez plusieurs. » Il disoit assez volontiers ses sentiments, mais c'étoit toujours avec une honnête liberté et beaucoup de grâce. Il étoit extrêmement prudent dans toutes ses actions, retenu et discret dans ses paroles, ne s'ouvrant qu'à ses amis particuliers ; et lorsqu'il se trouvoit avec des personnes de grande qualité, il n'étoit point embarrassé dans la conversation : au contraire, il paraissoit, par la force de ses discours, et par la beauté de ses pensées, s'élever au-dessus de leur fortune. »

Il se sent tellement aise de sa liberté reconquise, et de respirer, après deux ans de compression, l'air qui convient à son humeur indépendante, loin de tous encombrements de commandes et de toutes manigances de cour, qu'un an après sa rentrée dans Rome, en décembre 1643, il en est encore à écrire à Chantelou. «... Pour ce qui touche ce que j'ei commensé de delà, j'atendray auec bonne patiense que toutte chose s'acommode ; car quand à moy, je suis fort bien icy, et je mi peus entretenir joyeusement, particulièrement puisqu'il vous plaist que quelquefois je m'employe à vous seruir. Si je voulois embrasser les choses qui me viennent, cent bras ne me suffiroient pas ; mais je n'ay pas enuie de m'incommoder pour les biens que je ne jouiray le peu de reste de ma vie... » Il semble en effet qu'il n'ait point de hâte de se remettre avec ardeur à son chevalet. Le 9 juin 1643, il dit bien : « Le cher M. Rémy (Vuibert) m'a escrit qu'il y a apparanse que les choses que nous auons commensées pourront continuer. Si cela est ainsy, vous scaues à vostre départ ce que je vous ay promis et comme je seroy tousiours prest à obéir et seruir à Monseigneur et à vous... » Et le 22 juin : «... Si vous cognoisses en moy quelque talent qui vous puisse apporter quelque sorte de plaisir, me voici en atendans vos commandemens, vous assurant bien que je vous seruirai de tout mon cœur ; pour cet effet je ne m'engagerei auec personne affin de demourer le vostre tout entier. » Certainement, il n'oublie pas la Galerie ; sur ce chapitre son ardeur toutefois est médiocre. Le 23 septembre : « Si les cartons de la Gallerie ne m'occupent point, j'aurei moyen de vous seruir auec commodité : je me sens bien d'humeur à faire quelque chose de bon. Si l'on continue la Gallerie, ainsi comme me le mande M. Remy, et que l'on veille que je mande les cartons à l'acoustume, je le ferei volontiers, si Monseigneur en est content ; car autrement je suis bien plus content de m'employer à faire des tableaux où j'ay du contentement et du plaisir, joint auec l'utilité que j'en reçois. » Et le 5 octobre il y revient, mais toujours avec mollesse : «... J'atens que l'on me mande quelque resolution touchant la Gallerie. Mandes moy ce que vous estes d'oppinion que je face, et vous m'obligeres beaucoup; et quand il vous senblera à propos, permettes que l'on tire un peu d'argent des meubles que Monseigneur me fit donner. » (Ce propos, entre parenthèses, n'est point d'un homme qui ait gardé l'idée d'user de nouveau d'un logis qu'il démeuble; et il aura peine à faire croire plus tard qu'il y tienne à ce point.) Je veux bien croire que tout le long de cette année, il composa, de loin en loin, quelque bout de carton pour la Grande Galerie, sans quoi il lui eût été difficile, en 1655, de prendre Chantelou lui-même à témoin qu'il « n'a rien touché de l'année quarante trois, laquelle il employa toutte pour les desseins de la Gallerie »; et de fait, si l'on ne songe à ces dessins, on ne devine point trop ce qui se passe dans son atelier : j'imagine tout bonnement que durant les six premiers mois il ne s'y enferma guère.

C'est qu'il se retrouvait enfin dans sa Rome tant aimée, choyé par sa bonne femme et ses deux beaux-frères, entouré de fervents amis qui, jeunes ou vieux, le suivaient et le vénéraient comme des disciples. Il retrouvait les deux Le Maire, le « petit » et le « gros », aussi Romains que lui, et Jean Senelle qu'il avait laissé là quand il allait être mandé à Paris et qui lui-même devait reprendre, quelques mois après, le chemin de France; et ce jeune Ch. Le Brun qu'il venait d'amener et à qui il s'était engagé à donner conseil; et Thibaut Poissan qui venait de les suivre de si près, et dont l'ardeur à l'étude le touchait personnellement; puis toute cette colonie de peintres français et de tous pays, éparpillés à travers la Rome monumentale, et qu'il rencontre à chaque pas et derrière chaque colonne fruste du Campo Vaccino, ou adossés, crayon en main, dans toutes les galeries de princes ou de cardinaux, ceux qu'il va utiliser à copier à Farnèse, pour M. de Chantelou, les chefs-d'œuvre des plus fameux maîtres.

Passés ces premiers mois de détente et de recouvrement de lui-même, une seule œuvre, encore de petite taille, occupa son pinceau et l'intéressa : c'est le *Ravissement de saint Paul*, que M. de Chantelou lui a demandé pour faire pendant à la *Vision d'Ézéchiel*, de Raphaël, que celui-ci a acquis en traversant Bologne. Vous verrez, le tableau fini, comme il se débattra contre ce rapprochement de Raphaël qui le trouble et l'embarrasse fort. Cependant il se met à la besogne. Le 25 août 1643 : «... J'ay trouvé la pensée de votre rauissement de

St-Paul, et la semaine prochaine je l'esbaucherei » ; et le 23 septembre : « Bientost je finiray votre petit rauissement de St-Paul, et incontinent fini je vous l'enuoyerei. » Le 27 octobre : « Votre petit ravissesement de St-Paul est mis ensemble ; je le laisse sécher pour le retoucher. » Le 5 novembre : « Le petit St-Paul veut enquore deux jours de caresses ; il seroit fini, si se n'estoit un peu de drapperie d'azur qui n'est pas sec. » Enfin le 11 décembre : « ...Je vous ay escrit à l'autre ordinaire passé, comme j'auois conseigné le St-Paul bien enquaissé et bien couuert ès mains de Mr Van Score lequel j'ei prié de l'enuoyer assurément à Paris, où Monsieur Pointel, mon bon ami et votre seruiteur, le doit recepuoir et vous le rendre... Il vous plaira sans me flatter m'en dire vostre oppinion quand vous l'aures veue, affin que si je ne vous ay bien serui, je m'efforce de mieux faire à l'aduenir. » Et le 21 décembre il répétait : « .... Vous vous repentirez peut-être d'avoir eu trop bonne oppinion de moy quand vous aurez vue le petit St-Paul que je vous envoyes sous le quatrième du courant et que maintenant vous aurez repsu de M. Pointel. Se n'est pas pourtant que je me puisse excuser sur le peu de temps que j'ay eu à le faire ; car vous avez eu tant de patience en l'atente de si peu de chose, que je crains d'en avoir abusé. »

Si je m'arrête un peu longuement sur ce *Ravissement de saint Paul*, c'est que, pour nous, il fait date pour la remise en train des travaux de Poussin à Rome. Durant toute cette année 1643, on le sent porté au loisir et au vagabondage ; il hésite, il se recueille, il se tâte beaucoup avant de reprendre son élan ; il s'occupe fort de la recherche de bustes antiques pour Chantelou ; puis les gros événements de Paris étaient bien faits pour l'inquiéter : la mort du Cardinal, la mort du Roi, la retraite de M. de Noyers, l'incertitude du sort futur de ses entreprises ; puis aussi l'active, énervante et difficile surveillance des copies qui s'exécutent sous sa conduite à Farnèse ; enfin la délicatesse même du sujet de cette première œuvre nouvelle que sollicite de lui M. de Chantelou. — « Avant que de le commencer, dit Félibien, « il écrivit, le 2 juillet 1643, à M. de Chantelou, qu'il craignoit que sa « main tremblante ne lui manquât en un ouvrage qui devoit accom- « pagner celui de Raphaël ; qu'il avoit de la peine à se résoudre à y « travailler, s'il ne lui promettoit que son tableau ne serviroit que de « couverture à celui de Raphaël, ou du moins qu'il ne les feroit ja-

« mais paroître l'un auprès de l'autre, croyant que l'affection qu'il
« avoit pour lui étoit assez grande pour ne permettre pas qu'il reçût
« un affront. » Sur la fin de la même année, il lui envoya ce tableau
du Ravissement de saint Paul et lui répète encore par sa lettre du
2 décembre 1643, « qu'il le supplie, tant pour éviter la calomnie, que la
« honte qu'il auroit qu'on vit son tableau en parangon de celui de Ra-
« phaël, de le tenir séparé et éloigné de ce qui pourroit le ruiner, et
« lui faire perdre si peu qu'il a de beauté (1). » Mais le cavalier Del
Pozzo écrivit quasi dans le même temps deux lettres, par lesquelles il
parle si avantageusement du tableau de saint Paul, qu'il ne l'estime pas
moins que celui de Raphaël qu'il avait acheté à Bologne. Il dit que
c'est ce que le Poussin a fait de meilleur, et qu'en les comparant l'un
avec l'autre, on pourra voir que la France a eu son Raphaël aussi
bien que l'Italie.... »

Le ton dont lui-même vient de parler tout à l'heure n'est point d'un
artiste mécontent de son œuvre et semble attendre les compliments
avec confiance. Cependant, quand vient l'heure du paiement, il se retrouve ce qu'il fut toujours dans son désintéressement le plus obstiné
et le plus modeste : à la dernière ligne du compte qu'il envoie à Chantelou, avec la lettre du 25 février 1644, et que celui-ci intitule : « Con-
tes de M. Poussin de ce qu'il a mis de mon argent à Rome », après
l'énumération de ce qu'il a soldé aux copistes, aux doreurs, aux em-
balleurs, menuisiers, charretiers et douaniers, et pour l'inscription de
la plaque de Lorette, à la dernière ligne, le peintre a écrit sans
hésitation : « Pour le tableau du St-Paul, — 50 escus. » Et
c'est tout, — bien moins cher que les copies de Mignard et du Napolitain. — Félibien nous avait assuré que « comme on lui porta cent
écus pour le tableau de St-Paul, il n'en prit que cinquante », et l'on
voit par cette pièce irrécusable de comptabilité, qu'en effet l'honnête
homme n'avait point voulu démordre du prix minime que lui-même
avait fixé. Lui, pour qui tout était sujet de juste mesure et qu'indi-
gnaient depuis un an les honteux marchandages des copistes, il n'entend pas que ce tableautin, fût-il de sa bonne veine, dépasse le taux

(1) C'est dans Félibien qu'il nous faut chercher ces deux extraits de lettres à
Chantelou ; car cet heureux et conscienceux Félibien a eu entre les mains la
correspondance complète de Poussin, dont il nous manque nombre de pièces et
des plus intéressantes, aussi bien toutes les lettres à Chantelou que celles à De
Noyers, et aussi les lettres à Stella ; il cite même celles de Del Pozzo.

qu'il veut garder à l'estimation de son œuvre à nombreux personnages. Et puis il sait gré à ce tableau lui-même de la liberté qu'il semble lui avoir rendue de rentrer, pour son premier ouvrage à Rome, dès sa première reprise du pinceau, dans la proportion préférée de ses cadres. Certes, ce ne sont point les travaux exécutés durant le voyage à Paris qui ont le mieux fondé sa gloire : ils ne l'ont point diminuée, ils ne l'ont pas grandie. Il l'a assise plus solidement sur certains tableaux de plus étroite envergure, de cette dimension que le monde entier sait lui être propre, qui suffisait aux toiles du *Germanicus,* des *Sacrements,* de l'*Eudamidas*, et qu'il reprend avec joie dès qu'il rouvre la porte de son atelier de Rome, car il semble que dans cette proportion il conçoive mieux et d'emblée et dans leur juste concision, plus nette et plus claire, tous sujets d'histoire ou de paysage qui s'offrent à son esprit.

Entre nous, la distance est grande, comme discernement d'amateur, de Del Pozzo à M. de Chantelou. Le commandeur, avec son sens natif d'Italien ouvert aux belles choses, s'éprend, à première rencontre, de ce pauvre jeune Français dont il devine avant tous le goût sain et robuste pour l'antique et l'esprit créateur. Il le suit et le pousse d'instinct, et recommande aux cardinaux ce peintre dont il a secouru la misère, mais qui s'obstine à n'imiter en rien les plus favorisés d'alors ; ce protecteur de l'heure difficile recueille, c'était trop juste, les prémices de la reconnaissance profonde et de la pleine confiance et du génie du maître, et ce dévouement aboutira, on le sait, après tant d'autres morceaux de son meilleur pinceau, à la première série des *Sept Sacrements*, orgueil de la maison Del Pozzo. M. de Chantelou n'eût point, j'en ai peur, deviné le Poussin sur les esquisses de ses débuts à Rome ; mais dès son premier voyage il y trouva toute faite la renommée du peintre français, et il eut le bon esprit de lui commander en 1639 le tableau de *la Manne* qu'il céda plus tard à Fouquet, et qui de chez Fouquet s'en alla dans le cabinet du Roi. Une telle commande, faite à la bonne heure, le rangeait désormais lui-même dans l'élite des « vertueux » dont le jugement importe à la cour et à la ville, et l'autorisait à peser d'un certain poids personnel, au nom de son parent M. de Noyers, dans la négociation qui devait attirer Poussin en France. Celui-ci lui reprochait avec raison d'aimer « ce que les Italiens appellent *leccatura* », et ce n'était point très bon signe. J'imagine que, hormis les nombreuses séries de dessins d'après l'antique, qui n'étaient là que des documents d'archéologie, on eût vainement cherché dans la maison Del Pozzo d'autre copie peinte d'après des chefs-d'œuvre que celle des *Noces Aldobrandines* par le Poussin ; tandis que de telles copies, de mains de copistes, foisonnèrent de bonne heure chez les Chantelou, à commencer par la reproduction des Bacchanales du Poussin dont les originaux étaient à Richelieu. C'est que Paul Fréart était de cette sorte moins raffinée et moins instinctive d'honnêtes connaisseurs mondains qui, dans une œuvre d'art, ne sont pas autrement sensibles à l'empreinte, au parfum personnel que la main d'un grand artiste a laissé sur sa toile ou sur son marbre, et qui se contentent parfaitement de voir le chef-d'œuvre à travers le reflet d'un copiste. Nous en avons vu de ces amateurs de copies, dans tous les siècles et aussi dans le nôtre ; l'un des plus célèbres fut M. Thiers. De même que ce travers qui marque un peu d'infirmité dans le goût, n'empêcha point celui-ci d'encourager les créations de Rude et de Delacroix, de même il faut savoir gré à Chantelou d'avoir soutenu et salué avec une révérence presque égale Le Poussin, Le Bernin et les derniers jours de Le Brun. Il n'est que trop vrai qu'alors que Chantelou, même au temps où son goût devait être le plus sûrement formé par la fréquentation du Poussin, tenait dans son cabinet une bonne copie d'œuvre universellement renommée, il n'était pas loin d'y trouver le même plaisir que devant un original ; et de là cette série de copies d'après Raphaël le Parmesan et le Carrache, qu'il pria le Poussin, retournant à Rome, de lui faire exécuter par les jeunes artistes français qui y étudiaient alors, Errard, P. Le Maire, Mignard, Nocret, Chapron, R. Le Vieux, Cl. Le Rieux, ou par les Italiens qui, comme le Napolitain Ciccio, s'étaient acquis là une légitime réputation dans l'exercice de cette industrie. Ajoutons de suite que le nom du Poussin n'avait pas été oublié dans cette liste des chefs-d'œuvre à reproduire, et que Chantelou avait eu à cœur de se procurer copie des fameux *Sept Sacrements* du cabinet Del Pozzo, dont le dernier tableau venait d'être achevé durant le séjour de Poussin à Paris.

Ce que causèrent d'agitation, de dépit et d'impatience et souvent d'indignation, à cet honnête Nicolas, durant ses allées et venues au Palais Farnèse, où travaillaient pour la plupart, cette bande de copistes, presque tous assurément assez adroits de pinceau, mais exigeants, capricieux, quelques-uns de conscience plus qu'équivoque, remplit la moitié de sa correspondance. Combien ne devait-il point s'irriter à part lui de voir son ami gaspiller tant d'écus à un si médiocre usage ! Il se demandait, non sans raison, ce qu'ils allaient faire de ses propres ouvrages, et comment, et à quels prix sans vergogne, ces traducteurs allaient, sous ses propres yeux, le trahir à son tour : *traduttori, traditori.* Dès le 23 septembre 1643, tout étant déjà réglé pour les autres, il prévoit que son heure va venir, et songe à qui il va échoir : « Les coppies de chez monsieur le Cheuallier du Puis ne sont pas commensées. Je n'ay trouué que François le Napolitain qui m'ayt promis d'en faire coppier deux, la Confirmation et l'Extrême-Oncion ; mais j'apréhende sa longueur. » Puis le 5 octobre : « Les coppies de Monsieur le Cheuallier du Puis ne sont point commencées, faute de trouuer quelqun qui sache imiter. Ayes patiense, je chercherei tant que je trouuerei quelqun. » Le 11 décembre : « Pour le sieur Ciche (on voit qu'il s'agit de Ciccio le Napolitain), il dit auoir fini sa coppie de Farnèse dans six jours, mais je n'en crois rien. Si tost qu'il aura fet, je le ferei trauailler aux coppies de chez monsieur le Cheuallier du Puis. »

Enfin il ne peut plus se contenir et sa résolution éclate dans la lettre du 12 janvier 1644 : « J'ay pensé mille fois au peu d'amour, au peu de soin et netteté que nos copistes de proffession aporte à ce qu'ils imitent, et au pris qu'ils demandent de leurs barbouilleries, et me suis esmerueillé tout ensemble comme tant de personnes s'en délectent (1). Il est vrai qui voyant les belles choses et ne les pouuant auoir, l'on est contrains de se contenter des coppies bien que mal fetes ; chose qui à la vérité pouroit diminuer le nom de beaucout de bons peintres, si ce n'estoit que leurs originaux se voient de plusieurs qui cognoissent bien l'estrème différence qui est entre eux et les coppies ; mais ceux qui ne voyent autre chose que une mauuaise imitation, croyent facillement que l'original ne soit pas grande chose, et mesme les malins se scauent bien seruir de ses copies mal fettes pour décréditer seux qui scavent plus que eux. Pensant en moy mesme toute ses choses, j'ai creu faire bien et pour mon honneur et

____

(1) L'industrie des copies, à l'usage des étrangers, n'a-t-elle pas duré florissante dans toute l'Italie, jusqu'à la venue de la photographie ?

pour vostre contentement, de vous faire scauoir que demeurant icy, je souhetterois estre moy mesme le copiste des tableaux qui sont ches Monsieur le Cheuallier du Puis, ou de tous les sept, ou d'une partie, ou bien les faire d'une autre disposition. Je vous assure, monsieur, qu'il vaudront mieux que des coppies, ne cousteront guère plus et ne tarderont pas plus à estre fets. Et si se n'eut été que depuis vostre départ j'ay esté dans une perpetuelle irrésolution, j'aurais desjà commensé : je scais bien que vous ne m'auriez pas desaduoé, et arive ce qui pourra, je suis pour y mettre la main en atendans vostre response. Et quand bien il seroit nécessaire de travailler pour les desseins de la Gallerie, j'atendray à l'un et à l'autre. » Il va sans dire que cette lettre combla de joie M. de Chantelou, qui écrivit en marge, à la place ordinaire de ses sommaires : « Il demande à estre copiste des Sacremens du Cavallier du Puy, de tous les sept ou d'une partie ou de les faire d'une autre disposition. Il fait un grand préambule pour me persuader ce que je devrois désirer avec passions. »

Dans ses lettres du 25 février et du 8 mars, il presse la réponse de Chantelou : « J'atens avec impatiense vostre résolution touchant ce que je vous ay escris des coppies de chez M. le Chevallier du Puis, car j'ay empesché que l'on les aye commencée, et à bonne fin et auec bon respect, mais quand finalement vous les coudres, il n'i aura empeschement aucun. » Cependant il ne faut point accuser Chantelou d'avoir hésité ; et le 17 mars, Poussin lui écrivait : « Monsieur, j'ai repseu en mesme temps deus de vos très chères lettres. Par l'une et par l'autre vous me montres que la proposition que je vous ay fette touchant les *Sept Sacrement* vous a esté à gré ; ausi me vas-je préparer à vous bien seruir ; et laissant à part les autres choses que j'auois pensé de vous faire, j'atendrei seullement à celles icy et auec d'autant plus de soin et de plaisir, que vous me fauorises de remettre le tout à mon arbitre, tant de la disposition comme de la grandeur des figures et autres particularités. Si je serei si heureus que d'auoir la santé à l'aduenir, tellement seullement comme l'ay maintenant (néanmoins la fatigue soit longue), j'espère les auoir bientost fets, et principallement estans delibéré de laisser une infinité de pratiques qui s'offrent tous les jours. En deux choses seullement je me trouve engagé pour des personnes à qui je ne peux dire non ; mais cela s'accommodera avec le temps, et sans s'estendre dauantage sur cette

matière, cesi soit dit pour tousiours. » Puis le 15 avril: « Hier, je commenses à trauailler à l'un des Sacremens. Je prie Dieu qu'il me donne
la vie asses longue pour les finir tous sept ainsi comme je le souhette.
Je sçais bien que l'atendre est une facheuse chose et qu'il vous anuira
en l'atente de cet ouurage, mais, Monsieur mon cher patron, je n'ay
que une main qui enfin s'employera pour vous servir le plus promptement qu'elle pourra. » Et dix jours après, le 25 avril, il ajoutait:
« Je trauaille gaillardement à l'Extrême Occion, qui est en vérité un
subiec digne d'un Apelles (car se plaisoit fort à représenter des transis). » C'est donc pourquoi, à l'imitation d'Apelles, il se plaisait tant
lui-même à représenter des mourants : souvenez-vous du *Germanicus*, des deux *Extrême-Onction* et de *l'Eudamidas*. « Je ne cesserei,
cependans que je me trouue d'umeur, que je ne l'aye mis en bon
terme pour une esbauche. »

Il y va en effet de toute son ardeur, car le 30 mai, il écrit : « Je suis
sur le point de vous commencer pour vous un second tableau, de la
Pénitense, où il y aura quelque chose de nouueau ; particulièrement
le Triclinium lunaire, qu'ils apeloient Sigma, y sera obserué pontuellement. » Ce mot m'arrête et me touche, car il me rappelle qu'en
un de mes portefeuilles, à côté d'une première pensée de l'*Extrême
Onction*, ayant appartenu au marquis de Lagoy et au baron d'Holbach, je possède un autre dessin du Poussin, *Triclinio lunare,
detto Sigma* ; étude recto et verso d'une peinture des catacombes,
représentant une agape, avec l'inscription autographe du Poussin ; à
la plume lavé de bistre. C'est, à n'en pas douter, le document dont
s'est servi le maître, pour le second tableau de ses Sacrements.

Le cavalier del Pozzo et M. de Chantelou étaient intimement liés
de vieille date ; leur mutuelle affection remontait au temps des premiers voyages à Rome de Paul Fréart et de son frère M. de Chambray. Il est même vraisemblable que ce fut Del Pozzo qui introduisit
les deux frères dans l'atelier du Poussin, lequel demeura jusqu'à la
fin le fidèle et chaleureux intermédiaire entre les familles de ses protecteurs. Il va sans dire qu'alors qu'il s'était agi de copies des *Sept
Sacrements* de Del Pozzo, le commandeur s'était prêté de la meilleure
grâce du monde à un travail qui honorait singulièrement ses chefs-
d'œuvre. Mais le jour où Poussin transforme ces copies rêvées par
M. de Chantelou, et que lui, Nicolas, n'a jamais d'ailleurs pressé bien

·ardemment, en une série de compositions nouvelles, une égratignure à peine dissimulée, effleure l'épiderme de l'amateur ʐalien, blessure ·qui n'était que trop facile à prévoir. O cœur humain du collectionneur! ô éternelle comédie de l'amateur jaloux de son trésor! Et ce Poussin qui jouit avec une malignité naïve de la supériorité de son dernier-né! Le 14 mai 1644, il écrit : « Je sçais bien que l'atente de se que l'on désire posséder est une peine des plus grandes que l'on puisse souffrir, mais comme vous estes modéré en toute chose, je crois que vous le seres enquore en l'atente de vos tableaus. J'ei esbauché le premier fort nettement, de sorte que l'on peut juger se qu'il pourra estre estant fini. M. le Cheuallier du Puis l'est veneu voir, qui néanmoins qu'il face bonne mine, l'on voit bien qu'il lui desplairoit si les sudit tableaus demouroint à Rome ; mais parceque ils vont entre vos mains, et bien loint dicy, il boit le calice auec moins de contre cœur. Il a esté estonné de voir, sur un mesme subiec, une disposition si diuerse et des actions de figures toutte contraires aus siennes : mais enfin il faut qu'il souffre, et luy et les autres, de voir un de vos seuls tableaus qui promet valoir mieus que tous les siens ensemble. Je vas commenser le second, en atendans que seluy-si se sèche bien, qui est chose asses importante en la peinture. Et pour vous donner à cognoistre combien je suis desireus de vous satisfère et de vous seruir, j'ei fet atendre M. l'Euesque de Constanse jusques à maintenant, sans rien faire pour luy, néanmoins qu'il y ai un long temps qu'il est passionné pour auoir quelque chose du mien. M. de Tou, qu'il y a fort longtemps que je cognois famillèrement, désiroit que je luy fisse un Trespassement de Crist en crois, et me le pairoit très bien ; mais j'ei délibéré de laisser cette pratique pour atendre à la promesse que je vous ay fette. Le reste des choses qui me sont demandée de bon lieu et de bonne par, je n'en parle pas, car il sembleroit que se seroit pour me fère valoir. Il suffit que je dresse toutte ma pensé à vous seruir et vous fere quelque chose de meilleur que je n'ai fet par le passé sans vouloir penser à autre chose: je vous prie de vous en assurer. Sitost que j'en aurei acompli quelcun, je vous le manderei incontinent, comme vous le desires. »

Force lui était bien, de temps en temps, d'interrompre cette série des *Sacrements* pour donner une satisfaction de passage à quelque solliciteur des plus pressés. Cependant elle resta, durant quatre ans, sa tâche de prédilection, et au commencement de l'année 1648, il envoyait à Chantelou le dernier des sept. Il était dit que Chantelou, ce généreux et galant homme, souffrirait, lui aussi, à son heure, de ce vilain mal d'envie particulier aux amateurs, et cela lui advint juste au moment où Poussin expédiait, en même temps que l'avant-dernier des *Sacrements*, ce beau *Moïse trouvé dans les eaux du Nil* qu'il venait de terminer pour son ami Pointel et que nous admirons aujourd'hui au Louvre. « Si ce tableau vous a donné dans l'umour, esse un témoignage pour cela que je l'aye fet avec plus d'amour que les vostres ? » Et là-dessus, il le tance et vertement, et même avec une certaine amertume enveloppée de caresses. (Lettre du 24 novembre 1647 :) « J'obserue la promesse que je vous ay fete, c'est assauoir que je n'employerei mes pinceaus pour personne que pour vous, que je n'aye fini vos set Sacrements, et partant après vous auoir enuoyé la Scesne qui est le sisiesme, j'ei mis la main au dernier qui est celuy que vous dittes affectionner le moins (*le Mariage*) ; je vous promes pourtant qu'il ne reussira pas inférieur à celuy des six qui vous plaist le plus... Touchant ce que vous m'escriues par vostre dernière, il est aisé de vous oster le soupson que vous aues que je vous honore moins et que j'aye moins d'amour pour vous que pour quelque autre. S'il estoit ainsi, pourquoy vous aurois-je préféré, depuis l'espase de cinq ans, à tant de personne de mérite et de qualité, qui ont desiré très ardamment que je leur fisse quelque chose et qui m'ont offert .eur bourse pour subiect, me suis-je contenté d'un prix si modique que n'ay pas vouleu prendre ce que vous mesme m'aues offert ? Pourquoy esse que, après vous auoir enuoyé le premier de vos tableaux composé de saize ou dis huit figures seullement, et que je pouuois faire les autres de mesme nombre ou plustost les diminuer, pour venir plustost à fin d'une si longue fatigue, je les ei enrichis de plus sans penser à aucun interrest autre que à gagner vostre bienueillanse ? Pourquoy esse que j'ei employé tant de temps, tant couru dessa et deià, par chaud et par froid, pour vos autres seruises particuliers, si se n'a esté pour vous témoigner combien je vous honore ? Je n'en veux pas dire dauantage ; il faudroit sortir des termes de la seruitude que je vous ay vouée. Croyes certeinement que j'ei fet pour vous ce que je ne ferei pour personne viuante, et que je continuerei tousiours dedens la volonté de vous seruir de tout mon cœur. Je ne suis point homme legier ni changeant d'affection, quand je l'ei mise en un subiec... » Et comme Chantelou « demeure ferme en l'opinion qu'il a été cette fois servi avec moins d'amour et de diligence que M. Pointel », Poussin le déroute en lui parlant de son portrait et d'une Vierge que lui a demandée cet ombrageux : « Dès demain je me veus mettre la ceruelle sendessus dessous pour trouuer quelque nouueau caprice et nouuelle inuention pour exécuter à son temps, et le tout pour vous empescher sette cruelle jalousie qui vous fet paroistre une Mouche grosse comme Eléphant. » (Lettre du 22 décembre 1647.)

. A travers tout cela, et quand sa gloire, ses travaux et les sollicitations incessantes des curieux ses amis semblaient marcher le mieux à souhait, vous douteriez-vous que, durant des années, Nicolas Poussin traînait partout un souci, un souci tenace et toujours saignant et sur lequel il revient à tout propos, le regret du petit palais que le roi lui a, par brevet, assuré sa vie durant, et dont il ne veut point démordre. Il ne songe point à s'accuser lui-même d'en avoir fait à certaines heures si bon marché, en laissant trop haut entendre à qui l'écoutait qu'il n'y rentrerait jamais plus, à ce point de mettre en défiance ses plus bienveillants protecteurs.

Sur les difficultés que l'on aurait pour ramener le Poussin à Paris, les avertissements n'avaient point manqué, et M. de Noyers n'avait garde de ne les point transmettre à M. de Chantelou. Il advenait, par fortune des plus singulières, que celui-ci quittait Paris quelques jours après le Poussin, et prenait le même chemin de par de là les monts, dans le même mois de novembre 1642. Le Roi écrivait le 15 octobre au bailly de Forbin (V. H. Chardon, p. 50 et suiv.) : « Le sieur de Chantelou, l'un de mes conseillers et secrétaires, va en Italie pour faire quelques présents à Sa Sainteté et de là passer à Lorette pour y offrir de ma part un don que j'y faict pour recongnoistre la protection spéciale de la Vierge en l'heureuse naissance de mon fils le Dauphin. » Dans une lettre que M. de Noyers lui adressait à Toulon, il lui disait : « Je ne vous mande point que M. Stella a escrit par deçà que M. Poussin ne reviendroit point, que d'autres me tiennent tous les jours de semblables discours, parce que je le crois homme d'honneur et qu'il ne voudra pas manquer à la parole qu'il m'a donnée sans y estre forcé. Il suffit que je vous advertisse des bruits de deçà. » Et, un mois après, le 24 décembre, il lui écrivait à Rome : « Ne me mandez pas confusément ce que vous aurez reconnu dans les mouvemens de tous ces messieurs (M. le Poussin, M. Pietre de Cortone, l'Algarde, M. François le Flamand et toute la troupe des vertueux), mais descendez dans le détail et m'escrivez bien particulièrement ce qu'il convient faire pour contenter les uns et les autres, ce qu'il faut faire pardeçà, ce que par delà, ce que M. le Poussin désire pour les accommodemens de son logis, ce qu'il désigne pour la continuation de l'ouvrage de la Grande Gallerie, la variété du génie françois voulant qu'il divise le corps de ce grand ouvrage en quatre parties, et que les ornemens de chacune soient entièrement différens des autres, la veue *à ce qu'il disent*, se lassant dans une si longue course d'objets sinon semblables en tout, au moins en la pluspart... Saluez je vous prie, en mon nom, M. le Poussin et l'asseurez que j'ay pour lui toute l'estime et l'affection qu'il peut désirer d'un véritable ami. N'oubliez pas le bon M. Le Maire et tous ceux que vous estimerez le mériter. »

Sans vouloir décourager ses patrons et amis de France, il les leurre, aussi longtemps qu'il peut, d'un décevant espoir de sa rentrée à Paris. Le 23 septembre 1643, il écrit de Rome à Chantelou : « Si M. Rémy vous aura dit quelque chose touchant mon retour, il ne s'est pas trompé, car j'irois au bout du monde pour seruir Monseigneur et pour vous obéir ; mais je ne pourois pas si tost me résoudre à me partir, ma fame estant asses mal disposée et mon beau frère Jan a vouleu perdre la vue, dont il n'est pas enquore bien guary. Si je vis jusques au primtemps qui vient, plus volontier je me disposerei au voyage ; sependans je ne scaurois à suffisanse remercier Monseigneur des offres qui me va fesant, et de ce qu'il luy plaira me conseruer le logement qui m'a esté donné à son istance et par sa bonté. Je lui rens une infinité de graces de ces témoignages de bonne volonté ; c'et à vous, Monsieur, je vous suis redeuable de tans de faueurs. » Il est vrai que le 5 octobre, il parlait, on s'en souvient, de ce retour en termes fort dégagés : « Ce que j'ai pu dire n'a esté que pour amuser ceux qui font l'amour à ma maison du jardin des Tuileries. »

En cette affaire qui lui tient tant à cœur, il se sent chaudement soutenu par les Chantelou et M. de Noyers, et il garde longtemps bon espoir. Le 30 mai 1644, il en est à écrire : « ... Vous ales multiplians d'autans plus mes obligations enuers vous, quand vous scaues si bien tailler les cheueus à Sanson, de sorte qu'il n'aura jamais la forse de nous fere sortir de nostre maison. Je ne scais le jugement que vous aues fet de luy par la lecture que vous aures peu fere de sa lettre que je vous ay contremandée; quand pour moy, ie crois que c'est Sanson le foible et qui mériteroit recepvoir de Monseigneur une bonne mortification. »

Mais quand vient l'heure du suprême renoncement, son langage à Chantelou ne peut se défendre de reprendre un ton des plus aigres et à la fois des plus embarrassés (lettre du 26 novembre 1644) : « Que le sieur Sanson (il s'agit, on le sait, de Samson Lepage, maréchal des logis du régiment des Gardes Suisses, successeur du Poussin dans le petit palais des Tuileries) face ce qu'il poura et que monsieur l'Ambassadeur aye escrit ce qu'il aura voulu à M. le conte de Brionne, je ne luy ay jamais dit que je ne voulois plus retourner en France, mais au contraire; et pour ce qui est de la maison, je luy dis que je l'auois remise à mon partement ès mains de Monseigneur de Noyers, qui, de sa grâce, me l'auoit conseruée jusques à maintenant : voilà sur quoy il a fondé ce qu'il a escrit. Le reste du peu de discours qu'il me tint, il n'est aucunement conuenable de vous le redire ; mais il montre asses la malignité de son cœur et ne le peut cacher. Du reste je n'ay point d'armes asses fortes pour reparer les coups de la méchanceté, de l'enuie et de la rage de nos François, sinon en souffrant et en prenant patiense. Il est vray que mon bonheur ne despent nullement delà ; il est mieux fondé : je vous supplie pourtant d'auoir un peu de soin de cette affère, car elle touche Monseigneur. »

Avec les mois et les années l'amertume de son regret et de l'affront de la dépossession s'exalte et va croissant de violence. Cette maison, par l'humiliation qui le frappe, lui est devenue évidemment plus chère qu'il ne le pensait tout d'abord. Le 18 juin 1645, il écrivait à Chantelou : « Vous scaues que mon absense a esté cause que quelques téméraires se sont imaginés que, puisque jusques à cet heure je n'estois point retourné en France depuis que j'en suis parti, j'auois perdu l'enuie d'i jamais retourner. Cette fause croyanse, sans aucune autre raison, les a poussés à chercher mille inuentions pour tâcher à me rauir iniustement la maison qu'il pleut au feu Roy, de très heureuse mémoire, me donner ma vie durant. Vous scaues bien qu'il ont porté l'affere si aduant que ils ont obteneu de la Royne license de la posseder et m'en mettre dehors; vous scaues que, pour ce fere, ils ont composé de fauses lettres, portantes que j'auois dit que je ne retournerois jamais en France, affin que par ces fausetés la Reine leur accordas plus facilement une chose du tout iniuste. Je suis au desespoir de voir que une iniustice semblable ne trouue point d'ostacle. Maintenant que jauois enuie de retourner jouir de la douceur de la patrie là où finallement chacun desire mourir, je me vois oster ce qui m'inuitoit le plus à retourner de par de là. Est-il possible qu'il ni aye personne qui veille defendre mon droit, qui se veille dresser contre l'insolense d'un homme vil, d'un laquais ? Est-il possible qu'il ni aye personne qui deffende mon parti ? Les François ont il si peu de sentiment pour leurs nourrisons qui honnorent par leur vertu leur pays et leur patrie ? Veut-on souffrir que un homme comme Sanson mette dehors de sa maison un vertueux cogneu de toutte l'Europe ? Du reste, c'est l'interest du public. C'est pourquoy, monsieur, je vous supplie au moins, s'il ni a point d'autre remède, de faire entendre aux honneste gens le tort que l'on me fet et vous soyes mon protecteur en ce que vous pourres. Oultre tout cesi, je nei point esté payé de mes fatigues. Jauois une grande enuie de retourner cet automne. (Ainsi comme vous en cognoisses une partie des occasions), j'ei deu à cet effet accommoder une partie de mes affères et si je suis secoureu à temp jespere estre en France pour la Tousaint. Que si l'iniustice a plus de lieu que la raison, se sera alors que j'aurei occasion de me plaindre de l'ingratitude de mon pais et serei contrains de mourir loint de ma patrie comme un exilé ou bani. Je ne vous importunerei point dauantage sur se subiec et n'en diray plus rien jusques à tant que vous m'en ayes donné quelque mot de response. »

Hélas ! hélas! il n'y avait plus de réponse à attendre, ni d'espérance à garder ; et la Reine mère ne pouvait se dédire; et il en fallait prendre son parti. Mais cette fois, après deux ans de protestations inutiles, la rupture était definitive entre Poussin et la nouvelle cour, où le parti et les favoris de M. de Noyers avaient perdu tout crédit, et où Chantelou, le plus chaud patron du Poussin, était devenu secrétaire du duc d'Enghien l'ennemi terrible de Mazarin. Samson resta le maître du Palazzetto. Quant au grand maître, honneur de la France, il ne garda plus de relations qu'avec les amateurs courtisans de ses œuvres; bien lui en prit, d'ailleurs, qu'Anne d'Autriche, sous l'influence de Mazarin, parût s'appliquer à oublier le nom du Poussin, et abandonnât le peintre à son loisir, car les dix années qui suivent, de 1645 à 1655, sont peut-être la période de sa vie où sortent de l'atelier du Poussin les plus parfaits ouvrages de sa maturité, sujets bibliques et paysages, non seulement pour M. de Chantelou, et pour le président de Thou, et le duc de Crequy, et M. de Mauroy, et Le Nôtre ; voire pour ce Scarron, qu'il ne peut souffrir, et pour ses amis familiers, Stella et Pointel , et Cerisiers, et Raynon, et Lumague, et ceux-ci ne sont point les plus mal traités ; et ces œuvres sont, après les *Sacrements*, le *Diogène*, le *Polyphème* et les deux *Phocion*, et les *Aveugles de Jéricho*, et la *Rebecca*, et le *Jugement de Salomon*, et le *Moïse exposé sur les eaux*, et le *Frappement du rocher*, et la *Femme adultère*, et ses plus excellentes Vierges.

Cette bouderie de la France officielle contre le Premier Peintre du Roi, lequel Premier Peintre s'était mis quelque peu, il est vrai, en rupture de ban, ne pouvait d'ailleurs toujours durer, pour la dignité de notre pays ; mais il fallut qu'en 1655, le surintendant Fouquet eût à reconnaître les services personnels du Poussin, dans l'affaire des Termes de Vaux, pour obtenir du jeune roi Louis XIV la confirmation du brevet de Louis XIII, en faveur du Premier Peintre, « bien qu'il fût éloigné », et le paiement des « gages et provisions omis » ; il fallut que Colbert eût besoin du Poussin, comme intermédiaire avec les architectes de Rome, dans la grosse affaire de la façade du Louvre, pour qu'on songeât à enrichir le cabinet du Roi de certains tableaux célèbres de sa main, acquis de quelques notables courtisans, et à faire exécuter en tapisseries ses plus fameuses compositions.

JEAN SENELLE

Dans sa lettre à M. de Chantelou, datée « de Rome, ce cinquiesme octobre 1643 », le Poussin dit : « Le pauvre M. Snellet croyans s'en retourner jouir de la douceur de sa patrie (car il n'en auoit que une seule dont il avoit esté longtemp priué) n'a pas eu le bonneur de la toucher de ces piés et l'ayans seullement veue de loint a rendu l'esprit et perdu la vie à Nice de Prouense, n'ayant esté malade que trois jours. Et puis qu'ai je affere de tant tenir conte de ma vie qui désormais me sera plustost fâcheuse que plaisante ? La vieillesse est desirée comme les nopses, et puis quand l'on y est ariué, il en desplait. »

Ce « pauvre M. Snelles », dont parle le Poussin, d'un ton de si particulière amitié et de philosophie si attristée, nous intéressait tout d'abord à lui : nous ne savions qui il était, ni de quelle province il pouvait être natif en ce pays de France, qu'il avait tant désiré revoir après une longue absence. Son nom même nous avait, tout d'abord, semblé celui d'un étranger. De ses ouvrages, un seul nous était connu : c'est le tableau qui décorait jadis, à Orléans, la chapelle de l'ancien couvent des Capucins, et qui représente l'*Ouverture du tombeau de saint François*. Il a été déposé au palais épiscopal, mais appartient aujourd'hui au musée d'Orléans. Dans son catalogue de ce musée (1876), M. E. Marcille le décrit ainsi : « Le pape Nicolas V, suivi de quelques prélats, ayant fait ouvrir le caveau qui renfermait les restes de saint François d'Assise, le trouve debout : il soulève le froc du saint pour voir les stigmates de ses pieds ; — à droite sont des armoiries. T. H. 2, 62. — L. 1, 96. » On reconnaît le même sujet que celui traité par Laurent de La Hyre, dans son tableau conservé au musée du Louvre, et qui est daté de 1630 ; on pourrait même penser, par analogie, que les deux toiles furent à peu près de même époque. Quelques sensibles différences pourtant dans la composition, qui tiennent à ce que La Hyre a posé son saint debout sur la pierre funéraire elle-même, c'est-à-dire assez bas pour que le pape agenouillé à terre doive s'incliner pour contempler les stigmates, tandis que dans le tableau de Senelle, le saint est dressé sur un tombeau en forme de piédestal, en sorte que le pape Nicolas relève la tête et le bras pour découvrir les pieds stigmatisés, et est plus isolé, comme principal personnage de la scène. Même fond d'architecture d'ailleurs, même émotion des visiteurs devant le miracle, même recueillement des religieux porte-torches, groupés, cela va sans dire, dans d'autres attitudes, mais toujours, au premier plan, des robes de moines.

Je retrouve sur ce maître tableau de Senelle et sur d'autres de son pinceau qu'il avait exécutés pour Orléans, des notes vieilles d'une trentaine d'années déjà, mais qui complètent ce que notre cher M. Marcille vient de nous décrire, par les indications précieuses d'autres amis :

M. de Montaiglon, dans un travail consacré par lui (*Journal des*

Théâtres, février 1850) à l'étude nouvelle que venait de publier sur le Poussin, M. Clément, dans la *Revue des Deux Mondes*, avait constaté que les historiens d'Orléans n'avaient cessé d'attribuer à ce maître inconnu un certain nombre de tableaux des plus intéressants de leurs églises. Beauvais de Préau, dans ses annotations à la description de Polluche (Orléans, 1778, in-8), disait en parlant de la grande galerie du palais épiscopal (p. 79) : « On y distingue quelques dessus de porte de la main de Snelle. » Plus loin p. 136 parlant des Récollets : « Le tableau de la chapelle du Tiers-Ordre, où l'on voit saint François donnant des cordons à un roi, est de la main de Snelle. » Enfin p. 152 dans la description du couvent des Capucins: « Les curieux y admirent un tableau qui représente un pape, accompagné de quelques cardinaux, qui fait l'ouverture du tombeau de saint François. Ce morceau précieux est de M. Snelle, d'autres disent de Blanchard. »

Les dessus de porte de la galerie de l'évêché n'existent plus : ils ont été brûlés pendant la première révolution. Mais les deux autres tableaux nous ont été sauvés. Le tableau de saint François donnant le cordon du Tiers-Ordre au roi Louis XIII se trouve aujourd'hui dans l'église Saint-Pierre-du-Martroi, attaché à une assez grande hauteur, à l'un des piliers de droite, le dernier de la partie qu'on appelle le chœur. Voici la description que je dois à l'obligeance de M. Ch. de Langalerie : « Louis XIII, couvert du manteau royal, le sceptre et la couronne déposés par terre devant lui, s'agenouille devant saint François debout en robe de moine, qui lui remet les insignes du Tiers-Ordre, en lui montrant le ciel ouvert. Dans ce ciel on voit des groupes d'anges, dont deux, à droite et à gauche, tiennent dans leurs mains les mêmes insignes du Tiers-Ordre, ou des chapelets garnis de médailles. Une femme debout et dans l'attitude de la prière est debout derrière le roi, pour qui elle semble intercéder, c'est la Vierge : un religieux à genoux derrière saint François, regarde avec admiration la vision céleste. La scène se passe en rase campagne et sous un ciel bleu. La couleur générale est brillante, le dessin rappelle un peu celui de Vignon, qui n'était pas exempt d'exagération; du reste, ni date, ni signature, hauteur : 2 mètres 90 — largeur : 1 mètre 80 ». Le lecteur remarquera que le nom de Vignon revient inévitablement dès qu'on parle de Snelle.

Cependant il n'y a rien de Vignon dans l'autre tableau, celui qui décorait l'ancien couvent des capucins d'Orléans, et qui du musée, au catalogue duquel il est inscrit (n° 62), et mesuré (H. 2ᵐ62, L. 1ᵐ96), est passé dans l'une des salles du palais épiscopal. Celui-là est le chef-d'œuvre de Senelle, et un artiste de grande renommée pourrait s'en faire honneur : tout le monde connaît le sujet : « Le pape Nicolas V, ayant fait ouvrir le caveau qui renfermait les restes de sàint François d'Assise, le trouve debout, et soulève son froc pour voir les stigmates de ses pieds. » Il a été traité par La Hyre dans le tableau excellent qui est au Louvre, même sujet, même effet, presque même disposition, évidemment l'un des deux peintres a voulu rivaliser avec l'autre. Le saint François de Senelle est debout à droite sur son tombeau, et son apparition est autrement spectrale et sinistre que celle de La Hyre ; il est mort, depuis cent ans mort. Ses deux mains sont cachées dans les manches de sa coule ; le haut du corps se renverse ou s'appuie contre la muraille et sa tête semble faire un mouvement pour se soulever vers le ciel. La sombre figure de ce moine noir fait contraste avec l'éclat du costume du pape agenouillé, qui touche de la main droite le bas de la robe du saint ; à gauche au premier plan, deux moines à genoux et tenant des torches. — Par delà le pape et plus rapproché du tombeau du saint, un diacre portant la triple croix et la tiare ; — près de lui, à gauche, un cardinal faisant le geste de l'étonnement ; — et au second plan, encore à gauche, un homme en costume du xviiᵉ siècle, drapé dans un manteau, la main droite sur la poitrine, et la tête un peu penchée vers la droite. A sa barbe et à ses cheveux crépus et hérissés, à son nez long et arqué, on dirait un portrait, et je jurerais, de même que La Hyre avait peint le sien dans le tableau du Louvre, que celui-là est la figure de Senelle par lui-même. La peinture de Senelle offre ici de rares qualités : plus souple et plus vivante que celle de La Hyre, sans parler de l'impression générale de la scène, qui est pour le moins aussi profonde et fantastique ; plus de transparence et d'éclat du pinceau qu'on n'en a à ce moment-là en Italie, quelque peu aussi de la manière à effet de Simon Vouet. C'est en somme l'œuvre d'un peintre grave, moins simple que Le Sueur, mais digne de l'estime du Poussin, et bien supérieur, par l'intelligence intime de l'art, au commun des élèves de Vouet. Orléans avait gardé, du reste, un souvenir persistant de

Senelle. Voyez le catalogue de Desfriches dans les *Amateurs français*, de M. J. Dumesnil.

 Mais tout cela ne nous disait point le pays natal de J. Senelle. C'est M. Th. Lhuillier, vice-président de la société d'archéologie de Seine-et-Marne, qui nous l'a révélé, dans ses précieuses *Notes sur quelques tableaux de la cathédrale de Meaux, Jean Senelle, peintre meldois du dix-septième siècle, etc.*, travail communiqué à la *Réunion des sociétés des Beaux-Arts des départements*, séance du 22 mai 1888. M. Lhuillier nous signale, dans la cathédrale de Meaux, une *Annonciation*, attribuée à Le Brun, et qui « n'est autre qu'une copie de Stella par Jean Senelle, placée jadis dans la chapelle du chevet et dont il est fait mention dans l'*Histoire du diocèse de Meaux* par Dom Toussaint Duplessis (1731). Cette peinture a pris une teinte noire qui nuit à l'appréciation des détails. » Il semble attribuer au même une *Adoration des mages*, copie d'un des tableaux que Champaigne avait peints en 1628-1629 chez les carmélites du faubourg Saint-Jacques, « reproduction consciencieuse datée de 1636 et provenant de l'église de la Chapelle Gauthier. C'était un don de Nicolas Vignier, conseiller d'État, qui y est représenté avec Anne de Flécelles sa femme. Dans les chapelles de Saint-Martin et de Saint-Éloi, on retrouve quelques autres œuvres de Senelle ; les panneaux où il a retracé des scènes de la vie de saint Martin de Tours et surtout sa *Mort de saint Éloi* sont des compositions très dignes de fixer l'attention. Saint Éloi coiffé de la mitre et étendu sur un lit, est d'un grand effet ; les personnages présents, et en particulier sainte Bathilde avec ses enfants agenouillés, sont parfaitement groupés. L'exécution de cette toile est très soignée ; malheureusement, les nettoyages qu'elle a subis ont fait à peu près disparaître les demi-teintes et affaibli le modelé des figures... Senelle avait peint encore pour la cathédrale de Meaux plusieurs tableaux qu'on regrette de n'y plus voir : un *Saint Fiacre* offert par le chanoine Forgeat, les tableaux d'autel des anciennes chapelles de Saint-Jean (*Saint Jean prêchant dans le désert*), de Saint-Étienne (un *Saint Étienne*), et Saint-Sébastien (*le Martyre de saint Sébastien*), une grande composition qui décorait la chapelle du Saint-Sacrement, enfin, une *Descente de croix* « fort bonne et fort « dévote », selon l'expression du bénédictin T. Duplessis. Ces toiles ont disparu en même temps que plusieurs chapelles qui rayonnaient autour du chœur, et que deux petits autels transformés en 1723, lors de la suppression du jubé. Quant aux deux tableaux de Senelle placés sur les petits autels du jubé, le cardinal de Bissy leur substitua un *Saint Henri* par Hallé et un *Saint Faron* de Restout. Ceux-ci ont disparu à leur tour en 1835 avec les deux autels d'autrefois. Le *Saint Jean-Baptiste* du moins (de la chapelle de Saint-Jean) n'est pas perdu ; il a été relégué dans une des salles basses et voûtées de l'évêché. C'est une bonne peinture sur bois, d'une couleur très vigoureuse ; la signature : *J. Seneil, 1662*, prouve que l'artiste lui-même, qui signait habituellement *J. Senelle*, ne respectait guère l'orthographe de son nom, écrit un peu au hasard par ses contemporains sous des formes variées : *Sennel*, *Senel*, *Snelle* et *Senaille*. De ce peintre meldois, nous connaissons aussi un joli tableau d'autel, daté de 1644 et signé, dans une église de village, à Saint-Remy-la-Vanne, arrondissement de Coulommiers ; il représente le *Baptême de Clovis par saint Remy*, et a été exécuté à la demande de Gabriel Coquelet, religieux du couvent de Chaage, à Meaux, qui était en même temps prieur de Saint-Remy-la-Vanne. »

Nous interrompons ici notre copie du travail de M. Lhuillier pour nous arrêter un moment sur les dates des deux derniers tableaux, car par elles, et surtout par celle de 1644, doit être vidée la question bizarre soulevée par la lettre du Poussin. Le Poussin raconte, avec une parfaite assurance, à M. de Chantelou, à la date du 5 octobre 1643, que Senelle, retournant dans sa patrie, « a rendu l'esprit et perdu la vie à Nice de Provence, n'ayant été malade que trois jours ». Il semble qu'aucun doute ne soit possible. Par malheur, le Poussin ne dit point de qui il tient la nouvelle, et il ne revient pas sur ce triste sujet dans ses lettres suivantes. Sa phrase même prête à l'incertitude et à l'équivoque. Il n'est nullement étonnant que M. Eud. Marcille ait interprété les mots : « la douceur de sa patrie, car il n'en avait qu'une seule, dont il avait esté longtemps privé », dans le sens italien, car moi-même l'eusse entendu ainsi, avant de savoir que Senelle était français, né en France et bien résolu à y mourir. Son nom, orthographié à la Poussin, avait quelque assonance italienne qui m'eût trompé tout le premier, malgré les apparences de sa peinture.

La patrie de Senelle, répétons encore le mot : « car il n'en avait

qu'une seule, dont il avait été longtemps privé », — de 1638 à 1643,
(n'est-ce pas une assez longue absence que ces cinq ans passés en
Italie ?) cette patrie, — il n'y a plus à en douter, les registres baptismaux sont là pour en témoigner, — cette patrie, c'est Meaux. « Né à
Meaux et baptisé à l'église Saint-Nicolas, le jeudi 15 janvier 1603 » ;
il était fils puîné de Jacques Senelle et de Jeanne Bégin. Le prénom
Jean lui a été donné par Jean Leroy et Barbe Hacquelin, ses parrain
et marraine. Sa famille était assez nombreuse, les registres parois-
siaux en font foi. Deux oncles paternels du futur peintre, Jean et
Gédéon, étaient l'un jardinier, l'autre vitrier-verrier dans le faubourg
Saint-Nicolas ; il avait aussi deux tantes du côté paternel : Élisabeth,
mariée à Louis Delestre, laboureur au faubourg Saint-Remy, et
Marguerite, mariée à Nicolas Clarcellier, un nom local qui eut de
la réputation. Dans la suite, on voit une nièce du peintre épouser
Étienne Darche, bourrelier, et ses neveux exercer la même profession.
La descendance des Senelle se perpétua longtemps encore dans la
ville de Meaux, toujours de condition modeste ; mais cette famille
était alliée, dès le commencement du XVIIe siècle, à des prêtres et chanoines de la cathédrale, — les Forgeat, les Clarcellier, les Boullogne,
— ce qui explique sans doute les commandes de tableaux faites au
peintre meldois par le clergé de son temps.

« Comment le second fils de Jacques Senelle et de Jeanne Bégin
prit-il le goût des arts, et sous quel maître a-t-il étudié ? Il serait
difficile de l'établir. Ce qu'on sait, c'est qu'il épousa, vers 1630, une
proche parente du peintre Valentin de Coulommiers, Marguerite de
Boullogne, avec laquelle il a résidé tour à tour à Meaux et à Paris,
selon les exigences de ses occupations. Marguerite donna au peintre
sept enfants au moins, dans l'espace de vingt ans, et il est à noter que
six sont nés dans la capitale. Jal a pris soin de nous en instruire.
Senelle logeait rue Grenier-Saint-Lazare, quand Jean, son premier
fils, reçut le baptême le 7 avril 1633, à Saint-Nicolas-des-Champs ;
puis vinrent Nicolas, baptisé à l'église Saint-Jean-en-Grève le 2 juillet 1638, avec le peintre Nicolas du Chastel pour parrain ; (Nous
avons retrouvé ce Nicolas du Chastel dans les registres de baptême
d'Avon-Fontainebleau, où il est qualifié « parisien, peintre et
sculpteur », à la date du 11 octobre 1630.) — Marie, baptisée à Saint-
Eustache le 14 décembre 1644, après avoir été ondoyée au logis

paternel, rue du Mail ; — Valentin, baptisé le 9 mai 1646 ; — André
le 18 août 1647 ; — et enfin Jean II, baptisé le 27 novembre 1653, à
Saint-Roch. — Dans les derniers actes le peintre meldois est qualifié « peintre ordinaire « du roy »; il changeait, comme on voit,
assez fréquemment de logement et même de quartier lorsqu'il travaillait à Paris. Entre les années 1633 et 1638, et encore de 1647
à 1650, il était revenu habiter Meaux, où très probablement il eut
son septième enfant, un fils prénommé Pierre, dont Jal n'a pas
trouvé le baptistère à Paris. C'est ainsi qu'il figure comme témoin
dans une procédure instruite en 1636 à la prévôté de Meaux et que
son domicile est indiqué rue et paroisse Saint-Remy de cette ville;
d'autre part, un acte de baptême du 28 juin 1649, tiré des registres
de la même paroisse, atteste qu'il y résidait encore. Voici le texte de
cet acte : *Le 28ᵉ juing(1649) a été baptizé Didier Durant, fils de
Didier Durant et de Guillemette Boitel ; le parrain Jean Urbain,
apoticaire, demeurant à Meaulx, la marraine Margueritte de Bou-
loigne, femme de Jean Senelle, peintre ordinaire du roy, y demeurant...*

« Puisqu'on est réduit aux conjectures sur les commencements de
notre artiste, il serait permis de supposer qu'il connut dans sa jeunesse Valentin de Boullogne, dont il devait plus tard épouser la
parente, et qu'il a su profiter de ses conseils ; il faut remarquer pourtant que leurs rapports n'auraient été que de courte durée, car le
Valentin, parti jeune de Coulommiers, était déjà en 1626 à Rome,
où il resta jusqu'à sa mort, arrivée en 1634... Cotelle et Chéron
avaient quitté Meaux de bonne heure, pour n'y plus reparaître ;
Senelle, bien qu'il eût travaillé à Paris à diverses reprises, fut le
dernier à abandonner définitivement la Brie, vers 1652, au moment
où ce pays souffrait des troubles de la Fronde. C'est alors qu'il dut
se diriger vers Orléans, avant de retourner dans la capitale et de se
fixer sur la paroisse Saint-Merry, où il finit ses jours, très probablement, car on n'est pas fixé non plus sur le lieu et la date de sa mort.
Nous savons cependant, toujours grâce au précieux *Dictionnaire
critique* de Jal, qu'en 1671 Senelle et sa femme n'existaient plus, et
que leur fils Pierre, — le seul dont on ignore la date de naissance,
le seul aussi dont on connaisse le sort, — était sculpteur et se mariait
à Paris, à l'église Saint-Benoît; c'est ce qui résulte de l'acte suivant,

copié sur les registres de cette paroisse : *Pierre Senaille, sculpteur, fils de deffuncts Jean Senailles et Margueritte Boulogne, de la paroisse Saint-Médéric, et Marie Françoise Couvreur, fille de deffuncts Jean Couvreur et Marie Caumont... ont été mariez le 24 mai 1671.* »

Dans cet excellent travail, si net et précis, de M. Lhuillier, que nous venons de transcrire presque entièrement, se trouvent tous les éléments de lumière sur la phrase du Poussin, et même, en dehors de cette phrase, tout ce qui peut éclaircir la date du voyage en Italie de J. Senelle et de son retour vers la France, même les motifs que l'on peut supposer à ce voyage. J. Senelle, né à Meaux en 1603, épouse, vers 1630, Marguerite Boullogne, proche parente, dit-on, du Valentin. Il en a un fils en 1633, un second en juillet 1638. Son troisième enfant, une fille, ne naîtra qu'en décembre 1644. Même intervalle dans les dates de ses baptistères, même interruption dans les dates de ses tableaux : sa copie de l'*Adoration des Mages* du Champaigne est de 1636. Son *Baptême de Clovis* est daté de 1644. Ses autres dates comme père, ou comme peintre, ou comme témoin de procédure sont encore postérieures à celle-là. Où est-il ? acceptons qu'il soit parti pour l'Italie. Que va-t-il y faire ? on le prétend allié de très près au Valentin ; d'aucuns ont cru qu'il était son beau-frère (nous pouvons même noter, malgré tous nos doutes, que le troisième fils de Senelle, celui qui fut baptisé en mai 1646, c'est-à-dire trois ans après son retour d'Italie, fut par lui prénommé Valentin). On a même présumé que Senelle avait pu étudier avec Valentin, dans leur commune jeunesse, avant le départ de l'enfant de Coulommiers pour Rome. Or le Valentin est mort subitement en 1632, écrit de Rome l'un de ses compatriotes, — en 1634, selon Sandrart ; il est certain que sa famille n'a pu ignorer en quel crédit étaient montées ses œuvres dans les derniers jours de sa vie, mais surtout au lendemain de sa mort ; on a pour témoignage la lettre citée par Mariette, de P. Lemaire à Langlois dit Chartres, et datée de Rome le 15 septembre 1632 ; n'y lit-on pas : « nous avons perdu mons. Valentin ; il est mort, il y a environ quinze jours ou un mois. On ne peut trouver de ses tableaux, ou, si l'on en trouve, il les faut payer quatre fois autant qu'ils ont coûté ; le temps fera ainsi des autres » ? La famille de Valentin, restée là-bas en Brie, n'aurat-elle pas pensé qu'il y avait intérêt à ce qu'un des siens, même après quelques années écoulées, vînt s'enquérir à Rome de ce qui pouvait lui rester à liquider dans les reliques du jeune et grand artiste dont les peintres et autres amateurs de son pays faisaient si grande estime ? Et qui pouvait mieux les représenter en ces délicates appréciations que Jean Senelle ? outre qu'il devait lui-même être possédé de ce besoin de visiter l'Italie qui tourmentait alors, plus encore qu'aujourd'hui, tout artiste quelque peu débrouillé dans la pratique de son métier ? Peut-être aussi, qui sait ? l'espoir d'acquérir à Rome une réputation pareille à celle du Valentin, et qui le mît désormais dans toute sa valeur ?

Je cherche le prétexte de ce voyage pour un homme auquel les travaux ne semblaient point manquer dans son pays, et j'imagine celui-là qui n'est sans doute qu'un roman à peine plus invraisemblable que la descendance du Valentin, des Rasset de Bologne. Quoi qu'il en soit, le Poussin était arrivé à Rome au printemps de 1624, et n'en avait plus bougé. Il y avait connu tous les artistes d'importance, et s'était lié naturellement, d'une amitié plus familière, avec certains Français de même âge que lui, qui y travaillaient alors, comme Stella et Valentin. Que Senelle, qui avait débuté dans sa province en copiant des tableaux de deux amis du Poussin, Champaigne et Stella, s'adresse tout d'abord à Nicolas, en 1638, il ne pouvait mieux faire, puisque celui-ci avait dû assister à la dernière heure du peintre de Coulommiers, et devait être le mieux au courant de ses intérêts et de ses relations de famille et de patrie. Le Poussin et J. Senelle, depuis les derniers mois de 1638 jusqu'aux derniers de 1640 où M. de Chantelou vient enlever, comme de force, Nicolas à l'Italie pour l'entraîner en France et à la cour, ont pu avoir deux ans de fréquentation quasi quotidienne. Le Poussin laisse, en 1640, Senelle installé et poursuivant ses études à Rome ; il l'y retrouve le 5 novembre 1649, quand lui-même rentre de France, en vertu de ce prétendu congé demandé pour mettre, soi-disant, ordre à ses affaires et ramener sa femme à Paris, congé qui, comme chacun sait, ne vit pas sa fin et se prolongea jusqu'à la mort du maître. Senelle et Poussin ont donc encore, du 5 novembre 1642 aux derniers jours de septembre 1643, plus de dix mois de relations assidues ; et ainsi se trouve expliqué le trouble douloureux qui se fait comprendre dans les termes où Nicolas annonce la mort de son ami à M. de Chantelou, auquel le nom de Senelle ne devait point être inconnu, soit par les entretiens du Poussin sur les artistes français installés à Rome, soit peut-être par ses rencontres en Italie avec Senelle dans l'atelier même du grand peintre. Quelques jours, ou quelques semaines avant la lettre du 5 octobre 1643, Poussin a vu son cher compatriote « le pauvre M. Snelles » quitter Rome après quatre ou cinq ans de séjour, pour « s'en retourner jouir de la douceur de sa patrie (car il n'en avait qu'une seule dont il avait été longtemps privé). » Senelle n'est point comme Poussin, qui avait, de son propre aveu, deux patries, les Andelys et Rome, celle d'en deçà et celle d'au delà des Alpes ; lui, il n'en a qu'une seule, la France où il a laissé sa femme et ses deux premier-nés. Il se hâte impatiemment vers cette patrie, il va la « toucher de ses pieds », il « la voit de loin », il est arrivé « à Nice de Provence »; là la maladie le saisit, et tellement violente qu'en trois jours, « il rend l'esprit et perd la vie ». Il est mort, on s'en tient pour certain ; le bruit de cette mort se répand, et un messager, l'un de ces messagers qui faisaient le service des transports entre Paris et Rome, et que Poussin utilisait souvent pour l'envoi de ses tableaux aux personnages qui le favorisaient de leurs commandes, recueille au passage cette triste nouvelle d'un pauvre artiste foudroyé à Nice par trois jours de maladie, au moment où il rentrait d'Italie en France, et l'apporte toute chaude aux amis que cet artiste avait conservés dans Rome. Ce qu'il y a d'indubitable pourtant, c'est que Senelle en réchappa de cette maladie mortelle qui l'avait mené si près de l'enterrement. Il revit sa patrie et les siens, et la meilleure preuve en est qu'en 1644, il lui naissait à Paris, rue du Mail, une fille nommée Marie, d'une santé d'abord fort délicate, puisqu'il fallut l'ondoyer *in periculo mortis*, mais qui fut baptisée à Saint-Eustache le 14 décembre de la même année, et que trois autres garçons succédaient à cette fille, en 1646, 1647 et 1653. Quant aux travaux de Senelle comme peintre, on les trouve reprenant à la même date, témoin le *Baptême de Clovis par saint Remy*, « le joli tableau d'autel, signé et daté de 1644 », que M. Lhuillier a rencontré « dans une église de village, à Saint-Remy-la-Vanne, arrondissement de Coulommiers. »

Dans le mémoire de Guillet de Saint-Georges sur Claude Vignon, on trouve que, « en 1640, Vignon fit pour M. de Valençay, évêque de Chartres, sept petits tableaux, en façon de macque (*sic*) pour servir de dessins à de grands tableaux exécutés par M. Senelle, avec des figures grandes comme nature et posés dans une des salles de l'évêché de Chartres. Le sujet en est allégorique sur les sept jours de la semaine, chacun distingué par les attributs des planètes qui leur ont donné le nom. Le lundi, qui est consacré à la lune, qui est confondue avec Diane, étoit aussi représenté par une Diane qui, se préparant pour aller à la chasse avec ses filles, commandoit à une d'entre elles de lui mettre ses sandales. Le mardi étoit figuré par le dieu Mars qui, paraissant en furie et lançant des foudres, étoit élevé sur des trophées et sur des canons qui faisoient leurs décharges. Mercure, qui préside au commerce et qui donne le nom au mercredi, étoit assis sur un ballot de marchandise proche de plusieurs tonneaux et d'un grand appareil pour le trafic. Jupiter environné de plusieurs divinités, signifioit le jeudi, selon l'étymologie du nom latin. Le vendredi se distinguait par une Vénus qui, voyant Adonis mort, le pleuroit avec plusieurs Amours. Le samedi est exprimé par un Saturne qui dévoroit un de ses enfants, et le dimanche, autrefois consacré au soleil, étoit désigné par un Apollon, pris aussi pour le soleil, et suivi des quatre Saisons. »

La date de 1640, donnée par Guillet de Saint-Georges, ne s'accorde guère avec ce que nous venons de conjecturer touchant le voyage de Senelle en Italie et son retour en 1643. Mais en admettant que les sept maquettes de Claude Vignon pour M. de Valençay eussent bien été improvisées en 1640, rien n'empêcherait de croire que « les grands tableaux à figures grandes comme nature » ont pu n'être exécutés que peu après par Senelle, fraîchement arrivant de Rome, pour la décoration de l'évêché de Chartres ; et c'était là une belle tâche à confier à un habile homme pour sa rentrée dans sa patrie.

Jal a cru, dans « le pauvre M. Snelles » de la lettre du Poussin, reconnaître un certain Charles Senelle, l'un des médecins par quartiers du roi Louis XIII, et qui fut « condamné aux galères perpétuelles par arrest de la chambre de justice du château de l'Arsenal en 1631 », comme l'un des partisans de la Reine contre le Cardinal, et l'un des agents actifs de l'intrigue ourdie contre Richelieu. Jal suppose, mais sans preuve aucune, que Ch. Senelle put profiter en 1640 de l'amnistie partielle accordée par le Cardinal et échanger à cette date les galères contre l'exil en Italie, d'où il serait revenu en 1643, pour être arrêté par la mort à Nice. Toute cette hypothèse me parait bien précaire; et en tout cas la privation de la patrie ne lui aurait pas été aussi longue que celle présumée par nous pour l'artiste, dont l'absence de France a pu se prolonger cinq années durant. Jal ne pourrait affirmer d'ailleurs que son médecin conspirateur ne soit point mort aux galères avant l'amnistie de 1640; et si c'est de lui qu'il s'agit, il y aurait chance pour qu'on trouvât mention de son décès à Nice dans les registres mortuaires. Or, par une singularité bizarre, ces registres mortuaires de Nice ne portent à la date indiquée, en aucune des anciennes paroisses, le nom de Senelle. Moi, j'ai bonne raison pour savoir que mon homme n'y pouvait figurer. Mais l'homme de Jal, à moins d'un double miracle, strictement répété, devrait avoir son acte de décès enregistré dans l'une de ces paroisses.

LES TERMES DE FOUQUET

Être rentré dans la petite maison du Pincio, c'était, pour Nicolas, semblait-il, avoir recouvré le repos du corps et la paix de l'esprit. Mais point; voilà que par le bruit qui avait retenti à Paris autour de son nom, la France s'était faite sa cliente et le considérait là-bas encore comme son homme à tout faire; il n'était si gros ni si petit personnage de notre pays, dès qu'il visitait Rome ou prétendait de loin s'y créer des intérêts d'art, qui ne crût se devoir à lui-même de relancer le grand homme dans sa chère solitude et d'y troubler, par les plus indiscrètes commissions, la tranquillité de ses travaux.

Chacun sait désormais qu'il ne faut qu'un homme et sa foi profonde dans un artiste inconnu ou méconnu, et son affirmation bien résolue des qualités supérieures de ce maître, pour faire monter de proche en proche, et par une infiltration rapide, une renommée au grand niveau qu'elle doit atteindre. Nous l'avons vu dans notre siècle par M. Ingres et les rares devins qui couvèrent ses débuts; nous l'avons vu par le petit groupe patient et obstiné qui favorisa sans démordre les œuvres premières de Corot, de Millet et de Th. Rousseau. Même sort avait été celui du Poussin : les Chantelou avaient endoctriné M. de Noyers, qui avait endoctriné le Cardinal, et le Cardinal et M. de Noyers avaient endoctriné le Roi; et par le haut la faveur publique était faite, comme aujourd'hui parfois elle se fait par le bas.

Que voulez-vous? en ce temps comme au nôtre, dès qu'un artiste est mis hors pair et adopté par ceux qui font loi, dès que son nom commence à fleurer bon autour du roi, les courtisans et les politiques se sentent d'instinct disposés à se rapprocher de lui et, comment dirai-je? à le mettre de leur jeu. Je ne parle pas seulement de Fouquet; mais déjà le finaud Mazarin, alors qu'il n'était encore qu'un demi-personnage, qui pousse sa fortune par tout vent favorable, voyant, à la fin de 1640, notre Poussin acheminé vers Paris, en compagnie de Chantelou, écrivait de Turin à celui-ci : « ... Vous trouverez bon que je vous prie de faire mes baize-mains à M. Poussin et lui dire que j'ai impatience d'estre à la Cour pour l'embrasser et me réjouir de la bonne résolution qu'il a prise. » Notez qu'au fond Mazarin n'a nul goût personnel pour le génie du Poussin. Cela se vit bien, plus tard, par les chefs-d'œuvre dont il s'entoura; toutes ses préférences, il les avait gardées aux maîtres, superbes d'ailleurs, de sa patrie italienne; nulle place entre eux pour le moindre cadre du Français désormais illustre qu'il est si « impatient d'embrasser ». En ce sens, le grand Cardinal est plus sincère, ayant déjà payé de ses commandes.

Alors qu'en 1853 on me campa, pour quelques années, dans le château de Versailles, et que Soulié entreprit de m'orienter dans les jardins du Grand Roi, la première chose que je lui demandai à voir, ce furent les Termes du Poussin. Je ne les connaissais que par les petites gravures assez grossières de Thomassin, et j'avais hâte de m'assurer que, dans ces marbres aux sujets rustiques et mythologiques, je retrouverais le caractère du génie de mon grand artiste si profondément pénétré et saturé, dans ses peintures, de l'influence de la sculpture antique où ne manquent pas les modèles de Termes. Soulié me mena droit au quinconce du Midi, l'ancien « Bosquet de la Girandole », où se trouvaient rangés, se regardant quatre par quatre, ces termes en marbre, exécutés, suivant Piganiol, « par différents sculpteurs d'après les dessins que le Poussin avait donnés pour M. Fouquet » : *Morphée*, un *Moissonneur*, *Flore*, une *Bacchante*, *Pomone*, *Minerve*, *Hercule*, *Vertumne;* puis au quinconce du Nord, l'ancien « Bosquet du Dauphin » : *Flore*, *Pan*, *Bacchus*, un *Faune*, la *Libéralité* et l'*Abondance*. Les six de ce quinconce sont complétés par deux Termes pareils : un *Été* de Théodon, et un *Hiver* de Legros. Voici la description que j'avais prise de ces termes en marbre consacrés par le nom du Poussin : *Morphée*, couronné de feuillage, tient des pavots dans ses mains, le haut du corps nu, le bas ceint d'une draperie. — Un *Moissonneur*, le haut du torse nu, coiffé d'épis, tient une faucille. — *Flore*, figure drapée, couronnée de fleurs, tient des fleurs dans la main droite. — Une *Bacchante*, demi-nue, coiffée de pampres; une guirlande de feuillages tombe de son épaule; elle tient une grappe de sa main gauche. — *Pomone*, demi-drapée, coiffée de pampres, tient des fruits dans ses mains. — *Minerve*, coiffée d'un casque, l'égide en sautoir, tenant d'une main le laurier, de l'autre le serpent. — *Hercule* tient sa massue et les pommes des Hespérides. — *Vertumne*, une massue d'une main, de l'autre une corne pleine de fruits. — Autre *Flore*, demi-drapée, une couronne de fleurs sur la tête, une guirlande dans ses mains. — *Pan* tient de la main droite ses roseaux et de la gauche sa flûte. — *Bacchus*, couronné de pampres, tient une coupe d'une main, de l'autre le pot dont il verse et autour duquel s'enroule un serpent. — Un *Faune*, coiffé de feuillages, une guirlande entoure son corps; il tient un bâton recourbé; une peau de bête tombe de sa ceinture. — La *Libéralité*, figure drapée, tient d'une main une corne pleine de fleurs, de l'autre une corne renversée d'où tombent des pièces de monnaie. — Soulié décrit ainsi l'*Abondance* : « Elle est couronnée d'épis et tient une corne d'abondance de la main gauche ».

C'est en 1694 qu'avait été publié le *Recueil des figures, groupes, Thermes, fontaines, vases et autres ornements tels qu'ils se voyent à présent dans le Château et Parc de Versailles, gravé d'après les originaux par Simon Thomassin, graveur du Roy*; et l'auteur a soin de dire que les treize Termes qu'il reproduit ont été faits par des sculpteurs italiens d'après les dessins de Nic. Poussin d'Andelys, expliquant d'ailleurs que « Therme, ce mot signifie figure d'homme ou de femme qui se termine en gaine depuis les hanches jusqu'au bas ». Par malheur le « catalogue de toutes les figures contenues dans ce recueil » ne désigne pas, au moins pour celles-ci, l'endroit du château et du parc où les figures sont placées, bien qu'une explication du titre eût promis cette indication, et il eût été bon de savoir quelle place d'honneur on leur avait assignée dès leur arrivée à Versailles. Certes les marbres que me montrait là Soulié tranchaient par une certaine simplicité vigoureuse sur les figures environnantes, moins sobres et autrement florescentes de Girardon et de ses suivants; mais sauf quelques-unes vraiment poussinesques et sentant je ne sais quoi de la noblesse antique, il fallait avoir en tête le nom du maître pour y saluer de prime abord une œuvre de sa main. J'ai dit que, suivant Piganiol, « ces Termes sont de différents sculpteurs, d'après les dessins que le Poussin avait donnés pour M. Fouquet ». Où Piganiol a-t-il pris que le Poussin n'avait donné que des « dessins » pour ces sculptures? En ce cas, il n'eût fait qu'ouvrir la voie et montrer l'exemple à Le Brun son élève, alors que celui-ci, quelques années après, fournissait par ses crayons, aux sculpteurs de son temps, presque tous les modèles dessinés pour les statues et les groupes des bosquets et des bassins de Versailles. Nul ne se fût étonné d'ailleurs de voir le Poussin procéder ainsi, par des croquis cherchés dans le tremblement de sa noble plume, à l'invention de figures destinées à être pétries en argile par des praticiens adroits. Mais Bellori, témoin irrécusable, ne l'entend pas de cette façon; lisez plutôt la page, dans sa *Vie du Poussin*, qu'a traduite Montaiglon : « Le Poussin disait que la peinture et la sculpture n'étaient que le même art d'imitation; qu'elles dépendaient du dessin, à cela près que la fiction de l'apparence donnait à la première quelque chose de plus artiste, et ne différaient que par le moyen. Il le fit bien voir dans des statues de Termes pour la maison de campagne que faisait M. Fochet, car il fit de sa main les modèles de la grandeur d'exécution de ces statues, qui furent exécutées par plusieurs sculpteurs, dans l'atelier desquels je l'ai vu bien des fois travailler la terre avec l'ébauchoir et modeler avec une grande facilité. Il ne lui manquait certainement que la pratique du marbre pour être un excellent sculpteur, car il en avait tout l'art, et celui qui verra en France ces figures confirmera ce que je dis, parce qu'elles sont au nombre des meilleures statues modernes. Il y représente les différents Génies des fleurs et des fruits de la terre sous la figure d'hommes et de femmes, ayant le buste humain tout entier, au-dessus de Termes ou d'Hermès qui se devaient disposer dans les allées du jardin. Il y a le dieu Pan avec la flûte pastorale, une branche à la main et une couronne de pin sur la tête; le dieu Faune, riant et enguirlandé de lierre autour de la poitrine; Pallas, dont le casque est ceint d'olivier et qui tient à la main une branche et un serpent; Cérès, Bacchus avec les épis et les grappes, et d'autres nymphes et dieux avec des fleurs, des fruits et une corne d'abondance, pour signifier la fertilité et la grâce de la villa. Avec ces figures, il donna aussi le dessin de deux vases à l'antique, qu'il fit travailler et exécuter en marbre africain antique; ils étaient grands d'environ quatre palmes, et leurs anses s'enroulaient en serpents ». Le doute n'est donc pas possible; les Termes sont de Poussin sculpteur.

La première fois que l'abbé Louis Fouquet parle de Termes à son frère, c'est dans sa lettre du 23 août 1655 : « ... Je choisiray d'entre les Termes les plus beaux patrons que je pourray ou faire faire ou recouvrer... » Mais enfin il y arrive dans sa lettre du 27 décembre : « ... M. Poussin m'a prié de vous faire souvenir de son affaire. C'est un homme d'un mérite tout à fait extraordinaire. Il vous fera faire des Termes admirables; ce seront des statues qui vaudront celles de l'antiquité. Jusques à présent on a travaillé aux modèles, aptitudes, etc.; vous pouvez juger de là, Monsieur, avec quelle exactitude il s'y prend... » Il y revient une fois encore, c'est quand il annonce au surintendant, dans la lettre du 7 mars 1656, que « les Termes occuperont bien encore deux mois à M. Poussin ». Puis plus rien, dans les lettres suivantes, dont les extraits s'arrêtent au 24 avril 1656.

Montaiglon a consacré l'un de ces chapitres d'annotations où excellent sa merveilleuse mémoire et le bon sens de son érudition, à « Poussin, sculpteur », et cela à propos de « lettres de Louis Fouquet à son frère Nicolas Fouquet (1655 - 1656), communiquées, par M. E. de Lépinois » aux *Archives de l'Art français* (2ᵉ série, tome IIᵉ, page 267 et suiv.). Dans les derniers mois de 1655, on rencontre le nom du Surintendant et de son frère, en trois ou quatre endroits des lettres du Poussin à Chantelou. Dès le 29 août on trouve deux mots : « ... J'ai fait enuers M. Fouquet ce que vous m'aues ordonné... » Puis le 15 novembre, il écrivait plus clairement : « Je vous suplie de vous souuenir de ce dont je vous ay suplié touchant l'affaire qui est entre les mains de M. le Surintendans Fouquet ». La lettre à laquelle il fait allusion ne nous a pas été conservée. Il y revient le 20 décembre : « Deuant tout autre chose, je vous remercie très affectueusement de la bonne volonté que vous aues pour moy et que vous aues asses de bonté pour vous vouloir emploier enuers M. le Surintendans Fouquet pour l'afaire que vous scaues bien. Mais que cela ne nuise nullement à vos interres qui sont en ce cas, entièrement séparés des miens. Il n'est besoin que de vostre tesmoignage et dire que j'ai raison, car vous scaues que je n'ei rien touché de l'année quarante-trois, laquelle j'emploiey toutte pour les desseins de la gallerie ; et outre cela je n'ai rien eu de la maison que le Roy me donna sa uie et que d'autres en jouissent que moy... Je n'ei peu encore vous seruir en ce qui concerne les bust que vous desires auoir : je ne pourrei mesme y atendre cependans que M. Fouquet est ici : les causes vous seront écrittes un jour, mais il faut du papier et du loisir... » Enfin, six jours après, nouvelle lettre à Chantelou : « La vostre du 26 nouembre me fut renduc si tard, que je ne pus y repondre par l'ordinaire passé ; il falut mesmement que je prince la commodité de M. Fouquet pour luy la communiquer. Il avoit receu sous la mesme datte de la vostre lettre de Monsieur le Surintendans son fraire par lesquelles il luy fesait scauoir letat ou estoit mon affaire conformement à ce qu'il vous a pleu m'en escrire. Vous l'aues mise en bon chemin, et tous les bons commencements permettant une bonne fin, j'espère que tout ira bien. M. Fouquet, qui est en cette ville, me promet de si porter en homme généreus, je m'assure que vous y emploieres comme patron et ami. J'ei besoin en ce cas là de vostre soin et solicitation et de quelquefois faire souuenir M. le procureur général de mon affaire, car il pourroit oublier une si petite chose entre de si grandes où il est tousiours occupé ; je vous suplie de tout mon cœur de le faire. J'ei remercié M. de Mauroy (1) du bon office qu'il m'a rendu en ce rencontre ; je le seruirei en ce qu'il desire de moy que j'ai dilaié par nécessité et non oublié... »

Cet abbé Louis Fouquet est une manière de personnage demi-officiel, fort avenant d'ailleurs et actif, en ses façons d'agir et de s'entremettre, et qui couvre une mission politique sous une autre mission d'achat d'œuvres d'art à laquelle il avoue de bonne grâce n'être guère préparé. Sur ses deux missions il s'en greffe bientôt deux autres, par sa fréquentation assidue du Poussin avec lequel Chantelou l'a abouché : l'une relative à ce qu'avait droit de réclamer le premier pein-

---

(1) A propos de la lettre de La Fontaine à sa femme (Limoges, le 12 septembre 1663) : « ...Il y a de bon compte quatre Venus dans Richelieu, une entre autres divinement belle, et dont M. de Maucroix dit que le Poussin lui a fort parlé, jusqu'à la mettre au dessus de celle de Médicis... » Walckenaër note que Poussin « a pu s'entretenir avec de Maucroix, non seulement en France, mais à Rome où ce dernier fut envoyé par Fouquet ».

tre du Roi, pour ses travaux de 1643, restés impayés par suite de son départ précipité de Paris ; c'est la question dont Poussin lui-même vient de parler à Chantelou ; — l'autre touchant à ces fameux Termes, que le peintre, désespérant de trouver rien qui vaille en vrais antiques, prend un beau jour le parti de composer et de modeler lui-même pour la satisfaction du Surintendant.

Montaiglon, avant de décrire avec soin les Termes du Poussin, ne manque pas de rappeler ce qu'ont dit, au xviiie siècle, le docteur Maihows, et au xviie siècle, Félibien de l'étroite parenté des figures peintes du Poussin dans ses meilleurs tableaux avec les plus belles statues antiques, que chacun savait d'ailleurs avoir été mesurées par lui en compagnie de François Flamand et de l'Algarde. C'est le paysage, l'amour du paysage qui a retenu Nicolas Poussin dans la peinture ; autrement, la fièvre titianesque une fois passée, dès qu'à Rome l'antique se fut emparé de lui, il eût été tout entier à la sculpture. Il est certain que dès son arrivée à Rome, Poussin, par une sorte de vision de ce qui convenait à son génie et à son propre renouvellement, s'était brusquement soustrait à tout ce qui avait cours dans l'art de son temps, et s'était voué à l'antique, à l'antique seul. Ses tableaux ne sont-ils pas la mise en action colorée, l'image concentrée en sa féconde imagination, du paysage romain, tel qu'il s'était perpétué selon sa nature éternelle, et peuplé, abstraction faite du monde présent, de cet autre monde de statues et de bas-reliefs, j'allais dire surtout de bas-reliefs, qui lui traduisaient strictement et fortement les gestes, les attitudes, les costumes et les façons d'être, de penser et de vivre de la plus noble antiquité, comme si nul autre que lui ne les eût vus après quinze cents ans d'enfouissement. J'ajouterai que pour leur coloration, cette rude palette qu'on lui a parfois reprochée, empruntait d'instinct ses tons à ceux dont avaient usé les peintres contemporains de ces sculptures antiques, je veux dire à la détrempe.

Oui, l'habitude de la détrempe qu'a acquise Poussin dès sa jeunesse, et qui, en 1623, lui a rendu facile l'improvisation de six grandes toiles en six jours pour la canonisation de saint Ignace et de saint François-Xavier, — cette pratique de la détrempe, coutumière sans doute au commencement du siècle dans les ateliers de France, puisque Mignard se vantera plus tard que, l'ayant exercée de bonne heure, il s'en est trouvé tout préparé à la peinture à fresque, — la détrempe était le procédé qui pouvait le mieux convenir au Poussin, pour le rapprocher des apparences de la peinture antique ; la simplicité et la franchise un peu âpre de son exécution, dans ses œuvres de maturité, lui gardent un air de famille avec le peu qui nous soit resté de la peinture romaine et qui s'accorde étroitement avec le sens de groupement de ses chers bas-reliefs. Tout cela donne à ses ouvrages une unité de touche, de coloration et d'invention, qui fait que si les fouilles nous rendaient des compositions de certaine importance, on y reconnaîtrait, à coup sûr, que par la facture autant que par l'esprit, le Poussin est le seul moderne qui, de plus près que Raphaël même et Jules Romain, puisse être confondu avec les peintres du siècle des Césars.

Montaiglon ne nous laisse point oublier de quelle ardeur passionnée Poussin s'était jadis épris pour le modelage, alors que, logeant avec François Flamand, il pétrissait la terre glaise ou la cire devant les antiques, formait même « quelques figures de relief » ou « faisait des bas-reliefs », à la villa Ludovisi, d'après les bambins du Titien. C'est à ce temps sans doute qu'il faut rapporter la précieuse petite cire d'après la Cléopâtre antique, à lui attribuée non sans vraisemblance, et qui, du cabinet d'Antoine Duchesne, était passée, après la vente de son petit-fils, dans la collection de M. Gatteaux. Le savant et prudent amateur Mariette possédait dans sa précieuse collection de terres cuites (n° 39 du catalogue de son cabinet par Basan, 1775), « le buste de la femme de M. Poussin, en corset et la gorge découverte, de 10 pouces et demi, y compris le piédestal qui est de marbre. » Ce buste fut adjugé, au prix de 80 francs. Poussin garda d'ailleurs toute sa vie cette habitude et ce goût de modelage et il en usait comme d'un aide commode et en manière de complément à ses dessins, dans ses projets de décorations ; témoin la lettre du 29 juin 1641 : « J'ai fait des modèles de cire que j'ai baillés à M. Perlan, afin de faire modeler les piédestaux dudit ornement de la Galerie ». Bien mieux, nous savons par Bellori que ces petits modèles en cire lui servaient couramment pour l'exécution de ses tableaux ; lisez ce curieux passage qu'a traduit Montaiglon : « Quand il avait conçu un sujet, il en dessinait un croquis, suffisant pour se rendre compte de l'ensemble ; ensuite il faisait de petits modèles de cire de toutes les figures dans leurs attitudes, en ébauches d'un demi-palme, et il les

disposait de façon à en composer un sujet en relief pour voir les effets
réels de la lumière et des ombres portées par les corps. Il faisait ensuite d'autres modèles plus grands de ses figures, et les habillait pour
voir séparément la disposition et les plis des vêtements sur le nu, et
pour cet effet, il se servait de toile fine ou de cambrésine mouillée,
parce qu'il lui suffisait de petits morceaux de drap pour avoir la différence et la valeur des teintes. » Aujourd'hui, nous avons à Paris un
autre bien intéressant artiste, M. Galland, le décorateur éminent, qui
a montré, dans ses ouvrages et dans son enseignement, les avantages
de ce double artifice en un même homme, du sculpteur aidant au
peintre par l'emploi de ses jolies maquettes qui fournissent à ses figures volantes ou groupées la justesse des raccourcis et la vérité du modelé dans la lumière ambiante.

Les détails donnés par Bellori sont d'ailleurs confirmés par un
étrange petit livre, imprimé à Bordeaux en 1669, mais écrit en 1668,
trois ans à peine après la mort du Poussin, et où Le Blond de Latour,
peintre de l'Hôtel de ville de Bordeaux, explique les singuliers procédés du maître, qu'il avait vu sans doute travailler à Rome en quelque voyage de par de là les monts. Montaiglon transcrit au long ces
pages fort curieuses, dont, pour notre sujet, nous n'avons à extraire
que les lignes suivantes : « ...Ayant placé ses mannequins dans leur
situation propre et naturelle, il les habilloit d'habits convenables aux
figures qu'il vouloit peindre, formant les drapperies avec la pointe
d'un petit bâton, et leur faisant la tête, les pieds, les mains et le corps
nus, comme on fait ceux des anges, les pièces d'architecture et les autres ornements, avec de la cire molle, qu'il manioit avec une adresse
et avec une tranquillité singulière... »

Il est certain que le peintre Poussin trouvait tant de charme et de
si grandes ressources d'art dans la sculpture, que le jour où il avait eu
à concevoir l'ensemble d'un projet de décoration pour la Grande
Galerie du Louvre, c'est à l'imitation de bas-reliefs qu'il en avait
emprunté les moyens. Après s'être bien régalé les yeux de peinture, au temps de sa jeunesse, dans ses mythologies vénitiennes, il en
était venu, dans sa maturité, à ne concevoir les décorations monumentales qu'avec des yeux de sculpteur. De là ces grands camaïeux
de la vie d'Hercule qui devaient suffire, en son esprit solide et sobre,
à donner toute la majesté désirable à l'ornement de cette galerie

royale. Nous les connaissons ces camaïeux par les gravures de
Pesne, d'après les « dessins très finis et très beaux » que possédait
M. Fromont de Veine au temps de Félibien, et par d'autres épars
que M. Gatteaux a fait reproduire par Gelée. Mais ces projets de
feints bas-reliefs de stuc, qui nous ravissent aujourd'hui par leur
simplicité robuste, durent paraître aux envieux courtisans d'une magnificence bien économe : Poussin savait mieux qu'eux ce qu'était la
vraie grandeur.

Alors que vint plus tard l'affaire des Termes de Fouquet, et qu'im-
patienté de chercher en vain de vrais antiques qu'il ne pouvait espérer
de trouver en si grand nombre, Poussin se résolut à les composer lui-
même, j'ai peine à me figurer, malgré l'assurance de Bellori, qu'il les
ait modelés de pied en cap de sa main. Cette main était déjà tremblante
et n'avait pas moins de 61 ans. L'homme ne craignait pas sa peine,
et se plaisait même à cette besogne du maniement de l'argile, qui avait
été, depuis trente ans, son hors-d'œuvre favori. Je me borne donc à
croire qu'il a suivi attentivement et pied à pied ce travail, qu'il a
fourni les maquettes, qu'il les a fait grandir à point, sous ses yeux,
par ces « différents sculpteurs » dont on ne connaît pas les noms, et
parmi lesquels on peut rêver Orfeo Bosselli, Nicolas Mengini, et ce
Bernardo dont parle l'abbé Fouquet. Je suis même convaincu qu'une
fois la terre glaise menée où elle pouvait l'être par ces praticiens, le
Poussin n'a su s'empêcher d'empoigner l'ébauchoir, de remanier et
de corriger les parties essentielles de ces grands modèles, de manière
à les pousser au point où il désirait qu'ils parussent en marbre. Par
malheur, le marbre n'était pas son affaire, et de là certaines fai-
blesses et grossièretés d'insuffisance dans les Termes des bosquets de
Versailles, et où il est encore fort heureux que puisse transparaître,
à travers la pratique mal gouvernable des tailleurs de marbre qu'il
avait sous la main, quelque chose de la vigoureuse simplicité du plus
grand de nos maîtres.

Ce qui est particulièrement curieux dans ces lettres de L. Fouquet
à son frère le surintendant, c'est de voir combien, presque dès l'abord,

Poussin avait captivé cet homme calme et prudent, et de pur bon sens français, à ce point de lui inspirer une sorte de vénération ; et comme celui-ci comprend, après s'être orienté quelques semaines à travers les ateliers et les connaisseurs de la Ville Éternelle, que dans ce pays épuisé désormais par la dernière floraison de l'école de Bologne, il n'y a plus là ni un peintre ni un sculpteur, qu'il n'y a plus que le Poussin, le Poussin seul, dans Rome ! Et ce m'est un tel plaisir extrême de suivre ce personnage, d'esprit fin et élevé et de parfaite bonne foi, ne s'en faisant point accroire sur son propre goût qui d'ailleurs s'éclaire à vue d'œil, mais qui dans Rome ne voit que le Poussin, n'estime que le Poussin, n'a confiance que dans la probité et l'exactitude et le génie du Poussin, et semble ne pouvoir perdre de vue son atelier, sa maison, sa famille, que je ne puis m'empêcher de transcrire dans ses lettres tout ce qui touche à notre maître : c'est le témoignage le plus sincère et le plus vivant de l'impression produite sur tout Français de France, à cette date de 1655.

Le 2 août 1655, L. Fouquet écrit à son frère le surintendant : « .. Si cela est bien difficile (de faire de raisonnables emplettes sans être tyrannisé), il l'est bien plus de s'asseurer d'un bon peintre. M. Poussin que j'avois mis hier sur ce chapitre, m'asseura qu'il n'y avoit plus personne dans la peinture qui y fût tolérable et qu'il ne voyoit pas mesme venir personne et que cet art alloit tomber tout à coup. En effet il n'est plus que sur sa teste, et on ne rencontre plus ici à achepter aucun passable tableau, hors ceux de M. Poussin dont la cherté est estonnante. Il y a ici un curieux de mes amis et de ceux des Becherels, nommé Pointel, qui, en partant, il y a un an et demi, prit mil escus à M. le duc de Créquy pour luy achepter à Rome des tableaux ; il est encore à en employer le premier sol depuis ce temps là, n'ayant jamais pu rien rencontrer de son goût qui est bon, ni rien de considérable et qu'on pût dire sans rougir en France avoir esté choisi dans Rome.

« Il y a néantmoins trois tableaux de M. Poussin à vendre chez des Romains, mais, comme ce sont les trois plus grandes pièces qu'il aye faites et les plus achevées, chaque tableau est de deux cents pistoles, hors un qui est plus cher. La régularité des ouvrages de ce grand homme et la rareté des gens qui travaillent bien ont porté ses tableaux à ces sommes immenses. Il y en a deux que veut vendre le cardinal

Homodéi, qui y est contraint par les pertes que nos armées luy ont fait souffrir dans le Milanais. » (Félibien parle d'un *Triomphe de Flore* que Poussin fit pour le cardinal Homodéi.)

« ... Quand aux statues, je ne prendray rien que de l'anticque entier... au choix de quoy je ne puis assez estre plein de reconnoissance de tous les soins que la famille toute entière de M. Poussin prend des choses que je souhaite. Il m'a adverti depuis peu que M. de Chantelou estoit sur le point de vous donner douze testes antiques... M. Poussin, qui a de l'ouvrage pour d'ici à deux ans, offre de travailler ensuite à quel sujet je voudray. Quoy qu'on dise que sa main tremblante ne rend plus ses ouvrages si beaux, c'est néantmoins une médisance, et il travaille mieux que jamais il n'a fait et plus juste. On auroit plus de profit de luy faire faire quelques tableaux que d'en achepter de faits. Ses ouvrages, dans quelque temps après sa mort, seront mille fois plus rares et plus chers. »

Dans la lettre du 16 août 1655 un joli paragraphe : « Vous avez vu par mes précédentes lettres que je ne suis pas si coupable que d'estre à Rome et n'y pas connoistre Monsieur Poussin. Ces obligations que je luy ay et à ses beaux-frères des soins qu'ils se donnent pour moy monstrent que je n'ay pas eu longtemps l'ordre de vous faire des emplettes sans m'avoir attiré une si illustre connoissance, et c'est à elle à qui je dois d'avoir appris la première fois ce que vous mandez de Monsieur de Chantelou. La permission de transporter des anticques a esté quelquefois impossible à obtenir et jamais n'est aysée. Néantmoins je crois en estre asseuré si on la donne en général, et, s'il faut spécifier ce qu'on veut transporter, il n'est pas temps de la poursuivre, puisque M. Poussin n'a encore rien acheté. On ne sçaurra point que ses emplettes iront plus loin que M. de Chantelou, et mesme ce sera une voye de cacher quelqu'une des miennes... »

Dans la lettre du 23 août : « ... Il faut un temps et une fortune immense à acheter ici quelque chose de raisonnable en tableaux, dans la disette qu'il y a de bons ouvrages. M. Poussin, à qui j'ay parlé de cette permission que vous m'avez demandée pour les commissions de M. de Chantelou, m'a dit que rien ne pressoit, qu'il auroit tout le temps d'y penser et que c'estoit l'œuvre d'un siècle que de trouver une bonne emplette à faire.... Depuis le commencement de l'esté je crois avoir très soigneusement veu, en compagnie d'experts, deux mille tableaux à vendre, et de ces deux mille j'aurois honte d'en avoir emporté plus de vingt, quand presque j'aurois eu le surplus pour rien. Les défauts des uns, la cherté des autres et mon irrésolution font que je suis aussi fourni de tableaux que le premier jour et me font voir que je vous serviray plus utilement en statues et choses de mesme nature qu'en peinture. Hors les tableaux de M. Poussin qui sont à des particuliers (car il ne travaille jamais qu'à poste et après deux ans de retenue), je n'en ai point veu de fort beaux. Il est vray que ceux là contiendroient toutes les beautés de la peinture si le coloris de M. Poussin avoit autant d'agrément que son art a de justesse. Je suis ravi que vous ne m'ayez pas ordonné d'acheter quelqu'un de ses trois grands ouvrages ; car, comme en France on n'entend point parler de tableaux de 800 escus, de 200 et 150 pistoles pièce, j'aurois esté exposé à estre accusé de haute duperie ou bien de quelque autre chose pire. Comme des tableaux de cette cherté sont longtemps avant qu'estre vendus, si l'envie vous en venoit dans un an, on les pourroit avoir également en mon absence comme maintenant. Et puis en tout cas M. Poussin se porte bien ; il travaillera toujours pour vous préférablement à tout autre, quand vous le souhaiterez et que vous lui en donnerez le temps et vous aurez toujours meilleur marché de luy-mesme que des autres qui adorent ses ouvrages, la cherté desquels est médiocre en comparaison et à proportion de ceux de quelques peintres morts et estimés.... »

Le 27 décembre, il se répète : «... La difficulté est horrible pour des tableaux raisonnables, car M. Poussin ne se peut resoudre à m'en laisser prendre de médiocres. Je crois qu'il seroit assez à propos, au lieu d'en acheter des siens qui se vendent fort cher, de luy en faire faire un ; mais pour cela il faudroit luy donner un long temps, à cause de l'exactitude avec laquelle il fait les choses et à cause aussi qu'il est toujours fort engagé par avance. » Le 29 février 1656 : «... M. Poussin vous escrit ; si vous le vouliez honorer d'un petit mot de reponse ?.... »

Le surintendant a fini par s'échauffer lui-même et voici ce que son frère lui écrit le 7 mars : «... J'ay donné en vostre nom à M. Poussin, ce que vous m'aviez desjà ordonné de faire, et vous aurez veu maintenant, Monsieur, comme il vous en a remercié ; il en tesmoigne toute la gratitude possible, et, outre que c'est un homme, sûr et de ser-

vice, à entretenir, c'est que je vous asseure qu'il a bien gagné et par de
là ce dont vous l'avez régalé. Il est néanmoins content au dernier
point et il sera comblé d'honneur et de libéralité si à vostre présent
vous adjoustez un mot de réponse à sa lettre. Quant à ce que vous
me mandez que vous approuvez qu'on luy fasse faire quelque beau
tableau, je vous diray, s'il vous plaist, qu'il y a longtemps que mon
opinion a esté que vous luy deviez faire faire une couple de belles
pièces d'une égale grandeur de quelque sujet agréable et de son choix. Je
ne luy en parleray pourtant point maintenant, et parce que vos Termes
l'occuperont bien encore deux mois, sans parler des ouvrages qu'il
a devant luy, et parce que de luy en parler sitôt après un bienfait, il
sembleroit que c'en seroit demander la récompense. Il vaut bien
mieux qu'il puisse juger que cela servira, l'année qui vient, de matière à une nouvelle reconnoissance.... L'exemple de cet homme de ma
cognoissance, qui a porté à Paris quelque quantité de tableaux, et
que vous me proposez, n'est pas trop bon à suivre, car je scais qu'il
n'avoit presque que de la racaille et luy mesme m'a offert souvent
tous ses tableaux au prix qu'il les avoit achetés, et il a esté à moy, un
mois durant, qu'il n'avoit nulle autre occupation que d'aller chercher
par la ville des statues et des tableaux pour me les indiquer et puis
après pour les faire voir à M. Poussin. Je ne laisserai pas neantmoins
de le prier de vous porter tous ces tableaux, afin que s'il en avoit qui
accommodassent Saint-Mandé ou Vaux, vous les puissiez faire prendre.
Je vous en ay envoyé une petite quantité (huit qu'il désigne par les sujets) tous originaux, fort beaux et fort bien faits et de grands peintres
tous morts. Vous y en avez encore trois, mais médiocres; un paysage de
Gaspard, beau frère de M. Poussin, et deux copies d'originaux de
M. Poussin, faites de bonne main : elles représentent une *Exposition de Moyse* et une *Vierge avec un Jésus...*»

Enfin arrive la lettre énigmatique du 17 avril 1656 : «... Jay rendu
à M. Poussin la lettre que vous luy faites l'honneur de luy escrire ;
il en a tesmoigné toute la joie imaginable. Vous ne scauriez croire,
monsieur, ni les peines qu'il prend pour vostre service, ni l'affection avec
laquelle il les prend, ni le mérite et la probité qu'il apporte en toutes choses. Luy et moy nous avons projeté de certaines choses dont
je pourrois vous entretenir à fond dans peu, qui vous donneront par
M. Poussin des avantages (si vous ne les voulez mespriser) que les

roys auroient grande peine à tirer de luy, et qu'après luy peut estre personne au monde ne recouvrera jamais dans les siècles advenir ; et, ce qui plus est, cela seroit sans beaucoup de dépenses et pourroit mesme tourner à profit, et ce sont choses si fort à rechercher que quoy que ce soit sur la terre maintenant ne peut avoir une meilleure fortune ni peut-estre égale. Comme en luy rendant vostre lettre je ne le vis qu'un moment en passant, j'oubliay de luy dire que vous ferez retirer son brevet renouvelé en termes honorables... » Le brevet est celui dont parle Bellori : « Le très glorieux et invincible roi Louis XIV lui confera sa grâce bien qu'il fût éloigné, en lui confirmant le brevet, donné par son père, du titre de son Premier Peintre, et il commanda que lui fussent payés les gages et les provisions omis, comme Sa Majesté en signa le brevet le 28 décembre 1655 ». L'heureuse solution de l'affaire du brevet et du paiement promis de l'arriéré de la pension du Roi, donne pleine satisfaction à cette tenace et trop juste requête dont nous avons vu Poussin entretenir dès l'abord M. de Chantelou, et que le frère du surintendant avait conduite de Rome avec la légèreté de main et l'insistance d'un ami zélé et d'un habile politique, bien motivée d'ailleurs par l'exécution des fameux Termes et par les services rendus dans les recherches des bustes et des sculptures antiques.

Quant à la commande au Poussin des tableaux pour Fouquet, nous n'en trouvons plus mention ; et cependant il est certain que le surintendant en posséda et non de la moindre qualité. Chantelou luimême en témoignait plus tard, quand il exposait au Bernin son projet d'une suite de tapisseries à exécuter pour le roi d'après les sujets de l'histoire de Moïse traités par le Poussin. Il désignait « la *Manne* qu'avait M. Fouquet ». Or, chose bizarre, c'est pour lui, Chantelou, que le Poussin avait peint cette *Manne* en 1639 ; mais Chantelou avait consenti à céder son admirable tableau au surintendant, de même qu'il lui cédait les bustes antiques acquis pour lui Chantelou par le même Poussin en 1644.

CE QUE LE BERNIN PENSAIT DU POUSSIN

Nous voudrions bien savoir ce que, au fond de son goût personnel, M. de Chantelou pensait des tableaux que successivement lui avait fait parvenir le Poussin. M. Chardon, à défaut du *Journal du voyage de 'Bernin* non encore publié quand il écrivit son propre livre des *Frères Fréart*, a connu certaines lettres, que M. de Chantelou adressait à Colbert pour le tenir au courant desdits gestes du Cavalier. Dans l'un de ces billets, il fait allusion à la visite dont Bernin vient d'honorer sa maison et les œuvres de son ami; c'est, en deux mots, le résumé discret de cette visite curieuse qu'il raconte fort au long dans le *Journal* : «... Le sieur Jabat estant allé à la campagne, ...il dist qu'il vouloit venir céans, et il y vint, où il vit avec attention les tableaux que j'ay de M. Poussin; son fils et le seigneur Mathia y estoient aussi qui tous témoignèrent de l'admiration au delà beaucoup de ce que j'eusse attendu, mais principalement le Cavalier... » Il est clair qu'il « attendait » quelque grimace, d'un génie si opposé à celui du Poussin, et vous verrez que sa foi n'est pas si absolue qu'il ne fasse quelque concession à certaines observations du Bernin. Mais, en somme, ces jugements du Cavalier, qui sont l'écho de l'opinion italienne d'alors par sa voix la plus accréditée, n'étaient point faits pour rapetisser le grand Français dans l'esprit et la confiance de l'amateur qui s'était dévoué à sa gloire.

A la date du 17 août 1665, Chantelou note, dans son *Journal du voyage du Cavalier Bernin en France* : « J'ai prié le signor Mathie (Mattia de' Rossi, l'élève et le praticien du Bernin pour ses dessins d'architecture) de mettre dans le paquet du Cavalier une lettre que j'écrivais à M. Poussin ; ce qu'il a fait. » Les lettres du Poussin à Chantelou se font très rares en ses dernières années ; il ne nous en reste qu'une de 1664, une autre de 1665, une troisième, de cette même année, à M. de Chambray, et dans aucune de ces trois lettres n'est prononcé le nom du Bernin. Les soucis du pauvre Poussin étaient d'autre importance et assez douloureux et graves, pour qu'il ne s'amusât point à s'inquiéter de ce que le Cavalier pouvait faire à Paris. Cependant le trait familier que j'indique, de M. Chantelou introduisant dans le paquet de correspondance du Bernin pour Rome une lettre à l'adresse du Poussin, nous autorise à penser que Chantelou ne faisait point mystère à son peintre du gros des affaires du Cavalier et du rôle qu'il avait été chargé par le roi de remplir auprès de lui. Certes, pour cela, il s'en fallait de beaucoup que ces deux grosses renommées, malgré leurs divergences, fussent étrangères l'une à l'autre, et bien mieux se fissent grise mine. Quoi qu'ils opinassent l'un de l'autre, c'était affaire de civilité commune et Chantelou n'avait point à en souffrir dans ses franchises de très galant homme.

On sait quels honneurs extraordinaires, honneurs plus que princiers, furent rendus au Cavalier Bernin, alors que le Roi, sur l'avis de Colbert, l'appela en France en 1665, pour fournir des plans à la façade nouvelle du Louvre, celle qui regarde Saint-Germain-l'Auxerrois. Ce Cavalier, grand parleur, la vanité même, très avide de révérences et d'écus, très en défiance, et non sans raison, contre ces entours de Colbert, qui épient toutes ses pensées et guettent tous ses mouvements, gâté d'ailleurs par la faveur successive de quatre ou cinq papes, et par l'enthousiasme légitime qu'avaient provoqué dans toute l'Italie ses œuvres flamboyantes de sculpteur et d'architecte, ce Cavalier était en tout point l'antipode du Poussin ; impossible de rencontrer deux natures plus contraires de génie et de tempérament. Ce n'en était pas moins un très grand artiste, le dernier des grands artistes de race qu'ait produits l'Italie. Pendant les cinq mois que le Bernin demeura à Paris, de mai jusqu'en octobre, le Roi avait attaché à sa personne, comme guide, truchement, et sorte de chevalier d'honneur « envoyé pour l'entretenir et l'accompagner pendant qu'il serait en France », devinez qui ? M. de Chantelou, le Chantelou du Poussin, le fidèle ami et patron de notre peintre. Chantelou parlait couramment l'italien. Il avait vu Rome à plusieurs reprises. En 1640, il y était venu, accompagné de son frère, M. de Chambray pour « ouvrir le chemin de France à tous les plus rares vertueux de l'Italie, dont le coryphée était ce fameux et unique peintre Monsieur le Poussin, l'honneur des Français en sa profession et le Raphaël de son siècle. » Chambray a raconté tout ce qu'ils rapportèrent de ce voyage ; et puis Chantelou y était retourné pour faire bénir par le Pape et présenter à Notre-Dame de Lorette l'enfant d'or

porté par un ange d'argent fondu que la Reine avait fait exécuter
par Jac. Sarrazin, en actions de grâces pour la naissance du Dauphin. C'est ce qui permit à Chantelou, quand, vingt ans après
le 2 juin 1665, il aborda Bernin à Juvisy de lui rappeler « l'estime
singulière qu'il avait toujours faite de lui et de sa vertu. » — « Je lui
ai dit que j'avais même autrefois reçu des grâces de lui, m'ayant
donné à Rome quelques académies de sa main, que je gardais chèrement... » Dans cette affaire des dessins de façade pour l'achèvement
du Louvre, comme on ne pouvait plus rien entreprendre en France
sans que le nom du Poussin n'y fût invoqué et mêlé, les dessins des
plans et élévations du Palais, avec les copies des projets de Leveau
avaient été, en 1664, adressés au Poussin, que l'on entendait charger
de recueillir les avis et les projets motivés de tous les artistes italiens
de quelque réputation, et particulièrement de Piétre de Cortone, de
Rinaldi et du Cavalier Bernin. Et dans une lettre que rédigea à ce
sujet Ch. Perrault et qui ne fut pas expédiée, Colbert annonçait à
Poussin le projet d'envoyer tous les ans à Rome et d'y entretenir un
certain nombre de jeunes gens pour s'y former le goût et la manière
sur les originaux et les modèles des plus grands maîtres de l'Antiquité et des siècles derniers; et le ministre annonçait au Poussin que
le Roi l'avait choisi et nommé pour celui que Sa Majesté chargeait
du soin et de la direction des étudiants qu'elle y enverrait; dans cette
vue, une somme de douze cents écus était expédiée à M. Poussin,
peintre ordinaire du Roi. C'était, comme l'on voit, l'origine de cette
école de France à Rome, qui a joué un si grand rôle dans l'histoire
de notre peinture et sculpture, et qui, si le Poussin avait eu dix ans
de moins, pouvait prendre, dès l'origine, un caractère décisif sous
sa gouverne. On sait trop que rien de tout cela ne fut : le Poussin,
Dieu merci pour lui, fut soulagé de cette affaire délicate des plans
du Louvre dont les négociations, conduites à grande pompe, eurent
le résultat d'amener directement à Paris le Bernin et ses projets.
Quant à l'académie de France à Rome, c'est en 1666, quelques mois
après la mort du Poussin, que le premier directeur, Ch. Errard,
partit de Paris avec le groupe des douze premiers pensionnaires. La
distance était grande du Poussin à Errard, mais pourtant celui-ci
avait reçu jadis les conseils du maître et pouvait se souvenir de ses
graves principes et de leur discipline. Aussi ne peut-on assez s'éton-

ner de voir (confusion éternellement bizarre et qui ne s'explique que par l'influence toute puissante du nom sur des ministres discernant mal la qualité des artistes) de voir le Bernin, encore le Bernin, suppléer sur cette académie de France l'autorité que l'on réservait d'abord à Poussin, et venant en 1667 conseiller les études de nos jeunes élèves de Rome. Il faut se rappeler peut-être, pour comprendre cette invitation à veiller sur nos pensionnaires, la visite solennelle que fit le Bernin, à Paris, le 5 septembre, à notre Académie royale de peinture et sculpture. Il y avait examiné attentivement les dessins et les modèles, puis, debout, entouré des académiciens et de leurs élèves, il s'était livré à une sorte de conférence, à la fois savante et familière, sur les plus profitables procédés d'étude, qui étaient de mener de front l'observation de l'antique et celle de la nature et non point d'abord la nature qui, par une interprétation insuffisante, pouvait tromper de jeunes esprits, « entremêlant la production et l'imitation » ; et tout cela en bons termes sensés et modérés, entrecoupés d'anecdotes sur l'atelier et l'enseignement d'Annibal Carrache qu'il avait connu. Il est de ces principes primordiaux qui ne sont faits pour effrayer personne et qui sont communs à toutes les intelligences distinguées, quelle que soit d'ailleurs la pente dernière de leur génie. N'ai-je pas déjà raconté que j'avais entendu, de mes oreilles entendu, dans le cabinet de M. Reiset, au Louvre, tour à tour Ingres et Delacroix s'exprimant devant les dessins de maîtres en termes quasi identiques ? Colbert, le lendemain, ne manqua pas de remercier Bernin d'avoir donné à l'Académie « son sentiment pour l'instruction des étudiants, et lui dit qu'il l'obligerait beaucoup s'il voulait mettre par écrit le discours qu'il y avait fait. Il a promis qu'il le ferait et a répété que rien n'était si dommageable aux jeunes gens que de les faire commencer à dessiner d'après nature, et qu'il fallait avoir des plâtres, des bustes et figures antiques afin de les faire dessiner d'après. » Si bien qu'à coup sûr, le Poussin aurait pu, les yeux fermés, contresigner les feuillets de Bernin, tels que celui-ci, le 9 septembre, les remettait à l'abbé Butti.

Le Cavalier ne devait d'ailleurs laisser de son voyage en France que deux œuvres point compromettantes : ses plans pour le Louvre qui ne s'exécutèrent pas et son beau buste du Roi qui est à Versailles. Que si l'on cherche quelle influence il put exercer là-bas sur ces jeunes sculpteurs pensionnaires du Roi, qui devaient remplir de leurs statues et de leurs groupes décoratifs les superbes massifs et les bosquets de Versailles, il faut bien convenir que ce ne fut pas seulement par ses conseils d'école qu'ils auraient pu être induits en cette manière passablement lourde et tourmentée qui ne fait point tant mauvais effet dans cette verdure où ils se silhouettent, mais que tout, dans la Rome d'alors, tout ce qui y avait vogue autour du Bernin, était fait pour la leur enseigner.

Le pauvre Cavalier eut, d'ailleurs, dans les derniers temps de sa vie, une bien fâcheuse idée, et qui allait effacer à tout jamais dans l'esprit du Roi et de la cour son immense renommée d'autrefois. Ce fut de sculpter cette folle statue équestre, ce dernier ouvrage du maître vieilli, et qui représentait Louis XIV gravissant la montagne de la Gloire. Elle ne fut transportée en France qu'en 1685, cinq ans après la mort de l'auteur, et le Roi « trouva que l'homme et le cheval étaient si mal faits qu'il résolut non seulement de l'ôter de la de l'Orangerie de Versailles, mais même de la faire briser. » Girardon la sauva en remaniant la tête, en ajoutant un casque et en en faisant un *Marcus Curtius*, qu'on relégua au bout de la Pièce d'eau des Suisses, où les ciceroni de mon temps, par une singulière transformation du nom de l'artiste, l'avaient baptisée *le Chevalier Berlin*. Si Chantelou assista au déballage de ce malheureux groupe et à la visite du Roi, il ne put point sans doute ne pas se souvenir de ces cruelles paroles du Bernin lui-même, et qu'il appliquait si mal à propos au Poussin : « Il faudrait cesser de travailler dans un certain âge, car tous les hommes vont déclinant. » Ce flamboyant *Curtius*, taillé à coups de serpe, n'en est pas moins resté dans le Versailles aux mille statues, faisant nombre dans cette population de blancs marbres, où tenaient leur place, à titre presque égal, et venus de toutes parts, les *Termes* du Poussin, et le *Milon* et l'*Andromède* du Puget.

On savait par les *Mémoires* de Ch. Perrault que Paul de Chantelou avait laissé à Jean, son frère aîné, un journal manuscrit du *Voyage du Cavalier Bernin en France*. Ce journal, Perrault le cite assez longuement et l'interprète avec sa malicieuse finesse ordinaire. Ce qui s'y pouvait dire de M. de Chantelou et de son plus jeune frère, M. de Chambray, cité par le commis des Bâtiments, et par occasion, du Poussin, m'intriguait fort, au moment où pour mon 3ᵉ volume

des *Peintres provinciaux,* et le petit livre de l'un des Restout, je
m'occupais des théories d'art qui avaient cours autour du Poussin.
Je m'étais mis ardemment à sa recherche, et n'avais trouvé pour me
guider qu'une piste bien fugace. Mon ami Eud. Soulié avait bien
voulu me prêter son exemplaire des *Mémoires* de Perrault, qui avait
appartenu à Mionnet, du cabinet des médailles; à l'endroit où Perrault
dit que « le journal de M. Chantelou lui a été communiqué depuis
sa mort, » Mionnet avait écrit la note suivante : « Le journal manuscrit de M. de Chantelou, cité par Ch. Perrault, page 87 de ses
Mémoires, n'a jamais été possédé par la Bibliothèque impériale. Le
garde des manuscrits, M. Dutheil, connaît ce journal, il l'a vu dans la
bibliothèque de feu M. le président de Cotte. Ce manuscrit aura sans
doute été vendu avec les livres de la bibliothèque du président; en ce
cas, il est difficile de savoir où il est actuellement. 23 juillet 1808. »
Là-dessus, je m'étais mis moi-même à fouiller, au cabinet des
Estampes, dans les papiers des de Cotte, venus là par une acquisition
d'alors; mais peine perdue, et j'en avais été réduit à « supplier le
possesseur actuel du journal de Chantelou de le livrer au public. »
J'imprimais cela en 1854, et il me fallut attendre plus de vingt ans
pour que mon vœu fût exaucé. Encore dois-je avouer que je n'y fus
pour rien, car l'éditeur du *Journal* ne paraît point avoir connu la
note de Mionnet. Mais il avait constaté qu'en 1811 Castellan se servait du manuscrit de Chantelou, pour son article *Bernin* dans la
Biographie universelle de Michaud. L'heureux homme qui fit la
bonne rencontre, ce fut mon vieil ami Ludovic Lalanne, et lui-même
a raconté sa trouvaille ; — et où la fit-il ? dans cette bibliothèque de
l'Institut, dont il est sous-bibliothécaire, et qu'il a fouillée si à fond,
et dont il connaît désormais et sait indiquer obligeamment à chacun
les liasses les plus cachées, alors qu'il m'avait fallu jadis, vers 1848,
mettre en branle des ministres en personne pour obtenir communication de la copie des *Lettres* de Poussin, qui avait servi en 1824 à l'édition de Quatremère.

Lud. Lalanne commença la publication du *Journal du Voyage du
Cavalier Bernin en France, par M. de Chantelou,* dans la *Gazette des
Beaux-Arts,* livraison de février 1877, et quand il dit, dans sa notice
préliminaire : « Il y a environ dix-huit mois », cela remonte la date
de sa découverte jusqu'... ...lieu de 1875. « Il y a environ dix-huit

mois, en m'occupant de classer divers manuscrits précieux renfermés soigneusement dans une des armoires de la bibliothèque de l'Institut, je rencontrai un volume in-4°, revêtu d'une reliure en veau brun, de la fin de xvii° siècle Au dos on lisait ce titre : *Voyage du Cavalier Bernin en France*, qui n'était point répété à l'intérieur. Bien que le manuscrit ne portât point d'autre indication et commençât par une courte lettre d'envoi : *à Monsieur mon très cher frère*, il m'a suffi, comme cela suffira, j'espère, au lecteur, d'en lire les premiers feuillets pour me convaincre que j'avais eu la bonne fortune de mettre la main sur le journal de Chantelou dont on déplorait la perte... Ce manuscrit n'est point malheureusement l'original, mais une copie contemporaine (de 587 pages) qui offre tous les caractères désirables d'authenticité. » Je m'en doutais bien qu'il y avait là pâture pour moi, et qu'il était impossible que, durant ces cinq mois de tête à tête, Chantelou eût pu s'empêcher de mêler à leurs causeries de chaque jour le souvenir toujours battant en lui du maître des Andelys.

Il va sans dire, en effet, que le nom du Poussin et l'examen de ses œuvres reviennent constamment dans les entretiens de Chantelou et du Bernin. Il est même curieux de voir que, devant ses tableaux, le plus chaleureux, le plus compétent et le plus pénétrant des deux juges n'était point l'amateur dont il a fait la renommée, l'intime confident de toute sa vie, celui pour lequel il avait peint son portrait et à qui il devait léguer ses pauvres parents des Andelys, mais le Napolitain aux grands gestes, à l'art redondant, aux draperies soufflées en tempête et à qui l'antique, adoré du Poussin, devait dire au fond si peu de choses. Il est vrai que ce Bernin avait, lui aussi, mêlé la peinture, comme Michel-Ange et notre Puget, aux autres pratiques de son art, et sa sculpture était, avant tout, de la sculpture pittoresque. Et puis, que voulez-vous ? cet Italien possédait, comme tous ceux de sa race, enivré qu'il était dès l'enfance des plus belles œuvres du génie humain, un sens fin et subtil et comme inné de la beauté supérieure sous toutes ses formes et sans acception d'écoles ni de manières. Aussi est-ce un régal de suivre ce Bernin dans toutes ses stations devant les tableaux du Poussin, — car je ne crois pas que M. de Chantelou lui en ait épargné un seul, de ceux que l'on pouvait voir alors dans Paris, et le Poussin n'a jamais été analysé par aucun de ses contemporains avec autant de justesse et un flair plus délicat. Chantelou le conduit chez M. de Bretonvilliers ; il le conduit chez Jabach où, parmi les dessins de maîtres, on lui montre celui d'*Armide emportant Renaud* du Poussin, dont le tableau avait été peint pour Stella, chez qui son guide ne manque pas de mener le Cavalier « pour voir les tableaux du Poussin qui y sont. » Il le conduit chez M. de la Vrillière et lui montre une *Nativité* et, dans la galerie, le *Maître d'école des Falisques*. Revoyant ce second tableau du Poussin, le Cavalier dit « qu'il était un grand homme de se pouvoir ainsi transformer, qu'il était d'une manière tout à fait différente de cette *Nativité* qui est d'un coloris lombard et l'autre à l'imitation de Raphaël. » Vis-à-vis de l'hôtel Mazarin, M. Coiffier le fait entrer dans la maison du sieur Cotteblanche pour lui faire voir l'*Adoration des trois Rois*, qui a appartenu à Martin de Charmois, l'ami du Poussin, de Le Brun et de Stella, et puis le *Moïse foulant aux pieds la couronne de Pharaon*. Le Bernin déclare qu'il est « de sa bonne manière », et Le Brun, « qui était là, dit qu'il l'avait vu faire il y a vingt ans », c'est-à-dire vers 1645. Un jour, en attendant que le dîner soit servi, ils s'entretiennent de la peinture : « Je lui ai dit qu'à Paris il y avait dix ou douze cabinets où il y avait de beaux tableaux ; que, depuis quinze ou vingt ans, l'on n'avait point épargné l'argent pour en tirer de Rome, de Venise et autres lieux d'Italie, qu'on avait payé des tableaux du Poussin jusques à 400 jules (?), non pas qu'il en eût, lui, touché cet argent, mais qu'ils avaient été vendus cela. Il m'a dit qu'il était arrivé le même au Guide, et qu'il le lui avait dit à lui-même, se plaignant que ses ouvrages étaient à un prix excessif, sans qu'il en tirât le profit, ce qui l'avait fait résoudre à prendre d'une seule tête cinquante écus, cent écus d'un demi-corps, et deux cents écus d'une figure entière ». Après ce dîner, il va chez M. de Richelieu, et regrette que le tableau de la *Peste des Philistins* y soit placé « trop loin de l'œil ». Il admire beaucoup les autres « tableaux du Poussin, un grand paysage de lui, et dit : Voilà comme il faut des cabinets, où il n'y a rien que d'élite. Il a vu après dans une salle un tableau du Poussin de la *Virgen del Pilar*, dont les figures sont bien plus grandes que nature, qu'il a trouvé fort beau et peint avec une grande force. »

Dès le 13 juin, le Cavalier a désiré voir les maisons des PP. Jésuites et Chantelou envoie quérir le carrosse du Roi : « Nous sommes allés

au noviciat des Jésuites, où il a entendu encore une messe, laquelle
finie, il s'est mis à considérer le tableau du grand autel, et a dit qu'il
lui semblait qu'il était du Poussin. Il l'a trouvé fort beau et l'église
aussi. Je lui ai dit que ç'avait été M. des Noyers qui l'avait fait
bâtir, et que mes frères et moi nous en étions un peu mêlés. » Bien
plus tard, le 5 août, « étant dans l'appartement de la Reine Mère
qu'a peint Romanelli, M. Colbert m'a demandé si le Cavalier l'avait
vu et ce qu'il avait dit de ces peintures. Je lui ai répondu qu'il n'en
avait rien dit de particulier, ne disant rien de tout ce qu'il voyait.
« C'est en user bien prudemment, a-t-il répondu, mais l'on le fait
« néanmoins beaucoup parler, même des ouvrages de M. Poussin. »
J'ai réparti qu'à la vérité il en parlait aux rencontres, mais toujours
avec une estime extraordinaire. Il a ajouté qu'on disait qu'il n'avait
presque pas regardé le tableau du noviciat. (Colbert s'amusait, j'imagine, à taquiner parfois Chantelou sur sa passion pour le Poussin.)
Je lui ai dit que si, et qu'à l'égard de celui de Saint-Germain, il
m'avait dit que ce n'était pas un des plus beaux ouvrages du signor
Poussin. » Chantelou ajoute : « M. Le Brun m'a dit que M. Colbert
lui avait demandé ce qui lui en semblait, et qu'il le lui avait beaucoup loué comme l'ouvrage le méritait. »

Nicolas Wleughels raconte dans sa lettre sur la vie de son père
(*Mémoires inédits sur la vie et les ouvrages des membres de l'Académie royale de peinture et de sculpture*, tom. Ier, p. 356) que le lendemain du jour où Philippe Wleughels, âgé de 22 ans, était arrivé
à Paris en compagnie de son ami Wolfart, « le jour de Sainte-Gene-
viève, les nouveaux venus furent conduits par leurs compatriotes à
voir les beaux tableaux qui étoient dans les églises, entre autres le
grand Poussin, qui est au noviciat des Jésuites. (Il était placé il n'y
avait pas longtemps : ce fut en 1641 ou 42.) Mon père m'a avoué que
ce tableau ne le toucha pas beaucoup, et cela n'est point du tout
étonnant : la manière seule pour ainsi dire qu'il connaissoit et apprès
laquelle il aspiroit, étoit l'antipode de celle-là. » Ces « compatriotes ».
c'était Nicasius, Van Boucle, Fouquiers, Calf, etc. Ils répétaient
là l'éternelle histoire que nous avons vu renouveler en notre siècle,
par les élèves de Gros, devant le *Martyre de saint Symphorien* de
M. Ingres. Ces malheureux Flamands se trouvaient aveuglés, de la
meilleure foi du monde, par la différence des points de vue, devant

les beautés du Poussin, d'une gravité supérieure. Je ne parle point de Fouquiers, aveuglé, j'en ai peur, par un autre sentiment.

Le 23 juillet (il y avait deux mois que Bernin et M. de Chantelou vivaient inséparables, celui-ci ne quittant pas le Cavalier d'une semelle), M. de Ménars s'avise par hasard de demander au Cavalier s'il avait vu les tableaux de celui que « le Roi avait choisi pour lui faire compagnie. — J'ai dit que non (répond Chantelou, l'homme de cour très discret). Il s'en est sitôt étonné qu'il ne le pouvait pas croire. Il a exalté mes *Sept-Sacrements*. J'ai pris la parole et dit que j'avais un tableau de Raphaël et quelques copies d'après lui... » Le surlendemain, ils devaient aller chez Jabach voir ses dessins et le carosse du roi était mandé. En attendant, « nous avions, raconte Chantelou, discouru de ces dessins, et je lui avais dit que c'étaient choses estimables, mais que moi qui aimais le dessin, je n'avais point voulu m'embarquer dans cette curiosité, à cause de la facilité qu'il y a d'être trompé. Il m'a répondu que l'on l'était aussi en peinture. J'en suis demeuré d'acord, mais j'ai dit que l'on l'était moins... » Arrive un billet de Mignard, qui, par manque de ponctualité, rompt le rendezvous, Jabach étant allé à la campagne, et le Cavalier demande à venir chez Chantelou. « Il est entré d'abord dans l'antichambre, où il a considéré un buste qui a été fait de moi à Rome. Il a jeté les yeux sur une copie d'après le Dominiquin, où il a été donné quelque coup dans la tête d'une jeune fille, ce qui a crevé la toile. Il a dit en riant, voyant cela : *E statari toccata troppo fortamente.* Il a un peu considéré les tableaux du Maire et a dit que les architectures en étaient bien. Ayant ensuite passé dans la petite salle où sont les copies de Raphaël, il les a toutes examinées les unes après les autres ; je lui ai fait regarder celle copiée par Mignard, puis la *Vierge au chat,* copiée pour Chique, Napolitain. Il a dit : « C'est de ces sortes de copies que « je fais du cas. » Il a encore considéré la *Vierge de pitié* d'Annibal Carrache, et m'a demandé qui l'avait copié. Je lui ai dit que c'était un nommé Le Maire. Il s'est attaché après au portrait de Léon X qu'il a considéré très longtemps, et puis il a dit que Raphaël avait peint ce portrait à la manière de Titien, en a admiré la vérité, la grandeur de manière et la beauté, le velours, le damas, et a dit : « C'est la plus grande et dernière manière de Raphaël et plus grande « même que celle de cette vierge », montrant la copie de Mignard. Il a considéré fort longtemps celle du Poussin sans demander de qui, et tous l'ont loué beaucoup de sa beauté et de sa grandeur. De là il a été dans la petite chambre et a considéré, avant que d'y entrer, le portrait de M. Poussin, et bien longtemps, et après a demandé de qui il était. Je lui ai demandé à lui s'il connaissait le visage. Il a dit que c'était le sig^r Nicolo Pussino. Alors j'ai dit que son portrait était de sa main ; qu'il n'était pas habitué d'en faire. Il a dit qu'il croyait que ce fût l'unique qu'il eût fait. Ils l'ont tous admiré et, après, sont passés dans la petite chambre. Je lui ai dit qu'il y avait là quelques copies dont les originaux étaient à Richelieu. » — Les Bacchanales de Richelieu étaient fort renommées, et plus d'une copie en fut peinte au xviie siècle, sans parler de celles pour Chantelou dont il est ici question. On voit aujourd'hui au musée de Tours trois de ces copies de Bacchanales, d'après la série des trois tableaux exécutés par Poussin pour le Cardinal, — et parmi elles celle aux « masques jetés par terre », — et ces copies proviennent du château de Richelieu. Il est à croire que le duc avait rapporté les originaux à Paris et les avait remplacés là-bas par ces reproductions d'un pinceau assez grossier, d'une coloration rouge brique et qui pourtant conservent malgré tout le caractère des très poétiques compositions et du fier dessin du maître. J'avais noté jadis que les deux copies de Bacchanales du musée de Rouen offraient exactement le même type, le même faire un peu sauvage, le même ton brique crue et à distance m'auraient semblé de la même main. Je cherche ces deux copies dans le dernier catalogue du musée de Rouen par M. E. Lebel (1890), et je les trouve sous le nom de Jac. Stella « d'après Poussin » ; attribution invraisemblable, vu la rudesse d'exécution de ces toiles quand on songe à l'adresse ordinaire et à la froide correction du pinceau de Stella, mais qu'aura dictée le souvenir de l'amitié du Normand et du Lyonnais, et de l'estime que le Cardinal fit toujours de celui-ci.

Dans les trois toiles du musée de Tours, décrites d'ailleurs à Richelieu par Vignier, que devient le *Triomphe de Silène*, bacchanale « attribuée à Poussin », et donnée en l'an XI, par le Musée central au Musée de Tours, et pourquoi avais-je noté anciennement que c'était la une bonne et chaude peinture, qui pourrait être de quelque Chaperon, de l'école de S. Vouet ? Un *Triomphe de Silène*, il y en a bien un décrit dans l'*Inventaire des richesses d'art de la France*, sous le titre de *Fête à Silène*, parmi les trois tableaux provenant de Richelieu. Serait-ce que l'une des trois copies de Richelieu eût pris d'abord par mégarde le chemin du Louvre? ou faut-il y voir une autre toile attribuée au même maître? Pourquoi, s'il se trouvait là un autre *Triomphe de Silène*, pourquoi n'y chercherait-on pas ce pastiche du Poussin, que signale Montaiglon dans l'*Inventaire des richesses d'art de la France*, et dont parle M. Huist dans son mémoire sur Dulin *Mémoires inédits sur les membres de l'Académie royale*, t. II, p. 252 : Le morceau qui passa pour une merveille... fut un tableau qu'il fit en grand secret pour servir de pendant à trois tableaux de Poussin, représentant des fêtes païennes et qui appartenaient au duc de Richelieu. Pour entrer dans l'esprit de ce sujet, Dulin avait choisi pour le sien une fête en l'honneur de Bacchus, c'est une Bacchanale, et l'avait si bien composé et exécuté dans le goût de Poussin, qu'on assure que plusieurs connaisseurs y furent pris, en sorte que son nouveau patron devint un de ses plus zélés prôneurs. » Quoi d'étonnant à ce que le Musée central ait renvoyé ce pastiche rejoindre, de Paris à Tours, les copies des autres bacchanales que le voisinage de Richelieu avait naturellement amenées à ce rendez-vous?

Revenons à la visite du Bernin chez Chantelou : « Il a considéré la première *Bacchanale*, où sont ces masques jetés par terre, un bon quart d'heure tout au moins. Il en a trouvé la composition admirable. Après, il a dit : *Veramente quel'uomo è stato un grande istoriatore e grande favoleggiatore*. Il a regardé, après, et très longtemps cet *Hercule, qui porte Déjanire*, puis a dit : *Questo è bello*; s'est remis à le considérer à nouveau, puis a ajouté : *Ha fatto l'Ercole molto svelto e quei putti ancora che portano la clava e la pelle*. Pour la bacchanale du *Triomphe de Bacchus*, il a dit qu'il ne l'eût pas prise pour être du Poussin. De la troisième qu'il examina encore très longtemps, il en loua les terrasses, les arbres et toute la composition, répétant encore : *O il grande favoleggiatore !* Il est passé après dans la salle où sont les *Sept-Sacrements*, où il n'y avait de tableau découvert que la *Confirmation*. Il l'a regardé avec grande attache et a dit après : *Ha imitato il colorito di Raffaelle in quel quadro; e un bel istoriatore. Che divozione! che silenzio! che bella!, a ha quella putta!* Son fils et Mathie ont admiré le jeune lévite, puis cette femme vêtue de jaune, puis toutes les figures les unes après les autres. J'ai fait découvrir, après, le *Mariage*, qu'il a considéré, comme il a fait le premier, sans rien dire, rangeant le rideau qui couvrait une partie d'une figure qui est derrière une colonne, puis il a dit : « C'est St-Joseph et la Vierge ». Le « prêtre, a-t-il ajouté, n'est pas vêtu comme un prêtre. » Je lui ai répondu que c'était avant l'établissement de notre religion. Il a réparti qu'il y avait néanmoins de grands prêtres dans le judaïsme. Ils en ont admiré la grandeur et la majesté, ont considéré la totalité avec grande attention ; puis venant au particulier ont admiré la noblesse et l'attention de ces filles et femmes qu'il a introduites à la cérémonie, et, entre les autres, celle qui est à moitié d'une colonne. Ils ont vu, après, la *Pénitence* qu'ils ont aussi regardée très longtemps et admirée. Cependant j'ai fait descendre l'*Extrême Onction* et l'ai fait mettre près de la lumière, afin que le Cavalier la pût mieux voir. Il l'a regardée debout quelque temps, puis il s'est mis à genoux pour la mieux voir, changeant de fois à autre de lunette, et montrant son étonnement sans rien dire. A la fin il s'est relevé et a dit que cela faisait le même effet qu'une belle prédication qu'on écoute avec attention fort grande et dont on sort après sans rien dire, mais que l'effet s'en ressent au dedans. J'ai fait apporter, après, le *Baptême* aussi auprès de la fenêtre, et j'ai dit au Cavalier que c'était une aube du jour. Il l'a considéré quelque temps assis, puis s'est remis à genoux, a changé de place de temps en temps pour le mieux voir, tantôt à un bout, tantôt à l'autre, puis il a dit : « Celui-ci ne me plaît pas moins que les « autres » ; a demandé si je les avais tous sept. Je lui ai dit qu'oui. Il ne s'est point lassé de regarder une heure durant. Après, s'étant levé, il a dit : *Voi m'avete dato oggi un grandissimo disgusto, mostrandomi la virtù d'un uomo che mi fa conoscere che non so niente.* Je lui ai répondu qu'il devait être satisfait d'être arrivé au comble de la perfection de son art, et que ses ouvrages allassent de pair avec ceux des antiques. Je lui ai apporté, après, le petit tableau de Raphaël, qu'il a considéré fort longtemps, se retournant de fois à autre vers l'*Extrême-Onction*. Puis il a dit : *Io stimo questi quadri come se fussero di qual si voglia pittore che sia stato al mondo...* Il a vu, après, les deux autres *Sacrements*, et les a considérés avec pareille attention que les précédents. Il y a dans l'*Ordre* une espèce de tour. La montrant, il a dit en riant qu'elle me plaisait beaucoup, ressemblant aux toits à la française. Pour la *Cène*, elle a plu beaucoup au Cavalier, et il en a fait remarquer aux seigneurs Paul et Mathie la beauté des têtes, toutes les unes après les autres, et l'harmonie de la lumière. Il reprenait tantôt l'un, tantôt l'autre ; puis il a dit : « Si j'avais à choisir « un de ces tableaux, je serais fort empêché », et il montrait celui de Raphaël avec les autres : « Je ne saurais, a-t-il dit, lequel choisir. J'ai toujours estimé le seigneur Poussin et je me souviens que le Guide me voulait mal de la façon dont je parlai de son tableau du *Martyre de St-Erasme* qui est dans St-Pierre, en ayant à son gré trop exagéré la beauté à Urbain VIII à qui je dis : *Se io fossi pittore, quel quadro mi daria gran mortificazione.* C'est un grand génie, et avec cela il a fait sa principale étude sur l'antique. » Se tournant après vers moi, il m'a dit : *V. Sig.ª deve creder che ha una gioia in questi quadri, che per nissun rispetto mai deve mandar via.* » — Et le soir de ce jour-là, durant la promenade, pendant qu'ils parlent de l'abus du bois en France dans les poutres et couvertures, il ne peut s'empêcher de se tourner vers Chantelou, « changeant tout à coup de propos : *Non mi posso levar del pensamento questi suoi quadri,* m'a-t-il dit. »

Bien plus tard, le 10 octobre, à un dîner où figure l'abbé Butti, on vient à parler du Véronèse, que le Bernin prise très fort et qui n'est pas du goût de Chantelou : et voilà qu'on en arrive à l'éternelle querelle des dessinateurs et des coloristes. Le Cavalier juge et exalte, en très bons termes et fort sensés, la supériorité de Raphaël. Il avoue « qu'il lui avait, à la vérité, manqué le beau peindre des Lombards, mais qu'eux, de leur côté, avaient été disproportionés, sans dessin et sans costume : qu'on voit que le Poussin, qui était le plus grand peintre et le plus savant qui fût, après avoir imité un temps le Titien, s'était enfin arrêté à Raphaël, faisant connaître par là qu'il l'estimait au-dessus des autres. L'abbé Butti a dit qu'il avait vu de lui le beau tableau de *Germanicus.* Le Cavalier a dit : « Il faut voir « ceux qu'a le signor Chantelou : c'est tout autre chose. Il y en a sept « qui sont les *Sacrements* que je regarderais six mois sans me « lasser. » L'abbé Butti a demandé de quelle grandeur. Il a dit : « De ses grandeurs ordinaires, les figures de deux pieds ; rien n'est « plus beau que cela : c'est un homme qui a fait son étude sur l'an-« tique, et qui avec cela a eu un grand génie. Je l'ai toujours fort « estimé, et m'en suis fait des ennemis à Rome. » — « Il faut, a dit

« le Cavalier à l'abbé Butti, que vous les voyez. A la vérité, il a fait
« depuis des choses qui ne sont plus cela ; le tableau de la *Femme*
« *adultère*, cette *Vierge allant en Égypte* que j'ai vue chez le mar-
« chand et votre *Samaritaine* (se tournant vers moi) ne sont plus
« de cette force. Il faudrait qu'un homme se soit abstenu au bout
« d'un certain temps. »

Ce « marchand » dont il parle, c'était Sérisier, ou Cérisier, l'ami
du Poussin, dont il est plus d'une fois parlé dans les lettres, et pour
qui le grand peintre avait souvent travaillé. La visite du Bernin à
Cérisier remonte au 16 août : « Quand nous avons été devant Saint-
Merry, j'ai proposé au Cavalier de voir quelques tableaux qui étaient
chez un marchand, sans lui dire de qui, et nous sommes montés
chez le sieur Sérisier que j'ai prié de me faire voir le tableau de la
Reine Esther. Ayant levé le rideau qui le couvrait, le signor Paul a
dit d'abord : « Il est du signor Poussin. » Son père l'a regardé longtemps sans rien dire, et avec très grande attention, puis a dit :
« Voilà un très beau tableau, et peint de la manière de Raphaël. »
Il lui a montré, après, sa Vierge à mi-corps, qu'il a regardée aussi
assez longtemps, et a dit qu'il ne fallait pas voir celui-là après l'autre.
Il a vu ensuite le portrait de M. Poussin peint de sa main. Il a d'a-
bord remarqué qu'il ne ressemblait pas tant que celui que j'ai. Sur cela
j'ai demandé un autre tableau, car on ne les voyait que les uns après
les autres. Il a fait signe de laisser encore ce portrait, et l'a regardé
avec une attention très grande ; à quelque temps, disant une seconde
fois de l'ôter, il a demandé de le lui laisser encore. Après, le sieur
Sérisier a montré les trois petits paysages aussi de M. Poussin. Il les
a trouvés beaux ; puis, voyant la Vierge à dix figures, j'ai dit que
tout me plaisait dans ce tableau, hors la tête de la Vierge. Il a
demandé de qui il était, demande qui m'a surpris. J'ai dit : du
Poussin ; il a répondu qu'il ne l'eût cru ; que ce n'était pas lui sans
doute qui avait peint ces enfants. Il a vu, après, le grand paysage de la
Mort de Phocion, et l'a trouvé beau ; de l'autre, où l'on ramasse
ses cendres, après l'avoir considéré longtemps, il a dit : *Il signor
Poussin è un pittore che lavora di là*, montrant le front. Je lui ai
dit que ses ouvrages étaient de la tête, ayant toujours eu de mau-
vaises mains. Il a vu, après, la *Vierge en Égypte*, que j'ai dit être
de ses dernières productions. Après l'avoir regardée : « Il faudrait

« cesser de travailler, a-t-il dit, dans un certain âge, car tous les
« hommes vont déclinant. » J'ai reparti que ceux qui étaient accou-
tumés à travailler avaient peine à demeurer sans rien faire, et travaillaient peut-être seulement pour se divertir. Il en est demeuré d'accord, mais a ajouté que leurs ouvrages assez souvent nuisaient à
leur réputation. » Cette observation du Bernin, juste le plus souvent,
et qu'on eût pu plus tard lui appliquer à lui-même, s'adressait mal
aux œuvres du Poussin. C'est le propre de ceux qui travaillent *di li*,
de survivre longtemps par la fermeté de la tête à leur adresse de
main ; et les derniers ouvrages du grand maître, tels que les paysages
des *Quatre Saisons*, et jusqu'à cet *Apollon et Daphné* que son
pinceau défaillant laisse inachevé sur son chevalet, ont le don non
seulement de nous toucher profondément par le spectacle de cette
lutte héroïque de la pauvre main désormais impuissante à obéir contre
la dictée impérieuse du génie, mais d'émouvoir entre tous notre
admiration comme l'émanation la plus haute, et la plus complète,
comme le dernier mot de ce génie.

Le 8 septembre, « durant que nous avons été à table, le Cavalier
m'a dit que dans un seul de mes tableaux des *Sacrements*, il trouvait
bien plus à se satisfaire que dans tous ces grands tableaux qu'il
avait vus aux Gobelins, pour ce que « aux ouvrages du signor Pous-
« sin, il y a (ç'a-t-il dit) du fond. de l'antique, de Raphaël, et tout ce
« qui se peut désirer en peinture : qu'à dire la vérité, ce sont choses
« à satisfaire ceux qui savent ». Je lui ai dit que c'était dommage que
M. Poussin n'eût eu de grandes occasions. Il a reparti que ç'avait
été lui qui lui avait procuré celle du tableau de St-Pierre, que des
peintres signalés lui en avaient voulu du mal. J'ai dit que je ne
tenais pas ce tableau des beaux qu'il eût faits. Il a reparti qu'il était
très beau : *Che dentro ci era il fondo e il soldo del saper*. Discou-
rant sur son talent, j'ai ajouté qu'à mon avis ce qui l'avait engagé à
faire de petites figures était qu'ayant une facilité d'imagination et
fécondité d'esprit fort grandes, d'autre part n'ayant point de grandes
occasions de galeries, de voûtes ou tableaux d'églises pour traiter
en grand de grands sujets, il avait été réduit à les traiter
dans des tableaux de cabinet en figures moindres que nature. »
« Les grandes occasions », cet homme de tant de jugement ne les
a jamais si fort regrettées pour lui-même. Elles ne lui ont pas

manqué en 1641 et 1642, et il ne les avait pas cherchées ; et il leur a échappé dès qu'il a trouvé la porte entrebâillée. Peintures pour « galeries », la décoration de la grande Galerie du Louvre ; pour « voûtes », le *Temps enlevant la Vérité*, commandé par Richelieu ; pour « tableaux d'églises », le *Miracle de saint François-Xavier*, du Noviciat, et de l'*Eucharistie* de Saint-Germain ; et il n'a tenu qu'à lui d'en poursuivre la veine, en rentrant tout bonnement dans cette petite maison du jardin des Tuileries qui lui plaisait tant, et dont il a été si longtemps jaloux de conserver la clef : mais il s'en est bien gardé. Au fond, les « grandes occasions » n'agréaient point à cet esprit indépendant. Il se connaissait mieux que tous les Chantelou ne le connaissaient. Il eût peint, tout comme un autre, de grandes figures, et même, chose bizarre, dans ces ouvrages que je viens de dire, comme dans le *Saint Erasme* et la *Notre-Dame del Pilar*, il les eût peint volontiers plus grands que nature ; mais, dans les compositions de proportion moyenne, il groupait ses « petites figures » et les maniait mieux qu'aucun ne l'eût jamais fait. Son imagination y était plus maîtresse de son abondance, de ses formes et de ses expressions. Il eût pu, de même que tant d'autres de ses contemporains de Rome, et avec plus de sagesse et une intelligence plus relevée, décorer un vaste plafond de palais ou machiner vigoureusement une toile de maître-autel. Il avait montré, au cours de sa vie d'artiste, un talent assez souple et assez muni de toutes les ressources de son art : ne s'était-il pas jadis laissé captiver, comme plus tard M. Ingres, par le coloris vénitien, charme des yeux jeunes ? Et cet acquit de palette, en sa maturité, ne pouvait-il être appliqué par lui au décor attrayant et banal des galeries ? Non, il a mieux aimé être lui-même, le maître unique, le maître souverain des deux qualités supérieures de l'art : la composition et l'expression. Et bien lui en a pris pour sa gloire et celle de notre école.

Le 15 septembre, Colbert mène à Saint-Denis le cavalier Bernin, en compagnie naturellement de Chantelou, et les sieurs Paul et Mathie montent aussi dans le carrosse à six chevaux. « Durant le chemin, raconte Chantelou, j'ai proposé à M. Colbert une pensée, qu'il y a longtemps qui m'est venue, qui est de faire faire pour le Roi une tenture de tapisserie sur divers tableaux de M. Poussin qui sont à Paris, de l'histoire de Moïse, laquelle pourrait être appelée la tapisserie du Vieux Testament. Elle serait composée de *Moïse exposé sur les eaux*, qui est chez Stella, *Moïse trouvé*, qu'a M. de Richelieu, de la *Manne*, qu'avait M. Fouquet, du *Frappement du rocher*, de Stella, du *Moïse foulant aux pieds la couronne de Pharaon*, qu'a Cotteblanche, de la *Rebecca*, qu'a M. de Richelieu, de la *Reine Esther* de Cerisier, et du *Jugement de Salomon* qu'a Rambouillet. Il n'a pas goûté cette proposition, pour la difficulté, a-t-il dit, de réduire ces sujets en grand, qui ne sont exécutés qu'en petites figures. En parlant de tapisseries, le Cavalier a dit : qu'on n'y doit jamais faire de bordures de fleurs, ni d'autres choses éclatantes, que Raphaël a eu une grande considération dans celles qu'il a fait exécuter pour le Pape, n'y ayant fait mettre aux bordures que de l'or et du marbre, afin que le trop grand éclat et la variété ne nuisissent pas au corps de la tapisserie ; et que la bordure ne sert que de terme et de finiment comme aux tableaux : qu'il faut dans tous les ouvrages donner les choses les plus dégagées de confusion et les plus nettes qu'il se peut, que ce précepte entre dans tout, même dans les affaires du monde. J'ai dit que c'est à même fin sans doute que M. Poussin prie toujours qu'à ses tableaux l'on ne mette que des bordures bien simples et sans or bruni, et que c'est aussi la raison pourquoi Michel-Ange ne voulait point qu'on ornât les niches, et disait toujours que la figure était l'ornement de la niche. Mathie a ajouté qu'à Saint-Pierre on ne voyait aucune niche qui soit ornée. Le Cavalier a dit que ceux qui font des dessins pour les tapisseries doivent avoir soin à l'égard des demiteintes, que là où dans un tableau il en faudrait six, de n'y en mettre que quatre, comme l'on fait aux mosaïques, pour rendre l'ouvrage plus aisé aux ouvriers ; ce que le cavalier Lanfranc pratiquait dans ses mosaïques où il a excellé. » Bien que le Poussin n'y soit que pour peu, je transcris, par surcroît, ces dernières lignes à l'adresse des grands docteurs et théoriciens de l'art décoratif, lesquels ont tant disserté sur la question des bordures en matière de tapisseries.

En rentrant à Rome, Bernin, le 8 décembre 1665, écrivait à Chantelou une lettre de remerciements et d'amitiés, laquelle finissait par cette triste ligne : « *Ho trovo Monsù Pussino morto.* » Combien il est à jamais regrettable que Chantelou n'ait pas tenu, durant le séjour du Poussin à Paris, un journal pareil à celui qu'il prit soin de rédiger, vingt ans après, en faveur du Bernin. Que de conversations précieuses il nous eût conservées là, bien autrement intéressantes pour nous que celles du Cavalier ! Que d'aperçus nouveaux il nous eût ouverts sur cet esprit solide et toujours juste, et que ne préoccupait point la courtisanerie ! Ses lettres aux del Pozzo et à Chantelou nous donnent une part de cela, et encore à mots un peu couverts ; mais c'est dans les causeries de tous les jours qu'il eût fallu l'entendre. Chantelou a manqué là une belle occasion de servir son homme et tous les historiens de l'école française et lui-même avec eux.

L'ENTOURAGE DE POUSSIN DANS SES DERNIÈRES ANNÉES

N'en serait-ce pas, pour aujourd'hui, plus qu'assez de ces interminables chapitres de commentaires radoteurs sur les *Lettres* de Poussin ? De ces chapitres, en voilà presqu'un gros livre ; et si je m'y laissais aller, d'autres suivraient sans nombre, ni mesure. Tous ces personnages qui tournent autour du Poussin, même les moindres amateurs, protégés et protecteurs, voire marchands de tableaux, utiles serviteurs et courtisans fidèles de son œuvre, sollicitent également notre curiosité et vaudraient qu'on les mît en lumière. Il faut en finir pourtant et couper court à la tentation de reprendre imperturbablement ma tâche et d'y ajouter sans relâche des chapitres nouveaux. Ma littérature a toujours été myope, se perdant, malgré elle, en mille détails encombrants. Quand je relis trois pages du présent essai, je prends moi-même en horreur la confusion et les broussailles et les disproportions et les enchevêtrements d'un tel travail dont la première vertu, je le répète, devait être l'ordre, la clarté et la simplicité à l'image du grand esprit que je prétendais étudier. A ces conditions seules, il eût pu être utile en dessinant sobrement dans ses principales lignes le caractère et la marche, et les évolutions et les aboutissements de notre école nationale.

Le Poussin, surtout dans ses derniers ans, nous apparaît sous la figure d'un sage austère, à la mode antique, autour duquel on se groupe volontiers, toujours intraitable sur les grands principes de son art, point rébarbatif d'ailleurs. ni à ses compatriotes. ni aux étrangers. travaillant comme lui à Rome ou dans la campagne romaine. J'ai dit que de bonne heure il avait eu pour amis les sculpteurs l'Algarde et Duquesnoy, les peintres Valentin. Testa [1], les Lemaire. Snelles, Stella et aussi le bon Claude Lorrain [2].

(1) J'ai dit ailleurs l'affinité particulière qui unissait les œuvres de Pietro Testa à celles de notre Poussin : les deux hommes s'entendirent assez pour que dans une heure difficile. en septembre 1637. le peintre-graveur Lucquois. qui, je ne sais à quel propos de manque à ses engagements, s'est mis en passe d'être logé dans la prison de Tor di Nona. fasse appel en sa propre faveur au cavalier del Pezzo. en invoquant le témoignage du « signor Niccolò Poussin », et, au bout de ses vagues explications à leur commun protecteur. ajoute : « come acennai a Monsù Pussino, e come dissi adesso a V. S. Illustr., men venivo a farle riverenza il giorno che fui preso, per pigliar espresso e mand delle due pitture, e don avvisarle la mia partita. pregarla a volersi contentare, ch'io facessi almeno semplice lucido di molte cose rare. ch'Ella ha. come di carte stampate vecchie. come di cio anche il Sett. Monsù Pussino mi ha favorito ». Il me plaît mieux de donner en notes les citations de Testa. de Sandrart et de P. Ferrari dans leur langue italienne ou latine que de les dénaturer par des traductions : mêlées au texte courant. elles fatigueraient notre lecteur : au bas de la page. elles gardent mieux dans leur accent contemporain la sincérité des témoignages.

(2) Le noble auteur de l'Academia artis pictoriæ (Nuremberg. 1683). Joachim de Sandrart. tient fort à ce qu'on n'ignore point qu'il a connu intimement notre Poussin à Rome. et même il donnerait volontiers à croire que. préoccupé jusqu'en cela de l'imitation du Valentin. Nicolas préférait la société des Flamands et des Allemands à celle de ses compatriotes : ne dit-il pas à propos du Valentin : « Præ cæteris nationem Gallicam [et] germanicam atque belgicam. cumque talibus liberius conversabatur quam cum sympatriotis pluribus ». et il ouvre les colonnes qu'il consacre au Poussin par ces mots : « Æmulator erat Valentini, quem ipse tanti imitabatur, ut is, qui ille Vivetor. » Plus loin, il ajoute : « Primis temporibus suis magnam nobiscum, qui peregrini ibidem eramus, servabat familiaritatem : et et sæpius, grando Franciscus Quesnus statuarius. Claudiusque Lotharingus et complures alii amicis nos visitaret : cum in more nobis positum esset. proposita nostra invicem communicandi. Cæterum colloquio erat argutus, semperque libellum secum gestabat. cui omnia necessaria sive delineando, sive describenda inscriber. Præteret eos eumdem semper deprehendi quotiescumque sive visitandorum operam quamque causa circa Romam. sive alibi conveniam. » Et ce brave Claude Lorrain, que l'on est heureux de rencontrer là. devisant à l'aise avec Nicolas Poussin. Sandrart qui a fait souvent échange d'études qu'ils allaient peindre de compagnie dans la campagne de Rome (et Sandrart n'était point pour perdre au troc. l'Allemand dessine son honnête figure en quelques lignes : « In vita civili amicis quidem haud adeo

Entre les personnages qui se meuvent dans les lettres du Poussin et ne nous sont point des inconnus, nous savons tous quelle tendresse intime il avait pour Jac. Stella, lequel était presque de son âge, puisque celui-ci était né à Lyon en 1596 et arriva à Rome en 1623, un an avant notre Normand; ils devaient se retrouver à Paris, où Stella s'était fixé depuis 1634 et où il mourut en 1657, huit ans avant le Poussin. Félibien nous a assez longuement raconté son histoire, et on trouve ici et là mention de tableaux excellents que Jacques sut conquérir entre les mieux venus de Nicolas; mais il ne nous dit pas combien fut inaltérable l'attachement du Poussin pour la famille des Stella et quelle piété garda celle-ci pour Poussin.

Combien donc il me plairait de m'éterniser chez l'honnête tribu de ces Lyonnais fidèles, vouée d'oncle en nièces et en neveux, au culte du Poussin, de Jacques Stella à Antoine Bouzonnet-Stella dont j'ai publié jadis une lettre si pieusement déférente au vieil ami de son oncle : « A Monsieur — Monsieur le Poussin — premier peintre du Roy — franche — à Rome. — De Paris, ce 17 aoû 1657. — Monsieur,— La cognoissance que jay des graces que vous auez faitte à feu mons' Stella mon oncle de l'auoir honoré de vostre amitié m'a donné la liberté de uous faire ces lignes pour vous supplier très humblement d'agréer les offres que je vous fais de mes petis seruise qui uous sont offert aucq soubmission. Je say bien que ces une témérité à moy que doffrir si peu de chose à une personne de vostre mérite; la confiance que jay en uostre bonté men faict espérer le pardon. Puisqu'auez faict la grâce à l'oncle, soufrez que cette mesme bonté la fasse rejaillir sur le nepueu... (signé) *A. Bouzonnet-Stella.* » Et en travers de la marge : « Ma mère grand uous salue et tous ceux de nostre famille et uous remersion tous et moy particulièrement de la faueur que uous nous faitte de nous promettre un de uos chef-d'œuure. Je vous prie si uous nous faite l'honneur de nous escrire de mettre la dresse sous le nom de Stella parce que la uostre dernière il ure de la pesne à trouuer le lieu parce quil ne cognoissoit pas le nom. »

fucatus erat civilitatibus, beneficus tamen et candidus gaudiumque nullum quærebat aliud quam quod e sua pronasceretur vocatione : unde amore nos invicem prosequebamur mutuo haud levi, Romæque contubernii jure diu utebamur, ut et in campo juxta ipsissima naturæ prototypa creberrime pingendi institueremus societatem... »

Voyez-vous ce jouvenceau de dix-neuf ans, promu, il est vrai, chef de famille, par la mort toute récente de son oncle, faisant offre de ses « petits services » à celui dont l'amitié glorieuse est demeurée l'orgueil et la religion de leur maison patriarcale. Connaissez-vous rien de plus charmant et de plus touchant que cet acte de filiale soumission, d'une forme si naïve, dicté, pour bien dire, par cette mère-grand, en laquelle il faut reconnaître la sœur de Jacques Stella, mariée, à Lyon, à un orfèvre nommé Etienne Bouzonnet, de qui elle eut plusieurs enfants, que leur oncle fit venir auprès de lui; il leur mit à tous le crayon à la main; il les regarda comme ses enfants, et par reconnaissance ils prirent son nom et ne furent plus appelés autrement... « Le premier des quatre enfants de la sœur de Stella, dit encore Mariette, se nommoit Antoine Bouzonnet-Stella; il se poussa dans la peinture et il y avoit lieu d'espérer qu'il y auroit fait des progrès, mais il mourut jeune ayant été en Italie où il avoit beaucoup étudié les ouvrages de Jules Romain... »

Guillet de Saint-Georges, en son *Mémoire historique des principaux ouvrages d'Antoine Bouzonnet*, raconte que « M. Stella étant venu à mourir en 1657, cette perte très nuisible à la fortune et à l'instruction d'Antoine, lui fit entreprendre (l'année même qui suit la date de la lettre que nous venons de transcrire) le voyage de Rome, pour y continuer ses études et se ménager quelque établissement à Paris. D'abord il eut l'avantage, à Rome, d'y être reçu favorablement de M. Poussin qui, ayant toujours eu beaucoup d'amitié pour l'oncle, combla de bons offices le neveu, lui donnant à toute heure une libre entrée chez lui (faveur qu'il communiquait rarement), ce qui était une grâce bien singulière, et même l'obligeant à loger auprès de sa maison pour y venir chercher plus facilement les préceptes dont il avait besoin... Les excellents ouvrages de l'antique et du moderne, qu'il admirait chaque jour à Rome, l'animèrent extrêmement à l'étude. Sa vigilance y fut redoublée par une clause du testament de son oncle qui, lui ayant laissé une pension pour son entretien à Rome, en cas qu'il en fit le voyage, lui prescrivait de n'y demeurer que cinq années, de sorte qu'il ménagea ce temps avec prudence et l'employa à se former dans l'art du dessin et à se remplir l'imagination de toutes les belles idées que lui pouvaient inspirer la vue de tant de belles choses et les excellents conseils de M. Poussin... »

« Les trois sœurs d'Antoine Bouzonnet Stella, reprend Mariette, s'attachèrent toutes trois à la gravure. Claudine Bouzonnet Stella, l'aînée, avoit instruit ses deux sœurs, Antoinette et Françoise... Presque toujours, occupée à graver d'après les desseins de son oncle ou d'après les merveilleux tableaux du Poussin qui luy appartenoient, Claudine s'est particulièrement attachée à en conserver le caractère, et, ce qui ne se peut presque jamais dire des graveurs et en général des imitateurs, bien loin d'affaiblir les beautés de ses originaux, elle leur en a prêté de nouvelles, de façon que le Poussin, quelque grand, quelque majestueux, quelque correct qu'il soit, le paroît peut-être encore davantage dans les estampes de Claudia Stella que dans ses propres tableaux, et il règne dans les sujets champêtres qu'elle a gravé d'après les desseins de son oncle, un caractère naïf et de simplicité que l'on ne trouve point ailleurs. C'est que Claudine Stella étoit foncièrement habile dans la partie du dessein ; l'on en peut juger parce qu'elle a gravé d'après les desseins de son invention qui sont dignes du Poussin. Le goût sage et solide de ce grand peintre etoit devenu le sien ; en l'étudiant avec autant de réflexion qu'elle avoit fait, elle se l'étoit rendu familier et l'on peut adjouter qu'il n'y a eu personne à qui il ait appartenu plus legitimement qu'à cette scavante fille. Autant qu'elle étoit recommandable par ses talents, autant elle étoit éloignée d'en tirer de la vanité : un esprit simple et remply de bon sens, une piété sans fard, une rare modestie et un desinteressement encore plus rare faisoient son caractère, et luy attiroient l'estime et le respect de tous ceux qui la connoissoient. » Rien à ajouter à cette belle page de Mariette. Il est certain que nul n'a égalé Claudine Stella dans la traduction et la pénétration profonde du génie du Poussin, si ce n'est son quasi-compatriote de la province de Normandie, le Rouennais Jean Pesne ; et le grand maître était homme à comprendre la reconnaissance qu'il devait, de son côté, à qui l'interprétait de la sorte, et que les Stella payoient de la bonne monnaie, de la seule digne de lui, l'intarissable amitié dont il les avait honorés de génération en génération.

Oui, certes, j'en aurais encore pour des mois et des années, si, dans mon ambition d'annoter dignement les *Lettres*, je m'entêtais à étudier

avec quelque détail, tout ce monde d'amateurs qui gravitent autour
du Poussin et l'assaillent incessamment de leurs sollicitations, se
prêtant volontiers à ceux-ci qu'il préfère et dont il sent le goût mieux
ouvert à ses œuvres ; puis ceux-là qu'il ajourne et dont il se défend
et qui, par leurs importunités, le vaincront à la longue; car vous
entendez bien que tous les amateurs qui là-bas, à Paris, admirent son
génie et désirent passionnément avoir un tableau de sa main, ne lui
sont pas toujours également sympathiques : c'est le sort de tous les
grands artistes. Ainsi Scarron, le cul-de-jatte, que Nicolas méprise
souverainement (et vous verrez plus loin en quels termes), Scarron le
poëte « ridicule », qui traduit en vers burlesques ce Virgile que Pous·
sin adore, lui fait demander instamment l'une de ses toiles et le peintre, après s'être fait prier, et par égard pour M. de Chantelou, demi-
compatriote de ce demi-Manceau, finira de guerre lasse, par le servir
à la longue. Cela ne vous rappelle-t-il pas le désespoir de Delacroix
sachant qu'une de ses œuvres, commandée par le duc d'Orléans, était
destinée par le prince à Victor Hugo dont il avait le génie en horreur ?

Dans la série de notes reportée aux dernières pages des *Lettres* de
Poussin, Quatremère dit de « Paul Scarron, né en 1610, mort
en 1660 : son nom et ses ouvrages ne sont pas encore oubliés ; mais
on ne sait pas généralement que, dans sa jeunesse, il avait cultivé la
peinture avec assez de succès, et que c'est à Rome, en 1634, qu'il fit
la connaissance de Poussin, et qu'il prit pour ses ouvrages le goût
assez remarquable qu'il conserva depuis. » Certes, Scarron se fût fait
plus grand honneur si, en 1634, il eût rapporté de Rome une jolie
Bacchanale de ce Poussin alors quasi méconnu de ses compatriotes.
Mais il ne fallait pas demander à un joyeux amateur de 24 ans de ne
point préférer la société et l'humeur moins grave d'un Mignard, né
la même année que lui et qui arrivait peu après lui dans Rome. Et
tant que vécut Scarron, ils durent échanger leurs impressions de par
delà les monts, témoin les stances légères que nous allons transcrire (1); et Mme Scarron hérita de cette amitié jusqu'aux jours des
grandeurs de Mme de Maintenon. Le souvenir de la rencontre du

(1) Toutefois sa partiale et familière amitié pour Mignard dominait tout en
Scarron, et ses œuvres sont pleines d'épitres, de billets et de madrigaux « à

Poussin au Monte Pincio n'en chatouillait pas moins à distance, semble-t-il, la vanité de celui qui jadis s'était exercé au maniement de la palette. C'est pourquoi, douze ans après son gai pélerinage en

M. Mignart », qu'il n'avait nulle honte, même du vivant du Poussin, d'appeler « le plus grand peintre de notre siècle ».

Inimitable Mignart,
Qui même dans l'Italie
As fait admirer ton art
Malgré la haine et l'envie ;

Depuis que loin de ces lieux
Qu'embellissoient tes ouvrages
Tu charmes ici nos yeux
Et merites nos hommages,

Mille peintres forcenés
De voir où ta gloire monte,
Contre toi sont déchaînés
Et ne le sont qu'à leur honte...

Les plus insolens d'entre eux
Les plus hardis à te mordre
Se trouveront bien heureux
De travailler sous ton ordre.

N'ayant plus à travailler
Si ce n'est avec des brosses,
Nous leur verrons barbouiller
Des tripots et des carosses ;

Tandis qu'estimé de tous
Des Rois, Princes et Satrapes,
Tu boiras parfois chez nous
La liqueur qui vient des grapes ;

Près d'un feu qui sera bon,
Quoique le feu d'un pauvre homme,
Nous ferons le parangon
De Paris et de la Rome.

De succulentes perdrix
Et des chapons gras du Maine
Te donneront du mépris
Pour tes mets à la Romaine.

Les nôtres bien apprêtés
Surpassent les veaux monganes,
Comme nos rares beautés
Effacent ses courtisanes.

Tu te lasseras un jour
De vivre à la pittoresque,
Et croiras que notre cour
Vaut bien la cour Romanesque.

Tu la mettras en oubli
Ou tu n'y songeras guère
Quand tu seras établi
En riche à la financière.

Une autre fois à loisir
Je t'en dirai davantage ;
Cependant j'ai grand désir
De te donner un potage.

Tu sais bien que le crayon
Qui se gâte à la poussière
N'est encore qu'un rayon
De sa future lumière (*).

Viens, viens donc demain chez moi
Finir cet ouvrage rare ;
Pour te remener chez toi,
Un convoi je te prépare :

Ce seront des hommes forts,
Armés de bonnes bombardes,
Qui répondront corps pour corps
De Mignart et de ses hardes.

Autre billet à M. Mignart :

Dimanche, Mignart, si tu veux.
Nous mangerons un bon potage,
Suivi d'un ragoût ou de deux,
De rôti, dessert et fromage :
Nous boirons d'un vin excellent...
Et contre le froid violent,
Nous aurons grand feu dans ma chambre ;
Nous aurons des vins de liqueur,
Des compotes avec de l'ambre,
Et je serai de bonne humeur.

Cet agréable courtisan Mignard, qui ne fut jamais tendre pour ses confrères

(*) Il doit s'agir là de quelque ébauche d'un portrait de Mme Scarron au pastel, à moins qu'il ne faille penser à ce portrait de Scarron lui-même, pour lequel Gilles Ménage composa l'inscription que l'on retrouve dans ses poésies latines (Courbé, 1658) : « Subscriptum imagini Pauli Scarronis, spastici et poetæ facetissimi. »

Italie, le pauvre cul-de-jatte qui, par les Chantelou et autour des Chantelou, et à la cour et à la ville, et avant et depuis le fameux voyage à Paris, n'entendait parler que de cet éternel Poussin dont les œuvres encombraient l'hôtel de son ami et compatriote, se sentit pris, lui aussi, de la folle envie de posséder un morceau de ce peintre qu'il avait été l'un des premiers à pouvoir apprécier. Il harcela Chantelou de son idée fixe, et, par tenace insistance, amena celui-ci à intervenir en sa faveur. Mais il faut avouer que l'accueil ne fut pas chaleureux, rogue même et parfois injurieux; l'autre ne se lassa point, il y mit la patience d'un infirme. Le siège fut long : il dura plus de quatre ans, de février 1646 à mai 1650.

Dans la lettre du 4 février 1646, Poussin disait à M. de Chantelou « le jeune » alors secrétaire de Monseigneur le Duc d'Enghien : « J'escris à Monsieur Scaron un mot en reponse de la siene où je le prie de m'excuser si je ne peus le seruir pour le present; je vous jure, Monsieur, qu'il m'est impossible. » Et le 3 juin : « En la seconde (de vos lettres) vous me voules disposer à fere un tableau pour M. Scaron, vostre bon ami et compatriotte, a condition touttefois que ce nouuel ouvrage ne retarde point vos Sacrements. Je vous jure, Monsieur, que cela ne se peut pas fere, et il est necessaire que vostre ami se resolue à une longue patiense... » Le 4 février 1647, le ton change, mais point pour s'adoucir : « J'ei repseu du maistre de la poste de France un liure ridicule des frenesies de Monsieur Scarron sans lettre

<hr>

du monde des arts, et les traitant de haut et à distance, sans vouloir jamais céder le pas à aucun, peut-être en lui je ne sais quel attrait singulier pour les lettres, pour Molière avant tous, mais aussi pour La Fontaine et La Bruyère, pour Chapelle et pour Scarron, pour Racine et pour Boileau, voire pour Bossuet. Il ne s'eloigne pas des quards et des craintes de la cour, dont il fait compétiche d'un bout à l'autre de ses écrits et à Rome aussi bien qu'à Paris. Il fit bien d'ailleurs de ne point trop frayer avec les peintres; peut-être leur trop proche voisinage l'aurait-il diminue, faute de taille très supérieure, et cela se devine par ce que l'on sent qu'en pensa Poussin, sauf le mot, et qu'il ne faut point exagérer, sur son talent de portraitiste. Mais les poetes entre nous, ne sont point exempts du gout le plus bourgeois de leur temps, ils aiment qui ne les heurte pas et ne suivent point cette *leccatura* que Poussin reprochait doucement au gout de son ami Chantelou. — Rappelez-vous la phrase : « Il me fasche de despenser une dixaine de pistoles pour une teste de la façon du sieur Mignard qui est celuy que je cognois qui les fet le mieux, quoyque trois, piles, fardes et sans aucune facilité ni vigeur » 2 aout 1649. »

et sans scauoir qui me l'enuoye. J'ai parcoureu le susdit liure une seulle fois pour tousiours. Si j'estois obbligé de dire mon sentiment des œuures de se bon malade, je dirois sauf vostre respect qu'il fet des merueilles, car il a le cul rond et fet les estrons carrés. Pardonnes à ma liberté. » Quand je vous disais que ce Normand était un fieffé Gaulois. Il paye là d'un coup Scarron en monnaie de sa pièce, et le voilà, en un vomissement, soulagé des *frénésies du Typhon burlesque* ; car c'est bien par cet échantillon de sa muse contrefaite que Scarron a commencé à assaillir le pauvre Poussin qui n'en peut mais, et l'autre n'est pas d'humeur à le laisser en repos. Le 12 janvier 1648, Nicolas navré prévient Chantelou de ce qu'il en doit encore attendre : « J'auois desià escrit à Monsieur Scarron en response de celle que je repsus auec son Tiphon bourlesque ; mais celle que j'ei repsue auec la vostre me met en nouuelle peine. Je voudrois bien que l'enuie quil luy est venue luy fust passée, et que ma peinture ne luy plust non plus que me plest son bourlesque. Je suis marri de la peine qu'il a prins de me l'enuoyer, mais se qui me fasche dauantage, il me menasse d'un sien Virgille trauesti, et d'une epitre qu'il m'a destinée dans le premier liure qu'il imprimera. Il pretend me faire rire comme les estropiés comme luy, mais, au contraire, j'en debuerois pleurer, voyant que un nouueau Herostrate se trouue en nostre pais. Je vous dis cesi en confiense, ne desirant pas qu'il le sache. Je luy escrirei tout autrement que je ne fets à vous. Jesseierai à le contenter au moins de paroles. » Le 2 août 1648 : « Auec le temps je pourrei seruir Monsieur Scarron, mais pour maintenant je suis trop engagé. » Cependant le tenace ami de M. de Chantelou ne se découragera jamais et dans la lettre du 17 janvier 1649, l'on sent que le peintre va céder : « Monsieur Scarron m'a escrit un mot pour me faire souuenir de la promesse que je luy ay fette, auquel j'ei respondu et promis de rechef de m'efforcer de le satisfaire, à vostre solicitation plus qu'à la sienne, car il n'i a rien en quoy je ne m'engageasse pour vostre respect... » Cette fois Poussin pense tout de bon à se soulager de l'importun, par un morceau selon son goût, et le 7 février il écrit : « J'ai trouué la disposition d'un subiect bachique plaisant pour M. Scarron ; si les turbulanses de Paris ne luy font point changer d'oppinion, je le commencerei cette anée à mettre en bon estat. » Quinze mois se passent encore, mais enfin, l'obstiné a gagné sa cause. Il ne s'agit plus de sujet bachique ; Poussin s'est souvenu que Scarron avait même patron que Chantelou et par surcroît qu'il était chanoine du Mans, et qu'ainsi un Saint Paul lui convenait mieux qu'une Bacchanale ; ce Saint Paul s'en ira d'ailleurs à Paris en bonne compagnie, avec le fameux portrait du maître par lui-même. Le 29 mai 1650, Poussin écrit à Chantelou : «... Je pourai enuoyer en mesme temps a Monsieur l'Abé Scarron son tableau du Rauissement de Saint Paul que vous verres et vous priés de m'en dire vostre sentiment. »

Et maintenant c'est à nous de remercier ce burlesque Scarron pour son héroïque entêtement, car c'est à lui que nous devons d'admirer aujourd'hui dans le Louvre cet excellent tableau de la plus haute manière du maître, et qui ne se sent pas plus des peines qu'il eut à naître, que des répugnances quasi-invincibles de l'auteur pour le destinataire. On sait par une jolie phrase de Florent Le Comte comment le *Ravissement de Saint Paul* « sortit des mains de Poussin pour faire la curiosité de M. Scarron, de qui le sieur Jabach l'ayant eu, il se fit un plaisir de le lâcher à M. le duc de Richelieu, qui, tout d'un coup, le jugea digne d'être placé dans le cabinet de Sa Majesté. » En ce temps là, nul ne se faisait scrupule de se séparer de la maîtresse toile de son cabinet, de celle qu'il avait eu le plus de peine à obtenir de l'amitié et des efforts du maître, et de la céder, sans façons, soit à quelqu'un de ses amis, soit au ministre en faveur, qui lui-même la fera passer dans le cabinet du Roi.

Si de « l'abbé Scarron », comme l'appelait Poussin, nous venons à l'abbé Nicaise, chanoine de la Sainte-Chapelle de Dijon, qui passait pour fort lié avec Poussin en ses dernières années et qui se donna l'honneur de composer à la gloire du peintre une longue inscription funéraire, à nous conservée par Félibien, ne pourrait-on du moins citer ce qu'on en trouve dans le *Menagiana* (t. Ier, p. 351) ? Félibien, qui était, lui aussi, en fort bons rapports d'archéologie et de belles-lettres et de souvenirs communs sur le Poussin, avec ce chanoine, témoin les lettres que nous avons publiées dans la première livraison des *Archives de l'Art français,* a prétendu que l'abbé Nicaise se trouvait à Rome au moment de la mort du Poussin.

J'ai dit ailleurs qu'il n'en était rien et l'ai prouvé par la citation curieuse d'une lettre adressée au chanoine lui-même par le P. Quesnel, qui lui rend compte des obsèques du Poussin, auxquelles il assistait.

S'il fallait prendre au pied de la lettre les lignes de Félibien, on s'imaginerait que l'inscription funéraire de l'abbé Nicaise décora pompeusement la tombe du grand peintre à San-Lorenzo in Lucina. Mais nous avons toujours pensé que « ce Monument qu'il fit pour lui » n'avait jamais été qu'un pieux exercice littéraire à la mode du temps, et dans lequel ce bon chanoine n'était pas fâché de faire montre d'une intimité qu'il s'exagérait peut-être un peu, au moins du côté du Poussin, et de profiter de cette occasion solennelle pour mêler désormais son nom à celui du maître dans les rayons d'une gloire qu'il savait impérissable :

..... Claudius Nicasius Divionensis
Regii sacelli canonicus
Dum amico singulari parentaret
Veteris amicitiæ memor,
Monumentum hoc posuit ære perennius.

Félibien s'y prêta complaisamment en insérant « le monument » dans ses *Entretiens*, comme il y insérait les deux distiques de son autre ami Bellori. Mais peut-être en ai-je dit assez, sans trop chercher ailleurs, sur l'abbé Nicaise et sa correspondance, de la page 4 à la page 38 du tome Ier des *Archives de l'Art français*.

Nous savons tous par cœur, et l'on se plaît toujours à la relire, cette page des *Mélanges d'histoire et de littérature* par de Vigneul-Marville, où dom Bonaventure d'Argonne raconte qu'il a connu et entendu le Poussin : « Durant mon séjour à Rome, j'ai souvent vu le Poussin chez lui et chez M. le Chevalier del Poso, l'un des plus galants et des plus accomplis cavaliers de toute l'Italie. Le portrait qu'on nous a donné du Poussin, dans les Hommes illustres de M. Perrault, est horrible et ne ressemble guère à ce grand peintre. Il est beaucoup plus ressemblant dans quelques estampes gravées d'après son portrait tiré par lui-même, qui est un très bon morceau. On y voit le Poussin tout vivant, son esprit, sa physionomie, ses traits, etc. — J'ai souvent admiré l'amour extrême que cet excellent peintre avoit pour la perfection de son art. A l'âge où il étoit, je l'ai rencontré parmi les débris de l'ancienne Rome, et quelquefois dans la campagne et sur le bord du Tibre, qu'il dessinoit ce qu'il remarquoit le plus à son goust. Je l'ai vu aussi qu'il rapportoit dans son mouchoir des cailloux, de la mousse, des fleurs et d'autres choses semblables, qu'il vouloit peindre exactement d'après nature. — Je lui demandai, un jour, par quelle voie il étoit arrivé à ce haut point d'élévation qui lui donnoit un rang considérable entre les plus grands peintres d'Italie, il me repondit modestement : *Je n'ai rien négligé.* En effet, il paroit dans ses tableaux qu'il n'a rien négligé de ce qui sert à former un des meilleurs peintres du monde. » Suivent vingt lignes qui sont la glorification en latin, glorification diserte et pompeuse du génie du Poussin sous toutes ses faces, et que j'avais cru tout d'abord imaginées par Bonaventure d'Argonne pour servir au besoin de trop longue épitaphe au maître dans le genre de celle de l'abbé Nicaise. Mais je me suis aperçu que ce n'était là qu'une copie partielle du panégyrique à grandes phrases du Poussin inséré par le P. Ferrari à la page 99 de son livre des *Hespérides*, au revers de la feuille décorée par le peintre de l'une de ses plus gracieuses compositions (1).

(1) Voir sur la négociation pour obtenir, en faveur du P. Ferrari, le droit de dédier à Louis XIII son livre des *Hespérides*, et où le Poussin servit de chaleureux intermédiaire entre le commandeur del Pozzo et M. de Noyers par M. de Chantelou, les lettres du Poussin à Cassiano del Pozzo, 17 et 24 janvier, 27 mars, 4 avril, 9 mai 1642, à Chantelou le 7 avril. Dans la première, il disait : « Le 6 janvier, j'ai reçu, par un facteur de la poste de Lyon, un paquet dans lequel étoient le frontispice et le titre du livre des *Hesperides* du P. Ferrari et quatre feuilles de miniature, représentant un citron de différentes manières, avec l'explication de la formation de ce fruit. » — Le 7 avril : « Le sieur Angelloni vous supplie très humblement de luy faire cette faueur qu'il puisse recepuoir quelque lettres touchans l'agrement de son livre (*Historia Augusta da Giulio Cesare a Costantino*)... Le bon Père Ferrari est atendant le commandemens de Monseigneur touchans la dedication de son livre des Hespérides au Roy; vous en aues donné des esperances asses grandes pour oser vous en faire souuenir. S'il vous plaist, Monsieur, me donner un mot de responce, vous soulageres extremement vostre très humble scruiteur pour vous scruir à jamais. » — Enfin, le 9 mai, il écrit au commandeur ces mots découragés : « Je ne pourrais que vous repeter, Monsieur, ce que je vous ai marqué dans ma dernière relativement au Père Ferrari, M. de Chantelou m'ayant répondu à cette occasion en ces termes : « Il faut remettre l'affaire de ces messieurs, c'est-à-dire du Père Ferrari et d'Angeloni, à l'époque de mon départ pour Rome, qui sera vers la fin de mai. » Je ne sais s'il dit vrai, ne pouvant conjecturer ce que l'on peut en attendre... » — Le fait est qu'entre les deux postulants, entre Angeloni et son

Passeri nous a tracé, en trois lignes, un portrait du Poussin qui complète le vivant croquis de Bonaventure d'Argonne. Passeri avait beaucoup fréquenté et interrogé le grand maître français, et la longue vie qu'il a pris le soin d'en écrire contient mainte anecdote que l'on ne trouve que là et qu'il tenait sûrement de la bouche même du Poussin. Je ne parle pas du mot sur la maladie qui affligea si longtemps la

Historia Augusta et le P. Ferrari et son *Hesperides*, le livre du premier seul eut son de chasse et parut à Rome avec sa dédicace à Louis XIII et ses vers à Richelieu. Quant au pauvre Père Jésuite, toutes les recommandations du Poussin et de Cassiano del Pozzo furent inutiles et n'aboutirent point. Au reste, les dernières lignes de la lettre que je viens de citer ne le font que trop pressentir par leur étrange amertume contre la vanité des promesses de tous ces gens de cour, que rien ne tourmente autant que d'être obligés de penser plus d'une fois à la même affaire ». Il n'est pourtant guère de plus beau livre publié à Rome, au milieu du xviie siècle, que celui des *Hesperides, sive de malorum aureorum cultura et usu libri quatuor Jo. Baptistæ Ferrarii Senensis a Societate Jesu, 1646*. Le bon Père Ferrari, faute d'être autorisé à le dédier au roi de France, le dédia à Sienne, sa chère ville natale. Pour l'illustrer dignement, il eut fait appel à tout ce que Rome possédait alors de plus célèbres peintres : le Dominiquin, le Guide, l'Albane, Pietre de Cortone, Romanelli, André Sacchi, Lanfranc, et avait fait graver par Corn. Bloemaert et J. Greuter leurs compositions dessinées, aussi importantes que des tableaux. De plus, il s'était attaché à payer une part de la peine de ces grands artistes par un magnifique éloge des talents de chacun d'eux, imprimé à la page qui suivait leur estampe. Quand le tour était venu de notre Poussin, lequel avait représenté trois jeunes femmes ou nymphes offrant les fruits des Hespérides au vieux dieu du Lac Benacus de lac de Garde, voici ce que le P. Ferrari avait trouvé à en dire, je me garde bien de traduire un tel latin mi-Cicéron, mi-Sénèque, et dont notre français ne rend jamais les redondantes ampleurs : « Hortos Hesperidum Salodienses, quis se totam induisit amœnitas, quis decentius expinxerit quam Nicolaus Pussinus eum pingendi se totam infudit ars ? Magna enim pictoris hujus eximia in iis hortis affinitas est. Tria illis adjumenta reddunt amœnissimos, clemens inter frigora cisalpina cœlum, fertilis Benaci liquor, docilisque soli cultura. Iisdem præsidiis Pussinum ad singularem picturæ laudem provexerunt, nempe cœlestis ingenii temperies, affluentis disciplinæ corrivatio, exercitationis indefessa diuturnitas. Quis in ejus pictura non suscipit numeris omnibus absoluto totam pernecessariam historiæ tabularumque, optices et architecturæ omni cura acquisitam cognitionem, rerum exprimendarum decoram dispositionem, idem punctorum figurarum accuratam deductionem, et gradatam corporum colorum immutationem, constantem symmetriam, inductos naturalis temperaturæ colores, extantia in æquo corpora, restitutam veteris artificii dignitatem ? Credas illic pictas fluere undas, germinare terras, eventilari silvas, ipsas vivere amantes, ædes urbesque habitari. Cæterum adhuc sub judice lis est, utrum nudatius corpora nudet, an convestiat : adeo utroque præstat. Nam pingi ab santé de Nicolas; mais de cette rencontre avec les soldats du Pape exaspérés contre les Français, alors que vers les Quatre-Fontaines, il se promène, son carton sous le bras, en compagnie de deux compatriotes, attaque à l'épée levée contre des inoffensifs et qui faillit lui coûter quelques doigts de sa main droite; aventure qui lui fit abandonner le costume français conservé par lui jusque-là pour adopter désormais le costume romain; — et de maint autre détail, qui prouve dans Passeri la curiosité intime, presque indiscrète, avec laquelle il tournait autour de son modèle :

« C'était un homme de bonne mine et très remarquablement proportionné; sur son visage, ce qui frappait, c'était plutôt la sévérité que la placidité; mais pourtant toujours affable dans ses façons d'agir. » Bellori, le premier en date de ses biographes, ne l'avait-il pas, lui aussi, pourtrait en deux coups de crayon : « *Il naso affilato, la fronte spaziosa rendevano nobile il suo volto, con aspetto modesto.* »

Pourquoi recommencerais-je ce chapitre sur les singuliers esthéticiens qui troublèrent de leurs bizarres et fatigantes dissertations à propos de Léonard, et de quelques phrases émises par Poussin, les dernières années de celui-ci, ces Chambray, ces Abraham Bosse, ces Errard, ces Hilaire Pader, dont j'ai rempli déjà jadis des volumes entiers des *Peintres provinciaux?* Il est certes curieux de voir comment un grand maître est jugé, analysé, pénétré par ses contemporains, comment il s'accorde avec l'idéal de son siècle ou s'en détache, ce qu'il traduit, satisfait ou domine, de ses besoins d'art courants et de l'air qu'on respire autour de lui. Encore ne faut-il pas tenir trop compte de l'interprétation vide et creuse des médiocres, et il doit nous

eo, quæ non possunt, perturbationes animi, omnium, qui ejusdem opera viderint, est confessione vulgatum. Roma miratrix hospiti mirandam orbi picturam ejus Vaticana in Basilica proposuit. Sed nullum habet admiratorem laudatorem que liberaliorem, quam Equitem Cassianum à Puteo, cum eruditione universa, tam æstimandæ picturæ prudentia clarissimum, et alienæ virtutis præconio ac patrocinio sua decora cumulantem. Neque vero solùm commendat pictorem præstantissimum, sed etiam compluribus ejusdem picturis domum suam perornat. eximiorum pictis tabulis artificum, omnique alia elegantissima supellectile instructissimam. Sed illa pictoris hujus par meritis gloria, quod Ludovicus tertius decimus Galliarum Rex è Romano theatro patriam in Galliam suamque in aulam litteris amplissimis revocatum, summiorum que virorum occursu perhonorifico exceptum, ad regias picturas evexit, præfecit que pictoribus aulæ universis : ne Gallico Alexandro suus deesset Apelles. »

suffire pour Poussin d'entendre ce qu'ont dit pour lui les *Entretiens* de Félibien et les *Dialogues* de Fénelon, contre lui les *Conversations* de De Piles, sans trop nous soucier inutilement de ce que l'*Idée de la perfection de la peinture* de M. de Chambray inspirera d'extravagances au *Songe énigmatique sur la peinture universelle* d'Hilaire Pader, et plus tard à la *Réforme de la Peinture*, de l'honnête Jacques Restout.

L'esthétique de Poussin, c'est toute l'esthétique de l'école française, de même que l'esthétique de Rubens est toute l'esthétique de la flamande. Et il faut que cet homme soit bien attirant par sa forte et dominante prestance pour que notre esprit croie devoir se tourmenter encore dans l'explication de cette esthétique. Elle est assez claire pourtant et assez simplement conforme au génie de sa nation et au sens du beau éternel, et lui-même n'en a pas fait mystère dans les quelques lignes qu'il a tracées en sa vieillesse. Ces lignes ne sont que des indications sommaires, comme il convient aux oracles lumineux et débonnaires sortis de la bouche d'un chef d'école; mais Félibien nous en a servi le plus parfait commentaire qui nous importât désormais, pour l'avoir recueilli des lèvres et des œuvres du maître, dans l'air même qu'il respirait. J'ajouterai que si la façon de dire de Nicolas Poussin ne portait en soi une autorité et une beauté particulières, qui nous sont comme une face nouvelle de son génie, la publication intégrale de ses lettres nous serait inutile; car Félibien nous en a gardé, dans les *Entretiens*, tout ce qui peut intéresser la vie de l'homme, expliquer ses ouvrages et caractériser sa grande figure.

Ce Poussin, en effet, a tout dit en disant que « la fin de la peinture est la délectation ». Et, pour ma part, je voudrais tout bonnement effacer du livre des *Pensées* l'étrange boutade de Pascal, si courte de vue et si bourgeoise pour un si grand esprit et qui ne vaut que par la forme vague et mystérieuse, laquelle fait que l'on cherche là où je crois bien qu'il n'y a rien : « Quelle vanité que la peinture, qui attire l'admiration par la ressemblance des choses dont on n'admire pas les originaux ! » Réflexion passablement enfantine à laquelle on a voulu donner à tort une certaine profondeur à la mesure de l'homme. Ce n'est pas une pensée, c'est une saillie ; c'est un propos de mathématicien, dont les yeux n'ont jamais connu dès l'enfance

que les calculs précis de physique et de géométrie, et qui a toujours
vécu à distance des peintres. Le seul qu'il ait jamais rencontré semble
être Philippe de Champaigne. S'ils eussent, à Port-Royal, échangé
d'autres réflexions que sur le jansénisme, Champaigne, quoique
Flamand, et partant naturaliste, c'est-à-dire préoccupé, par instinct d'école, de la « ressemblance des choses », n'eût pas manqué de lui répondre : comment pouvez-vous, grand philosophe,
vous arrêter un moment à l'idée que la fin de la peinture puisse être
une question mesquine et assez basse d'équivalence de copies et
d'originaux vulgaires ? Et notre Poussin n'est-il pas plus juste que
vous quand il prétend que cette fin n'est pas « l'admiration », mais
« la délectation », c'est-à-dire la satisfaction supérieure de l'esprit
par le sens des yeux, le triomphe de l'intelligence sur la nature, interprétée et domptée, et qui fait que le peintre nous élève et nous charme
par l'amour du beau et du vrai, et par l'expression des plus fortes
passions humaines, au moyen de combinaisons de formes et de couleurs, aussi profondes, aussi savantes, que celles dont use l'orateur,
le poète ou le musicien pour nous prendre par les sons. Dieu qui a
fait la lumière et l'ombre, Dieu qui a fait le soleil par qui toutes
choses sont colorées, Dieu ce jour-là a créé la peinture et le peintre
et n'a point jugé faire œuvre de vanité. Que si la peinture était une
vanité, les peintres ne seraient que des êtres de vanité, et je ne sache
rien de moins vain dans l'histoire du monde que ces grands cerveaux qui s'appellent Léonard, Michel-Ange et Raphaël, et notre
Poussin à côté d'eux. — Quelques années après celle où Pascal jetait
sur la peinture, en un instant d'humeur distraite, son anathème
sacrilège, Boileau, qui, pour n'être guère, en ces matières, un plus
grand clerc que lui, savait pourtant reconnaître au peintre une
puissance non tout à fait vaine, car il disait :

> D'un pinceau délicat l'artifice agréable
> Du plus affreux objet fait un objet aimable.

Ce n'était guère en accorder beaucoup plus long que Pascal ; cependant tous deux étaient de l'une de ces époques sacrées où nous aper-
cevons à distance les peintres rivalisant en souveraine influence avec
les plus illustres philosophes, lettrés et savants, et où, pour échauffer

l'enthousiasme des âmes, un pinceau de maître valait les plumes les plus éloquentes. L'Italie après Dante n'avait rien connu de plus grave que ses artistes ; au temps de Pascal, les Poussin et les Le Sueur travaillaient de hauteur égale avec les plus austères docteurs chrétiens à anoblir les cœurs et la pensée de leurs contemporains ; enfin, dans notre siècle même, n'avons-nous pas vu nos peintres marcher, pour la gloire de la patrie, en tête de la légion brillante de nos poètes ? Ce que nous pouvons concéder c'est que le xviie siècle, Poussin et Le Sueur ont cherché avant tout la délectation de l'esprit ; le xviiie siècle moins austère s'est contenté de la délectation des yeux : Watteau, Boucher, Chardin ; encore fallait-il que l'esprit contrôlât le plaisir des yeux ; c'est le grand principe de l'école française.

Il serait fort injuste de dire que Le Sueur est au Poussin ce que Flandrin est à M. Ingres. Le Poussin n'a rien créé de plus grand ni de plus inspiré que le *Saint Paul à Éphèse* ; ni de mythologie plus noble et plus antique par certaine grâce charmante de simplicité poétique, que la décoration de l'hôtel Lambert, le Salon des Muses et la Salle des Bains. Mais je parle de ce côté tendre, chaste et pieux, qui était dans Le Sueur plus instinctif que chez Le Poussin ; car celui-ci avait une horreur naturelle que dans ses Christ on pût reconnaître « le Père Douillet », et ne voyait dans les sujets chrétiens que l'austère, le puissant et le robuste ; plus fait en somme pour représenter les sujets de la Bible que ceux du Nouveau Testament et les tendresses de la Loi Nouvelle.

Aussi qu'est-il advenu ? c'est que peu à peu l'on s'est senti plus fermement attaché à un homme qui, à force de peindre des personnages de la Bible et de Plutarque, avait atteint lui-même, sans y songer, la stature d'un homme de Plutarque, et que l'on se trouvait, à l'ombre de sa grande figure, plus tranquille et plus viril et plus assuré de la vérité. Noble privilège d'ailleurs de la peinture normande, d'avoir en ses quatre mâles principaux, Poussin, Jouvenet, Géricault, J.-Fr. Millet, gardé ce caractère de virilité à larges épaules, vaillante et gaillarde, d'humeur saine, loyale et sans mignardise, fière et franche, tandis que les autres chefs patentés de l'école parisienne, de Vouet à Le Brun, de Boucher à David, restent entachés, dans leur humanité, de je ne sais quelle tare de courtisanerie et de dignité douteuse qui humilient en eux la valeur de l'artiste.

En vérité, c'est éternel plaisir de regarder cet homme, tant il est un, de pied en cap. Pour nous, sans que nous y pensions, l'intégrité imperturbable de sa vie fait piédestal à la beauté de son œuvre. Personne entre les modernes ne fut jamais par son génie plus grec et plus romain que ce Normand; personne, sans y songer, ne sut, dans sa conduite, parer d'un caractère plus naturellement antique les vertus de sa province. Il est le grand *istoriatore* et le grand *favoleggiatore* que Le Bernin a admiré chez Chantelou; il est doué par nature de cette simplicité sereine et forte qu'on n'a plus revue depuis les Grecs; mais il est aussi, et nous l'en aimons presque autant, l'ami solide et fidèle de ceux qui l'ont servi, et qui, le 24 décembre 1657, ne laissera à nul autre le soin de « travailler à faire la sépulture » du cavalier del Pozzo, patron de ses débuts; qui sait ce qu'il vaut, et maintient sans morgue mais fermement sa place devant les plus grands; ce franc parleur que rien ne détourne en ses propos de la justice et de la vérité; l'honnête homme sans mollesse, probe sans effort et désintéressé, qui dans ses affaires de tous les jours et dans ses règlements de famille portera cette droiture et ce « jugement partout » qu'il estimait lui-même une partie essentielle du génie. C'est pourquoi je l'aime, non seulement comme la fleur la plus superbe de ma province, et pour la « délectation » dont ses œuvres ont réjoui ma vie; je l'aime comme homme, comme ami et comme conseil, et les années de sa vieillesse me sont plus sacrées et plus émouvantes si possible que celles de sa maturité féconde. Il faut dire aussi que Nicolas Poussin était d'un siècle qui honora d'instinct toutes les choses saintes. Il garda toujours la religion de la famille, bien qu'il n'eût point revu la sienne depuis l'année qu'au temps de sa jeunesse il passa chez son père pour s'y remettre de l'épuisement, des peines et fatigues endurées, au retour de son cruel voyage à Blois.

Quand je relis la lettre du 21 septembre 1642, où Poussin examine avec tant d'attention et de savoir les dessins de Levau et d'Adam pour la chapelle de Dangu, que lui a envoyés M. de Chantelou, je ne peux point ne pas songer que ce château de Dangu, si cher à M. de Noyers, qui allait y vivre ses tristes années de disgrâce politique, dans une solitude charmée par les plus doctes entretiens sur

l'art antique entre Errard et Chambray et les nouvelles de Rome que
transmettait à Chantelou la correspondance du Poussin, Dangu se
trouve à une lieue de Gisors, dans ce que nous appelons aujourd'hui
l'arrondissement des Andelys. Si Poussin eût prolongé de quelques
mois seulement son séjour en France, il est certain que M. de
Noyers n'eût pu se défendre de détacher à si petite distance du
Louvre son peintre et son oracle en matière de goût, pour juger à
Dangu même des travaux qui devaient s'exécuter là; et où Poussin
avait sa part réservée dans « les dessins de l'ornement de la voûte »,
et il vous est, comme à moi, impossible de croire que se sentant, ce
jour-là, à portée des Andelys, ce grand homme au cœur si vaillant,
et si amoureux de sa ville natale qu'il ne perdit jamais l'occasion
d'en écrire le nom à la suite du sien, n'eût point, ne fût-ce que pour
quelques heures, éperonné de ce côté sa monture, pour revoir les
clochers et les maisons de son enfance, et les braves gens de sa
famille, neveux, nièces et cousins qui étaient restés là fidèles à la terre
d'origine.

Elle touchait à sa fin, cette vie si pleine d'œuvres et de grands
exemples. La vieillesse était venue avec son cortège d'implacables
épreuves. Sa femme, sa bonne femme, à laquelle il ne doit survivre
que quelques mois, il la voit partir avant lui, et l'on se rappelle
assez, quand elle mourut en novembre 1664, en quels termes na-
vrants et désolés le pauvre vieillard abandonné laissait voir à Chantelou les affres cruelles où le laissait cette séparation :

« A Rome, le 16 nouembre 1664. — Monsieur, je vous prie de ne
pas vous étonner sil i a tant de temps que je ne me suis pas donné
l'honneur de vous faire sçauoir de mes nouuelles ; quand vous en
sçaures l'occasion vous ne m'escuseres pas seulement, mais vous aures
compation de mes misères. Il i a neuf mois que jai tenu ma bonne
fame au lit malade d'une tousse de fieure étique, qui après mille
remèdes inutiles laiant consommée jusques aus os, et m'auoir extraordinairement inquiété est morte, quand j'auois plus besoin de son
secours, maiant laissé chargé d'anées, paralitique, plain d'infirmités
de touttes sortes, étranger et sans amis (car en cette Ville il ne s'en

trouue point). Voilà l'état où je me trouue. Vous pouues vous imaginer le demourant; l'om me presche la patiense qui est le remède à tous maus, laquelle je prens comme une médecine qui ne couste guere, mais aussi qui ne guérit de rien. Me voiant en cet état qui ne peut durer, j'ai voulu me disposer au départ : j'ai fait, pour cet effet, un peu de testament, par lequel je laisse plus de dix mille escus de cette monnoie à mes pauures parens habitans à Andely, qui sont gens grossiers et ignorant, lesquels ayant après ma mort a recepuoir cette somme, auront grand besoin du secours et aide de quelque personne fidelle et charitable. Je vous viens suplier en cette necessité de leur preter main et les conseiller et prendre leur protexion afin qu'ils ne soient trompés ou volés; ils vous en viendront humblement requerir; je m'assure, sur l'expériense que j'ai de vostre bonté, que vous le ferez volontiers pour eux comme vous aves fait de vostre pauure Poussin en l'espase de vingt cinq ans. J'ai si grande dificulté à escrire, pour le grand tremblement de ma main, que je n'écris point présentement à M. de Chambray que je prie de tout mon cœur me pardonner. Il me faut huit jours pour escrire une méchante lettre, à peu à peu, deus ou trois lignes à la fois, et le morceau à la bouche : hors de cette heure qui dure fort peu, (mais qui mofense l'estomac débile) il m'est impossible de former une lettre qui se puisse tire. Voiez, je vous suplie, en quoy je vous peus seruir en cette Ville et commandes moi qui suis de toute mon ame, monsieur, vostre très humble et très obéissant seruiteur. — LE POUSSIN. »

Et Chantelou écrit en haut de la lettre ces trois mots qui marquent l'inquiétude de l'ami : *tremblement de main.*

Cinq mois après cette lettre du 16 novembre, où il recommandait à Chantelou ses héritiers, Poussin, répondant, dit celui-ci, « à l'assurance que je luy ay donnée de seruir son héritier à sa prière, se plaint de ce qu'il l'est allé trouuer à Rome. » Et ce fidèle patron ne devait plus revoir d'autre billet de cette main tremblante qui avait tant travaillé pour lui : « A monsieur monsieur de Chantelou, Conseiller du Roy et Maistre ordinaire de son hôstel, rue Saint Thomas du Louvre. — « Monsieur, le contentement que j'ai repceu par votre derniére du Chateau du Loir ne se peut esprimer; mais se contentement a trop peu duré aiant esté trauersé par l'impertinense de ce misérable étourdi nepueu pour le subiet duquel je vous ai importuné et prié de protéger après mon trépas, ce que vostre bonté m'a bien voulu acorder et promettre. Je vous suplie de rechef de vous en souuenir quand il sera temps. Se misérable rustique sans cerueau et ignorant m'est venu troubler le repos où je viuois, de sorte que je n'ai peu vous venir remercier plus tost me trouuant quasi hors de moi mesme pour le déplaisir que j'ai repsu de sa part. Je vous viens demander escuse d'auoir tant tardé à confesser que vous estes seluy à qui je suis le plus obligé et redeuable, qui estes mon refuge, mon appui et à qui je serai tant que je viurai, monsieur, vostre très humble et très obligé seruiteur. — Le Poussin. — Le 28 mars 1665, à Rome. — Je baise très humblement les mains à madame de Chantelou. »

Il avait encore, jusqu'au 19 novembre, près de huit mois à vivre, mais c'en était fait, la ruine allait croûlant de jour en jour. Lui même l'avouait trois semaines plutôt à M. de Chambray : « Quand je m'échauffe maintenant le deuant de la teste par quelqué forte attention je m'en trouue mal. » Rome d'ailleurs tout entière, avec son monde d'artistes de tous pays, observait avec une respectueuse pitié cette lente agonie, cette penible destruction que rien désormais ne pouvait plus arrêter, d'un grand peintre qui, bien qu'étranger, faisait dès longtemps partie de sa propre gloire, de ce pauvre corps à qui sa main avait peu à peu refusé le travail à mesure que son génie allait, semblait-il, grandissant et où survivait jusqu'à la fin l'un des plus puissants cerveaux d'artistes que le monde eût connus. Salvator Rosa, son plus proche voisin sur le Pincio, et dont la maison regardait la sienne de l'autre côté de la rue, écrivait, le dernier jour d'octobre 1665, à Gio-Batista Ricciardi : « *qui teniamo monsù Possino più dell'altro, che da questo mondo.* »

La visite si inattendue et saugrenue de son neveu n'avait pas manqué d'émouvoir un scandale dans le quartier du Pincio et parmi tous les Romains attentifs aux derniers jours de l'illustre vieillard ; car Passeri rend ce malencontreux personnage pour bien dire responsable de la crise finale qui devait emporter notre pauvre Poussin : « Au printemps de 1665, vint à Rome un sien neveu, amené, autant qu'il le laissa paraître, par le désir avide d'être l'héritier de ce que son oncle avait acquis, et qui se conduisit de façon si indiscrète et impertinente que celui-ci, n'en recevant que peu de satisfaction, le renvoya aux Andelys en septembre de la même année. »

(Il s'offrait, j'aime à le croire, pour remplacer, dans ses soins, la « bonne femme » que le bonhomme venait de perdre. Je dis « le bonhomme Poussin », comme, vers le même temps, on disait « le bonhomme Corneille. »)

« Dans ce même mois, poursuit Passeri, lui survinrent quelques attaques de fièvre, causées sans doute par l'indiscrétion de ce sien neveu, lesquelles, le travaillant beaucoup, lui suscitèrent un flux d'urine fréquente et sanguinolente, qui lui dura l'espace de vingt jours. Le sang s'arrêta, mais ce fut pour faire place à un perpétuel relâchement des reins, de sorte qu'il urinait continuellement sans rétention, et cela dura nombre de jours. Peu après s'ouvrit sous son bras gauche une aposthème qui vint à crever et le purgea grandement. A la fin, exténué par tant de souffrances, et tout son mal se tournant à l'état de malignité, le 19 novembre 1665, juste comme midi sonnait, il rendit l'âme à son créateur après s'être conforté de tous les sacrements de l'Église comme parfait chrétien et catholique. »

« Ce peu de testament », dont Poussin parle dans sa lettre du 16 novembre 1664, et « par lequel il laisse plus de dix mille escus de cette monnoie à ses pauvres parents habitans à Andelys, qui sont gens grossiers et ignorants », ce n'est point, devons-nous penser tout d'abord, avec son « tremblement de main » noté au crayon par Chantelou en haut de cette lettre, qu'il a pu en écrire les longs détails. Il vient lui-même de dire pourquoi : « Il me faut huit jours pour écrire une méchante lettre, à peu à peu, deux ou trois lignes à la fois, et le morceau à la bouche. Hors de cette heure-là qui dure fort peu, mais qui m'offense l'estomac débile, il m'est impossible de former une lettre qui se puisse lire. » Aussi semble-t-il naturel que pour une telle œuvre de longue haleine, d'abondante rédaction et de prolixe écriture, un notaire ait été mandé, dès le mois de novembre 1664. Encore cette affaire des multiples testaments, même de ceux notariés, n'est-elle pas elle-même très claire. A la date du 16 novembre 1664, le Poussin dit nettement : « J'ai fait un peu de testament » ; et dans le dernier et définitif testament, daté du 21 septembre 1665, et rédigé par J.-B. Rondini, ce même notaire parle d'un autre testament déjà rédigé par lui pour le Poussin à la date du 25 novembre 1664, c'est-à-dire postérieur de quelques jours à ce « peu de testament » dont Nicolas parle à Chantelou. Je serais donc porté à croire que le grand artiste a commencé par écrire de sa propre main, toute tremblante qu'elle fût, un premier testament succinct, « un peu de testament », qu'il jugea d'abord suffisant pour assurer ses dix mille écus à ses parents des Andelys. Mais, bientôt, se ravisant et voulant donner à ses dispositions testamentaires une forme plus légale et plus complète, et y faire une répartition plus équitable en somme et mieux équilibrée entre tous ceux de ses proches qui l'avaient aimé et servi, il appelle le notaire le 25 novembre 1664, et pendant dix mois le second testament est tenu par Poussin pour bon et valable. Est-ce le voyage de ce terrible neveu et héritier, Jean Le Tellier, de ce « misérable étourdi », dont est pleine sa lettre du 28 mars 1665, qui est venu troubler et déranger les dispositions du vieillard surexcité ?

Le début de ce testament que je transcris d'après la copie conservée par Chantelou, prouve combien dans ces sortes d'actes solennels les plus graves notaires romains se préoccupaient peu de l'orthographe du nom de leurs clients et des personnages de leur famille intéressés dans ce document faisant loi : « *In nomine Domini. Amen. Presenti publico instrumento cunctis ubique pateat evidenter et sit notum. quod anno a Nativitate D. N. Jesus Christi Millesimo sexcentesimo sexagesimo quinto, indictione tertia vero vigesima prima septembris, Pontificatus autem SS^{mi} in Christo Patris et D. N. D. Alexandri Divina Providentia Papæ Septimi anno ejus undecimo. Il M^{to} ill^{re} sig. Nicolò Püssyn figliolo del D. Gioranni del Borgo d'Andelij Diocese Rotomagense, dà me notaro benissimo conosciuto. sano per gratia di Dio di mente et altri sensi, benche di corpo infermo, giacendo in letto et volendo provedere alli suoi interessi, acciò doppo la sua morte, frà loro posteri e successori sopra i boni conceduteli da S. D. M. non habbia da nascere lite alcuna ha diliberato spontaneamente et in ogni miglior modo che può e dere fare il pute suo testamento nuncupativo senza scritti... »*

Dans cet « instrument public » rédigé dans les formules les plus détaillées par le notaire J.-B. Rudini, le 21 septembre 1665, Poussin « déclare qu'ayant fait un autre testament à la date du 25 novembre 1664, il révoque présentement et annulle tant ce testament-là que tout autre qui puisse estre, codicille et autre disposition que l'on pourra trouver en quelque temps et que'que lieu, de quelque manière

et par quels actes et par quel notaire ils ayent estez faits en faveur de
qui que ce soit....

« Commençant donc par l'âme, comme plus noble et plus digne
que le corps, il la recommande à Dieu tout puissant, à la glorieuse
Vierge Marie, aux glorieux Saints Pierre et Paul, au Saint Ange
gardien, et à toute la Cour Céleste, lesquels il prie de toute son
affection, et de cœur et d'humilité profonde, qu'ils veuillent intercéder
près de la divine Miséricorde de Dieu bénit pour le salut de son âme,
et veult et dispose qu'après sa mort soit habillé avec un de ses habits,
et qu'ainsy vêtu il soit porté à l'église paroissiale sans aucune pompe
et que là il soit exposé avec quatre torches allumées et qu'après on
luy donne la sépulture dans ladite église paroissiale, à laquelle il laisse
tout ce qu'on luy devra raisonnablement et pas autre chose, et pour
le repos de son âme il ordonne que son corps estant comme cy-
dessus exposé, on fasse célébrer une grande messe chantée dans la
même église paroissiale, et pendant qu'on la célébrera, on allume
quatre cierges à l'autel, et en cas d'empeschement dans le jour que
son corps sera comme cy-dessus exposé, on fasse célébrer ladite
grande messe dans le jour suivant où il n'y aura pas d'empeschement.... »

Ce testament nous fait connaître, mieux que les biographes, non
seulement les parents survivants des Andelys, mais le groupe, plus
nombreux qu'on ne pense, de la famille de sa bonne femme, dont le
Poussin vivait entouré à Rome : « Il laisse au Seigneur Louis Douquel Daguet, prénommé à l'ancienne, son beau frère, pour une seule
fois, huit cents écus de monnaie romaine.... — *Item*, il laisse à la dame
Jeanne Douquel, femme de Bastien Cherabitto, sa belle sœur, mille
écus de monnaie romaine... Outre cela il laisse à Barbe Cherabitto,
fille du dit Bastien et nièce de la dame Anne-Marie Douquel sa femme,
dix *luoghi del monte* actions de la banque. Outre cela il lui laisse
tous les biens meubles meublants, ustensiles, linges et hardes, que le
dit testateur aura au moment de sa mort, dans la maison où la succes-
sion s'ouvrira, compris tout l'or, l'argent et les deniers comptants jusques pourtant à la somme de vingt écus romains... — *Item*, il laisse
à Catherine Cherabitto, fille du dit Bastien et nièce comme ci-dessus
de la dit dame Anne-Marie, mille écus de monnaie romaine de dix
pauls par écu, pour se les faire payer librement après sa mort par son

héritier universel... — *Item*, à Léonard Cherabitto, fils du dit Bastien, 500 écus de monnaie romaine, une fois payez comme ci-dessus par son héritier souscrit... — *Item*, à François Cherabitto, 200 écus une fois payés par son héritier souscrit. — *Item*, il laisse au sieur Jean Douquei mil trois cents écus de monnaie romaine pour une seule fois payés après sa mort par son héritier universel souscrit. Outre cela, remet et donne au dit s' Jean Douquei tout ce que le dit testateur peut ou puisse prétendre de luy, ordonnant que pour cette chose il ne soit pas molesté. — *Item*, il laisse au sieur Jean Retrou, banquier et expéditionnaire en cette cour, cinquante pistolles doublons d'Espagne une fois payés après sa mort par son héritier souscrit. — *Item*, il laisse à Madame Françoise Le Tellier veuve d'Antoine Posterla, mille écus de monnoye de France, une fois payés en France, dans sa propre patrie, par son héritier souscrit, si la dite Françoise est vivante au temps de sa mort; et si elle est morte avant le dit testateur, ou si elle est morte présentement, il ordonne que les dits mille écus soient payez comme ci-dessus aux enfants de la dite Françoise à partager également entre eux par égale portion et ordonne que du payement actuel fait comme ci-dessus ou à la dite Françoise ou à ses enfants doive le dit héritier universel dans le terme d'un an du jour de la mort en envoyer les actes publiés aux exécuteurs testamentaires souscrits. — Pour tout le reste de ses biens particuliers, tant meubles qu'immeubles, titres, créances, deniers, lieux des monts, et toutes actions, sauf seulement les susdits legs du testateur, de quelque espéce qu'ils soient et en quelque lieu qu'ils soient déposés et existans, il fait, députe, et veut que soit, comme s'il le nommait de sa propre bouche, son héritier universel, le sieur Jean Letellier, fils du sieur Nicolas Letellier et de dame Maria Honorati; et si le sieur Jean Letellier est mort avant le dit testateur, dans ce cas et non autrement, ni en autre manière, il lui substitue et institue respectivement les enfants de la susdite dame Françoise Letellier, par égale portion, voulant que son dit héritier institué ou les autres héritiers substitués en sa place en cas de mort, exceptés seulement les légataires susdits, succèdent en tout à son patrimoine et à ses biens meubles et immeubles, rentes, changes, lieux de mont, créances, titres, actions, deniers, existans et en dépôt en quelques maisons et lieux qu'il ser a de son bien... — Il fait ensuite exécuteurs de son présent testament et derniere volonté et prie le dit sieur

Jean Retrou, banquier et expéditionnaire et le dit sieur Jean Douquei de vouloir l'estre... Et parce qu'il peut arriver le cas de mort
de l'un des deux auparavant la mort du dit testateur, ou encore
après, mais pourtant avant la totale exécution et accomplissement
de ce qu'il a disposé et ordonné, il veut en tel cas que toutes les susdites facultés et autorités se consolident et s'unissent dans l'autre survivant... »

On est quelque peu surpris de ne point trouver dans ce testament,
à côté des noms de Louis Dughet qui ne figure nulle part dans les
Lettres, et qui ne me semble pas s'être mêlé des choses d'art, de Jean
Dughet, de Jeanne Dughet et de sa fille Barbe Cherabitto, le nom de
Gaspard Dughet, celui des trois beaux frères du Poussin qui est resté
le plus intimement lié à sa renommée, et qui ne mourut qu'en 1675.
D'où vient qu'il ne lui attribue pas à lui aussi, comme à ses frères et
sœurs et nièces, une part quelconque de son héritage ? Les biographes
ne parlent point de désunion entre Nicolas et Gaspard, entre le maître
et l'élève ; mais le Guaspre avait, peut-on croire, acquis par son abondant pinceau une assez grande aisance pour que son beau frère pût
l'estimer à l'abri de tout besoin, et réservât les économies de sa vie
laborieuse à ceux de ses deux familles, des Andelys et de Rome, qui
devaient par lui être mis hors des inquiétudes de l'avenir. Quant à
Jean Dughet, Poussin en a fait dès longtemps son homme de confiance
intime, son homme d'affaires en tout genre. Il l'a initié de bonne
heure aux secrets de son génie de peintre, dont Jean est devenu par
l'exercice de l'eau forte, l'un des plus intelligents interprètes. Il l'a mis
en relation avec tous ses amis et avec tous les amateurs de France et
d'Italie pour lesquels il travaille ; il s'en fait suivre partout, même,
semble-t-il, dans son voyage de Paris. Jean est au courant de tous ses
intérêts et plus capable que nul autre d'apprécier ce qu'il laisse après
lui dans son atelier. C'est ainsi que plus tard Jean pourra répondre
sans hésiter aux questions de l'abbé Nicaise et des Fréart sur les
manuscrits et les dessins du Poussin et dresser l'inventaire des estampes et autres objets d'art demeurés dans les portefeuilles à la maison
du maître et que les curieux de France semblent de prime abord se
disputer. Mais, sans plus attendre, à peine les restes de Nicolas Poussin sont-ils déposés dans San-Lorenzo, J. Dughet remplissant son
premier devoir d'exécuteur testamentaire, faisait parvenir à M. de Chan-

telou la lettre suivante que nous transcrivons avec la note d'entête de celui-ci :

« Premier décembre 1665. — Cette lettre est du Seg' Jouanne, beau-frère de l'unique peintre deffunt M. Poussin, laquelle accompagne son testament qu'il avoit donné ordre qui me fust envoyé pour avoir soing de son exécution. Il mande sa mort. *Requiescat in pace.* » Et plus bas, Chantelou a ajouté cet aphorisme mélancolique : « *Spes es nomen incerti boni.* »

« All' Illmo mio Sig' et Pron — m^o Sing^mo il Sig' de Chantelou, — in Parigi. — Illmo Sig' mio Pron O.^so — Haveva senza dubbio V. S. Illma intesa la nova della morte del famoso Sig' Poussin, anzi della Pittura istessa, laquale successe il 19 novembre circa il mezzo giorno con sentimenti tanto devoti, che li Sacerdoti che l'assistevano mosti da cordoglio innusitato compiansero anch'essi il fine di cosi Ill^re ingegno. Copatira V. S. Illma se sino al presente sono stato a dargliene parti : li affari che in tali occasioni succedono ne causarono l'impedimento. Tre giorni avanti ch'il detto Sig' Poussin passasse al altra vita, mi commando ch'io non solo scrivessi a V. S. Illma, ma che ancora li mandessi la copia del suo testamento, acciò de V. S. Illma si potesse ricever gratia mandar la al suo herede, il quale si nomina Giovanni le Tellier figliolo di Niccolo le Tellier et di Maria Honorati. Inscuserà dunque V. S. Illma s'io prendo ardire con tanta libertà eseguire il commando del defunto, il quale anco seggianse che io scrivessi à V. S. Illma come li chiedeva humilmente perdono et che se non fosse stato un estremo bisogno non haverebbe aggiunto quest'ultima obbligatione a tante altre infinite chea V. S. Illma disse egli di havere. Gli l'invio incluso in questo piego il quale V. S. Illma si compiacerà aprirlo é leggerlo ed inviarlo piu presto che siá possibile a V. S. Illma come spero dalla sua estrema gentilezza, acciochè piu tosto che si potrà possiamo effettuare gl'ordini del testatore. Supplico anco ardentemente V. S. Illma volermi favorire per honore del defunto fare in qualche modo che l'herede condescenda alla spesa del Deposito per memoria di tanto grand huomo, et questo sarebbe in circa 50 doppie, et per il resto saro contentissimo aggiunger lo io che saranno 50 altre doppie. — Il sudetto Sig^re lasciò che non si dovesse spendere nel suo funerale altro che 20 scudi come lei potrà legger nel suo testamento, ma parende mi poco rispetto al suo gran merito io hò spesii 60 scudi et di questo non occorre parlarne cosa alcuna. V. S. Illma ricevera dentro il piego, il Testamento, una lettera per V. S. Illma et un'altra lettera per l'herede, gli sarà reso in mano propria dà Mons. Lemaire, ch'è il corrispondente di Mons. Retrou, esecutore testamentare in mia compagnia, al qual Mons. Lemaire farà gratia V. S. Illma dar le suc che se farà recapitar in Roma nelle nostre mani. — Per concludere Illmo Sig^r mio, riverente la supp^{co} inscusar la mia prosuntione laquale mi viene avvalorata da quello al quale in perpetuo haverò obbligationi infinite, et qui resto — D. S. V. S. I ll^a mio sig. sing^{mo} il devotiss^{mo} et obbligatiss^{mo} Ser : — *Giovanni Dughet.* — Di Roma, 1er X^{bre} 1665. »

Un correspondant de l'abbé Nicaise, que l'on suppose être le P. Quesnel, lui écrivait de Rome, le 24 novembre 1665 : « Je n'ay rien à vous mander sinon la triste nouvelle de la mort de l'Apelles de ce siècle, l'illustre M. Poussin. Il fust enterré vendredy à Saint Laurent in Lucina, où assistèrent tous les vertueux, architectes, peintres et sculpteurs ; je me trouvé parmi eux. Il y avoit deux prélats signalés, monsieur Salviati et un autre. On me fit l'honneur de me donner un cierge aussi bien qu'à eux ; il a esté plus de six semaines languissant et quasi à l'agonie. Je vous enveyeray par le prochain courrier l'épitaphe qu'on luy a faite. » (*Archives de l'art français*, t. Ier p. 4.) — Il s'agit ici, à n'en pas douter, de l'épitaphe de Bellori.

Heureux ceux qui, à mesure que vieillesse s'avance, fermant yeux et oreilles à l'agitation destructive, à l'imbécile froufrou d'un temps méprisable et qui pue la mort, se retirent plus étroitement et plus obstinément dans Nicolas Poussin ! Je me sens pris, je l'avoue, d'un grand faible fraternel pour ceux de notre siècle qui se sont appliqués à cultiver et à servir, avant toute autre, cette incomparable gloire française, et je ne sais pourquoi je veux sentir en eux une âme plus haute et plus estimable, plus indépendante du vulgaire. L'un, entre tous, m'intéresse personnellement : c'est l'honnête homme qui, le premier, en 1816, occupa à l'Académie des Beaux-Arts le siège dont j'ai été honoré plus de soixante ans après lui. Castellan eut, lui aussi, le culte du Poussin. Il a écrit la *Vie de Nicolas Poussin,* imprimée en tête de l'œuvre du maître, gravée par le normand Landon.

Ce Castellan s'était trouvé le confrère de Dufourny dans la quatrième classe de l'Institut de France, transformée bientôt en Académie des Beaux-Arts, et leur religion commune pour le souverain peintre français n'avait certes pas été l'une des moindres causes de leur intime rapprochement. En décembre 1813, d'Agincourt écrivait à Castellan : « De pareils détails sont pardonnables, quand des amis s'entretiennent intimement d'un ami commun ; Monsieur Dufourny mérite bien être de ce nombre, puisqu'il a recherché avec empressement les ouvrages du Poussin et qu'il a eu le bonheur d'en trouver qui lui font honneur. Vous voudrez bien vous entretenir avec lui des mêmes objets. »

A chaque page de sa *Vie de Nicolas Poussin*, outre les documents que Dufourny lui indique, parfois à l'aventure, Castellan cite les tableaux du cabinet de son ami. A l'endroit où il observe que le Poussin « n'était point dépourvu d'une sorte d'abandon naïf et même de gaieté qu'on remarque dans quelques-unes de ses compositions », il ajoute : « M. Dufourny possède un tableau de ce genre qui, pour la première fois, paraît gravé dans ce recueil ; le Poussin y a représenté Philémon, poète comique qui, voyant un âne manger gravement des figues qui lui avaient été préparées, est surpris d'un rire si immodéré qu'il expire au milieu d'efforts convulsifs. Ce sujet, puisé dans Aulu-Gelle, n'avait été traité par aucun peintre. » Ailleurs il parle d'un « Frappement du rocher, qui fait un des principaux ornements du cabinet de M. Dufourny ; il paraît avoir été exécuté sur une impression blanche qui, sans doute, a contribué à sa parfaite conservation. Cette magnifique composition, de vingt-cinq figures demi-nature, n'avait pas encore été gravée ; elle paraît pour la première fois dans ce recueil. »

J'ai peur, entre nous, qu'en fait de tableaux du Poussin, entrés dans son cabinet, cet « ardent » Dufourny n'ait été parfois un peu rêveur, surtout quand je lis dans Castellan l'attribution suivante : « La tête pleine des idées de sa décoration de la galerie du Louvre représentant les travaux d'Hercule, le Poussin imagina d'attribuer à ce héros un dernier exploit dirigé contre ses propres ennemis, et le représenta dans l'action de terrasser la Sottise, l'Ignorance et l'Envie, personnifiées sous les traits de Fouquières, Le Mercier et Vouët, ses principaux antagonistes. Ce tableau curieux, qui, pour la première fois, paraît gravé dans ce recueil, appartient à M. Dufourny; il a bien voulu nous en donner la description sommaire que voici : « Sur la gauche du spectateur, la Sottise, sous la figure d'une jeune femme couronnée de pavots et foulant aux pieds des livres d'art, est représentée assise sur un âne, symbole de l'Ignorance, qui reçoit ses caresses avec complaisance. Au cou du stupide animal pend une chaîne d'or portant une médaille avec les lettres J. F., initiales du nom de Jacques Fouquières, ce paysagiste si vain de sa nouvelle noblesse et de la protection de la reine Anne d'Autriche; mais en pissant sur sa palette, le génie de la peinture témoigne assez le peu de cas qu'il fait des talents de cet inepte favori, l'un des ennemis les plus acharnés du Poussin. A côté se voit une autre espèce de génie lourd et replet; son embonpoint et ses ailes écourtées ne lui permettront jamais de s'élever; il paraît occupé à déchirer les feuillets du Traité de Vitruve ; une équerre et un compas achèvent de caractériser l'architecte Le Mercier qui avait commencé à surcharger la voûte de la galerie du Louvre d'ornements monstrueux et d'une pesanteur excessive, suivant l'expression d'une lettre du Poussin. Tandis que, plein de sécurité, ce groupe jouit des faveurs dont la fortune s'empresse de le combler, le Poussin, sous la figure d'Hercule, arrive et, de sa redoutable massue, s'apprête à le frapper. En vain, empruntant les traits de Vouët, chef de la ligue opposée au Poussin, l'Envie s'efforce de désarmer son bras, le coup fatal est lancé, la Sottise et ses ignorans protégés vont être terrassés, et déjà les génies des arts, planant sur la tête du héros, se disputent l'honneur de le couronner. Telle est la vive et piquante allégorie par laquelle le Poussin s'est vengé de cette tourbe d'envieux, dont les intrigues lui avaient causé tant de chagrins; on pourrait avec justesse l'intituler : *Le coup de massue.* » Mais de qui le tableau? De toute façon, je m'étonnerais fort d'y retrouver une invention du Poussin lui-même, lequel, d'ailleurs, nous l'avons vu par P. Lemaire et Dulin, ne manqua point de pasticheurs, vengeurs au besoin de la gloire de leur maître et modèle.

Il faut pourtant dire que parmi ces racontars de Dufourny, certains méritaient de n'être pas négligés, entre autres ce que Castellan tenait de lui sur les compositions dessinées pour la décoration de cette grande galerie : « On croit généralement que les sujets des *Travaux d'Hercule*, gravés par Pesne d'après le Poussin, sont ceux qui avaient été exécutés dans la grande galerie du Louvre ; mais ce n'était, à ce qu'il paraît, que les premières pensées dont la plupart n'ont pas reçu leur exécution, car les *Travaux d'Hercule*, peints dans la voûte de cette galerie, étaient d'une composition tout à fait différente. Nous consignons ici cette particularité que nous tenons de M. Dufourny, qui, avant la destruction de cette voûte, a eu la facilité d'en examiner et dessiner avec soin tous les détails. » Il y a là un point curieux et non invraisemblable. Pour que Dufourny ne retrouvât point dans ce qu'il voyait et dessinait au temps de Louis XVI les compositions gravées par J. Pesne, il suffit de se souvenir que Pesne n'a point reproduit toutes les inventions crayonnées par Poussin, puisque M. Gatteaux en a possédé d'autres non moins authentiques ; et puis surtout il faut songer aux compartiments incendiés de la galerie et que Boullongne avait restaurés à sa façon, sans trop s'astreindre, j'imagine, à la reproduction exacte des dessins primitifs du Poussin, mais y suppléant librement à sa guise ; et si ce n'était Boullongne le père, il faudrait songer à Boullongne le fils, collaborateur de son père, et aux autres restaurateurs de la voûte, cités vingt ans après la mort du Poussin dans les comptes des bâtiments du Roi.

C'est Dufourny sans doute qui aura induit son ami en cette erreur singulière de lui faire confondre Jean Dughet avec son frère Gaspard Dughet, « auquel Poussin laissa pour héritage son nom et son talent dans le paysage ». — « Le Gaspre, affirme sans hésiter ce bon Castellan, ne quitta plus son beau-frère et son maître qui l'emmena avec lui en France. Nous supposons, avec quelque raison, que les lettres du Poussin, imprimées dans l'ouvrage italien intitulé : *Lettere pittoriche*, et dont M. Dufourny, membre de l'Institut, possède les originaux, sont de la main du Gaspre, qui servait de secrétaire au Poussin. Parmi ces lettres il y en a d'autographes, dont une, entre autres, est fort curieuse, en ce qu'elle est commencée en italien de la main du Gaspre, continuée en français de celle du Poussin, finie comme les autres en italien et signée Nicolo Poussino. M. Dufourny possède aussi un recueil de cent cinquante lettres du Poussin, écrites pour la plupart au chevalier del Pozzo et à M. de Chanteloup, ses illustres Mécènes ; elles sont toutes en français et copiées dans le temps sur les originaux ; il serait bien à désirer qu'elles fussent publiées. Nous devons à l'ardent amour de cet artiste distingué pour les arts et à son inépuisable complaisance une foule de renseignements que nous ne pouvions trouver que dans sa bibliothèque et dans son cabinet, très riche en tableaux du Poussin, dont nous offrons ici la gravure et que nous aurons l'occasion de citer. »

Nous savons par le copieux dossier, réuni à la bibliothèque de l'Institut, après publication faite des lettres du Poussin par Quatremère de Quincy, en 1824, tout ce que Dufourny avait amassé de documents en vue de l'édition à laquelle il songeait lui-même depuis si longtemps. C'est en tête de ce dossier de pièces diverses jointes à la copie ancienne possédée par lui et dont parle Castellan, que se trouvent les abondantes notules de la main de Dufourny, lesquelles sont évidemment une table préparatoire de renseignements pour l'édition rêvée. Il consigne là, au fur et à mesure des rencontres de ses lectures, les livres, manuscrits ou titres de collections, où il aura, à jour dit, à reprendre son bien. La nomenclature en est vraiment curieuse et d'un chercheur plein de son homme et de son étude. Elle ne nous apprend que peu de nouveau ; presque tous les biographes du Poussin ont connu ces pistes-là ; et d'ailleurs elle est trop longue pour la citer entière, j'en veux pourtant transcrire ici un assez grand nombre d'alinéas pour montrer qu'à travers le désordre inévitable d'un tel glanage au jour le jour, rien d'important ne lui avait échappé des tenants et aboutissants du Poussin, et que Quatremère et son collaborateur, M. Langlès, avaient, grâce à lui, trouvé besogne mâchée et toutes les sources contemporaines bien indiquées et tous les masques bien connus, même pour les figures secondaires (1).

(1) « *Notules de la main de Dufourny.*— Sur l'utilité de ces recueils (de lettres d'artistes), consulter les préfaces *delle pittoriche;* dans le tome IV, page 264, une lettre du Canonico Crespi relative à cet ouvrage, et les autres répandues dans le recueil en cherchant dans l'index l'article *Lettere pittoriche.* — Richardson, t. III, part. 1, p. 311, donne la note des tableaux du Poussin qui, de son temps, existaient au palais du chevalier del Pozzo, à Rome [nous-même avons profité de cette indication dans les *Archives de l'art français*]. — Consulter la vie de Bellori et celle de Félibien pour les extraits des lettres du Poussin qu'il rapporte, et celle de Passeri copiée par Mariette pour les notes qu'il y a ajoutées, — D'Argenville pour les tableaux du Poussin qui sont en France; — de Piles pour les observations qu'il fait sur ses ouvrages et la nature de son talent (il paraît l'avoir connu à Rome). — Monville, vie de Mignard, p. x, annonce que la vie du Poussin a été entreprise par Baldinucci. — Sandrart a aussi écrit sa vie.

Dufourny est entré si avant dans le projet de cette édition qu'il va jusqu'à lui ébaucher une préface; nous ne pouvons même résister à l'envie d'en introduire ici un fragment, où, — Dieu lui pardonne, — il demande grâce pour le style du Poussin et ses irrégularités.

— *Idée de la perfection de la peinture*, par Chambray, p. 121. — M. Mayeura de Lyon a un manuscrit de Chambrai où le Poussin est loué. C'est peut-être la *Perfection de la peinture*. — Le citoyen Reboul a acquis la bibliothèque de la maison Albani, dans laquelle il se trouvait 14 cartons de papiers parmi lesquels il y a des lettres originales du Poussin au commandeur del Pozzo et autres artistes. (Notice donnée à Rome par M. d'Agincourt et confirmée par Carret, agent de Reboul, qui m'a ajouté que ces cartons contenaient aussi des lettres originales d'autres artistes et des mémoires de la reine Christine. — Le citoyen Reboul demeure à....., près d'Auxerre, à cinq lieues de cette ville. Dans un voyage qu'il a fait à Paris, il m'a confirmé ce fait et m'a promis de me communiquer ces matériaux, — ce qu'il a fait depuis. — Sur la *Manne* et les *Aveugles de Jéricho*, consulter les conférences de l'Académie. — Consulter l'essai sur la vie et les tableaux du Poussin par Cambry, Paris, an VII, in-8°. — Catalogue des objets d'art échappés au vandalisme dans le Finistère, par le même. Ces deux ouvrages à la bibliothèque de l'Institut. — Sur les divers ouvrages du Poussin, consulter la note que j'ai faite de ses tableaux existant à Rome, au palais Roccapodali et chez Vitali, graveur. — Au sujet du livre des Hespérides du Père Ferrari, consulter une note de Mariette qui est dans son manuscrit des Vies de Passeri, t. II, p. 229... — Sur les motifs de la venue du Poussin en France, voir la préface du Parallèle de Chambrai, 1re édit., p. 4. — V. la même préface, sur les bas-reliefs antiques qu'il plaça dans la voûte de la grande galerie. — V. même préface, sur l'église du Noviciat des Jésuites et le tableau de saint François-Xavier. — Au sujet des copies dont font mention les lettres de 1643, que le Poussin faisait faire à Rome, par Nocret, Mignard, etc., Le Maire, Errard, etc., pour M. de Chantelou, consulter Félibien, t. II, p. 35o. » — Dufourny énumère les noms et titres de Paul Fréart de Chantelou; puis il ajoute : « Voir l'estampe que j'ai de l'Assomption de saint Paul par Pesne. — Dans le privilège de la Perfection de la peinture, M. de Chambrai est nommé Roland Fréart de Chantelou, sieur de Chambrai, notre amé et féal conseiller et aumônier ordinaire. Demander des renseignements à M. De Selle sur cette famille. — Sur M. de Chambrai et ses deux frères de Chantelou, voir l'épître dédicatoire de la traduction du traité de la peinture de Léonard de Vinci par M. de Chambrai, édit. de 1651, par Rafael Dufresne. V. le petit Dictionnaire historique, article Chambray. — Il est question de M. Fréart, S. de Chambrai, dans la lettre d'Abraham Bosse à Chauveau, graveur, 1661, p. 12. — Bosse avait été accusé devant Pointel d'avoir méprisé les ouvrages du Poussin, p. 19. — Errard accuse Bosse de lui avoir copié des figures antiques, p. 12. — Lettre du Poussin improbative du Traité de la peinture de Léonard de Vinci, *ibid.*, p. 2-19. — Sur le cav. del Pozzo, consulter sa Vie par Carlo Dati. Son portrait a été gravé par P. de Bruyn; l'insérer avec celui du Poussin et de Chantelou. — Sur Carlo Dati, voir son éloge dans les *Uomini illustri di Toscana*. — Sur le mérite

« *Fragment de préface.* — A l'égard du stile du Poussin, avant que de porter un jugement solide sur sa manière d'écrire, il est raisonnable de considérer qu'il étoit peintre et non orateur ; qu'il avoit séjourné assez longtemps à Rome, pour s'être adopté l'idiome italien qu'il conserve dans ses lettres françaises ; que le stile des savans françois qui écrivoient en 1640 est bien différent de celui qui regne maintenant, un siècle et plus après ; que les écrivains françois estoient rares et que bien des savans n'écrivoient qu'en latin ; que son ecriture ronde et mal formée, ses fautes d'orthographe et manques de ponc-

du Poussin, V. les réflexions de Mariette, cat. Crozat, 114. — Ouvrages du Poussin, par Gault de Saint-Germain. — Sur M. Denoyers, V. mon exempl. du Parallèle au frontispice et à la préface. — Sur Renard dont le Poussin occupa la maison aux Thuileries, V. la notice qu'en donna Vigneul Marville, II, 253. — On trouve dans Vigneul Marville, I, 491, un passage dans lequel il dit qu'il avait connu le Poussin à Rome et donne des détails intéressants sur ce grand homme, — sur son portrait, II, 258. — MM. de Chambrai et de Chantelou firent leur voyage à Rome en 1645. (Lettre de Chambrai à M. Poussin à la tête de la trad. du Traité de Léonard de Vinci.) — Dans la *Peinture parlante*, qu'a Regnault, il y a une lettre du Poussin imprimée. — A la bibliothèque des Manuscrits, il y a trois lettres du Poussin à l'abbé Nicaise. Voir si elles sont de la même écriture que celles de Reboul (note du jeune Duchêne). — L'abbé Nicaise était chanoine de la Sainte-Chapelle de Dijon et ami particulier du Poussin. Felibien, II, 366. — Voir des détails sur l'abbé Nicaise dans le *Menagiana*, t. I, p. 351. — Il y a une autre lettre au dos du *Germanicus* de Barberini. — M. de Lumagne, mentionné dans Felibien et pour lequel le Poussin a travaillé, était un banquier de Gênes dont le portrait par Van Dyck a été vendu au Mont-de-Piété en mars 1808. — Intercaler à leur ordre de date, ou bien en note, ou tout à fait à part (il vaut mieux les mettre à part comme traduites, et à un autre), les lettres du Poussin imprimées dans le premier volume des *Pittoriche*. Ces lettres imprimées par Bottari sont tirées d'un manuscrit qui faisait autrefois partie de la bibliothèque Albani, où il était entré avec les livres du cav. del Pozzo (voyez la préface de Bottari), achetés par la maison Albani. — Depuis Reboul, etc., Bibliothèque de Montpellier. » — Les autres pièces de cette liasse préliminaire de la copie des lettres sont : Extrait d'une lettre de Nic. Poussin, datée de Paris, le 14 mars 1642, écrite al signor Comm. Cassiano del Pozzo à Rome : « ..... Non ho potuto dar compimento al quadretto del batesimo... » Traduction par Dufourny de six lettres à Del Pozzo publiées par Bottari, *Lettere pittoriche*. — Extrait d'une lettre de Francesconi, littera del Castiglione, p. 89 : « Tutte queste littere mi sono ingegnato d'illustrare con annotazioni istoriche cosi riguardo ai fatti de' quali si parla como circa le persone che si vengono nominate. » — Extrait des lettres relatives à la Grande Galerie. — Note sur les portraits gravés du Poussin, etc., etc., et Hagedorn, et Felibien, et Falconet, et Abr. Bosse, et l'Encyclopédie méthod. des B. A., et Guibal, l'Essai sur la vie du Poussin (1783), etc., etc. — Copie de la lettre de M. d'Agincourt.

tuations, accens et apostrophes, rendent la lecture de ses lettres très
difficile. Malgré tous ces dégouts, qui ne sont pas insurmontables,
on jugera du caractère, de l'âme du Poussin dans ses lettres comme
dans ses ouvrages de peinture. — Les traduire en beau langage, les
extraire comme a fait Félibien, les noyer dans les réflexions, c'est les
défigurer, c'est entreprendre de traduire Amyot en langage moderne;
c'est ôter toute la force, toute l'énergie de l'expression.

« Le service qu'on peut rendre au Poussin, c'est de copier correc-
tement ses lettres; lui laisser son stile, parce qu'il est veritablement
à lui. Quelques notes au bas des pages pourroient expliquer de certains mots italiens francisés, de certaines tournures de phrases qui ne
seroient pas familières à ceux qui n'entendent pas l'italien, ou le langage des arts.

« Un éditeur qui prendroit ce soin et qui ajouteroit derrière les
lettres une liste des tableaux du Poussin, rendroit un service signalé
aux amateurs de la peinture et formeroit un volume de bons memoires
pour servir à la vie de ce premier peintre du roi Louis XIII, vie qui
n'a point encore été donnée au public en françois.

« On ajoutera ici une reflexion que Monsieur l'Évêque de la Rava-
lière a faite à l'occasion des memoires de Sully mis en beau françois
en 1747. — Il sera bon, dit-il, d'avertir les connoisseurs et les amateurs des anciens monumens imprimés et manuscrits qu'ils ne doivent point se laisser entraîner par la séduction et par la beauté du
style d'un ouvrage historique, qui ne sera que la copie ou l'abrégé
d'un livre plus ancien. Les curieux ne peuvent garder avec trop de
soin et de précaution les manuscrits et les memoires originaux : ce
ne sont pas les mots et le style qui sont l'essentiel de l'histoire, ce
sont les faits et des choses. »

Certes, il y aurait ici matière à un joli chapitre sur le mode de
penser et d'écrire de notre maître peintre; car, ne vous y trompez
point, ce n'est pas un médiocre écrivain que Nicolas Poussin. A sa
manière, et quoi qu'il en dise en sa fameuse phrase où il se confesse,
gaillardement, d'avoir « vécu avec des personnes qui l'ont sçu entendre par ses ouvrages, n'étant pas son métier de savoir bien écrire »,
il est de la famille des grands écrivains du xviiᵉ siècle. Il en a le tour
ample, ferme et juste, le franc parler libre et réjouissant à l'esprit et
si sain d'allure et de langage. Son style épistolaire (il n'y visait guère)

est l'un des plus savoureux que je sache, il n'en est point dont l'accent soit plus coloré et mieux sonnant que le sien. Ce Normand, écrivant à tout hasard un fier français orthographié à l'italienne, et qui n'a rien de commun avec Balzac ni Voiture, est pour nous une sorte de Sévigné dans notre littérature d'art, et à deux siècles de distance, M.-Ingres, dans les lettres d'Italie qui nous sont restées de lui, par ce côté de plus, est encore de son espèce. Ces deux mâles, sans qu'ils en prennent souci, par la robustesse naturelle et un peu bourrue de leur tête et de leur verbe, sont de la race des maîtres écrivains, point par métier, mais par tempérament de génie, expressif et solide en tout genre, par la saillie du mot et le grand tour instinctif. Dans notre siècle, les artistes ne se sont point privés d'écrire. A David d'Angers, à J. Gigoux, à Delacroix, à Fromentin surtout, la plume a fort démangé au bout des doigts. Delacroix a écrit nombre de lettres, sans parler de ses articles de revues et de ses mémoires. Dans sa correspondance, la plume de Delacroix est d'une habileté plus correcte, plus agile, plus d'un lettré et d'un homme du monde ; mais, malgré tout, la façon de dire de M. Ingres est autrement personnelle ; elle a même une rugosité qui, je le répète, rappelle, à s'y méprendre, le ton ferme et haut et le tour bien trempé de Nicolas Poussin.

Ajoutons à ce fragment de préface la note suivante « de M. Duchesne fils » qui y était jointe dans les papiers de Dufourny :

« Les lettres de Poussin furent copiées en 1754 ou 55 d'après les lettres originales prêtées par M. Favry de Chanteloup, petit-neveu du Chanteloup à qui elles avaient été écrites, premier commis des bâtiments du Roi, possesseur de plusieurs tableaux du Poussin, dont son portrait, les Sept Sacrements et le ravissement de saint Paul.

« La collection originale aura sans doute été vendue en 1796, après la mort de M. Favry de Chanteloup, et on ne sa't ce qu'elle est devenue.

« Quant aux lettres citées par Félibien et qui manquent dans cette copie, elles avaient sûrement été détachées de la collection originale où elles ne se trouvaient pas lorsqu'elles furent fidèlement copiées sous les yeux de M. Duchesne, prévôt des bâtimens du Roy et ami intime de M. Favry de Chanteloup.

« P.-S. — M. de Selle, héritier et neveu de M. Favry de Chanteloup, pourrait peut-être donner quelques renseignements sur les lettres originales, mais je lui ai écrit deux fois et il ne m'a fait aucunes réponses. »

Depuis la date lointaine où M. Duchesne écrivait cette note, date qui doit remonter au temps où Castellan, guidé par Dufourny, étudiait la vie du Poussin, plus trace aucune des lettres originales du grand maître, jusqu'au jour où, vers 1857, un correspondant de l'Institut, M. Beaulieu (j'écris de mémoire ce nom et cette date), retrouvait au fond du Poitou ces précieux autographes, et en procurait l'acquisition au cabinet des Estampes de la Bibliothèque impériale.

Le 29 novembre 1665, le curé de San-Lorenzo in Lucina écrivait sur le registre mortuaire de sa paroisse, en usant d'une orthographe singulière, qui, n'était la date et le lieu de naissance, eût pu dérouter les recherches des curieux : « Nicolò figlio del quondam Gio. *Peressin (sic)*, della diocesi de Andelis in Normandia, marito della Sig[ra] Anna Poussina romana, mori nella communione di Sta Madre Chiesa, in età di anni 72, nella casa dove abitava in strada Paolina, ricevè tutti li SS[i] Sacramenti ; e fù seppellito in questa Chiesa, etc. »

Bellori nous avait bien dit que le corps porté à l'église avait été « locato in parte fin chè gli sia dato condegno monumento ». Il ajoutait qu'il avait mis, sur la pierre couvrant le tombeau du Poussin, l'inscription bien connue, à nous conservée par tous les biographes :

> *Parce piis lacrymis, vivit Pussinus in urna*
> *Vivere qui dederat, nescius ipse mori ;*
> *Hic tamen ipse silet ; si vis audire loquentem,*
> *Mirum est, in tabulis vivit et eloquitur.*

Certes l'on ne peut croire que Bellori se soit fait illusion à lui-même sur la réalité de la gravure sur une plaque funéraire des deux distiques composés par lui.

D'ailleurs, Desseine, dans sa *Rome moderne*, et le président de Brosses, dans ses *Lettres sur l'Italie*, ne nous ont-ils pas affirmé qu'ils l'avaient copiée sur place, le premier, vers 1690, 25 ans après la mort du Poussin, le second, vers 1740? Quant au monument digne d'un si grand nom, au « *condegno monumento* », on n'en a plus nulle part de nouvelles. Le jour des obsèques, les amis sont feu et flammes. Mais, que voulez-vous? sitôt enterré, sitôt oublié, c'est le commun destin; et la bonne pensée de Bellori, si elle fut connue là-bas aux Andelys, le neveu Letellier n'était guère homme à s'en préoccuper. Si

bien que dans sa lettre datée de Rome, décembre 1813, Seroux d'A-
gincourt pouvait écrire à Castellan ces lignes attristées : « Je savais
bien que ce monument considérable, *condegno*, annoncé par Bellori,
n'avait jamais été exécuté, mais je ne croyais pas l'oubli porté encore
plus loin : à mon arrivée à Rome, en 1781, m'étant empressé d'aller
rendre hommage à la mémoire de notre illustre compatriote, je ne
trouvai dans cette église ni une pierre ni une muraille sur laquelle on
aperçût son nom; on ignore absolument l'endroit de l'église où le
corps du Poussin a été déposé, et quand je voulus même reconnaître
par les registres mortuaires, comment il y était fait mention de sa
sépulture, ce ne fut que par des recherches multipliées que j'y décou-
vris son article... L'incurie des prêtres de cette paroisse, le peu
d'importance de l'église me décidèrent à ne pas y fixer le monument
que je lui destinais, d'autant plus que la première fois que je fus au
Panthéon, j'y reconnus une place plus digne de le recevoir : c'est
l'édifice de l'architecture romaine le plus parfait et le mieux conservé
qui soit à Rome ; il paraît construit pour une durée sans fin, et c'est
probablement sous ce point de vue que Raphaël et Annibal Carrache
désirèrent d'y être placés : personne ne sera étonné de rencontrer le
buste du Poussin à côté de ceux de ces grands artistes : je chargeai de
l'exécution du buste M. Segla, l'un des élèves de la pension académique de France à Rome : ce jeune sculpteur promettait des talents
dont une mort prématurée nous a privés... » D'Agincourt avait
choisi comme modèle de ce buste le portrait peint du Poussin qu'il
avait remarqué au palais Rospigliosi, et ne lui avait pas trouvé de
plus noble inscription que celle-ci : *Pictori Gallo. L'Anthologie
romaine* juillet 1782) et le *Journal de Paris* 10 septembre 1782
annoncèrent l'érection du monument, et M. d'Angivillers avait écrit
à Vien, directeur de l'Académie de France à Rome : « Le projet de
M. d'Agincourt est véritablement patriotique, et en même temps
qu'il fait honneur à celui qui l'a conçu, il tend à honorer un artiste
français d'une manière trop éclatante pour ne pas avoir l'approbation
et l'applaudissement de tous les Français qui aiment les arts et leur
patrie. »

Les derniers honneurs solennels qu'ait reçus dans Rome Nicolas
Poussin lui furent, on le sait, rendus par Chateaubriand. C'étaient
« deux puissants dieux », et bien faits pour s'entendre. Car le Breton

avait, lui aussi, révélé aux lettrés de son siècle l'art d'un paysage nouveau, du paysage à grandes lignes et aux nobles horizons qu'il avait,
comme le Normand, appris aux rivages de l'Italie et de la Grèce;
comme le Normand encore, il avait, mieux que pas un de son temps,
pénétré le sens des œuvres et des monuments de l'antiquité, les
gestes des héros et les mœurs et les vraies façons d'être et d'agir des
peuples disparus. Chateaubriand comprit que la vraie place d'un
monument au Poussin était à San-Lorenzo et non ailleurs, à San-
Lorenzo où l'une des dalles, ici ou là, cachait ses os. Il se souvint,
dans l'œuvre du Poussin, de cette poétique composition de bergers
antiques déchiffrant sur les ruines d'un tombeau délaissé la touchante
épitaphe : *Et in Arcadia ego*, laquelle semblait comme un écho de
sa propre mélancolie, une imagination détachée d'une page des
Martyrs, en même temps qu'une vague allusion à l'abandon des
restes du grand peintre. Il comprit, en outre, avec son discernement
d'esprit délié, qu'un tableau du Poussin pouvait être retourné en bas-
relief, le meilleur des peintures du maître provenant de l'étude des
bas-reliefs romains, si bien qu'un de ces bas-reliefs, fût-il médiocre,
eût pu, sous le pinceau du Poussin, se traduire en une peinture d'une
poésie supérieure, tant l'homme et l'art antique avaient fini par
s'absorber l'un l'autre. Il fit appel à l'architecte Léon Vaudoyer qui,
sous sa dictée, conduisit le monument et le termina en 1830; en
haut, sous une arcade, le buste du peintre signé : *P. Lemoyne, 1829*.
Puis la fière inscription :

F.-A. DE CHATEAUBRIAND

A

NICOLAS POUSSIN

POUR LA GLOIRE DES ARTS

ET L'HONNEUR DE LA FRANCE.

NICOLAS POUSSIN

NÉ AUX ANDELYS EN MDLXXXXIV

MORT A ROME EN MDCLXV

ET INHUMÉ EN CETTE ÉGLISE.

Au-dessous, en marbre blanc comme le buste, le bas-relief repro-
duisant le tableau des *Bergers d'Arcadie*; enfin, au-dessous du bas-

relief, la trop juste répétition de l'épitaphe latine de Bellori, composée jadis pour cette église et pour cette destination sacrée.

Nous pouvons aujourd'hui nous avouer à nous-mêmes que ce petit monument dont Chateaubriand, aux temps pompeux de son ambassade, fit hommage à son illustre compatriote, lui vaudra toujours dans notre cœur, par la générosité de la pensée, autant de place qu'une des plus belles œuvres de son génie. Ce placage d'un bas-relief, avec le buste qui le surmonte et les noms qu'il rappelle, est désormais pour nous, dans la Ville éternelle, l'une de nos émotions patriotiques; nous nous demandons encore comment, pendant cent cinquante ans, tout Français visitant Rome et s'empressant tout d'abord naturellement, comme Seroux d'Agincourt, à ce pèlerinage, ou même comment tout Romain, respectueux de sa ville, avait pu chercher en vain, sur les piliers de San-Lorenzo in Lucina, un trait, pour si effacé qu'il fût, qui lui rappelât l'ombre vénérée du Poussin.

Pour avoir piétiné toute ma vie autour du Poussin, j'ai pu quasiment, Dieu merci, ne jamais perdre de vue le terrain solide. Il est toujours bon d'avoir rencontré tôt dans sa carrière un honnête homme dont on prend le respect et qui vous maintiendra désormais dans le droit chemin. C'est là une grande obligation que j'ai, pour ma part, à Nicolas Poussin, et dont je lui garderai jusqu'à la fin reconnaissance. Je la lui témoignai dès le premier volume de mes *Peintres provinciaux*, en racontant la vie de son maître Q. Varin [1], et de son parent et élève Letellier de Vernon; puis en recueillant à Dijon ses paroles devant le tableau de Nic. Quentin, plus tard en montrant de quelle oreille écoutèrent ses principes, j'allais dire les oracles de sa vieillesse, Abr. Bosse et Hilaire Pader, et les Chantelou, et les Fréart de Chambray, et les Restout. C'est à lui que j'ai consacré les premières pages des *Archives de l'Art français*, où son nom se trouve répété pieusement de volume en volume. Et tous nous lui devons cette religion, qui est la propre santé de notre goût; car les instincts du goût sont essentiellement fragiles et désordonnés dans notre siècle, où c'est comme un système abaissant, une manie ruineuse pour l'honneur de notre pays, de renier et de méconnaître

---

1. Nous [...] voudrait dire, [...] propos [...] Q. Varin, que le [...] Don [...] aurait possédé d'une façon ou de [...] la première pensée de la *Présentation au Temple* du maître du Poussin.

toute tradition de l'esprit national. Mais gardons confiance, assurés que Poussin servira longtemps encore à la sauvegarde de notre école française. Celui qu'ont vénéré et adoré à la fois aux deux pôles de l'art, nos deux plus illustres contemporains, Ingres et Delacroix, tous deux le saluant à la fois comme leur commun maître, celui-là est bien l'homme de notre génie français, la source éternellement féconde et fortifiante, celui qu'il faudra toujours interroger en ses œuvres et en ses enseignements, dès que l'école dévoyée, énervée et appauvrie ne saura plus de quel côté chercher son orient pour une marche en avant nouvelle, — si toutefois l'art, cette chose sacrée que nous avons adorée, n'est point devenu, dans cinquante ans, pour le monde transformé, un misérable objet de risée.

CHARLES LE BRUN ET LES ARTS SOUS LOUIS XIV

Dans le patriotique élan de glorification de l'école française, où s'est, depuis un demi-siècle, échauffé le groupe spécial de nos écrivains d'art, les noms les plus fameux ou les plus populaires sont devenus le domaine et le bien sans partage de quelques-uns, auxquels personne ne semble plus avoir le droit de les disputer : Le Sueur appartient à M. Vitet; Puget appartient à L. Lagrange; Watteau. Boucher. Chardin et tout le xviii° siècle appartiennent aux Goncourt, et à Paul Mantz; Prud'hon, Géricault et Léop. Robert appartiennent à Ch. Clement; David à M. Delecluze et au petit-fils du peintre; Gros à son élève Delaistre; M. Ingres à Ch. Blanc et à M. Delaborde; et voilà que Le Brun appartient désormais à M. Henry Jouin. Et M. Jouin a bien fait de se vouer courageusement à la résurrection, j'allais dire à la réhabilitation de cette grande personnalité. très injustement négligée, et dont les travaux et l'influence ont rempli tout un siècle. Le sous-titre de son livre : *les Arts sous Louis XIV*, n'est que la sincère et très réelle étiquette explicative de l'ouvrage lui-même, car l'histoire de Ch. Le Brun c'est toute l'histoire des arts à l'heure la plus éblouissante de la plus magnifique cour du monde. au point culminant de notre gloire nationale. Oui. la France a enfanté des artistes plus grands que Le Brun; elle n'en a pas vu naître qui aient été plus utiles à sa splendeur, qui aient mieux incarné, mieux discipliné, mieux gouverné le génie de leur temps, dans tous les sens profitables à l'éclat du plus somptueux de nos règnes.

Au moment où la France touchait à son apogée, Richelieu avait eu la pensée de rappeler le Poussin de Rome, pour lui confier la direction des vastes travaux qu'il rêvait pour le roi. Il en prétendait faire le premier peintre de son maître, et lui mettre dans la main le gouvernement des décorations de la Grande Galerie du Louvre et des tapisseries des manufactures, et les dessins de l'Imprimerie royale et les tableaux les plus importants des chapelles de nos palais. Par malheur, l'homme ne s'y prêtait guère. Pour si féconde et abondante qu'ait été leur œuvre, les deux grands peintres de ce temps, le Poussin et Le Sueur ne furent ni courtisans ni improvisateurs complaisants ; ce furent des génies tranquilles, recueillis et solitaires. Le rôle d'ordonnateur général qu'avaient, par la supériorité même de leur influence, exercé Raphaël au Vatican, Léonard à Milan, Rubens en Flandre, et auquel il est si regrettable que n'ait pu s'accommoder le Poussin à Paris, car Dieu sait quelle mâle solidité il eût maintenue dans cette école si robuste déjà par son seul reflet, ce rôle échut à celui que Poussin lui-même eût désigné, car il avait éprouvé et surveillé ses études de jeunesse tant à Paris qu'à Rome, à Le Brun, génie facile, très savant, très inventif, suffisamment souple pour s'associer et absorber et se soumettre les plus précieux auxiliaires tels que Van der Meulen, Baptiste, Girardon, sachant d'ailleurs tenir sa place dominatrice, en vertu de son caractère d'abord et du crédit tout-puissant qu'il avait su conquérir à bon droit, puis aussi de son imagination inépuisable et de sa science vraiment supérieure de dessinateur rompu aux grandes machines. Non pas que son dessin soit très original ni magistral, en ce sens il est à bonne distance de Poussin dont il fut l'élève et de Le Sueur dont il fut l'émule ; l'on en peut juger, même en restant sur le terrain décoratif, par le *Triomphe de la Vérité* et les panneaux de l'hôtel Lambert, comparés à la galerie de Versailles. Le Brun, rentrant d'Italie, tout plein de ses études d'après les Carrache, n'eut jamais le temps de se faire une manière bien à lui ; il fut et demeura toute sa vie pressé ou pour mieux dire accablé de travaux qui exigeaient une improvisation perpétuelle. Mais le Poussin étant irrévocablement fixé à Rome, et Le Sueur mis en terre, et Mignard étant pour longues années encore, après sa coupole du Val-de-Grâce, distrait par ses portraits, ce lourd Mignard, qui pourtant fit merveille à Saint-Cloud, — Louis XIV et Colbert n'avaient pas à choisir. Le Brun seul leur restait pour les immenses entreprises de Versailles, et Le Brun fut un très grand décorateur, un admirable et inépuisable conducteur de travaux.

Personne, en France, n'a joué, comme premier peintre, un rôle comparable à celui qu'a tenu Le Brun dans la cour du plus grand roi du monde. Le Primatice seul a pu en approcher, sous François Ier et Henri II, et encore de bien loin, car il n'a pas eu, avec une telle concentration, tous les artistes et toutes les variétés de travaux dans sa main. A ce titre, Le Brun a été un maître unique dans l'histoire de notre école. Ne me parlez ni de Freminet, ni de S. Vouet, ni du Poussin, ni de Mignard, ni de Boullongne, ni de Coypel, ni de Vanloo, ni de Pierre, ni de Vien, ni même de Boucher, ni de David. Tous ceux-là ont pu être des peintres considérables, de génie même comme le Poussin, ou, comme Boucher et David, imposer leur goût à leur siècle, mais les immenses travaux de tout genre commandés par le roi, dans un temps où le roi était tout, n'ont pas été soumis à leur infaillible discipline, à leur unité d'invention et d'autorité absolue comme ils le furent trente ans à Le Brun, durant la plus éblouissante période de ce règne sans pair. Et je ne crois pas même qu'en aucun pays d'Europe il se soit jamais vu, sauf peut-être pour Rubens dans Anvers, un peintre favorisé d'un crédit aussi confiant, aussi omnipotent que Le Brun le fut chez nous tant que dura Colbert. Tout relève de lui, tout va à lui, tout passe par son contrôle; même les architectes semblent ne travailler que pour l'encadrement de ses œuvres peintes, et lui-même ne se gêne point pour inventer des morceaux de leur art. Et je ne parle pas seulement des compositions héroïques ou mythologiques, ou de batailles, ou des scènes et des cérémonies historiques qui marquent les dates principales de la carrière triomphante du Roi-Soleil : ajoutez-y les cartons pour tapisseries, et les thèses, et les frontispices de livres, et surtout les projets innombrables des groupes et statues pour les décorations des bassins, fontaines et bosquets de Versailles, pour mausolées et médailles, pour autels et chaires et bénitiers et catafalques et reposoirs et tabernacles et croix processionnelles, et les costumes de ballets, et les arcs de triomphe, et les surtouts de table, vases et flambeaux, et toutes les pièces somptueuses pour l'argenterie et l'ameublement du roi, et jusqu'aux sculptures des galères de Sa Majesté. Vous jugez bien qu'à ce métier d'inépuisable et incessante invention, un artiste n'a plus guères le loisir de se grandir lui-même, c'est beaucoup qu'il se maintienne sans trop fléchir et se fondre : et Le Brun se maintint trente ans; c'est peut-être le côté le plus étonnant de sa vie et des rares dons de son tempérament d'improvisateur. Mon Dieu, que nous sommes loin aujourd'hui de cette unité de branle donné par la tête et la main d'un seul homme ! les surintendances des Beaux-Arts les mieux armées, je ne parle pas de nos petites directions, trop passagères et trop dépendantes des ignorants caprices ministériels pour donner une impulsion durable, ne pourraient rien contre la déplorable manie de la division du travail qui émiette l'ensemble d'une conception, et a horreur de la discipline et d'un principe général.

Si ce n'est l'extraordinaire abondance de ses créations, la vie de Le Brun n'offre rien, à première vue, qui ne lui soit commun avec celle des peintres de son temps ; il est, tout comme un autre, fils et frère d'artistes, ce qui explique ses débuts rapides et l'adresse précoce de son crayon. Il est né, en 1619, d'un maître sculpteur, Nicolas Le Brun, dont il nous a pieusement laissé le portrait, et de cette Julienne Le Bé dont il dessina lui-même le superbe monument funèbre pour Saint-Nicolas du Chardonnet. Il rencontre tôt des protecteurs généreux, ce qui n'est point rare alors; mais il se trouve que ces patrons sont gens d'aussi long et d'aussi haut crédit que les Séguier et les Fouquet, lesquels le mènent, comme par la main, depuis les premiers essais de son apprentissage, jusqu'au jour où, de l'aveu de tous, il est reconnu mûr et comme inévitable pour le brevet de premier-peintre. Il n'a rien tout d'abord qui le distingue des meilleurs élèves de S. Vouet, mais de bonne heure, par l'enseignement de Fr. Perrier, il a tourné l'œil vers l'influence qui vient d'Italie, et le Poussin a fait le reste. — Un personnage qui a connu une aussi grande fortune que celle de Le Brun, ne saurait échapper à l'envie ni à la médisance, et les calomnies n'ont point manqué au protégé de Colbert. Moi, j'ai toujours tenu Le Brun pour un homme de bon esprit et de chance heureuse; on ne voit même rien en lui qui sente l'intrigant; il travaille, il grossit son bagage d'études et produit mainte œuvre dans le meilleur courant de son temps, c'est-à-dire ferme, noble et bien raisonnée.

Car il porte en lui par nature ce goût sagement modéré, éclectique et tolérant, qui plaît à la Cour en toutes les époques, parce qu'il ne froisse ni n'effarouche personne par son intempérance ou son audace excessive, et demeure, en chacune de ses manifestations, compréhensible à tous. Il satisfait les amateurs et les savants par la correction de ses formes, le bel équilibre de ses compositions, l'ingéniosité et la variété de ses « intentions », et quand il le veut, comme en certains de ses nombreux portraits, son pinceau est celui d'un peintre, témoin le tableau de la famille Jabach, où il montre qu'il eût pu, s'il s'y fût appliqué, égaler les plus beaux portraitistes des Flandres.

L'on a pu, depuis deux cents ans, détachés que nous sommes par des influences moins pompeuses, du goût sévère et ordonné du grand règne, et habitués à chercher avant tout dans la peinture l'agrément du pinceau, contester les qualités personnelles d'artiste du premier peintre de Louis XIV. Bien aveugle serait pourtant et donnerait de son propre jugement une mesure bien étroite, celui qui ne saluerait pas en Le Brun le véritable et très haut représentant de notre peinture nationale durant cette admirable période de notre école. Les décorations de l'hôtel Lambert, de Vaux-le-Vicomte, et de la galerie d'Apollon, le *Crucifiement de saint André* et le *Martyre de saint Étienne*, tous deux pour la série des *mays* de Notre-Dame, le *Bénédicité* de la confrérie des charpentiers, mais surtout la *Famille de Darius* et les *Batailles d'Alexandre* font époque dans l'histoire de la peinture française. Je répète que lui et lui seul prime et domine notre école durant toute la seconde moitié du xvii° siècle, et bien mieux, il la maintient très haut. Toutefois il est juste d'ajouter qu'un homme ne pèse pas de tout son poids, pendant cinquante années, sur un corps aussi bien organisé que l'Académie royale, avec tous ses aides des Gobelins et de Versailles, sans lui imposer la marque des défauts acquis au cours d'un si long exercice. Et ce vice inculqué par Le Brun à ses élèves et praticiens et par eux à notre école, vous le devinez, c'est la peinture académique. Notre peinture académique (car chaque pays a eu la sienne), on l'a fait, à tort, remonter au Poussin ; elle ne vient point du Poussin, elle vient de Le Brun. Si j'ai bonne mémoire, Delacroix traitait le Poussin de peintre révolutionnaire, et il avait raison : et lui, par parenthèse, lui, Delacroix lui devait beaucoup. Est-ce que, pour l'expressif mouvement des figures, les compositions des *Travaux d'Hercule*, à l'ancien Hôtel de Ville, ne descendaient pas tout droit de l'influence du Poussin ? Mais en retour, le système académique, celui basé sur l'ordre et la tradition et sur une certaine règle d'imitation et de formes un tant soit peu poncives, où l'antique et l'exemple des maîtres classiques ont plus de part que l'interprétation directe de la nature, c'est à Le Brun que nous le devons attribuer, l'académique dans le mode et le moule poussinesque, c'est-à-dire encore bien français. et sans que ni le pauvre Poussin, ni même Le Brun, en soient pour cela les coupables. Si vice et étouffement de génie il y a dans ce système, c'est à la hâte des grands travaux décoratifs commandés à Le Brun qu'il convient de s'en prendre : tout décorateur est condamné d'avance à devenir banal et monotone en ses formes et en ses effets, c'est-à-dire académique dans le mauvais sens du mot. Il n'appartient qu'aux génies librement recueillis, comme Poussin et M. Ingres, de demeurer fidèles à la tradition qu'ils s'approprient, en même temps qu'ils livrent carrière à l'indépendance de leur nature.

Mais comment faire pour résister à tant de pressions ? On lui demande tout à ce Le Brun, il faut qu'il suffise à tout, à toutes les chapelles de couvents et aux églises de province. et jusques à Caen pour l'évêque d'Avranches, et à tous les hôtels de gens de cour et de parlement. D'ailleurs comme il sait ce qui lui manque, car sa qualité maîtresse est le bon sens et le bon goût mesuré, il s'adresse à ceux qui pourront donner aux travaux du roi le charme qui lui fait défaut ; il s'adresse aux Flamands qui apporteront à ses décors de palais et de galeries l'attrait de leur palette brillante et vivifiante. L'esprit intime des œuvres de Le Brun est certainement tout latin et relève uniquement de l'éducation romaine. N'est-ce pas du reste vers l'Italie et toujours vers Rome qu'on se tournera, constamment. tant que durera Colbert, pour y chercher les modèles à grand renom et les conducteurs attitrés par l'instinct français pour les entreprises les plus magnifiques d'architecture et de sculpture, Bernin, Guidi, et pour les somptueuses besognes des Gobelins, y compris les cartons des tapisseries d'après Raphaël ; mais Le Brun, à part lui, ne méprise pas les Flamands ; il se rend compte de l'usage qu'il peut tirer des Van der Meulen, des Genoels, des Nicasius, des Baptiste pour les peintures de fonds de ses batailles, les paysages de ses vastes toiles et l'encadrement et l'agrément de ses panneaux ; nul ne s'entend mieux à en jouer pour son profit et pour le profit de son maître ; car il sait plus pertinemment que Colbert lui-même la valeur des instruments, hommes et institutions, qui, dans sa main d'administrateur, contribueront par leur fusion et leur ensemble, à la rapide et saine conduite de tant de besoins infiniment variées qu'attend toujours si impatiemment la magnificence du grand roi. Aussi le roi le comble-t-il d'honneurs, de richesses et de seigneuries, et reconnaissant en lui son vrai représentant dans le monde des arts, lui gardera-t-il jusqu'à la fin et même pour ses derniers tableaux de vieillesse, les plus flatteuses complaisances, en dépit du mauvais vouloir de Louvois, acharné contre l'ancien et fidèle exécuteur des nobles créations du beau temps de Colbert.

C'est plaisir, en vérité, de voir un sujet fouillé de la sorte : M. Jouin s'est épris de son homme, et pour bien jouer de ce que les témoignages contemporains pouvaient lui raconter de Le Brun, il a tout interrogé, livres, musées et estampes. — Il a su même déterrer des documents, que nous cherchions tous inutilement de vieille date, tels que le manuscrit de Nivelon, et les lettres de Felibien sur les grands travaux de Vaux-le-Vicomte, et qui sont venus comme naturellement s'offrir à lui. Il nous a rendu toutes les lettres connues de Le Brun ; il a analysé ses traités ; il a dressé le catalogue immense de son œuvre peint, gravé, et jusqu'à celui de ses milliers de dessins. Par le livre, par les documents qui lui font suite, nous voyons un monde d'artistes et d'artisans grouiller autour du premier peintre. Le chapitre de ses portraits nous avait bien déjà signalé quelques intimes : Th. Blanchet et G. Pantheau de Lyon, J. Valdor et Voltigean, Israel Silvestre et sa femme, L. Testelin, Ch. Dufresnoy, Michel Lasne, Ch. Perrault, André Félibien, y tiennent rang de front avec ses protecteurs illustres, les Séguier, les Mazarin, les Fouquet et les Colbert. Mais c'est aux *Pièces justificatives* que l'on trouve quatre ou cinq pages fourmillant de noms d'artistes de toute sorte, les uns apparentés par alliance à Le Brun lui-même : les Butay, Caffieri, Ans. Flamen, R. A. Houasse, Jans, Legendre, Tardif, Tuby, Van der Meulen, Verdier ; les autres, et ceux-là innombrables, chez lesquels on voit Le Brun, faisant quasi mine de patriarche de la tribu, assistant par lui-même ou par sa femme comme témoin et signataire à toutes les cérémonies de baptème, de mariage, et d'obsèques, de tout ce monde si intéressant qui, pour lui, est à la fois sa clientèle et sa famille élargie : les peintres Noël Coypel et Ant. Hérault, J. B. Monnoyer, Fr. Francart, J. Lemoyne, Fr. Bonnemer, Nocret, P. Gougeon, Baudrin Yvart, J. B. Corneille, Jos. Cussat, L. Boullongne, L. Lemoyne, J. Cotelle ; les dessinateurs Isr. Silvestre, Séb. Leclerc, Fr. Chauveau, J. Berain, et les graveurs P. Mariette, Gilles Rousselet, Gérard Edelinck, N. Regnesson, J. Humbelot, et les sculpteurs Fr. Girardon, Jac. Prou, Legeret. et l'ébéniste fondeur Dom. Cucci et le lapidaire Branchy, et l'orfèvre Cl. de Villers et jusqu'au maître potier d'étain. Den Bacquet.

Le Brun est écuyer, sieur de Thionville ; il possède à Paris une riche et bonne maison de ville dans le quartier Saint-Victor, il s'est acquis à Montmorency une charmante maison des champs qu'il a fort arrondie et parée et où il reçoit ses amis, voire des princes. Mais c'est aux Gobelins où, véritablement, il règne et gouverne, qu'il faut l'admirer faisant à Louis XIV, — à Louis XIV encore jeune et dans l'ardeur généreuse de ses vingt-cinq ans, épris, sans compter, de pompe et d'éclat, — les honneurs de cette colonie uniquement consacrée à réaliser tous les rêves de la magnificence royale. Le 15 octobre 1667, le roi, dit la *Gazette de France*, « vint aux Gobelins voir les manufactures qui s'y fabriquent et particulièrement celles qui se sont faites pendant la campagne et que sa majesté avait ordonnées avant son départ. Le sieur Colbert lui fit remarquer de quelle sorte on avait suivi ses pensées et les desseins qu'elle avait résolus ; et le sieur Le Brun qui en a la conduite particulière, avait fait ranger les ouvrages avec tant d'industrie qu'il ne se peut rien trouver ensemble et si riche et si bien ordonné. L'entrée de la cour où est le pavillon était orné de tableaux, de statues, de trophées et d'instructions qui formaient une espèce d'arc de triomphe très magnifique, et la grande cour était tendue de superbes tapisseries qui s'y fabriquent, avec un buffet de neuf toises de long et élevé de douze degrés, sur lequel étaient disposés, d'une manière aussi ingénieuse que magnifique, les riches ouvrages d'orfèvrerie qui se font dans ce même lieu. Ce buffet était composé de vingt-quatre grands bassins avec son vase, d'autant de brancards pour les porter, de deux cuvettes, chacune de cinq à six pieds de diamètre, de quatre grands guéridons, de vingt-quatre vases à mettre des orangers et de plusieurs autres pièces, le tout d'argent ciselé, mais d'un travail qui passait encore le prix de la matière, quoique du poids de plus de 25.000 marcs. Après avoir considéré tant de belles choses, Sa Majesté alla dans tous les endroits où l'on fait les tableaux, les ouvrages de sculpture, de miniature et de bois de rapport ; comme aussi les tapisseries de haute et basse lice et les tapis façon de Perse. Elle vit pareillement plusieurs pièces d'orfèvrerie d'un autre buffet, commencées d'un dessein différant ; ce qui la surprit agréablement, ainsi que le prince de Condé et le duc d'Enghien qui l'accompagnaient avec grand nombre de seigneurs. » — En 1663, le *Mercure galant* prend à son tour la parole en l'honneur des Gobelins et de Le Brun, et pour être sûr de parler juste, M. Dan s'est adressé au maître lui-même de la maison. « Quoyque depuis longtemps les Gobelins soient en règne, ils ne florissent que depuis dix ou douze ans, c'est à dire depuis que le plus grand monarque de l'univers tient luy-même le timon de son Estat ; l'illustre monsieur Le Brun dont l'esprit est universel, qui peut avec justice passer pour un des plus grands peintres de notre siècle et qui n'est pas moins fameux par mille et mille ouvrages qui sont sortis de sa main que par un million d'autres, dont il a donné les desseins, chancelier et recteur de l'Académie de peinture et sculpture, est secrétaire général de tous les ouvrages qui se font dans les Gobelins ». Après un tel préambule, M. Dan n'a-t-il pas le droit de développer à sa manière la lettre si précieuse qu'il a obtenue de Le Brun : « Vous me priez de vous donner quelques renseignements sur la manufacture royale des Gobelins et sur les artistes qui s'y trouvent sous ma direction. Je vais essayer de vous satisfaire ; voici les noms de ceux qui s'y font admirer. Le sieur Cuicy, Romain, travaille aux grands cabinets d'ébène, sculpture, mignature, orfèvrerie et pierreries. Il travaille aussi aux fermetures des portes et des fenêtres des maisons royales, le tout cizelé ; il a fait de ces fermetures pour Versailles, qui passent pour des chefs-d'œuvre aux yeux de ceux qui les voient. Il est en France depuis quinze ans et c'est Sa Majesté qui l'y a fait venir. Il a fait six grands cabinets pour le Roy... — Le sieur Van der Meulen est un peintre fameux selon moy que le roy a appellé de Flandres pour travailler à de grands tableaux représen-tans les vues de toutes les maisons royales ; il a déjà fait celles de la plupart des villes de Flandres, avec les environs qui sont d'une déli-catesse merveilleuse. On travaille à mettre ces beaux desseins en tapis-

series, dont il a déjà luy même gravé plusieurs en taille douce. Le
sieur Baptiste, Romain, est fameux par les ouvrages de sculpture ; il
en fait de très beaux que l'on voit à Versailles. Les sieurs Jans et
Lefebvre font de la haute lisse mêlée d'or et d'argent ; ils travaillent
sur mes desseins, à l'histoire du Roy, à celle d'Alexandre, aux Actes
des Apôtres, aux Saisons, aux neuf Muses. Leurs ouvrages sont des
chefs-d'œuvre au dire des admirateurs.—Les sieurs La Croix et Mousin
sont pour la basse lisse, dont ils s'acquittent très bien. — Les sieurs
Fayette et Balan se font admirer pour les broderies, et les sieurs
Ferdinand et Philippes y font des merveilles pour les tables de jaspe,
agate et autres pierres précieuses. — Le sieur de Villers travaille aux
grands ouvrages d'argenterie, ce n'est pas sans raison que je dis
grands, puisqu'il a fait des cuvettes du poids d'onze cens marcs. — Le
sieur du Loin a fait aussy de grands bassins cizelés représentans
l'entrevue des Roys de France et d'Espagne, les campements de Sa
Majesté et plusieurs morceaux en relief de l'histoire de son règne.
— Les sieurs Rousselet et Leclerc, graveurs, font de très belles planches
de taille douce qui représentent les tableaux du cabinet du Roy, et le
sieur Audran en a gravé d'autres sur mes tableaux de l'histoire
d'Alexandre et autres. — Le sieur de Sève a fait un tableau admirable
de l'Académie (des Gobelins) ou l'on voit tous les illustres qui la com-
posent tenant chacun un morceau de leur ouvrage qu'ils présentent
au Roy... » (Il s'agit du tableau de P. de Sève qui se voit aujourd'hui
à Versailles et où « Le Brun est représenté montrant à Louis XIV,
accompagné du duc d'Orléans, du Prince de Condé, du duc d'Enghien
et de Colbert, divers ouvriers qui apportent des vases d'or et d'argent,
des modèles de tapisseries, des tables ornées de mosaïques, des tentures historiées; sur le fond est esquissé « le Passage du Granique » ;
en un mot, la visite royale de 1667.) Mais le dialogueur du *Mercure
galant* ajoute de son cru aux renseignements à lui fournis par Le Brun,
deux ou trois lignes intimes que M. Jouin a bien fait de recueillir sur
ces artisans des Gobelins qui sont plus que des artistes : « Ils prennent tous ensemble d'honnestes divertissements, et se traitent les uns
les autres, ce qui les empêche d'aller faire la débauche autre part :
c'est une des raisons pour lesquelles on les a tous logez ensemble. Il y
en a néanmoins une beaucoup plus forte, et l'on dit que c'est afin que
monsieur Le Brun puisse voir leurs ouvrages à tous momens, qu'il

les puisse corriger, et qu'il voye s'ils avancent et s'ils ne perdent point leur temps. » Ces lignes nous donnent la note de la bonhomie grave, du zèle passionné, de la sincère probité qui animaient alors tout groupe d'hommes attelés au service de l'État, à toutes les tâches qu'imposait sa grandeur, du temps que l'État c'était le Roi.

Nous l'aurons connue jusqu'à la fin cette étrange cité ouvrière des Gobelins et nous nous serons promenés dans les coquets jardinets où chaque famille d'artiste entretenait avec soin ses plates-bandes et ses treilles. Naguères s'y succédaient encore quelques arrière-descendants de ces tapissiers mandés de Flandre et enrégimentés par Le Brun. Car il faut dire que tous les établissements organisés par ce maître homme ont été singulièrement durables. Il semble qu'il eût tout prévu des institutions d'art nécessaires à notre pays, et nous vivons encore aujourd'hui sur celles où il avait mis la main. Que sont les Gobelins de Louis XIV, si ce n'est le *seminarium* idéal que pourrait rêver notre siècle pour les progrès de ces fameux Arts décoratifs dont il raffole peut-être outre mesure, et où se trouveraient concentrées, sous une direction supérieure et unifiante, toutes les manufactures d'État, depuis celle fonctionnant toujours sur les bords de la Bièvre, jusqu'à Beauvais et à Sèvres (qui a remplacé les fontes et ciselures d'argenterie royale), jusqu'au Garde-Meuble et aux enseignements professionnels de l'École des Arts décoratifs.

Voilà pour la satisfaction de notre *dada* présent. Mais après sa colossale œuvre propre et que nous avons grossement indiquée plus haut, après ses tableaux sans nombre et ses immenses décorations murales au Louvre, à Saint-Germain, à Versailles (Escalier des Ambassadeurs, Grande Galerie, Salon de la Paix, Salon de la Guerre), tentures de l'*Histoire du Roi*, des *Conquêtes*, des *Éléments*, des *Saisons*, des *Maisons royales*, d'*Alexandre*, de *Méléagre*, de *Constantin*, etc, etc., et Vaux pour Fouquet, et Sceaux pour Colbert, et l'Hôtel du président Lambert, et celui du chevalier de Jars, et celui des Premiers Présidents, cette œuvre dévorante étant mise hors page, il y a mieux que le gouvernement des Gobelins dans la vie de Le Brun.

M. Jouin a consacré deux chapitres de son livre, l'un à l'Académie royale de peinture et sculpture, l'autre à l'Académie de France à Rome. Ces deux chapitres, des plus importants et des mieux travaillés du volume, ne sont ni plus ni moins que l'histoire des deux institutions sur lesquelles repose la grande influence de notre école en France et à l'étranger. C'est la liberté et la dignité et le prestige assurés à la corporation de nos artistes; c'est bientôt la faveur publique appelée vers leurs œuvres par les expositions; c'est l'enseignement organisé à Paris par les académiciens eux-mêmes, puis entretenu jusqu'à Rome par les bienfaits du roi, pour le recrutement des talents qui doivent incessamment renouveler la face de l'école. Et dans toutes ces créations qui naissent du même germe, et qui se suivent à distance et s'enchaînent et que les plus rudes révolutions peuvent atteindre mais non plus détruire, apparaît dès la première heure la pensée et l'intervention tenace de Le Brun.

Quand, au moment le plus vigoureux de sa maturité, il conduisait aux Gobelins l'ensemble des travaux du roi, il y fallait, outre, bien entendu, le don d'autorité qu'il avait de nature, et la droiture ferme et juste et l'exemple d'une incessante activité personnelle, il y fallait cet entraînement paternel auquel suffisent l'ardeur et la bonne volonté et qui inspire confiance par la façon dont on saura soutenir et faire valoir son monde auprès des puissants: le jour où il présentait au roi et au ministre ses collaborateurs, il se les acquérait à lui-même et leur donnait cœur pour les meilleures besognes à venir.

Mais, en 1648, alors que tout fraîchement revenu de Rome, il s'était agi pour Le Brun d'entrer en lutte contre l'antique puissance de la Maîtrise et des Jurandes, en vue d'organiser l'Académie royale de peinture et sculpture, le jeune peintre de vingt-neuf ans et la poignée des audacieux qui se mêlèrent de l'affaire et dont il fut le vrai boute-en-train, avaient eu besoin d'une force de volonté singulièrement prudente et hardie et des détours les plus souples et les plus délicats en même temps que les plus résolus. Il me faudra certainement revenir tôt ou tard à cette Académie royale qui fut, durant un siècle et demi, non seulement le grand instrument d'influence et d'éclat et aussi de propagation extérieure, mais le cadre même de notre école.

Je ne saurais cependant ne pas appeler aujourd'hui l'attention des lecteurs de M. Jouin sur le rôle capital que joue son héros dans l'initiative et la conduite des premiers pas de cette institution fameuse.

Les érudits de notre temps se sont beaucoup occupés des anciennes

corporations d'artistes ; ils nous en ont publié les statuts depuis le
xiiie jusqu'au xviie siècle. Nous savons aujourd'hui quelles lois régis-
saient ces importantes confréries de peintres et d'imagiers à Paris
aussi bien que dans les plus grosses villes de nos provinces, et dont
les pareilles fonctionnaient déjà en Italie, dans les Flandres, en Allemagne. Nous avons connu, chez nous, par la liste de leurs signataires
ou de leurs adhérents, bien des noms d'artistes trop longtemps
ignorés. Pour l'Académie royale, telle qu'elle fut créée par Ch. Le
Brun, Ch. Errard, Séb. Bourdon, Laur. de la Hyre, Jac. Sarrazin,
Mich. Corneille, Fr. Perrier, H. Beaubrun, Eust. Le Sueur, J.
d'Egmont, G. Van Opstal et Sim. Guillain (on peut s'étonner de ne
point y voir figurer Sim. Vouet leur maître à presque tous, qui
semble se mettre en garde et même en hostilité ; mais il faut se
souvenir qu'il mourut l'année suivante, d'une maladie qui déjà sans
doute paralysait son esprit), — pour cette Académie les historiens n'ont
pas manqué : nous avons les *Mémoires* fort circonstanciés de Testelin,
publiés par M. de Montaiglon ; nous avons le volume de M. Vitet ;
nous avons le récent travail du vicomte Delaborde. Pas un point ne
nous est inconnu aujourd'hui de cette lutte âpre et difficile, entamée
par les artistes dignes de ce nom, au milieu du xviie siècle, pour
mériter à leur corporation la devise célèbre : *Libertas artibus resti-
tuta.* C'était affaire, en effet, de liberté et de dignité à reconquérir
pour eux et les leurs, contre la brutale et chicanière oppression des
jurés de la maîtrise. Cela ressemble à distance à une guerre jalouse
de privilèges contre privilèges, les vrais artistes demandant à être
dégagés des mesquines tracasseries, menaces quotidiennes de saisies
et confiscations, contrôles tyranniques des plus vulgaires artisans ; et
ces artisans ou gens de métier, c'est-à-dire les *jurés,* contestant les
franchises accordées, par faveurs spéciales, aux peintres brévetés du
roi et de la reine, dont ils avaient la prétention de limiter le nombre,
et les faisant rentrer sous un joug humiliant, sanctionné d'ailleurs
et fort régulièrement par les anciens édits. Les querelles bouillon-
naient depuis quelques mois, et le Parlement, pour faire nique aux
peintres du Roi, avait donné raison aux griefs de la maîtrise. C'est
alors que, par une rencontre admirable, Le Brun entreprend la
campagne contre les jurés, de concert avec M. de Charmois, lequel
cherchait solution d'un autre côté. Il faut avouer que pour enlever

d'assaut cette forteresse si bien pourvue d'entraves procédurières et
hérissée de tant d'arrêts royaux où les ministres eux-mêmes avaient
peine à sauvegarder les prérogatives de la couronne, personne n'était
mieux, à cette heure, armé que Le Brun et ne pouvait guider ses
confrères par des voies plus sûres, connaissant à merveille les rouages
et le parfait fonctionnement de l'Académie romaine de Saint-Luc,
dont il devait plus tard être salué l'un des princes. La jurande sentait
d'elle-même qu'elle devait des ménagements particuliers à un tel
adversaire :« Ils redoutaient le crédit que la supériorité de son génie
et de ses talents et la politesse de ses mœurs lui avaient dès lors
acquis auprès des magistrats et des grands. » Le Brun d'ailleurs
débuta par un coup de génie : dans les statuts de l'Académie projetée,
« on inscrivit l'obligation de ne pas tenir boutique et de briser l'enseigne réglementaire imposée par les ordonnances du corps de
métiers. C'était étouffer la recherche du lucre pour y substituer le
point d'honneur. Aucun acte dans l'histoire de l'école française n'est
comparable à cette résolution spontanée ; elle assura la liberté de
l'art. » — Lisez dans M. Jouin, dans Testelin, dans M. Vitet, partout,
ce qu'il faut de stratégie savante, de haute politique, de bon sens
ferme, de combinaisons déliées, pour que M. de Charmois et Le Brun,
unissant chacun leur groupe d'adhérents et leur commune expérience
des bienfaits de l'Académie romaine, en même temps que leur détes-
tation des basses et vilaines chicanes de la maîtrise, forts d'ailleurs
l'un de la bienveillance du chancelier Séguier, l'autre de sa propre
importance de conseiller d'État, arrivent à introduire les plaintes des
artistes brevetés et leurs projets d'organisation jusqu'au Conseil de
Régence et à exciter contre les insolences des jurés, les colères de la
reine-mère et de son tout-puissant ministre. — Les choses, il va sans
dire, ne vont point sans obstacles, et il faut encore parer aux dangers
d'une fusion avec la jurande, avant d'arriver à ce résultat triomphal
d'une Académie désormais maîtresse officielle de l'enseignement des
arts en France et dont, après la retraite volontaire de M. de Charmois,
le chancelier Séguier accepte le titre de Protecteur, pour le transmettre au cardinal Mazarin, de là à Colbert, de là au Roi. Mais en
réalité, l'âme de ce grand corps qui monta si haut notre école, ce fut
Le Brun pendant plus de quarante ans, depuis le premier jour de la
conception de l'œuvre, en 1648, jusqu'au jour de sa propre mort.

Dans cet imbroglio d'obscures démarches, dans les agitations affairées qui tendront à la jonction des deux camps rivaux, on voit déjà poindre un de ces artistes à goûts administratifs. et qui se font volontiers valoir dans leurs manœuvres de l'un à l'autre groupe. Je veux parler de Ch. Errard, peintre de vrai mérite, qui seconde Le Brun avec une dextérité d'homme d'affaires dans ses combinaisons, en même temps qu'il acquérait un certain crédit sous la direction de l'Intendant du Roi Ratabon, et que l'on retrouvera prêt à être utilisé plus tard, pour la direction des pensionnaires du Roi à Rome.

Car, vous le pensez bien, cet autre chapitre du livre de M. Jouin, l'*Académie de France à Rome,* n'est que le complément logique du chapitre de l'Académie royale de Paris. — Le jour où est fondée l'Académie royale, le point capital de son programme, son drapeau, c'est l'enseignement. Désormais les jeunes apprentis allaient trouver là un corps incomparable de professeurs attentifs à la plus haute prospérité de l'école. Les *douze anciens* s'étaient chargés de poser à tour de rôle le modèle, et de surveiller les études. Le cadre en outre s'était complété par des professeurs de perspective et d'anatomie. Exercices de toute heure et savantes conférences, tout converge vers ce grand but. Chacun comprenait, en entrant dans la compagnie, que là était le vrai titre à sa durée et à son importance ; et c'est pourquoi la liste des professeurs et professeurs adjoints demeurera-t-elle jusqu'à la fin composée des noms les plus graves et les plus considérés de l'Académie ; chacun tient à honneur d'y fournir ses meilleurs services. On s'emporte même si chaudement sur cette question d'enseignement, qu'un jour, aux environs de 1665, on s'avise de croire que les leçons de Paris ne suffisent plus, qu'il y a mieux encore à chercher pour la gloire du roi, et l'on se tourne vers l'Italie, où sont les chefs-d'œuvre, cités à tout propos dans les conférences des professeurs, et où eux-mêmes ont acquis le plus pur de leur talent. Le roi envoie donc à Rome, — sur l'avis de Colbert et de Le Brun, et sous la gouverne d'Errard, à défaut du Poussin. lequel a repoussé cette tâche trop lourde pour ses vieux ans, — ceux des jeunes élèves de l'Académie qui semblent promettre de travailler avec le plus d'éclat, dès leur retour et durant leur maturité, pour les splendeurs de Versailles.

Est-ce instinct de domination, est-ce obéissance naturelle à ce sentiment d'ordre, de cohésion et de règlement logique de toutes les formes sociales pour la grandeur des œuvres, qui est le sentiment commun à toutes les têtes et à toutes les institutions de ce siècle, et qui, en somme, en a fait le « grand siècle »? Mais n'admirez-vous pas ce futur Premier-Peintre du roi devinant à l'avance ce que doit être en tous ses organes et jusqu'en ses dernières conclusions, le formidable instrument de l'Académie sorti de terre grâce à lui, dès 1648? Je sais que ce Le Brun est d'un esprit naturellement pédagogue : cela se voit par sa *Conférence sur l'expression* et son *Traité de la physionomie*, mieux encore, par la régularité raisonnée de ses créations; mais l'on dirait que prévoyant qu'il serait un jour, par fonction, chargé de discipliner et de hiérarchiser ses confrères pour une incessante expédition des prodigieux travaux du roi, il se soit accommodé pour tenir dans sa main, en un faisceau unique, toutes les forces actives de son temps, et s'assurer par les leçons de tous ces illustres, embrigadés par lui, les ressources intarissables d'une jeunesse fermement éduquée pour les besognes du lendemain. L'Académie n'était-elle pas, par la solidité de sa constitution, un corps essentiellement laborieux et soumis, laborieux avec unité? N'était-elle pas, avant tout, le corps enseignant, la grande préparatrice, la nourrice féconde de nos écoles de Paris et de Rome?

Quand naît Le Brun, en 1690, le xviie siècle touche à sa fin et a accompli son œuvre. La peinture française qu'il a maintenue jusqu'au bout dans la tradition du Poussin, dans le grand principe poussinesque qui fut sa force à lui-même et celle de toute son époque, en littérature comme en art, « du jugement partout », n'a plus qu'à céder la place à une tradition nouvelle qui dérive à peine de Le Brun par ses élèves quelque peu transformés, les Delafosse, les Cl. Lefèvre, les Jouvenet, les Boullongne; mais à partir des premières années du xviiie siècle, il n'est plus question de Le Brun; Mignard, son rival enfin triomphant, mais triomphateur impuissant, à peine survivant, n'était plus homme à interposer son souvenir, ni son talent qui n'avait jamais rien eu de personnel, entre la formule esthétique de Le Brun et la mode nouvelle qui surgit inconsciemment, moitié bolonaise, moitié flamande. Cette école nouvelle prolongera chez nous

longtemps encore, à côté de Watteau et de Boucher, un certain tempérament assez grandiose dans le déploiement des grandes machines
décoratives pour nos palais et nos églises. Mais il y a beaux jours que
le dessin et l'esprit et la discipline du Poussin n'y sont plus pour rien ;
il leur faudra cent ans pour revenir en honneur avec David et ses
élèves.

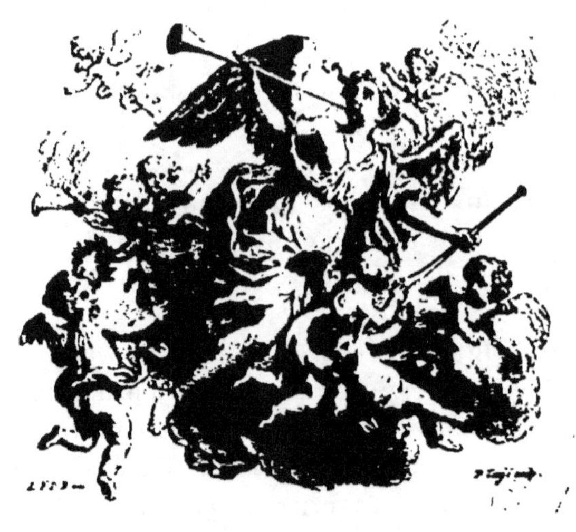

TABLE

TYPOGRAPHIE

EDMOND MONNOYER

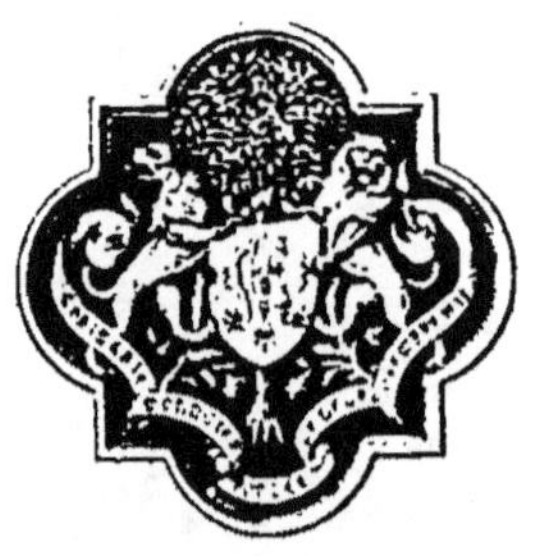

LE MANS (SARTHE)

L'ARTISTE

REVUE DE L'ART CONTEMPORAIN

(64e ANNÉE)

*Paraissant tous les mois en un volume in-8° accompagné de gravures
et d'eaux-fortes*

44, Quai des Orfèvres — Paris

PRIX DE LA SOUSCRIPTION A *L'ARTISTE* :

Paris...................... Un an. 50 francs.
Départements.............. Un an, 52 francs.
Étranger (union postale)..... Un an, 55 francs.

PRIX DE LA LIVRAISON : 5 FRANCS

Il est tiré un très petit nombre d'exemplaires sur papier de Hollande de Van Gelder ou lys,
ornés d'une double suite des gravures : 1° avant la lettre, sur papier de Chine; 2° avec la
lettre sur papier de Hollande. Le prix d'abonnement à cette édition est de 100 FRANCS PAR AN;
pour les Départements et l'Étranger, le port en sus.

LE MANS — IMPRIMERIE EDMOND MONNOYER